JN409629

현대사회와
노인법제

이인영, 김상훈, 강병근, 김진현, 이건호, 박인환
문상덕, 조지현, 홍일선, 김영범, 김경태, 이용인

이 책은 2007년도 한국학술진흥재단의 지원에 의하여 연구되었음.
(KRF-2007-321-B00162)

머리말

2012년 정부는 보건의 날 및 건강주간을 맞이해 '치매'의 예방・관리를 강조하면서 65세 이상 노인 11명 중 1명이 치매로 고통받고 있다고 밝혔습니다. 2011년 8월 4일 치매관리법을 제정하여 치매의 예방, 치매환자의 진료・요양 및 치매퇴치를 위한 연구 등에 관한 정책을 종합적으로 수립・시행하여 치매로 인한 개인적 고통과 피해 및 사회적 부담을 줄이기 위한 노력을 행하고 있습니다. 2007년 노인의 간병・장기요양 문제를 사회적 연대원리에 따라 정부와 사회가 공동으로 해결하려는 입법취지의 노인장기요양보험법이 제정되었고, 생활이 어려운 노인에게 기초노령연금을 지급함으로써 노인의 생활안정을 지원하고 복지를 증진하려는 것을 목적으로 하는 기초노령연금법을 제정하였습니다.

최근 우리나라의 경우 노인의 복지와 보건에 관한 법률의 제정이 증가하고 있는 추세이지만, 고령화사회에서 노인계층에 대해서 헌법상의 인간답게 생활할 권리의 정신을 제대로 구현하였는지에 대해서는 아직 법제도의 연혁이 시행경험이 짧은 탓에 부족한 부분이 많이 있습니다. 고령화사회에서 우리 사회가 지녀야 할 노인에 대한 시각을 잘 대변하듯이 규정한 노인복지법의 기본이념 규정에 의하면 노인은 후손의 양육과 국가 및 사회의 발전에 기여하여 온 자로서 존경받으며 건전하고 안정된 생활을 보장받아야 하며, 또한 노인은 그 능력에 따라 적당한 일에 종사하고 사회적 활동에 참여할 기회를 보장받아야 합니다. 또한 노인 역시 스스로 노령에 따르는 심신의 변화를 자각하여 항상 심신의 건강을 유지하고 그 지식과 경험을 활용하여 사회의 발전에 기여하도록 노력해야 한다는 점을 간과하기는 어렵습니다.

이 책은 노인의 인간다운 생활과 건강하고 안정된 생활을 보장하기 위한 체계적인 법제 연구의 일환으로 출판되었습니다. 우리나라 인구의 고령화가 세계에 유례가 없을 정도로 빠르게 진행되고 있는 현실에 비추어 치매, 중풍 등으로 일상생활이 어려운 노인들의 수가 늘어나고 있습니다. 그뿐 아니라 핵가족화되어가는 과정에서 경제적·정신적으로 소외받는 노인들의 수도 많아지고 있습니다. 이 책에서는 단일 원인으로만 해결할 수 없는 복합적인 원인을 안고 있어서 현대사회가 쉽게 해결하기 어려운 노인문제를 체계적으로 검토하기 위한 작업으로서, 법제도를 분석하고 대안과 해결책을 제시하기 위해서 다양한 법 분야의 전문가들이 모여서 종합적인 법제 연구를 시도하였습니다.

제1장에서는 헌법학자인 한림대학교 홍일선 교수가 '세대간의 정의'의 개념을 사용하여 고령사회에서 예상되는 세대간의 분배의 불균형을 중심으로 세대간의 헌법적 문제점들을 논의하고 있습니다. 세대간의 정의에 대한 요청은 각국의 헌법에 미래세대를 위한 보호조항의 형식으로 규정되어 있으며, 세대간의 분배의 불균형은 평등의 원칙에 대한 위반으로 파악하기 어렵지만, 미래세대를 보호하기 위한 입법정책적 과제에 해당한다고 할 수 있다고 합니다. 예를 들어, 고령화사회의 도래에 따라 제기되는 연금수익률의 차이로 인한 세대간 분배의 불균형은 설사 그 연금수령액의 차이가 불합리한 차별로 파악되더라도 이러한 차별은 평균수명의 연장이나 출생률의 급격한 저하라는 외부요인에 의해서 일어난 현상이기 때문에 연금제도의 운영에 대한 입법정책적 문제라고 보아야 할 것이라는 입장을 정리하고 있습니다.

제2장에서는 국제법학자인 고려대학교 강병근 교수가 장애인권리협약과 성인보호협약을 분석하여 고령자보호에 관한 시사점을 얻고 있습니다. 2006년 12월 13일 유엔 총회는 장애인권리협약을 채택하여 모든 장애인은 완전하고 효과적인 사회 참여 및 통합에 대한 권리를 갖는다고 선언하고 있습니다. 연구자는 장애인권리협약은 고령자를 특별히 보호할 대상으로

규정하고 있지 않지만 평등, 존엄, 접근권이라는 면에서 장애가 없는 고령자의 보호와 밀접히 관련되어 있다고 평가하고 있습니다. 특히 장애인권리협약의 여러 규정은 국제법상 고령자의 권리를 보호하고 확장하기 위하여 각국의 상황을 평가할 때 좋은 기준으로 될 것으로 보았으며, 성인보호협약은 고령자를 포함한 성인보호의 국제사법적 측면에서 확실성과 일관성을 제고할 수 있는 원칙을 제공하고 있다고 평가하고 있습니다. 결론적으로 장애인권리협약과 성인보호협약과 같이 고령자와 관련된 기준을 제시할 수 있는 여러 가지 국제법 원칙들을 국내법제도에 충분히 반영하는 과제와 관련하여 최근 제시된 민법개정안의 성년후견제도는 2009년 우리나라가 가입한 장애인권리협약의 국내이행과 관련해서 고령자보호에 매우 중요한 변화라고 할 수 있으며, 피후견인의 현존능력에 따라 탄력적 후견이 가능하도록 함으로써 고령자의 필요에 따라서 최소한의 개입과 보호를 베푸는 것을 목표로 하여 피후견인의 자기결정권을 강조하고 있다고 보았습니다.

제3장에서는 민법학자인 인하대학교 박인환 교수가 성년후견제도 도입이 시급한 사회적 과제로 제기되게 된 배경을 살펴보고 이를 전제로 새로운 성년후견제도에서 요구되는 기본방향과 원칙이 무엇인지를 살펴보고 민법개정안의 법정후견제도와 임의후견제도에 관한 내용을 면밀하게 검토하고 있습니다. 연구자가 강조하는 것은 성년후견의 문제는 단순히 개인과 가족의 문제가 아니라 사회적 약자 보호를 위한 국가와 사회의 공동의 책무로 인식할 필요가 있다는 점입니다. 이에 따라 사회복지서비스의 일환으로 성년후견제도의 성공적 정착에 필수적인 인적·물적 인프라의 구축을 위하여 공공적 개입과 재정적 지원을 촉진·강화할 필요가 있으며, 노인 등의 보호인이 보다 손쉽게 성년후견제에 접근할 수 있도록 관련 정보의 제공과 조언·상담·알선 등의 인적 지원, 성년후견에 수반되는 제반 비용에 관한 재정적 지원, 전문적 성년후견인 및 후견감독인의 육성과 관리·감독 등을 위한 법제도 정비, 이들 과제를 원만히 수행하기 위한 국가 또는 지방자치단체내 전문인력과 조직·예산의 확보를 위하여 노력해야 한다는 점을 지적하고 있습니다.

제4장에서는 민사소송법학자인 한림대학교 김상훈 교수는 성년후견제도는 본질적으로 판단능력이 불충분한 고령자 등에 대한 민법상 행위능력의 제한에 관한 문제이기는 하지만 이 제도가 도입되어 안착되기 위해서는 이 제도를 실시하는 법원의 역할이 중요하다는 점에 착안하여 후견법원에 관한 연구를 하였습니다. 성년후견제도를 실시하고 있는 독일, 미국, 일본의 후견법원에 대해서 그 조직과 기능에 대해서 서술하였으며, 이를 바탕으로 우리나라의 후견법원을 어떤 방식으로 구성할 것인지에 대해 검토하였습니다. 연구자의 결론에 의하면 성년후견제는 당사자간의 법적 분쟁(소송)이 아니라 능력이 부족한 자들에 대한 국가의 후견적 역할이 필요한 분야(비송)이므로 1회의 분쟁해결(재판)로써 문제가 해결되지 아니하고 지속적인 후견적 역할이 필요하고, 아울러 법원 자체의 역할만으로는 부족하여 지역사회와의 연계가 필요하며 사회보장제도와 통일적 연결이 될 때 후견적 개입의 목적을 달성할 수 있는 특성을 갖는다고 봅니다. 이러한 특성을 갖는 성년후견제도의 실시를 위해서는 이를 위한 가사비송을 포함하는 가사소송법 등의 절차법 개정이 필수적이며, 성년후견제도의 안착과 이를 통한 고령자의 인간다운 삶을 보장하기 위해서는 법 개정만으로는 부족하고 이를 구체적으로 실시하는 법원의 준비 역시 필요하다고 강조하고 있습니다. 후견사건을 포함하는 가사사건을 담당하는 가정법원의 조직, 인적・물적 시설, 사건처리 현황 및 부담 등에 대한 정밀조사・분석과 함께 앞으로 실시될 성년후견제도의 틀에 맞추어 개별적인 후견절차에 따른 업무량 및 후견사건의 증대수준을 예측하여 준비해야 한다고 보면서, 민법에 규정된 구체적인 후견사무를 법원이 실시해 가는 세부적인 소프트웨어의 마련이 더욱 중요하다고 밝히고 있습니다.

제5장에서는 행정법학자인 서울시립대학교 문상덕 교수는 지방자치단체의 노인복지행정과 자치행정법 연구에서 복리행정의 주체인 중앙정부와 각 지방자치단체들은 노인의 복지증진에 관하여도 보다 더 적극적이고 실효적인 정책의 수립과 함께 지속적인 실천을 담보하려는 노력을 지속해야 한다는 입장을 밝히고 있습니다. 이와 같이 노인문제와 노인복지에 관하여 국

가와 지방자치단체와 같은 행정주체가 보다 적극적으로 대처하여야 하는 것은, 고령화의 급격한 진전 및 노인생활수준의 저하현상과 함께, 출생률 저하에 따른 가족 수의 감소와 가족의 해체현상 그리고 여성의 경제활동 참여 증가로 인한 전통적인 가족의 노인부양기능이 현저히 약화되었다는 점, 그에 따라 노인부양 부담률 또한 급격히 상승하고 있다는 점 등 또한 고려한 것으로서, 노인부양과 복지의 문제를 단순히 사적 영역의 부양 내지 민간 차원의 대응으로 해결하려는 자세는 더 이상 견지될 수 없는 상황에 직면하고 있기 때문이라고 분석하고 있습니다. 연구자는 특히 노인복지와 관련한 행정서비스는 노인에 가장 근접한 행정주체인 지방자치단체로 하여금 지역적 특성과 수요에 따라 노인들의 의사를 반영하여 자율적이고 탄력적으로 행하도록 하는 것이 가장 효과적인 것으로 판단하고 있습니다. 전체적으로 지방자치시대의 노인복지행정은 지방자치단체의 자율성과 책임성에 입각하여 이루어져야 하고, 중앙정부와 광역 내지 기초지방자치단체 상호간에는 역할분담에 입각한 협력적 관계의 정립과 함께, 사무주체별로 명확한 사무 구분이 이루어짐으로써 행정의 효율성과 책임성을 동시에 확보하여야 할 것으로 제언하고 있습니다.

제6장에서는 법학자인 홍익대학교 이인영 교수와 보건경제학자인 서울대학교 김진현 교수의 존엄사법 연구 및 입법과제에 관한 연구입니다. 개인의 사망과 관련해서 최근 병원에서의 죽음이 보편화되어 있습니다. 고령의 환자의 경우 오랜 기간 생명연장장치에 의해서 생명을 단순히 연장하는 경우도 상당수 있으며 연명치료중단과 관련해서 일명 세브란스 김할머니의 인공호흡기 제거청구사건에서 대법원이 연명치료의 중단을 요청한 가족의 청구를 받아들인 바 있습니다. 이 사건과 관련해서 존엄사법의 입법에 대한 논의가 우리 사회에 있었으며, 이 장을 집필한 연구자 두 명은 경실련에 몸담고 있으면서 시민단체의 이름으로 국회에 존엄사법의 입법을 청원하는 작업에 같이 참여하고 법안을 마련하기 위해 외국의 존엄사 관련 입법에 관한 연구를 공동으로 행한 바 있습니다. 우리나라와 같이 연명치료중단에 관한 전제요건 등이 법제화되지 않은 상황에서 매번 연명치료중단과 관련

된 소송이 법원에 제기되었을 때 그에 대한 법원의 역할을 어떠해야 하는지에 대해 논의할 필요가 있으며, 지금과 같이 연명치료중단 등의 문제를 아무런 기준의 제시 없이 당해 의사나 환자 본인, 가족들의 판단에만 맡겨두는 상황이 지속되는 것은 바람직하지 않다고 지적하고 있습니다. 연구자들은 우리나라의 경우 연명치료의 중단과 관련된 두 가지 유형의 입법모델에 대한 비교 분석을 통해서 혹시 발생할 수 있는 부작용 내지 폐해를 막기 위해서는 어느 범위에서 어떠한 절차와 방식으로 할 수 있는가에 대한 충분한 논의와 검토가 불가피하다고 강조합니다. 우리의 의료현실이나 죽음에 관한 사회적 인식이 이미 연명치료중단과 의사조력자살을 입법화한 국가와 확연히 다르기 때문에 환자의 죽음의 과정에 대한 자기결정권과 관련된 문제를 어떠한 방식으로 해결할 것인지 대한 논의는 우리 상황에 맞게 이루어져야 할 필요가 있음을 제언하고 있습니다.

제7장에서는 상법학자인 한림대 조지현 교수와 노인사회학자인 김영범 교수가 연구한 노후소득보장제도에 관한 연구입니다. 김영범 교수의 고령자의 부양책임감 변화 연구결과에 의하면 세대별로 살펴보면 부양책임감은 식민지/전쟁체험세대에 비해 민주화/산업화체험세대에서 더 낮게 나타나고 있다. 가치와 규범의 변화가 세대에 따른 차이인지 생애주기에 따른 차이인지에 대한 관심의 측면에서 보면 가치나 규범의 변화는 세대에 따른 차이가 큰 것으로 해석할 수 있다고 합니다. 또한 연령과 부양책임감이 유의미한 관계를 보이지 않는다는 연구결과는 일상생활에서 경험하는 상식, 즉 노인의 부양책임감이 젊은 층의 그것에 비해 더 높다고 통상 인식되고 있는 현실과는 상당한 차이가 있을 보여 주고 있습니다. 미래 노인의 문제로 지적될 수 있는 분야는 고용불안에 따르는 노후소득 보장체계의 약화이며, 특히 국민연금의 사각지대 문제는 제도도입 이래 많은 연구자들에 의해 지속적으로 제기되어 왔습니다. 노인빈곤 문제는 자본주의사회에서 노인이 노동시장에서 배제되면서 직면하게 되는 노인의 소득보장 문제를 전근대적인 사회규범인 경로나 가족부양을 통한 강제와 설득으로 해결하려는 데서 발생하는 것으로 볼 수 있다. 따라서 노인빈곤 문제를 올바로 해결하기 위

해서는 사회구조적 시각에 입각하여 노인빈곤의 요인과 특성을 밝히고, 노후소득보장제도의 발전과 개선방안을 모색하는 것이 필수적일 수밖에 없습니다. 연구자는 연금크레딧, 출산크레딧, 실업크레딧 제도의 도입을 주장하고 있습니다. 여성의 노후빈곤 문제는 외국뿐 아니라 우리나라도 당면한 심각한 문제이므로, 국민연금 역시 문제해결을 위해 현행 출산크레딧을 강화하여 여성의 연금수급권 확대를 위해 노력하면서 추가적으로 저소득층을 대상으로 추가적인 양육크레딧을 제공하여 소득재분배 기능을 강화해야 할 것으로 제언하고 있으며, 실업크레딧 제도는 국민연금의 문제점으로 지적되고 있는 사각지대, 특히 최소가입기간을 충족시키지 못하여 수급권을 상실하거나 연금수급이 가능하더라도 급여수준이 너무 낮아 실질적인 보장을 받지 못하는 내부 사각지대 문제를 해결할 수 있는 대안 중의 하나라고 강조하고 있습니다.

제8장에서는 노동법학자인 한림대 김경태 교수가 고령자고용법제의 현황과 과제 연구에서 고령사회를 대비하기 위한 노동 및 사회보장법제 중 특히 '고령자고용법제'의 현황을 분석하고 각각의 쟁점사항에 대한 문제점을 검토하여, 정책 제언 등의 대안을 제시하고 있습니다. 노동관련 법제의 최우선 과제는 무엇보다도 '고령자가 적어도 정년까지 일할 수 있는 노동시장의 토대'를 마련하는 것입니다. 이것은 고령사회에 있어서 소요되는 사회적 비용을 절감하기 위해 고령자에 대한 취업률을 계속해서 유지해야 한다는 의미이며, 근로의 의사와 능력이 있는 고령자에 대하여 고용상태를 유지·연장할 수 있도록 뒷받침해 주는 것입니다. 또한 고용을 유지·연장하기 위한 정책과는 별도로 일시적으로 근로관계에서 벗어나 있거나, 장기간 근로관계로 진입하지 못할 위험이 있는 자에 대하여는 재취업을 장려하고 촉진하는 제도를 수립·시행해야 한다고 주장합니다. 연구자는 이와 관련된 제도를 두 가지의 차원에서 마련해야 하는데, 첫째, 근로의 의사와 능력을 갖춘 고령자들이 단순히 '연령'에 대한 편견으로 인해 재취업하지 못하는 현실을 개선해야 한다는 점이고, 둘째, 고령자의 근로능력과 의욕을 제고하여 노동시장에서의 수요자측이 이를 적극적으로 활용하도록 해야 한다는

점을 제언하고 있습니다.

제9장은 형법학자인 한림대학교 이건호 교수는 노인학대에 관한 예방 및 대책 연구에서 노인학대를 단순히 개인적인 범죄피해의 문제로만 보아서는 안된다고 지적하였습니다. 이와 함께 노인학대의 피해가 행위자의 처벌만으로는 해결될 수 없으며, 때로는 행위자의 처벌이 노인이 처한 상황을 악화시킬 수 있음을 주의하여야 하며, 따라서 노인학대 피해의 대처와 예방에 대한 심층적인 고찰이 더욱 더 필요하다고 지적합니다. 노인학대에 대해서 보다 효과적으로 대처하기 위해서는 현재의 노인학대 사건이 어떤 상태에 해당하는가에 대해 평가하고, '가정폭력등처벌법'상의 조치들이 적합한가를 판단하기 위한 평가팀이 마련될 필요가 있다. 현재 전국적으로 설치된 각 노인보호전문기관에는 사법경찰관, 변호사, 사회복지전문가, 의료전문가 등으로 자문위원회 또는 노인학대사례판정원회가 구성되어 있어 이러한 위원회가 노인학대 사건에 개입할 수 있는 법적・제도적 근거로 기능할 수 있다고 평가하였습니다. 특히 노인학대 사례가 인지되었을 경우 노인보호전문기관이나 사법경찰관이 응급조치들을 실행할 수 있지만, 1회적인 개입으로는 학대문제에 대한 해결을 기대할 수 없기 때문에 이러한 기관들의 개입이 보다 효과적이기 위해서는 어느 한 영역의 기관만의 개입으로는 이를 해결할 수 없으며, 따라서 다양한 영역의 전문가들이 사례를 평가하고 실질적인 권한을 갖고 사건에 개입할 수 있는 종합적인 문제 해결팀의 구성이 필수적이라고 주장하였습니다.

마지막 장인 제10장에서는 우리나라의 노인법제의 입법현황에 대해서 민법학자인 이용인 강사가 정리를 하였습니다. 우리나라에서 제정된 노인관련 입법으로 노인복지법, 노인장기요양보험법, 기초노령연금법, 장애인・노인・임산부 등의 편의증진보장에 관한 법률, 고용상 연령차별금지 및 고령자고용촉진에 관한 법률, 장애인・고령자 등 주거약자 지원에 관한 법률, 저출산・고령사회기본법 등에 대해서 그 제정취지와 주요 내용에 관해서 요약・정리하였습니다.

유럽연합 기본권헌장 제25조는 “고령자는 존엄권과 독립권을 갖는다”(the eldrly have a right to dignity and independence)라고 하였습니다. 또한 개정 유럽사회헌장 제23조에서는 “당사국은 고령자들이 사회구성원으로서 가능한 오래 활동할 수 있도록 공적·사적 서비스를 제공해야 한다”고 하였습니다. 이 책은 존엄권과 독립권을 가지는 주체인 고령자에 대한 사회적 문제의식을 불러일으키고, 더 나아가 국가와 지방자치단체로 하여금 고령자 보호에 필요한 정책을 수립하고 추진해야 할 책무가 있다는 사실을 주지하고자 합니다. 한국연구재단의 노인복지 패러다임의 전환과 노인의 인간다움 삶을 위한 법제연구 프로젝트를 함께 수행한 연구원들이 뜻을 모아서 책을 출간하기로 결정하였으며, 과제에 참여한 연구자들이 과제수행과 관련해서 발표하였던 논문들을 필요에 따라 재구성하고 정리한 결과물입니다. 각기 다른 법분야 그리고 경제학, 사회학 분야의 전문가 10인의 학자들이 모여서 노인문제를 해결하기 위한 방안으로 이미 노인관련 입법이 이루어진 부분에 대해서는 날카로운 분석과 비판 그리고 문제해결을 위한 대안제시까지 하려고 노력하였습니다. 우리나라에 아직 입법이나 제도가 도입되지 않은 부분에 대해서는 다른 외국의 입법례와 사례들을 제시하면서 우리나라에서의 시사점 분석과 시행착오를 겪지 않기 위한 사전 검토를 면밀하게 하려고 노력하였고, 상호 의견교환과 지적을 통해서 한층 충실한 결과물을 얻으려고 하였습니다. 연구책임자로서 저는 함께 춘천 한림대학교에서 동거동락한 경험을 가지고 있었던 이 책의 공동저자 여러분들의 노고에 진심으로 감사드리며, 어려운 출판환경에도 이 책을 흔쾌히 출판해주신 도서출판 삼우사 조병철 사장 이하 직원 여러분의 수고와 정성에 감사드립니다.

2012. 3.

홍익대학교 연구실에서
연구자들을 대표하여
이인영 씀

■ 차 례

제2장

장애인권리협약과 성인보호협약이 고령자 보호에 주는 시사점 연구

∥ 강병근

제3장

새로운 성년후견제 도입을 위한 민법개정안의 검토

∥ 박인환

제 4 장

후견법원의 설치 및 그 방안에 관한 고찰

‖ 김상훈

제 5 장

지방자치단체의 노인복지행정과 자치행정법 연구

‖ 문상덕

제6장

주요 국가의 '존엄사'법 분석과 평가 및 우리나라의 입법과제

‖ 이인영 · 김진현

제7장

노후소득보장제도 연구 :
고령자 부양책임감의 변화와 연금크레딧을 중심으로

‖ 조지현 · 김영범

제8장

고령자 고용법제의 현황과 과제

Ⅱ 김경태

제9장

노인학대에 관한 예방 및 대책 입법논의

|| 이건호

제10장 노인법제 입법현황

‖ 이용인

제 1 장

세대간 정의의 헌법적 문제들

-고령사회를 대비한 세대간 분배의 불균형 문제를 중심으로-

Ⅰ. 논의의 출발

Ⅱ. 세대간 정의에 대한 일반적 이해

Ⅲ. 세대간 정의와 헌법

Ⅳ. 세대간 정의와 평등

Ⅴ. 결　론

Ⅰ. 논의의 출발

일반적으로 고령화사회 또는 고령사회란 전체인구에서 고령자가 차지하는 상대적 비율이 높은 사회를 의미한다. 보다 정확하게 정의를 내리자면, 고령화사회(aging society)란 고령인구의 비율이 전체인구에 비해서 증가하는 상태의 사회 또는 인구의 고령화가 진행중에 있는 사회를 의미한다. 반면 고령사회(aged society)란 일정 규모로 증가한 고령인구의 비율이 거의 안정된 상태로 지속되는 사회를 나타낸다. 양자를 전체인구에서 노인인구가 차지하는 비율로 나타내면 65세 이상의 노인인구가 7% 이상인 사회를 고령화사회, 14% 이상인 사회를 고령사회라고 할 수 있다.[1]

우리나라의 경우 2000년에 고령인구의 비율이 7%를 넘어서서 고령화사회에 이미 진입하였으며, 이러한 고령화율은 더욱 가속화되어 2022년이면 65세 이상의 노인인구가 전체인구의 14%에 이르는 고령사회에 접어들 것으로 예측된다. 고령인구의 비율이 7%에서 14%까지 도달하는 기간이 22년밖에 걸리지 않는다는 것은, 우리나라의 고령화속도가 다른 나라와 비교할 수 없을 정도로 빠르게 진행되고 있다는 사실을 나타내 준다.[2] 이에 대한

---

* 홍일선, "세대간 정의와 평등," 『헌법학연구』 제16권 제2호 논문을 재구성하였다.

1) 고령화사회와 고령사회의 개념에 대해 좀 더 자세한 것은 박광준, 『고령사회의 노인복지정책』, 현학사(2004), 27쪽 이하 참조.

2) 전체인구에서 65세 이상 노인인구가 차지하는 비율이 10%에서 20%까지 소요되는 기간을 중심으로 고령화속도를 국제적으로 비교하면 다음과 같다. 위의 책, 36쪽 참조.

〈표 1〉 고령화속도의 국제 비교

국가	고령인구 10%	고령인구 20%	고령인구 10%에서 20%까지 소요 연수	고령화사회에서 고령사회까지 소요 연수
한국	2010년	2032년	22년	22년
일본	1984년	2007년	23년	25년
독일	1951년	2012년	61년	45년
스웨덴	1947년	2011년	64년	85년
미국	1971년	2028년	57년	70년

가장 큰 원인의 하나로 평균수명의 연장속도에 비해 출산율이 지나치게 급속히 감소한다는 점이 지적되고 있다.[3]

고령사회의 도래는 고령자 수의 절대수와 함께 전체인구에서 차지하는 고령자의 비율이 동시에 증가한다는 점에서 여러 가지 사회적 문제를 수반하기도 한다. 고령자 절대수의 증가는 정치, 경제, 사회, 문화 등 모든 분야에서 고령자를 보다 많이 배려하고 보호할 것을 요구하며, 고령자 비율의 증가는 고령자 부양의 사회적 부담이라는 관점에서 누가 어느 정도로 이를 분담해야 하는지에 대한 국민적 합의의 문제를 야기하기도 한다. 특히 우리나라와 같이 고령사회로의 진입이 출산율 저하와 연계해서 발생하고 있는 경우, 부양해야 할 대상은 급속도로 증가하는 반면 이를 경제적으로 뒷받침해 줄 수 있는 노동력은 절대적으로 부족해진다는 점에서 고령자 부양에 대한 심각한 사회문제가 발생될 수 있다.

이러한 문제는 특히 연금제도의 시행과 관련하여 더욱 어려워진다. 고령사회의 도래로 인해 한편으로는 연금수급자의 수가 증가하여 연금관련 지출이 늘어나게 되지만, 다른 한편으로는 출산율 저하에 따른 경제활동인구가 감소함으로써 연금지출을 충당해 줄 수 있는 재원이 부족해지기 때문이다. 가령 도입초기 원활한 제도정착을 위해 저부담·고급여 체계로 출발한 우리나라의 국민연금제도가 현재와 같은 양상으로 진행된다면, 장기적으로는 연금재정이 고갈되는 등 재정위기가 발생하며 이로 인해 막대한 재정적 부담이 미래세대에 이전될 것으로 예상된다. 실제 우리 국민연금제도를 통계학적으로 분석한 연구결과에 따르면, 현재 20세 이하의 젊은 세대로 갈수록 국민연금의 수익비는 감소하는 반면 보험요율은 증가하게 된다고 한다.[4] 이러한 경향은 1955년에서 1964년 이른바 베이비붐 시대에 태어난 사람들이 은퇴하기 시작한 2006년 이후 더욱 더 심각하게 나타나는 것으로

3) 위의 책, 30쪽 이하.

4) 가령 2000년을 기준으로 각 세대가 국민연금으로 납입해야 할 보험료와 장차 수령하게 될 연금액을 예측한 결과를 나타내면 다음과 같다. 김상호, "국민연금법 개정(안)과 세대간 소득재분배,"『사회보장연구』 20-3(2004), 83(95)쪽 참조.

분석되고 있다.[5] 결국 젊은 세대일수록 나이든 세대보다 보험료는 더 많이 지불하는 반면 실제 연금은 더 적게 수령하게 된다는 것이다.

이러한 상황에서 이른바 세대간 형평 또는 세대간 정의의 문제가 제기될 수 있다. 나이든 세대에 비해 경제적으로 더 많이 부담하고 더 적게 혜택을 보는 젊은 세대는, 고령사회의 도래에 따라 예상되는 연금수익률의 분배문제에 대해, 세대간 정의라는 개념으로 자신들의 불공평한 상황을 시정해 달라고 요구할 수 있는가의 문제가 그것이다. 가령 젊은 세대는 세대간 정의의 관점에서, 상대적으로 더 많은 혜택을 보는 나이든 세대의 연금수령액을 축소하거나 이들에게 더 많은 연금납부를 요구할 수 있을지가 문제된다. 이러한 문제는 평등원칙의 적용과 관련하여 헌법적으로도 논의될 수 있다. 연금수익률의 분배에 대한 세대간 갈등의 상황이 헌법상 평등원칙의 적용을 받게 되는가, 그렇다면 현재의 젊은 세대는 장차 예상되는 연금수령액의 축소를 평등원칙에 반하는 것이라고 주장할 수 있는가에 대한 문제이다. 더 나아가 젊은 세대들이 헌법상 평등원칙을 근거로 세대간 공평한 연금수익의 분배를 위해, 입법자에게 국민연금법의 적절한 개정을 요구할 수 있는가의 문제도 이와 관련된다.

고령사회의 도래로 인해 예상되는 위와 같은 문제들은 최근 사회복지학계를 중심으로 논의되고 있으나,[6] 헌법적으로는 아직 활발하게 그 논의가

〈표 2〉 국민연금의 세대간 소득재분배 효과(2000년 현가 기준) (단위: 만원)

세대	표본수 (명)	총연금액 (A)	총보험료 (B)	순연금액 (수익비 : A-B)
1 (25세~29세)	1,138	11,099	9,872	1,227 (1.12)
2 (30세~34세)	966	11,463	8,828	2,625 (1.30)
3 (35세~39세)	758	10,342	7,052	3,290 (1.47)
4 (40세~44세)	640	8,853	5,052	3,800 (1.75)
5 (45세~49세)	449	7,558	3,784	3,775 (2.00)
6 (50세~55세)	360	5,551	2,535	3,016 (2.19)
전체	4,311	9,882	7,182	2,700 (1.38)

5) 최성철, "베이비붐세대가 국민연금에 미치는 영향에 관한 연구," 원광대학교 박사학위논문(2008), 1쪽 이하 참조.

전개되지 않고 있다. 그러나 고령사회를 대비한 이러한 논의과정들은 체계적·종합적인 정책적 논의로 이어져야 하며, 이러한 정책적 논의는 통일적인 시각에서 관련법규의 정비작업으로 이어져야 한다는 점에서 헌법적 시각을 통한 문제해결의 시도가 요청된다.[7] 특히 연금수익률의 불공평한 분배로 인한 세대간 정의의 문제도 결국 헌법 제11조 제1항 일반적 평등원칙의 해석문제로 이어질 수 있다는 점에서, 이에 대한 헌법적 논의의 시도가 필요하다.

따라서 이하에서는 고령사회의 도래에 따라 예상되는 세대간 정의의 요청을, 연금수익률의 세대간 불공평한 분배라는 문제점을 중심으로 헌법적 관점에서 해결해 보고자 한다. 이를 위해서는 구체적으로 세대간 정의의 문제가 헌법상 평등원칙의 적용영역에 해당되는지, 나아가 세대간 분배의 불균형을 평등원칙의 위반으로 파악할 수 있는지, 그렇다면 이로부터 세대간 정의를 실현하라는 어떠한 구체적인 헌법적 명령을 도출할 수 있는지 등의 문제들을 논의해야 할 것이다(IV). 이러한 구체적인 논의를 전개하기에 앞서 우선 세대간 정의가 도대체 무엇이며(II), 헌법적으로 어떻게 이해할 수 있는지(III) 등에 대한 일반적 내용들을 살펴볼 필요가 있다. 왜냐하면 지금까지 세대간 정의의 개념 및 내용에 대한 일반적 논의들이 헌법적으로 거의 전개되지 않았기 때문이다.

---

6) 가령 김상호, 앞의 논문, 83(94)쪽 이하; 김상호, "국민연금법 개정(안)의 세대내 소득재분배 효과 분석," 『경제학연구』 52-3(2004), 123(134)쪽 이하; 김연명, "국민연금, 미래세대의 가혹한 부담인가?," 『월간 복지동향』 70(2004), 16(17)쪽 이하; 김준영·강성호, "국민연금제도의 소득재분배 효과: 사업장 가입자 1세대를 중심으로," 『공공경제』 10-2(2005), 129(138)쪽 이하 참조.

7) 홍일선, "고령사회를 대비한 헌법적 논의－국가의 노인보호의무와 노인의 사회적 기본권을 중심으로－," 『공법학연구』 9-2(2008), 139(141)쪽 이하.

II. 세대간 정의에 대한 일반적 이해

1. 세대간 정의의 의의

세대간 정의(世代間 正義, intergenerational justice, Generationengerechtigkeit)에 대한 논의는 환경보호, 경제발전 등 여러 분야에서 매우 다양한 시각으로 전개되고 있기 때문에, 이를 일률적으로 정의하기가 매우 어렵다.[8] 지금까지 전개된 세대간 정의의 문제는 대체로 현재를 중심으로 과거 또는 미래를 포함한 각각의 세대들 사이의 정의실현과 관련된 문제를 포함한다. 가령 환경보호나 경제발전 등의 문제와 관련하여, 현재세대에 살고 있는 사람들이 미래세대를 위해 현재의 자연환경을 보존하는 등의 어떤 주의의무를 가지고 있는가, 또는 현재세대의 사람들이 미래세대를 위해 자본재의 투자나 저축과 같은 적극적 형태의 활동의무를 가지고 있는가 등이 그것이다. 이러한 점에 비추어 볼 때 세대간 정의란 현재세대에 살고 있는 인류가 미래세대의 인류를 위해 어떠한 도덕적 또는 법적 의무를 부담할 수 있는가의 문제를 의미한다고 할 수 있다.[9]

세대간 정의에 대한 논의는 대략 1960년대 이후 극심한 환경오염과 지나친 환경훼손에 대한 경고 또는 미래세대를 위한 환경보호의 필요성과 같은 요청들과 함께 등장하였다.[10] 가령 댐 건설이나 갯벌 개발 등과 같이 현재세대의 소득증대나 직업창출 등 경제적 관점만을 고려한 지나친 자연환경

---

8) 세대간 정의의 문제상황, 등장배경 등 일반적 논의에 대한 국내문헌으로는 오병선, “세대간 정의의 자유공동체주의적 접근,” 『법철학연구』 6-2(2003), 295쪽 이하. 이에 대한 독일문헌으로는 Andrea Heubach, *Generationengerechtigkeit−Herausforderung für die zeitgenössische Ethik*, V&R unipress(2008), 11쪽 이하 참조.

9) A. Heubach, 위의 책, 12쪽.

10) 환경보호와 세대간 정의의 문제에 대한 국내문헌으로는 윤성복, “환경과 미래세대들,” 『한・독 사회과학 논총』 15-1(2005), 205(206)쪽 이하; 홍성방, 『환경보호의 법적 문제 −독일의 헌법과 행정법에 있어서 환경보호를 중심으로−』, 서강대학교출판부(1999), 5쪽 이하 참조.

의 훼손이나 생태계 파괴는, 현재세대의 단기적 이익을 훨씬 초과하는 미래세대에 대한 심각한 부담을 초래하므로, 세대간 정의 또는 세대간 형평의 관점에서 허용될 수 없다는 주장이 그것이다. 나아가 지구상의 자연자원은 현재와 미래세대 공동의 유산이므로, 현재세대의 인류가 이를 독점적으로 이용해서는 아니되며 미래세대를 위해 일정 양을 보존해 두어야 한다는 주장도 세대간 정의의 요청을 그 기반으로 하고 있다. 우리나라에서도 이른바 새만금소송 사건에서, 새만금간척사업은 미래세대의 환경권을 침해한 것이라는 내용이 세대간 정의의 관점에서 주장된 바 있다.[11]

2. 세대간 정의에 대한 논의의 유형

환경보호의 관점에서 시작된 세대간 정의에 대한 논의는 다음과 같이 다양한 분야로 확산되고 있다.[12]

첫째, 과학기술의 발전에 따른 세대간 정의의 요청이다. 현대사회에서 과학기술의 눈부신 발전은 인류에게 많은 편리함과 혜택을 제공해 주었지만, 이와 동시에 여러 문제들도 안겨 주었다. 이러한 문제는 현재세대의 인류보다 미래세대의 인류에게 직접 관련된다는 점에서 과학기술의 발전에 따른 세대간 정의의 요청이 등장하게 되었다. 이에 대한 적절한 예로 유전공학의 발전을 들 수 있다. 유전공학의 발전은 인류에게 난치병 치료, 식량난 해소 등의 긍정적 측면만이 아니라, 인간존엄성의 침해나 유전자변형식품 섭취에 따른 심각한 부작용 등과 같은 위험성도 동반하기 때문이다. 이러한 위험성은 현재세대의 인류만이 아니라 미래세대의 인류에게 더욱 더 치명적일 것이라는 점에서, 과학기술의 발전에 따른 세대간 정의의 문제가 등장하게 된 것이다.

둘째, 생태학적 관점에 따른 세대간 정의의 요청이다. 이는 현재세대 인

11) 김홍균, "새만금 소송의 의의와 과제," 『저스티스』 81(2004), 90(104)쪽 이하 참조.
12) 이하 A. Heubach, 앞의 책, 50쪽 이하; Michael Klundt, *Von der sozialen zur Generationengerechtigkeit?*, VS Verlag für Sozialwissenschaften(2008), 149쪽 이하 참조.

류가 야기한 지나친 환경오염과 자연자원의 고갈로 인해 미래세대가 지게 될 부담을 의미한다. 20세기 이후 인류는 과학기술을 포함하여 급속한 문명의 발전을 이루어 왔지만, 이와 동시에 역사상 가장 심각하게 생태계를 훼손하기도 하였다. 이에 따른 여러 문제들, 가령 자연자원의 고갈, 대기오염 및 수질오염, 온실효과, 오존층 파괴, 핵폐기물 처리 등은 현재세대의 인류만이 아니라 특히 미래세대의 인류에게 보다 직접적인 부담을 초래한다는 점에서, 생태학적 관점에 따른 세대간 정의가 요청되는 것이다.

셋째, 경제적 관점에 따른 세대간 정의의 요청이다. 이는 현재세대의 경제발전이 미래세대에게는 오히려 경제적 부담을 야기할 수도 있다는 것을 의미한다. 가령 특정 국가가 경제개발을 위해 대규모 국가사업을 계획하면서 많은 양의 부채를 지게 되는 경우, 이는 대부분 미래세대가 떠맡게 되는 경제적 부담을 의미하게 된다. 그러나 이에 대해서는 현재세대가 부채를 가지고서라도 계획한 경제개발이 미래세대에게 오히려 경제적 이익이 될 수도 있다는 반론이 제기될 수도 있다. 현재세대에서 추진하는 경제개발의 효과가 미래세대가 부담할 부채를 뛰어넘는 정도의 이익을 창출할 수도 있기 때문이다. 그러나 이러한 불확실한 상황을 근거로 미래세대가 부담하게 될 경제적 손실이 정당화될 수는 없다는 점에서, 경제적 관점에 따른 세대간 정의가 요청되는 것이다.

넷째, 정신적 관점에 따른 세대간 정의의 요청이다. 이는 앞에서 제시한 세대간 정의의 요청들이 단지 물질적 차원에서만이 아니라, 도덕적・정신적 차원에서도 후세대에 부담을 초래하게 된다는 것을 의미한다. 가령 현재세대에서 야기된 자연환경의 훼손은 미래세대의 인류에게 그러한 훼손된 환경에서 겪게 될 정신적 고통까지 부과하게 된다는 것이다. 나아가 제2차 세계대전중 독일이 제3제국에서 야기한 후세대에 대한 부담은 단지 경제적・물질적 의미에서의 보상과 재건에만 한정된 것이 아니라, 나치의 후예라는 매우 심각한 도덕적・정신적 부담도 포함된 것이었다는 점도 이에 대한 예로 들 수 있다.

Ⅲ. 세대간 정의와 헌법

1. 세대간 정의와 관련된 각국의 헌법규정들

세대간 정의의 관점에서 전개된 이러한 논의들은 특히 미래세대를 위한 일련의 보호조항이라는 형태로 유럽을 중심으로 각국의 헌법에 반영되기도 하였다.[13] 미래세대의 보호라는 관점에서 세대간 정의를 헌법에 규정한 가장 빠른 예로는 1984년 독일 바이에른주 헌법을 들 수 있다. 동 헌법은 제141조 제1항에서 "미래세대에 대한 책임을 포함하여, 자연환경을 보호하는 것은 모든 개별 공동체와 국가공동체의 특별한 배려사항이다"라고 규정하였다. 이러한 태도는 통일 이후 새롭게 헌법을 개정한 구 동독지역의 주헌법에서 보다 쉽게 찾아볼 수 있다. 가령 1992년 브란덴부르크주 헌법은 제39조 제1항에서 "자연보호, 환경보호 그리고 문화경관의 보호는 현재와 미래생활에 대한 기초로서 주와 모든 인간의 의무이다"라고 하고, 제40조 제1항에서 "대지와 하천의 이용은 특히 일반의 이익과 미래세대의 이익을 고려해야 한다"고 규정하였다. 한편 1992년 작센주 헌법 제10조 제1항은 "생활의 토대인 환경을 보호하는 것은, 주의 의무이자 미래세대에 대한 책임이기도 하다"라고 규정하였고, 1993년 튜링엔주 헌법은 서문에서 '미래세대에 대한 책임'을 강조하기도 하였다. 1993년 메클렌부르그 포어포머른주 헌법은 제15조 제4항에서 '다른 인간과 민족과의 공동체적 책임 및 미래세대에 대한 책임의 하나'로 교육의 중요성을 규정하여 환경보호적 관점만이 아니라 미래세대를 위한 교육의 중요성을 규정하기도 하였다. 이러한 경향에 따라 독일 기본법은 1994년 기본법 개정을 통해 '자연환경의 보호'라는 제20a조를

13) 세대간 정의와 관련된 각국 헌법의 규정들에 대해서 자세한 것은 Peter Häberle, Ein Verfassungsrecht für künftige Generationen-Die "andere" Form des Gesellschaftsvertrages: der Generationenvertrag, in: Festschrift für Hans F. Zacher zum 70. Geburtstag, C.F. Müller(1998), 215(217)쪽 이하 참조.

새롭게 추가하였다. 동 조항에서 기본법은 "국가는 미래세대들에 대한 책임을 통해서도 헌법질서의 테두리 내에서 입법에 의하여 그리고 법률과 법이 정하는 바에 따라 집행권 및 사법에 의하여 자연환경을 보호한다"라고 규정하여, 연방적 차원에서 미래세대에 대한 보호규정을 마련하였다.[14)]

미래세대의 보호에 관한 이러한 헌법규정들은 독일 이외의 다른 나라의 헌법에서도 찾아볼 수 있다. 가령 1997년 폴란드 헌법은 서문에서 "100년 이상 내려온 우리 세대의 유산을 미래세대에게 물려 줄 의무가 있다"고 규정하였으며, 1996년 남아프리카공화국 헌법은 제24조b에서 "현재와 미래세대의 이익을 위하여 자연환경을 보호해야 한다"고 규정하였다. 나아가 2007년 이탈리아 헌법은 제9조 제2항에서 "공화국은 이탈리아의 풍경과 역사적·문화적 유산을 보호해야 한다"고 규정하고, 2005년 포르투갈 헌법은 제66조 제2항에서 "자연환경을 유지하고 역사적·예술적 가치가 있는 문화적 작품들을 보전해야 한다"고 하여 간접적으로 미래세대를 위한 보호규정을 두고 있다.

미래세대의 보호를 위한 이러한 각국 헌법의 태도는 우리 헌법에서도 찾아볼 수 있다. 우선 현행 헌법은 전문에서 "우리들과 우리들의 자손의 안전과 자유와 행복을 영원히 확보할 것을 다짐하면서 …"라고 하여, 대한민국의 후손들에 대한 안전·자유·행복을 규정하고 있다. 나아가 제35조 제1항에서도 "모든 국민은 건강하고 쾌적한 환경에서 생활할 권리를 가지며, 국가와 국민은 환경보전을 위하여 노력하여야 한다"라고 하여, 간접적으로 미래세대의 보호를 위한 환경보전의무를 규정하고 있다.

2. 세대간 정의에 대한 헌법적 문제점들

위에서 살펴본 바와 같이 유럽을 중심으로 각국의 헌법에 반영된 세대

---

14) 기본법 제20a조항에 대해서 자세한 것은 Astrid Epiney, in: von Mangoldt · Klein · Stark, GG II, 5. Auflg. 2005, Art. 20a; Karl-Peter Sommernann, in: von Münch · Kunig, GGK II, 5. Auflg. 2001, Art. 20a 참조.

간 정의의 규정들은 대체로 미래세대를 위한 자연환경과 문화환경의 보호를 그 내용으로 하고 있다. 그러나 미래세대의 보호를 위한 이러한 각국 헌법의 규정들은 그 해석상 다음과 같은 여러 가지 문제점들을 수반하기도 한다.

첫째, 세대간 정의 또는 미래세대 보호 등의 규정에서 '세대'라는 개념을 어떻게 정의할 것인가의 문제이다. 우선 세대(世代, generation, Generation)라는 개념을 단지 국적을 가진 국민만이 아니라, 외국인과 무국적자를 포함한 모든 인간을 포함하는 것으로 파악할 수 있느냐가 문제된다. 인류는 자연환경이나 문화환경의 존재 없이 존속·발전할 수 없다는 점에서, 미래세대를 위한 자연환경이나 문화환경의 보호는 국적을 초월한 모든 인간을 위한 보호규정으로 볼 수 있기 때문이다.[15] 나아가 세대간 정의에서 논의되는 세대의 범위를 어떻게 파악할 것인가라는 문제도 제기된다. 현재 존재하는 세대 이외에 아직 태어나지 아니한 장래의 인류만을 의미하는 것인지, 현재 태어났지만 아직 성년이 되지 아니한 아동들도 포함하는 넓은 개념으로 이해해야 하는 것인지, 해당 보호조항이 의도하는 내용을 중심으로 그때그때마다 상이하게 파악해야 하는 것인지 등의 문제가 그것이다.[16]

둘째, 미래세대의 보호에 대한 헌법규정의 법적 성격을 어떻게 파악할 것인가의 문제이다. 이는 세대간 정의의 실현과 관련하여 매우 중요한 의미를 가지고 있다. 가령 헌법에 규정된 미래세대 보호규정을 단지 법적 구속력이 없는 선언적 성격으로 파악할 것인가, 아니면 구속력을 가지는 직접적 효력규정으로 이해할 것인가의 문제가 그것이다. 전자와 같이 이해한다면 세대간 정의에 어긋나는 조치들을 구제할 별다른 방법이 존재하지 않으며, 이에 따라 미래세대를 보호하기 위한 헌법적 의지가 약화될 수 있다는 문제점이 있다. 반면 후자와 같이 이해하는 경우에도 아직 현존하지 아니하는 미래세대에 대한 헌법적 보호를 구체적으로 어떠한 절차와 방법으로

15) P. Häberle, 앞의 논문, 215(222)쪽.

16) 세대의 범위에 대한 논의에 대해 자세한 것은 P. Häberle, 앞의 논문, 215(226)쪽; A. Heubach, 앞의 책, 29쪽 이하 참조.

실현할 수 있는가라는 문제점이 있다.

독일의 경우 미래세대를 위한 자연환경 보호라는 기본법 제20a조의 의미를 원칙적으로 국가목적규정(Staatszielbestimmung)으로 파악하고 있다.[17] 우리나라의 경우에도 헌법 제35조 제1항에서 의미하는 환경보전의무를 미래세대를 위한 직접적 효력규정이 아닌 국가목적규정으로 이해하는 것이 일반적인 견해이다.[18] 즉 헌법상 환경보전의 의미는 미래세대의 이익과도 직결되어 있어 현재세대의 이해관계만을 그 기준으로 정할 수 없으나, 여기에서 미래세대의 이익은 국가의 미래세대에 대한 보호의무라는 형태로 입법에서 고려되어야 하는 것이지 미래세대의 직접적인 보호청구권을 의미하지 않는다는 것이다.[19]

셋째, 미래세대의 보호에 대한 헌법규정을 근거로 헌법의 적용범위가 미래세대에까지 직접 미치는가의 문제가 제기된다. 즉 현행 헌법은 현재세대에 생활하고 있는 주민에게 한정되는 것인가, 아니면 미래세대의 주민에게도 그대로 적용되는 것인가의 문제가 그것이다. 헌법의 적용을 받는 국민은 현재 살고 있는 대한민국 국민에 한정되는가, 아니면 과거에서 현재로 현재에서 미래로 이어지는 이른바 연속선상에 있는 모든 국민을 의미하는가도 이와 관련된다. 왜냐하면 특정한 시점에 제정 또는 개정된 헌법이라고 할지라도, 동 헌법의 적용을 받는 국민은 시간의 변화에 따라 계속적으로 사망 또는 탄생의 과정을 통해 새로운 세대의 국민으로 변화되기 때문이다.[20] 이와 관련하여 특히 미래세대의 기본권 주체성에 대한 문제도 제기될 수 있다. 즉 헌법상 보장되는 기본권은 현재세대에 살고 있는 국민에 한정되는 것인가, 또는 장차 태어날－시간의 연속선상에 있는－새로운 세

17) A. Epiney, 앞의 책, Rn. 32; K.-P. Sommermann, 앞의 책, Rn. 1 참조.

18) 가령 계희열, 『헌법학(중)』(박영사, 2004), 784쪽; 정종섭, 『헌법학원론』(박영사, 2009), 839쪽 이하; 한상운, "현행 헌법상 환경국가원리에 관한 연구," 『공법연구』 34-4-1(2006), 287(297)쪽 이하; 홍성방, 『헌법학(중)』(박영사, 2010), 300쪽 참조.

19) 반면 미래세대의 자연인에게까지 환경권의 주체성을 인정해야 한다는 견해도 있다. 가령 김철수, 『헌법학신론』(박영사, 2009), 881쪽 이하 참조.

20) P. Häberle, 앞의 논문, 215(228)쪽.

대의 국민에게도 인정될 수 있는 것인가의 문제가 그것이다.[21]

Ⅳ. 세대간 정의와 평등

1. 문제상황의 정리

앞에서 세대간 정의에 관한 일반적 내용과 이에 대한 헌법적 문제점들을 개괄적으로 살펴보았다. 세대간 정의에 대한 다양한 문제상황들 중에서, 이하에서는 고령사회의 도래에 따라 제기되는 세대간 분배의 불균형이라는 문제를 일반적 평등원칙이라는 기준에 따라 헌법적으로 어떻게 해결할 수 있는지 살펴보고자 한다. 다만 세대간 분배의 불균형도 문제되는 범위가 매우 넓고 다양하기 때문에,[22] 논의의 편의를 위해서 연금제도의 시행과 관련하여 제기되는 다음과 같은 내용으로 그 범위를 한정하고자 한다.

고령사회의 도래로 인해 한편으로는 연금수급자의 수가 증가하여 연금관련 지출이 늘어나지만, 다른 한편으로는 출산율 저하로 인한 경제활동인구의 감소로 연금지출을 충당해 줄 수 있는 재원이 부족해진다는 점이 문제의 출발점이다. 이러한 문제상황은 우리나라에서 이미 다른 사회과학 분야의 연구를 통해 어느 정도 예측된 것이다.[23] 가령, 이른바 베이비붐 시대에 태어난 사람들이 대거 은퇴를 시작한 2006년 이후 국민연금의 수입과 지출을 비교한 연구결과에 따르면, 국민연금재정의 세대간 수지불균형이 매우 심각한 것으로 나타났다.[24] 이에 따르면 현재 20세 이하의 젊은 세대는 이미 연금을 수령받고 있는 노인세대에 비해 보험료는 더 많이 지불하게 되

---

21) 가령 헌법 제23조 재산권의 내용에 재산을 자유롭게 상속하고 상속받을 수 있는 권리가 포함된다면, 이러한 상속권의 주체는 아직 태어나지 아니한 미래세대의 특정인이 될 수도 있을 것이다.

22) 세대간 분배의 불균형에 대한 일반적 문제상황에 대해서 자세한 것은 Wolfgan Kersting, *Theorien der sozialen Gerechtigkeit*, Verlag J.B. Metzler(2000), 1쪽 이하 참조.

23) 자세한 것은 앞의 주 4) '〈표 2〉 국민연금의 세대간 소득재분배 효과' 참조.

24) 최성철, 앞의 논문, 112쪽 이하 참조.

지만 실제 연금은 더 적게 수령하게 된다는 것이다.

이러한 연금수익률의 불균형은 헌법상 평등원칙과 관련하여 다음과 같은 구체적 문제들을 제기한다. 첫째, 현재 젊은 세대는 장차 자신들의 연금수령금액이 노인세대의 수령액에 비해 축소될 것이라는 점을 헌법상 평등원칙에 반하는 것이라고 주장할 수 있는가의 문제이다. 둘째, 그렇다면 젊은 세대는 이러한 연금수익률의 불균형 문제를 시정하기 위해, 현재 노인세대에 지급되는 연금액을 축소하라는 것과 같이, 입법자에게 국민연금법의 적절한 개정을 요구할 수 있는가의 문제도 제기된다. 이러한 문제들을 해결하기 위해서는 연금수익률의 세대간 불균형이 과연 헌법 제11조 제1항 일반적 평등원칙의 적용영역에 해당되는가의 여부가 우선 밝혀져야 할 것이다.

2. 일반적 평등원칙의 적용 가능성

헌법 제11조 제1항 일반적 평등원칙은 다른 기본권 조항들에 비해서 훨씬 더 개방적인 특성을 가졌다. 헌법상의 개별 기본권들은 해당 규정으로부터, 물론 정확하게 그 한계를 획정하기는 어렵지만, 대략적인 보호의 범위와 정도를 예측할 수 있다. 가령 헌법 제16조와 제20조 제1항을 통해 주거의 자유와 종교의 자유라는 기본권이 보장하는 내용과 정도는 어느 정도 예측이 가능하다. 반면 헌법 제11조 제1항으로부터 어떠한 내용의 기본권이 어느 정도 보장되는지를 예측하기는 매우 어렵다. 일반적 평등원칙은 특정한 보호영역을 가지고 있지 아니하며, 결국 본질적으로 같은 것과 본질적으로 다른 것이 무엇인지, 허용되는 차별의 정도를 비교하는 정확한 판단기준이 무엇인지 예측하기 어렵기 때문이다. 이러한 이유로 일반적 평등원칙은 거의 모든 생활영역에 적용되는 일반조항(Generalklausel)으로서의 성격을 갖는다고 할 수 있다.[25)]

25) 이러한 이유로 일반적 평등원칙은 보충적 기본권으로 설명되기도 한다. 김주환, “일반적 평등원칙의 심사 기준과 방법의 합리화 방안,” 『공법학연구』 9-3(2008), 201(203)쪽. 나아가 계희열, 앞의 책, 236쪽; 정종섭, 앞의 책, 437쪽도 참조.

일반적 평등원칙의 이러한 개방적 특성으로 인해, 한편으로는 평등의 개념과 합리적 차별의 판단기준에 대한 다양한 해석 가능성이 존재한다. 평등의 개념과 관련하여 도대체 평등이 무엇을 의미하는가에 대해서는 이미 고대 그리스시대 이래 지금까지 국내외에서 수많은 논의가 있어 왔다. 그럼에도 불구하고 평등의 개념은 결국 고전적 정의의 관점에서 이해하는 것이 일반적이다.[26] 이에 따르면 헌법상 평등이란 모든 사람을 모든 관계에서 항상 평등하게 취급하라는 절대적 평등이 아니라, 합리적이고 정당한 근거에 따라 차별을 허용하는 상대적 평등을 의미한다. 즉 평등은 '각자에게 그의 몫을 나누어 주라'(*suum cuique tribuere*)는 고전적 정의의 원리에 따라, 같은 것은 같게 그리고 다른 것은 다르게 취급할 것을 요구한다는 것이다. 이러한 의미에서 일반적 평등원칙은 오랫동안 이른바 '자의금지(恣意禁止, Willkürverbot)의 원칙'으로 설명되었다. 즉 본질적으로 서로 같은 것을 자의적으로 다르게 취급하거나 또는 본질적으로 서로 다른 것을 자의적으로 서로 같게 취급하는 것을 금지한다는 의미이다.[27]

그러나 명백성 통제를 의미하는 자의금지원칙은 지나치게 완화된 심사기준으로 입법자의 평등원칙에 대한 구속을 실효성 있게 통제할 수 없다는 비판이 제기되었다. 이에 따라 인적 집단을 비교대상으로 하는 인적 평등의 경우는 엄격한 비례성 심사를 하고, 그 밖에 생활상태나 사람의 행동을 규율대상으로 하는 물적 평등의 경우에는 자의금지라는 완화된 심사를 하자는 이른바 '새로운 정식'(die neue Formel)이 등장하였다.[28] 하지만 이에 대해서도 인적 평등과 물적 평등의 문제는 대부분 혼합해서 발생하므로 양자는 명확하게 구별되지 않는다는 비판이 제기되었다. 따라서 새로운 정식은 다시 이른바 '최신의 정식'(die neuesete Formel)으로 수정되었다.[29] 이에

---

26) 계희열, 앞의 책, 234쪽; 김주환, 위의 논문, 201(204)쪽; Konrad Hesse, *Grundzüge des Verfassungsrechts der Bundesrepublik Deutschland*, 20. Aufl. 1999, Rn. 438.

27) 계희열, 앞의 책, 237쪽; 정종섭, 앞의 책, 444쪽; 홍성방, 앞의 책, 55쪽 이하; K. Hesse, 위의 책, Rn. 439.

28) 계희열, 앞의 책, 238쪽 이하.

29) 계희열, 앞의 책, 239쪽; 정종섭, 앞의 책, 444쪽 이하; K. Hesse, 앞의 책, Rn. 439.

따르면 일반적 평등원칙은 규율대상과 차별기준에 따라서 각각 단순한 자의금지로부터 비례성 심사에 이르기까지 입법자를 구속하는 다양한 한계가 도출된다고 한다. 우리 헌법재판소도 "헌법에서 특별히 평등을 요구하고 있는 경우와 차별적 취급으로 인하여 관련 기본권에 대한 중대한 제한을 초래하게 된다면 입법형성권은 축소되어 비례의 원칙이라는 엄격한 심사척도가 적용되어야 하지만, 그러한 경우가 아니라면 자의금지원칙에 따른 심사를 한다"고 하여 이른바 '최신의 정식'에 따른 단계화된 심사방식을 수용한 바 있다.[30]

다른 한편으로 일반적 평등원칙의 개방적 특성으로부터 시대적 발전에 따라 등장하는 다양한 정의관념들이 포섭될 수 있는 가능성이 도출되기도 한다. 즉 본질적으로 같은 것과 다른 것에 대한 판단은 시대의 변화에 따라 각각 다르게 나타날 수 있다는 점과, 특정한 시점에는 평등원칙에 반하지 않는다고 여겨지는 내용이 시대와 상황의 변화에 따라 각각 다르게 판단될 수도 있다는 것이다. 사회적 정의와 관련된 여러 가지 사회적 불평등의 문제가 헌법상 사회국가원리라는 내용으로부터 구체화되기보다는, 실제로 일반적 평등원칙으로부터 그 해결책이 제시되고 있다는 점도 이러한 이유 때문이라고 설명할 수 있을 것이다.[31]

이러한 점에 비추어 볼 때 고령사회의 도래에 따라 제기되는 세대간 분배의 불균형에 대한 문제는 헌법 제11조 제1항 일반적 평등원칙의 적용범위에 포함될 수 있을 것이다. 세대간 분배의 불균형, 즉 서로 다른 세대간에 예상되는 연금수령액의 차이는 헌법이 특별히 강조한 개별적 차별금지사유에 해당되지 않으며, 본질적으로 같은 것을 같게 그리고 본질적으로 서로 다른 것은 다르게 취급하라는 일반적 평등원칙의 의미내용에 포함될 수 있기 때문이다.

---

30) 헌재 2004.1.29. 2002헌가22 참조. 나아가 헌재 1999.12.23. 98헌바33; 헌재 2001.2.22. 2000헌마25; 헌재 2003.12.18. 2002헌마593 등도 참조.

31) 자세한 것은 Anne Lenze, "Gleichheitssatz und Generationengerechtigkeit," *Der Staat* 46(2007), 89(90)쪽; Fritz Ossenbühl, Soziale Gleichheit in der Zeit, in: Festschrift für Hans F. Zacher zum 70. Geburtstag, C.F. Müller(1998), 673(674)쪽 참조.

3. 차별적 취급의 존재 여부

연금수익률의 차이로 인한 세대간 분배의 불균형 문제가 일반적 평등원칙에 반한다고 주장하기 위해서는, 우선 차별적 취급이 존재해야 한다. 즉 본질적으로 같은 것을 다르게 취급하였거나, 본질적으로 서로 다른 것을 같게 취급한 사실이 확인되어야 한다.32) 이는 현재 젊은 세대와 노인세대는 본질적으로 같은 연금납부자임에도 불구하고 서로 다른 연금액을 수령하게 된다는 차별적 취급의 존재를 의미한다. 즉 현재 젊은 세대와 노인세대의 연급납부가 본질적으로 서로 같은 것임에도 불구하고 젊은 세대는 노인세대에 비해 연금을 적게 수령하게 되므로 다르게 취급받는다는 점이 밝혀져야 하는 것이다.

이는 다음과 같은 문제들로 구체화된다. 첫째, 서로 다른 세대의 비교 가능성에 대한 문제이다. 즉 현재 젊은 세대와 노인세대의 연금납부를 과연 본질적으로 같은 것으로 판단할 수 있는지 논의되어야 한다. 둘째, 현재세대와 미래세대간의 연금수익률의 차이가 과연 젊은 세대를 불리하게 취급하는 서로 다른 것으로 볼 수 있는가의 문제이다. 불이익한 차별을 받는다고 주장하는 비교세대를 어떻게 구성할 것인가의 문제도 이와 관련된다.

(1) 서로 다른 세대의 비교 가능성

현재 연금을 수령하는 노인세대와 장차 연금수령이 예상되는 젊은 세대가 과연 본질적으로 같은 것에 해당되는가의 여부, 즉 서로 다른 세대의 비교 가능성에 대한 판단은 매우 조심스럽다고 할 수 있다. 서로 다른 세대간의 운명을 연금수익률의 감소와 같은 일정한 기준으로 과연 비교할 수 있는지 매우 의심스럽기 때문이다. 상대적으로 고액의 연금을 수령한다는 70세 이상의 노인세대와 이들에 비해 현저하게 낮은 연금을 수령하게 될 것이라는 20~30세 젊은 세대간의 생활환경은 비교할 수 없으리만큼 현저하게

32) 일반적 평등원칙의 위반 여부에 대한 심사모형과 방법에 대해서는 김주환, 앞의 논문, 201(206)쪽 이하 참조.

다르다. 일제강점기, 한국전쟁 및 전쟁의 복구라는 비극적인 역사의 주체로 대표되는 노인세대는, 민주화운동과 경제발전이라는 과실의 향유자로 대표되는 젊은 세대와 비교할 때, 훨씬 더 열악한 조건 속에서 성장할 수밖에 없었다. 특히 한 개인의 경제활동 가능성을 결정하는 교육과 근로의 기회 제공이라는 측면에서 볼 때 더욱 더 그러하다.

물론 서로 다른 세대간의 역사적 상황이 세대간 정의라는 헌법적 판단에서 어느 정도까지 고려되어야 하는가는 확실하게 대답하기 어렵다. 같은 세대에 있는 사람들 사이에도 동일한 역사적 상황 속에서 이득을 본 사람이 있는가 하면 희생을 당한 사람도 있기 때문이다. 그러나 서로 다른 세대간 분배의 불균형 문제를 논의하기 위해서는, 최소한 비교되는 두 세대간의 평균근로시간과 근로조건 등은 고려해야 할 것이다.[33] 이와 관련하여 현재 노인세대가 젊은 세대에 비해 평균적으로 훨씬 더 열악한 근로조건에서 더 많은 근로시간을 보냈다는 점에 대해서는 이의를 제기하기 어려울 것이다.[34] 한국전쟁 이후 경제적으로 매우 어려운 상황에서 고등교육을 받을 기회가 상대적으로 적었던 노인세대들은, 지금의 젊은 세대에 비해 더 어린 나이에 근로활동을 시작하여 대부분 쉬지 않고 더 숨가쁘게 일을 해왔던 것이 사실이기 때문이다.

이러한 점에 비추어 볼 때, 지금의 젊은 세대와 노인세대가 연금납부라는 측면에서 과연 본질적으로 서로 같은 것에 해당되는가에 대해서는 의문이 있을 수 있다. 지금의 노인세대는 젊은 세대들에 비해 경제적으로 매우 어려운 환경에서 성장하였으며, 훨씬 더 열악한 교육의 기회와 근로조건 속에서 일할 수밖에 없었기 때문이다. 반면 지금의 젊은 세대는 노인세대의 희생을 기반으로 경제적으로 더 풍족한 환경에서 성장하였으며, 더 많은 교육의 기회와 근로조건 속에서 일하고 있다. 결국 젊은 세대와 노인세대의 연금납부는 본질적으로 서로 같은 것이라고 판단하기 어려운 것이다.

---

33) A. Lenze, 앞의 논문, 89(95)쪽.

34) 김연명, 앞의 논문, 16쪽 이하 참조.

(2) 비교집단의 구성문제

차별적 취급의 존재 여부와 관련하여 다음으로 논의해야 할 것은 서로 다른 세대라는 비교집단의 구성에 대한 문제이다. 연금수령액의 차이에 대한 세대간 정의를 주장하는 견해는 현재 젊은 세대가 노인세대에 비해 장차 훨씬 더 적은 액의 연금을 수령하게 될 것이라는 예상이 평등원칙에 반한다고 주장한다. 그러나 현재세대와 미래세대간의 분배문제를 과연 미래세대가 부담해야 할 채무나 불이익으로만 파악하기는 어렵다. 젊은 세대는 대부분 노인세대의 경제적 기초에 의존해 활동하고 있으며, 따라서 양 집단의 차별적 취급의 존재 여부를 확인하기 위해서는 노인세대가 젊은 세대를 위해 지출하는 비용까지도 고려해야 하기 때문이다. 그렇다면 노인세대에 경제적으로 의존하고 있는 젊은 세대는 비교집단의 구성에서 배제되어야 할 것이다.[35)]

이러한 문제는 특히 경제적으로 부모에게 부양을 의존하고 있는 젊은 세대와 자녀를 부양하고 있는 노인세대가 각각의 비교집단에서 배제되어야 한다는 것을 의미한다. 자녀를 부양하고 있는 세대는 자녀양육을 위해 경제적으로 엄청난 비용을 지출하고 있기 때문이다.[36)] 이러한 요소를 고려하면 결국 분배와 관련된 세대간 정의는 장차 연금을 수령받게 될 젊은 세대와 이미 연금을 수령받고 있는 노인세대간의 문제가 아니라, 자녀양육을 위해 많은 비용을 지출하고 있는 부모들과 혼인하지 않았거나 자녀가 없어 별도의 자녀양육비를 지출하지 않는 사람들 간의 문제라고 해야 할 것이다. 서로 다른 세대간이 아니라 같은 세대 내에 자녀양육비를 지출하고 있는 집단과 그렇지 않은 집단이라는 본질적으로 서로 다른 집단을 동일하게 취급한 것에 대한 문제로 볼 수 있기 때문이다. 따라서 이러한 내용은 자녀양육비를 지출하고 있느냐의 여부에 따른 이른바 세대내 정의(Intra-generationelle

35) A. Lenze, 앞의 논문, 89(97)쪽.

36) 특히 우리나라와 같이 대부분의 자녀가 대학졸업 이후 취업 또는 혼인 전까지 경제적으로 부모에 의존하고 있는 상황에서는 더욱 더 그러하다.

Gerechtigkeit)의 문제라고 할 수 있을 것이다.[37)]

4. 입법형성의 자유와 세대간 정의의 요청

설령 연금수익률의 차이에 차별적 취급이 존재한다는 점을 인정하더라도, 이를 근거로 입법자에게 현재세대의 연금지출액을 삭감하라는 등의 어떠한 헌법적 명령을 도출할 수 있는가의 문제는 별도로 살펴 보아야 할 것이다. 세대간 분배의 불균형에서 문제되는 것은 대체로 미래세대의 채무나 불이익을 예측한 추정적 상황일 뿐인데, 단지 이러한 추정적 상황만으로 평등원칙에 따른 입법적 조치를 강제할 수 있는지 의심스럽기 때문이다. 나아가 차별적 취급이 인정되는 경우에도, 이를 정당화시킬 수 있는 특별한 사유가 존재할 수 있기 때문이다.

(1) 예견되는 차별적 취급의 판단 문제

연금수령액 축소에 관한 세대간 정의의 요청은 대부분 이러한 상황에 대한 예측에 기초하고 있다는 점을 주의해야 한다. 즉 젊은세대가 장차 자신들이 받게 될 연금수령액이 현재 노인세대의 수령액에 비해 적게 될 것이라는 주장은, 대부분 일정한 자료들에 근거한 하나의 예측에 불과하다는 것이다. 연금수령액의 차이에 대한 분석결과들은 대부분 한정적 자료에 의존한 것이 사실이며, 미래 연금제도의 운용과 이에 따른 정확한 수령액 등을

37) 독일 연방헌법재판소는 자녀를 양육하는 연금납부자와 그렇지 아니한 납부자를 동일하게 취급하는 연금법 규정이 일반적 평등원칙에 반한다는 결정을 내린 바 있다. 연방헌법재판소는 자녀양육을 위해 비용을 지불하는 보험자는 그렇지 않은 보험자에 비해 사회연금체계에서 불이익한 처우를 받고 있다는 점을 우선 인정하였다. 나아가 자녀양육을 위해 지불하는 직접·간접의 비용도 연금을 납부하기 위해 지불하는 금전적 비용과 결코 다르지 아니하므로 양자는 평등원칙의 비교대상인 이른바 '서로 같은 것'에 해당한다고 보았다. 특히 사회연금체계가 장차 제 기능을 다하고 잘 유지되기 위해서는 연금비용을 계속적으로 지불해 줄 미래세대의 연금납부자가 매우 중요하며, 따라서 미래세대의 연금납부자를 위해 헌신하는 자녀양육비용은 사회연금제도에 있어서 매우 중요한 요소라는 점을 강조하였다. 자녀양육은 사회보험을 위해 단지 연금을 납부하는 것 이상으로 매우 중요한 기능을 수행하고 있다는 것이다. 자세한 것은 BVerfGE 87, 1 참조.

분석하기 위해서는 훨씬 더 복잡한 분석과정과 자료가 있어야 한다.[38] 특히 오늘날과 같이 세계경제의 흐름에 국민경제의 의존도가 강한 상황에서는, 장래 자국의 경제발전 가능성을 현재시점에서 정확하게 예측하기가 매우 어렵다. 나아가 연금제도의 운명에 많은 영향을 미치는 국가경제의 발전은 세계경제의 흐름만이 아니라, 새로운 과학기술의 발전 또는 대체에너지의 활용 등과 같이 현재의 시점에서 정확하게 판단할 수 없는 무수한 가능성에도 크게 의존한다는 점에서 더욱 더 그러하다.[39]

이처럼 불확실한 예측에 근거한 세대간 분배의 불균형으로부터 미래세대를 보호하기 위한 구체적인 입법적 조치를 헌법적으로 명령할 수 있는가에 대해서는 확실한 답을 제시하기 어렵다. 평등원칙의 문제와 관련하여 불확실한 미래상황을 예측하는 경우 입법자에게 광범위한 형성의 자유(ein weiter Prognosespielraum)가 부여되기 때문이다.[40] 특히 미래에 대한 예측상황이 복잡하고 불확실하면 할수록 입법형성의 자유는 더욱 더 커지게 되는 것이다.[41] 이러한 상황에서는 입법자가 과거의 경험으로부터 미래세대의 불이익한 상황을 충분히 예측할 수 있었음에도 불구하고 이를 제거하거나 개선하기 위한 조치를 전혀 취하지 않은 경우 등과 같이, 명백한 입법적 태만의 상황을 확인할 수 있는 경우에만 입법형성의 자유를 인정하지 않을 수 있을 것이다.[42] 결국 세대간 분배의 불균형에 대한 예측적 판단을 근거로, 헌법 제11조 제1항 일반적 평등원칙으로부터 미래세대의 이익을 위해 현재세대의 연금수령액을 축소하라는 것과 같은 내용의 헌법적 명령을 도출하기는 어렵다고 할 것이다.[43]

---

38) 국민연금제도의 운영에 따라 미래세대의 수익률이 감소하게 될 것이라는 예측을 한 사회과학적 연구들도 대부분 이러한 문제점을 시인하고 있다. 가령 김상호, 앞의 논문, 83(83쪽 이하); 최성철, 앞의 논문, 64쪽 이하 참조.

39) A. Lenze, 앞의 논문, 89(101)쪽.

40) K. Hesse, 앞의 책, Rn. 320.

41) BVerfGE 14, 288(304)쪽; 50, 290(331)쪽.

42) BVerfGE 43, 291(321)쪽.

43) A. Lenze, 앞의 논문, 89(102)쪽.

(2) 차별의 정당화 문제

세대간 연금수령액의 차이가 차별적 취급에 해당한다고 하더라도, 차별이 정당화될 수 있는 합리적 사유가 존재한다면 이는 더 이상 평등원칙을 침해하는 것으로 볼 수 없다.[44] 이러한 차별의 정당화사유를 논의하기 위해서 장래 예견되는 연금수령액의 감소에 대한 원인을 살펴볼 필요가 있다. 이에 대한 가장 큰 원인으로는 출생률 저하에 따른 연금납부자의 축소 문제와 연금수령자 평균수명의 연장으로 인한 연금지급액의 증가를 들 수 있다.[45]

평균수명의 연장으로 인한 연금수령액의 감소를 세대간 정의에 반하는 불합리한 차별이라고 단정하기는 어렵다. 의학의 발달에 따른 평균수명의 연장은 현재세대만이 아니라 미래세대에도 계속될 것이며, 미래세대의 젊은이는 더욱 더 연장된 평균수명으로 인해 현재세대의 노인이 받는 것보다 훨씬 더 긴 기간 동안 연금을 수령할 수 있기 때문이다. 따라서 이러한 문제는 일반적 평등원칙의 위반이라기보다는, 연금제도의 운영에 대한 입법정책적 문제라고 보아야 할 것이다. 가령 평균수명의 연장에 따른 연금재정의 적자상황을 해결하기 위해서, 연금지급액을 단계적으로 감액하거나 연금수령연령을 조정하여 연금수령자의 범위를 축소하는 등의 방법을 입법자가 선택할 문제라는 것이다.

출생률 저하에 따른 연금수령액의 감소도 세대간 정의에 반하는 불합리한 차별로 파악하기 어렵다. 연금수령액의 감소는 출생률의 저하로 장차 경제활동인구가 줄어들고 이에 따라 미래세대의 연금수령자에게 지급하게 될 연금비축 규모가 축소된다는 것을 의미한다. 그러나 이러한 연금수령액의 감소를 문제시할 수 있는 것은 미래세대의 연금수령자들 중에서 자녀를

44) 김주환, 앞의 논문, 201(206)쪽 이하.

45) 김상호, 앞의 논문, 83(94)쪽 이하; 최성철, 앞의 논문, 64쪽 이하 참조. 독일의 경우에도 연금수령액의 저하 원인으로 2/3는 출생률 감소에 따른 연금납부자의 저하와 1/3은 평균수명의 연장에 따른 연금지급액의 증대가 제시되고 있다. 자세한 것은 M. Klundt, 앞의 책, 149쪽 이하; A. Lenze, 앞의 논문, 89(102)쪽.

두고 있는 사람들에게 한정된다고 할 수 있다. 자녀를 두고 있지 않은 미래세대의 연금수령자는 연금수령액의 감소에 대한 원인을 스스로 제공했다고 볼 수 있기 때문이다. 이러한 점에 비추어 볼 때, 출생률 저하로 인한 연금수령액의 감소는 미래세대 전체에 대한 세대간 정의의 문제로 일반화시키기 어렵다. 오히려 자녀를 양육시키면서 연금을 납부하고 있는 자들에 대한 입법정책적 보호의 필요성이 논의될 수 있을 것이다. 자녀를 두고 있는 연금납부자들은 양육비 지출 이외에 장래 경제활동인구를 생산・육성한다는 점에서, 국가의 연금재정 마련에 상당한 기여를 하는 것으로 볼 수 있기 때문이다.[46)]

결국 연금수령액의 차이에 불합리한 차별이 존재한다고 하더라도, 이러한 차별은 평균수명의 연장이나 출생률 저하라는 외부요인에 기인하는 것이므로, 연금제도의 운영에 대한 입법정책적 과제에 해당한다고 할 수 있다. 따라서 평등원칙의 관점에서 이에 대해 입법자에게 구체적인 명령을 도출할 수는 없는 것이다.

5. 세대간 정의를 요청하기 위한 또 다른 헌법적 기준

세대간 연금수령액의 차이를 평등원칙에 위반하는 것으로 파악하기 위해서, 일반적 평등원칙 이외에 이에 대한 또 다른 헌법규정이 존재하는가도 살펴볼 필요가 있다. 세대간 분배의 불균형을 금지하고 미래세대를 보호하기 위한 특별한 헌법규정이 존재한다면, 평등원칙의 심사기준인 이른바 '최신의 정식'에 따라 이에 대한 입법형성권은 제한될 수 있으며 따라서 보다 엄격한 판단기준을 제시할 수 있기 때문이다.

독일의 경우 1994년 기본법 개정을 통해 도입된 제20a조항의 '미래세대를 위한 책임'(Verantwortung für künftige Generationen) 규정이 거론될 수 있

46) 연금제도의 운영과 관련된 자녀양육의 의미에 대해서 자세한 것은 Dieter Shur, "Transferrechtliche Ausbeutung und verfassungsrechtlicher Schutz von Familien, Mütter und Kindern," *Der Staat* 29(1990), 69(72)쪽 참조.

을 것이다. 동 조항은 궁극적으로 미래세대 인류의 지속적인 생활환경을 보호하기 위한 국가목적규정이므로, 여기에서 미래세대를 위한 공평한 분배의 요청이 도출되는 것으로 파악할 수 있기 때문이다. 그러나 동 조항은 미래세대를 위한 자연환경의 보호에 국한되어 있다는 점에서,[47] 여기에 사회보험적 요인이 포함된다고 설명하기에는 무리가 있다. 자연환경이라는 보호법익과 사회적 안전이라는 보호법익은 분명히 구별될 수 있기 때문이다. 자연환경이라는 보호법익은 분명 한정된 상태로 존재할 수밖에 없다는 특성을 가진다. 가령 현재세대에서 사용한 자연자원은 미래세대에서는 더 이상 사용이 불가능하며, 현재세대에서 훼손된 자연환경도 미래세대에서는 회복이 불가능한 경우가 대부분이기 때문이다. 반면 사회적 안전이란 보호법익에는 일정한 한계가 존재하지 않는다. 사회적 안전의 정도와 내용은, 현재세대에 보장되는 수준과 무관하게 미래세대에서는 더욱 더 개선되고 증가될 수 있기 때문이다.[48]

이러한 관점에서 "국가와 국민은 환경보전을 위하여 노력하여야 한다"고 규정한 우리 헌법 제35조 제3항도 세대간 공평한 분배를 요구하는 규정으로 파악하기 어렵다. 우리 헌법규정은 독일의 경우보다 미래세대를 위한 책임이나 보호라는 관점을 직접적으로 규정하지 않았을 뿐만이 아니라, 동 조항에서 의미하는 환경도 자연환경의 보호 이상으로 확대해석하기 어렵기 때문이다.[49]

나아가 서로 다른 세대간의 차별을 금지하는 규정이 헌법적으로 과연 반드시 필요한 것이냐에 대해서도 의문이 제기된다. 가령 서로 다른 세대간의 동등한 취급만이 헌법적으로 요청된다면, 개개인의 권리관계에 변동을 주는 법률의 개정은 대부분 허용되지 않는다고 보아야 하기 때문이다. 이에 따르면 대부분의 법률들은 현재세대의 상태를 유지하기 위한 이른바 현

---

47) A. Epiney, 앞의 책, Rn. 16 이하; K.-P. Sommermann, 앞의 책, Rn. 19 이하.
48) A. Lenze, 앞의 논문, 89(98)쪽.
49) 계희열, 앞의 책, 774쪽 이하; 정종섭, 앞의 책, 840쪽 이하; 홍성방, 앞의 책, 302쪽 등 참조.

상유지적(*Status Quo*) 성격만을 가지고 있어야 할 것이다.[50)]

6. 소 결

연금수령액의 차이에 대한 세대간 분배의 불균형 문제는 헌법 제11조 제1항 일반적 평등원칙에 반하는 것으로 볼 수 없다. 우선 서로 다른 세대간 서로 다른 연금액을 수령한다는 것이 일반적 평등원칙에서 금지하는 차별적 취급이라고 판단하기 어렵다. 서로 다른 세대간의 연금납부를 이른바 본질적으로 같은 것이라고 인정하기 어려우며, 미래세대에게 예상되는 연금수령액의 저하가 다른 취급이라고 보기 어렵기 때문이다. 설령 이러한 차별적 취급의 존재를 인정한다고 하더라도, 이로부터 입법자에게 구체적인 입법적 조치를 명령할 수는 없다. 이러한 문제는 평균수명의 연장이나 출생률의 저하 문제, 나아가 국가경제 및 세계경제의 발전 등과 같은 여러 가지 불확실한 상황들을 고려하여 입법자가 판단해야 할 입법정책적 사항이며, 이 경우 입법자에게는 광범위한 입법형성권이 부여되기 때문이다.

V. 결 론

이상 세대간 정의의 헌법적 문제점들을 고령사회에서 예상되는 세대간 분배의 불균형을 중심으로 살펴보았다. 세대간 정의란 현재세대에 살고 있는 인류가 미래세대의 인류를 위해 어떠한 도덕적 법적 의무를 부담할 수 있는가의 문제를 의미한다. 세대간 정의의 요청은 본래 환경보호, 경제발전 등의 분야에서 출발하였으나 오늘날 과학기술의 발전에 따른 관점, 생태학적 관점, 경제적 관점, 도덕적·정신적 관점 등의 다양한 분야로 그 논의가 전개되고 있다.

---

50) A. Lenze, 앞의 논문, 89(99)쪽. 이와 유사한 문제 제기에 대해서는 P. Häberle, 앞의 논문, 215(233)쪽 참조.

세대간 정의에 대한 요청들은 각국의 헌법에 미래세대를 위한 보호조항이라는 형식으로 반영되기도 하였다. 그러나 이러한 헌법규정들의 해석을 둘러싸고 세대의 개념, 미래세대보호 규정의 법적 성격, 미래세대의 기본권 주체성 등의 다양한 문제가 제기되기도 한다.

고령사회의 도래에 따라 제기되는 세대간 정의의 문제들 중 연금수익률의 차이로 인한 세대간 분배의 불균형이란 문제를 주목할 필요가 있다. 고령사회의 도래로 인해 한편으로는 연금수급자의 수가 증가하여 연금관련 지출이 늘어나게 되지만, 다른 한편으로는 출산율 저하로 인한 경제활동인구의 감소로 인해 연금지출을 충당해 줄 수 있는 재원이 부족해진다는 점이 문제의 출발점이다. 이에 따라 젊은 세대는 자신들의 연금수익률이 축소된다는 점을 헌법상 평등원칙에 반하는 것이라고 주장할 수 있는가, 나아가 이를 근거로 현재 노인세대에게 지급되는 연금액을 축소하라는 것과 같이 입법자에게 국민연금법의 적절한 개정을 요구할 수 있는가 등의 문제들이 제기된다.

일반적 평등원칙의 개방적 특성으로 세대간 분배의 불균형 문제는 일반적 평등원칙의 적용범위에 포함될 수 있다. 그러나 세대간 분배의 불균형이 일반적 평등원칙에서 금지하는 차별적 취급이라고 인정하기는 어렵다. 현재세대와 미래세대의 연금납부를 본질적으로 같은 것이라고 보기 어려우며, 미래세대의 연금수익률 저하를 반드시 불합리한 차별이라고 할 수 없기 때문이다. 나아가 미래세대의 불이익에 대한 추정적 상황을 근거로 일정한 입법적 조치를 명령하기는 더욱 더 어렵다. 평등원칙의 문제와 관련하여 불확실한 미래상황을 예측하는 경우에는 입법자에게 광범위한 형성의 자유가 부여되기 때문이다. 한편 연금수령액의 차이가 불합리한 차별로 파악되더라도, 이러한 차별은 평균수명의 연장이나 출생률 저하라는 외부요인에 기인하는 것으로 연금제도의 운영에 대한 입법정책적 문제라고 보아야 한다. 결국 세대간 정의의 요청에 기인한 세대간 분배의 불균형은 평등원칙의 위반으로 파악하기 어려우며, 미래세대를 보호하기 위한 입법정책적 과제에 해당된다고 할 수 있다.

〈참고문헌〉

김상호, "국민연금법 개정안과 세대간 소득재분배," 한국사회보장학회, 『사회보장연구』 20-3(2004).

_____, "국민연금법 개정(안)의 세대내 소득재분배 효과 분석," 『경제학연구』 52-3(2004).

김연명, "국민연금, 미래세대의 가혹한 부담인가?," 『월간 복지동향』 70(2004).

김주환, "일반적 평등원칙의 심사 기준과 방법의 합리화 방안," 『공법학연구』 9-3(2008).

김준영 · 강성호, "국민연금제도의 소득재분배 효과: 사업장 가입자 1세대를 중심으로," 『공공경제』 10-2(2005).

김홍균, "새만금소송의 의의와 과제," 『저스티스』 81(2004).

박광준, 『고령사회의 노인복지정책—국제 비교적 관점—』, 현학사 2004.

오병선, "세대간 정의의 자유공동체주의적 접근," 『법철학연구』 6-2(2003).

윤성복, "환경과 미래 세대들," 『한독사회과학논총』 15-1(2005).

최성철, "베이비붐세대가 국민연금에 미치는 영향에 관한 연구," 원광대학교 박사학위논문 2007.

한상운, "현행 헌법상 환경국가원리에 관한 연구," 『공법연구』 34-4-1(2006).

홍성방, 『환경보호의 법적 문제—독일의 헌법과 행정법에 있어서 환경보호를 중심으로—』, 서강대학교출판부 1999.

홍일선, "고령사회를 대비한 헌법적 논의—국가의 노인보호의무와 노인의 사회적 기본권을 중심으로-," 『공법학연구』 9-2(2008).

Epiney, Astrid, in: von Mangoldt · Klein · Stark(Hrsg.), GG II, 5. Auflg. 2005, Art. 20a.

Häberle, Peter, Ein Verfassungsrecht für künftige Generationen—Die "andere" Form des Gesellschaftsvertrages: der Generationenvertrag, in: Ruland, Franz/von Maydell, Bernd Baron · Papier, Hans-Jürgen(Hrsg.), Verfassung, Theorie und Praxis des Sozialstaats, Festschrift für Hans F. Zacher zum 70. Geburtstag, C.F. Müller(1998).

Hesse, Konrad, Grundzüge des Verfassungsrechts der Bundesrepublik Deutschland,

20. Auflg. C.F. Müller(1999).

Heubach, Andrea, Generationengerechtigkeit—Herausforderung für die zeitgenössische Ethik, V&R unipress(2008).

Kersting, Wolfgang, Theorien der sozialen Gerechtigkeit, Verlag J.B. Metzler (2000).

Klundt, Michael, Von der sozialen zur Generationengerechtigkeit?—Polarisierte Lebenslagen und ihre Deutung in Wissenschaft, Politik und Medien—, VS Verlag für Sozialwissenschaften(2008).

Lenze, Anne, "Gleichheitssatz und Generationengerechtigkeit," *Der Staat* 46(2007).

Ossenbühl, Fritz, Soziale Gleichheit in der Zeit, in: Ruland, Franz von Maydell, Bernd.

Sommernann, Karl-Peter, in: von Münch · Kunig(Hrsg.), GGK II, 5. Auflg. 2001, Art. 20a.

Suhr, Dieter, "Transferrechtliche Ausbeutung und verfassungsrechtlicher Schutz von Familien, Mütter und Kindern," *Der Staat* 29(1990).

제 2 장

장애인권리협약과 성인보호협약이 고령자 보호에 주는 시사점 연구

Ⅰ. 논의의 출발
Ⅱ. 고령자 관련 국제규범 개괄
Ⅲ. 장애인권리협약의 고령자보호 시사점
Ⅳ. 우리나라 국제사법 보완의 필요성
Ⅴ. 결 론

Ⅰ. 논의의 출발

노화는 국가·도시·지역사회별로 드러나는 정도나 표상이 많이 다를 수 있지만 인간이라면 모두가 겪게 되는 현상이다. 오늘날 전 세계 인구는 빠른 속도로 고령화되고 있고,[1] 세계 각지에서 고령자 중 80세 이상인 초고령자의 증가 속도가 매우 빠르다.[2] 인간은 오래 살면 살수록 장애를 갖게 될 가능성이 높다.[3] 장애인들도 의약 발달, 생활수준 향상으로 새로운 고령자층을 형성하는 추세이다.[4] 출생시부터 장애인이었거나 나이 들면서 질병 혹은 부상으로 장애를 갖게 된 사람들이 시설에서 살든 아니면 지역사회에서 생활하든 비장애인과 거의 유사한 수명을 누릴 것으로 예상된다.[5] 이런 점에서 최근 발효된 '장애인의 권리에 관한 협약'(Convention on the Rights of Persons with Disabilities: 이하 '장애인권리협약')은 고령자 보호와 관련해서 중요한 기준을 제시하고 있다.

인간의 기대수명이 증가하는 것에 상응하여 고령과 관련한 질병에 걸리는 경우가 늘고,[6] 많은 은퇴자들이 쉽게 해외로 여행할 수 있게 되면서 나

---

* 강병근, "장애인 권리협약과 성인보호협약이 고령자 보호에 주는 시사점 연구," 『홍익법학』 제11권 제2호 논문을 재구성하였다.

1) 미국 인구통계국의 자료에 따르면 2008년 중반 기준으로, 65세 이상 고령자 인구가 5억 600만명으로 전 세계 인구의 7%에 달하고, 2040년경에는 13억명으로서 전 세계 인구의 14%에 해당할 것으로 추산되고 있다. Kevin Kinsella & Wan He, *An Aging World: 2008 International Population Reports* (U.S. Census Bureau, 2009), p.7.

2) *Ibid.*, p.26.

3) Sarah Moses, "A Just Society for the Elderly: The Importance of Justice as Participation," 21 *Notre Dame J.L. Ethics & Pub. Pol'y* 335, 336-38(2007); Aimee R. Fagan, "An Analysis of the Convention on the International Protection of Adults," 10 *Elder L.J.* 329(2002).

4) Israel Doron, "From National to International Elder Law," 1 *J. Int'l Aging, L. & Pol'y* 43, 48(2005).

5) Edward Hoffman, *Life Expectancy in Severe Disability* 〈http://www.dbpeds.org/tools/temporarypdf/LifeExpectancyinSevereDisability-20091128115605.pdf, 2010. 4. 15. 검색〉.

6) P. Lagarde, *Explanatory Report on the Convention of 13 January 2000 on the*

머지 인생을 자신이 원하는 곳에서 보내려 하면서,[7] 여러 국가의 법률체계가 충돌할 여지가 많아졌다. 이에 아래에서는 '성인의 국제적 보호에 관한 헤이그협약'(Hague Convention on the International Protection of Adults: 이하 '성인보호협약')을 통해서 여러 국가의 법률이 충돌되는 경우에 어떻게 조절할 수 있는지를 가늠해 보고자 한다. 비록 성인보호협약에서는 보호대상인 '성인'에 고령자를 명시하지 않고 있지만 주요 보호대상은 고령자를 포함할 수밖에 없을 것이다.

최근 우리나라는 인권분야에서 짧은 시간에 많은 성과를 낸 나라로 평가받고 있다.[8] 아직 장애인권리협약의 '추가의정서'에는 우리나라가 가입하지 않은 상태이고, 성인보호협약도 주로 왕래가 빈번한 유럽 국가들의 관심사항이기에 우리나라가 이들 협약을 국내적으로 시행해야 할 국제적 의무가 약하거나 전혀 없을 수 있다. 하지만, 이러한 협약 규정들은 고령자 보호를 위한 국내법을 마련할 때 참조하기에 바람직한 여러 가지 기준을 제시하고 있다.

본 연구에서는 우선 국제사회에서 고령자와 관련하여 어떠한 규범 혹은 원칙이 있는지를 살펴보고, 위에서 언급한 장애인권리협약이나 성인보호협약 중 고령자 보호와 관련해서 국내입법시 참조할 만한 규정이 무엇인지를 살펴보고자 한다.

International Protection of Adults (이하 '성인보호협약 해설서'), para. 9. 〈http://www.hcch.net/index_en.php?act=publications.details&pid=2951&dtid=3, 2010. 4. 15. 검색〉.

7) 영국 정부의 통계에 따르면 45세 이상으로서 영국을 떠나서 해외에서 살기로 결정한 사람들 수가 1991년에는 33,000명에서 2007년 55,000명으로 증가하였다. Office for National Statistics, *Populations Trends* 138, 2009 Winter, Table 7.1. 〈http://www.statistics.gov.uk/downloads/theme_population/Pop-trends-winter09.pdf, 2010. 4. 15. 검색〉.

8) 지난 2010년 3월 12일 서울에서 국가인권위원회가 주최한 「지역의 장애인권리협약 실효적 이행을 위한 국제심포지엄」에서 UN 아시아・태평양 경제사회위원회(UN ESCAP) Akiyama Aiko의 발표내용 중에서 이 점이 언급되었다.

Ⅱ. 고령자 관련 국제규범 개괄

1. 보호대상으로서의 고령자

현재, 고령자의 권리를 개별적으로 보호하기 위한 구속력 있는 국제조약은 없다.9) 하지만, 65세 이상되는 사람들이 국제법상 전혀 보호받지 못하는 것은 아니다. 기존의 여러 조약에서 고령자의 권리에 속하는 사항을 특별히 언급하거나 해당 조약의 적용대상인 '다른 집단'(other group)에 고령자가 포함되는 것으로 해석할 수 있기 때문이다. 예를 들면, 산살바도르의정서(Protocol of San Salvador) 제17조에서는 '고령'(old age)을 언급하면서, "모든 사람은 고령기에 일정한 보호를 받는다"(every person has a right to certain protections in old age)고 하였다.10) 개정 유럽사회헌장(Revised European Social Charter) 제23조에서는 "당사국은 고령자들이 사회구성원으로서 가능한 오래 활동할 수 있도록 공적·사적 서비스를 제공해야 한다"(signatory nations will adopt public or private services designed to allow elderly persons to remain active members of society for as long as possible)라고 하였다. 아프리카 인권 및 인민의 권리에 관한 헌장(African Charter on Human and Peoples' Rights: 이하 '아프리카헌장') 제18조에서는 "고령자는 자신의 필요에

9) Diego Rodriguez-Pinzon, "The International Human Rights Status of Elderly Persons," 18 *Am. U. Int'l L. Rev.* 915, 917(2003).

10) Additional Protocol to the American Convention on Human Rights in the Area of Economic, Social and Cultural Rights(이하 '산살바도르의정서') 제17조. 이 의정서 제9(1)조에서는 사회보장권을 규정하면서 고령자의 보호를 언급하고 있다. "Everyone shall have the right to social security protecting him from the consequences of old age …"; 1966년 경제적·사회적·문화적 권리에 관한 국제규약(International Covenant on Economic, Social and Cultural Rights: 이하 '사회권 규약') 제9조에서는 "… 모든 사람이 … 사회보장에 대한 권리를 가지는 …"이라고 했기에 여기에 고령자를 포함하는 것으로 해석할 수 있다; 국제노동기구(International Labor Organization: ILO) 사회보장의 최소기준에 관한 제102호 협약(International Labor Organization, Convention(C102) Concerning Minimum Standards of Social Security)에서는 '고령연금'과 '최소한의 사회보장 기준'을 규정하면서 유사한 사항을 다루고 있다.

부응하여 특별한 보호를 받을 권리를 갖는다"(the elderly will have the rights to special protection consistent with their own needs)라고 규정하고, 유럽연합 기본권헌장(Charter of Fundamental Rights of the European Union) 제25조에서는 "고령자는 존엄권과 독립권을 갖는다"(the elderly have a right to dignity and independence)라고 하였다. 인권 증진 및 보호를 위한 안데스헌장(Andean Charter for the Promotion and Protection of Human Rights) 제46조 및 제47조에서는 '고령자의 권리'라는 제목하에 고령자 보호에 필요한 여러 가지 당사국의 의무사항을 규정하고 있다.

다른 조약에서는 고령자를 특정하지 않지만 규정 해석상 고령자를 포함하는 것으로 이해할 수 있는 규정들이 다수 있다. 일찍이 1948년에 인간의 권리와 의무에 관한 미주 선언(American Declaration of Rights and Duties of Man) 제16조에서는 고령자의 권리를 언급한 바 있다.[11] 1948년 세계인권선언(Universal Declaration of Human Rights) 제25(1)조에서도 고령자의 권리를 언급하였다.[12] 1966년 시민적・정치적 권리에 관한 국제규약(International Covenant on Civil and Political Rights: 이하 '자유권 규약')에서 규정하는 시민적・정치적 자유, 그리고 사회권 규약의 경제적・사회적・문화적 권리는 고령자에게도 해당된다.

다른 보편적 혹은 지역 국제법에서도 적용대상이 되는 사람의 집단에 고령자가 포함되는 것으로 해석할 수 있다.[13] 여성에 대한 모든 형태의 차별

---

11) "모든 사람은 실업, 고령, 자신이 통제할 수 없는 원인으로 인하여 신체적・정신적으로 생계유지를 불가능하게 하는 장애로부터 보호하는 사회보장권을 갖는다"(Every person has the right to social security which will protect him from the consequences of unemployment, old age, and any disabilities arising from causes beyond his control that make it physically or mentally impossible for him to earn a living).

12) "모든 사람은 식량, 의복, 주택과 의료 및 필요한 사회적 지원을 포함하여 자신과 가족의 건강과 안녕에 적합한 생활수준을 누릴 권리를 가지며 실업, 질병, 장애, 배우자와 사별, 고령, 자신이 통제할 수 없는 상황에서 다른 생계 결핍의 경우 사회보장을 받을 권리를 갖는다"(Everyone has the right to a standard of living adequate for the health and well-being of himself and of his family, including food, clothing, housing and medical care and necessary social services, and the right to security in the event of unemployment, sickness, disability, widowhood, old age or other lack of livelihood in circumstances beyond his control).

철폐에 관한 협약(Convention on the Elimination of All Forms of Discrimination Against Women) 제11(1)(e)조에서는 당사국은 "특히 퇴직, 실업, 질병, 병약, 고령 및 기타 노동 무능력의 경우에"(particularly in cases of retirement, unemployment, sickness, invalidity and old age) 여성에게 사회보장을 제공하도록 규정하고 있다. 마찬가지로 고용 및 직업관련 차별에 관한 ILO협약(ILO Convention Concerning Discrimination in Respect of Employment and Occupation) 제5조에서도 당사국은 "성별, 고령, 장애, 가사책임 혹은 사회적 또는 문화적 지위로 인하여 특별히 보호받거나 지원받아야 하는 것으로 인정되는 사람들이 특히 요구하는 사항을 충족하기 위하여 고안된 특별한 조치"(special measures designed to meet the particular requirements of persons who, for reasons such as sex, age, disablement, family responsibilities or social or cultural status, are generally recognized to require special protection or assistance)를 취하도록 규정하고 있다.

어떤 경우에는 고령을 이유로 해서만 특별히 인정되는 권리가 있다. 예를 들면, 미주인권협약(American Convention on Human Rights) 제4(5)조에서는 70세 이상인 사람에게 사형선고를 할 수 없도록 하였다. 하지만, 자유권규약, 유럽인권협약(European Convention on Human Rights), 그리고 아프리카헌장에서는 고령자에 대한 사형집행을 금지하지 않는다.

자유권 규약 제7조에서는 고문 또는 잔혹한, 비인도적인 또는 굴욕적인 취급 또는 형벌, 혹은 동의할 수 없는 개인에 대한 의학적 또는 과학적 실험을 금지하고 있는데, 이 규정은 고령으로 인하여 치매에 걸린 사람과 자유롭게 동의할 수 없는 고령자에게도 적용된다. 2006년 장애인권리협약이 타결되기 이전에도, 유엔 경제적・사회적・문화적 권리 위원회(Committee

13) 장애인권리협약, 장애인에 대한 모든 형태의 차별 철폐에 관한 미주간 협약(Inter-American Convention on the Elimination of All Forms of Discrimination Against Persons With Disabilities), ILO협약 제169호(Convention Concerning Indigenous and Tribal Peoples in Independent Countries, International Labor Organization Convention No. 169), 모든 형태의 인종차별철폐에 관한 국제협약(International Convention on the Elimination of All Forms of Racial Discrimination).

on Economic, Cultural, and Social Rights: 이하 '사회권 규약 위원회')는 일반논평(General Comment) 제5호에서 노소를 불문하고 장애인은 '다른 집단'(other group)에 포함된다고 하였다. 그리고 일반논평 제6호에서 사회권 규약 위원회는 많은 고령자에 대한 지원이 적절하지 않아서 고령자들이 가장 취약하고, 존중받지 못하고, 보호받지 못하는 집단에 해당된다고 하였다.[14)]

2. 권리주체로서의 고령자

보편적 · 지역적으로 국제법 문서에서 고령자의 집단적 권리를 고양하려고 하였지만, 고령자를 '보호'대상으로 보았지 권리 보유자로 간주하지 않은 점이 두드러진다. 권리주체로서의 고령자를 대상으로 하는 조약을 체결하자는 제안은 1948년부터 유엔 총회에서 다루어졌다. 하지만 오랫동안 고령자 관련 사항들이 의제로 채택되지 않다가 1973년 12월 14일 제28차 유엔 총회에서 '고령자 문제'(The Question of the Elderly and the Aged)에 관한 결의 제3137호가 채택되었다. 이 결의에서 유엔 총회는 회원국들이 고령자의 사회적 · 경제적 발전에 대한 기여를 제고하고 연령만을 이유로 하는 고용관행상 차별, 정책 및 조치를 취하지 않도록 촉구하였다. 아울러, 유엔 총회는 별도로 고령자들을 위한 사회보장 결의 제3138호에서 회원국 정부가 고령자에게 적절한 사회보장금, 의학적 치료가 필요한 고령자를 돌볼 충분한 시설, 적절한 건축설비 및 주택을 제공하도록 촉구하였다.

유엔이 고령자의 국제법적 지위와 관련해서 취한 행동 중 가장 중요한 것은 1978년에 1982년 세계고령화대회(World Assembly on Aging)를 개최하기로 결정한 것이다. 1982년 비엔나 세계고령화대회에 참여한 124개국은 인권으로서 '연령권'(right to age) 개념을 수립하였다. 이 대회 보고서에서는 세계인권선언에 담긴 기본적이면서 불가분적인 권리들이 고령자에게 충분히 적용되어야 한다고 선언하였다.[15)] 비엔나행동계획(Vienna International

---

14) 사회권 규약 위원회의 일반논평에 관한 사항은 〈http://www2.ohchr.org/english/bodies/cescr/comments.htm, 2010. 4. 15. 검색〉 참조.

Plan of Action on Aging)의 내용은 고령자들이 건강 및 영양, 주택 및 환경, 사회복지, 소득보전 및 고용, 교육과 같은 분야에서 평등한 권리를 갖는다고 선언하면서 그 외에도 고령자를 지원·보호하고, 고령자들의 복지의지를 고양하며, 사회적 생산성을 향상시키는데 유용하고 창의적인 권고를 다수 하였다.[16] 하지만, 비엔나행동계획은 당사국을 구속하지 않을 뿐만 아니라 참여국들은 자국 내에서 고령자의 권리를 더 잘 보호하기 위하여 각자의 국내법을 개정하거나 검토할 의무도 부담하지 않았다.

1991년 유엔 총회에서 채택한 '유엔 고령자원칙'은 사회권 규약에서 규정하는 권리와 일치하는 5가지 영역(독립, 참여, 배려, 자아실현, 존엄)을 제시하고 있지만 이것도 구속력이 없다.[17] 유엔 고령자원칙과 세계인권선언의 예에서 볼 수 있듯이 고령자는 여성이나 아동과 같이 다른 집단에 비해서 국제적으로 보호받는 정도가 훨씬 떨어진다. 그동안 고령자들은 국제공동체에서 무시되었고, 그 결과 국제법적 권리와 인간으로서 존엄성을 누릴 수 없을 정도로 수많은 신체적·사회적 장애에 봉착하게 되었다.

2000년에 채택된 성인보호협약은 사리분별 능력을 상실하였거나 손상당한 사람의 배려와 감호, 이들의 재산에 관한 국제적인 법적 분쟁을 피하거나 해결하기 위하여 마련되었다. 이 협약에서는 당사자가 본국에서 부여한 사전의료지시(advance medical directives)가 다른 국가에서 법적으로 유효하고 집행될 수 있도록 하였다. 오늘날 고령자들이 해외여행을 많이 하는 실정에서 이 협약에서 규정하는 사항은 매우 중요하다고 할 수 있다.

---

15) "The Preamble of Vienna International Plan of Action on Aging," 〈http://www.monitoringris.org/documents/norm_glob/vipaa.pdf, 2010. 4. 15. 검색〉.

16) Luke T. Lee, "Aging: A New Human Rights Concern," 81 *Am. Soc'y Int'l L. Proc.* 165, 167-68(1987).

17) United Nations, *United Nations Principles for Older Persons*, New York: United Nations, 1991. GA Res. 46/91.

Ⅲ. 장애인권리협약의 고령자보호 시사점

1. 장애인권리협약의 의의

2006년 12월 13일 유엔 총회는 장애인권리협약을 채택하였다.[18] 이 협약의 핵심원칙에 따라서 모든 장애인은 '완전하고 효과적인 사회 참여 및 통합'에 대한 권리를 갖는다.[19] 이를 실현하려면 교육, 고용, 건강관리, 사회사업제도, 교통, 기술 등 사회 전반에 대해서 모든 연령대의 장애인이 필요로 하는 사항을 반영할 수 있어야 할 것이다. 장애인권리협약 채택 이전에 많은 국가들은 자기들 나름의 장애관련 국내법을 제정하였다. 지역적으로도 다수의 지역 국제인권법을 통해서 전 세계적으로 적용되는 국제규범이 장애인 권리에 적용되었지만, 많은 장애인들은 연령 고하를 막론하고 투표권, 시설이 아닌 지역사회에서 생활할 권리, 고용기회의 권리 등 기본적인 시민권이나 인권을 국내외에서 누릴 수 없었다. 이 협약은 전 세계적 수준에서 처음으로 장애인의 권리를 다루는 구속력 있는 국제법 문서로서 의미가 크다.

이러한 면에서 국제인권법에서 아동 혹은 여성과 같이 특정해서 '고령자'를 보호하는 국제규범은 없지만, 장애인권리협약은 장애를 가진 고령자를 포섭하기에 고령자 권리의 실체적 혹은 절차적 보호에 많은 영향을 미칠 수 있을 것이다.[20]

---

18) 장애인권리협약은 2008년 5월 3일 발효하였고, 우리나라에 대해서는 2009년 1월 10일 조약 제1928호로 발효하였다.

19) 장애인권리협약 제3조 (다).

20) 2008년 4월 10일 제정된 우리나라의 '장애인차별금지 및 권리구제 등에 관한 법률' 제2조에 따르면 "장애라 함은 신체적・정신적 손상 또는 기능 상실이 장기간에 걸쳐 개인의 일상 또는 사회생활에 상당한 제약을 초래하는 상태를 말한다." 그리고 이러한 장애가 있는 사람이 '장애인'인데, 고령화가 진행될수록 고령자가 이러한 부류의 장애인이 될 가능성이 높아질 것이다.

2. 국제법적 측면

오랫 동안 장애인은 국제공동체에서 무시되었다. 지난 10여년 전부터 배척·차별·고립되었던 장애인들의 문제에 대해서 유엔이 적극 개입하고 있다.[21] 유엔은 이미 1990년대에 개별 국가들이 국내법으로 장애인 관련법을 마련하도록 독려하기 위하여, 본격적으로 장애인을 보호할 수 있는 국제법 규범을 마련하려고 하였다.[22] 1993년 제48차 유엔 총회에서 채택된 결의 48/96은 '장애인에 대한 기회균등화 기준'(Standard Rules on the Equalization of Opportunities for Disabled Persons)을 마련하면서, 장애인들이 다른 사람들과 동등한 기회를 갖도록 하는 정책기준을 마련하였다.[23] 이 결의는 장애인의 평등권을 인정하는 국제문서로서 각국이 장애인 관련 국내법을 제정할 때 표준으로 삼았지만 장애인의 모든 생활을 대상으로 하지 않았고 법적 구속력도 없었다.

지역적 수준에서도 장애인에게 혜택을 주는 국제규범이 있었다. 장애인 차별금지 조약이 처음 마련된 곳은 미주지역으로서 1969년 미주인권협약(American Convention on Human Rights)이 그것이다. 미주지역에서는 장애인 차별 폐지와 장애인의 평등권을 증진하기 위하여 1999년에 '장애인에 대한 모든 형태의 차별 철폐에 관한 미주국간 협약'(Inter-American Convention on the Elimination of All Forms of Discrimination Against Persons with Disabilities)을 채택하였다. 유럽 지역의 경우 2003년까지 특별히 장애인의 권리를 다루는 문서는 채택되지 않았다. 유럽평의회(Council of Europe)가 1950년 채

21) 자세한 사항은 장애에 관한 유엔 공식 홈페이지 'UN Enable' 참조〈http://www.un.org/disabilities/, 2010. 4. 15. 검색〉.

22) Arlene S. Kanter, "The Globalization of Disability Rights Law," 30 *Syracuse J. Int'l. L. & Com.* 241(2003)

23) A/RES/48/96, "Standard rules on the equalization of opportunities for persons with disabilities"; Aaron Dhir, "Human Rights Treaty Drafting Through the Lens of Mental Disability: The Proposed International Convention on Protection and Promotion of the Rights and Dignity of Persons with Disabilities," 41 *Stan. J. Int'l L.* 181, 187 (2005).

택하였던 '인권 및 기본적 자유권에 관한 유럽협약'(European Convention on Human Rights and Fundamental Freedoms: 이하 '유럽인권협약')에서는 보호대상이 되는 집단에 장애인을 포함시키지 않았다. 유럽인권협약은 협약에서 정한 권리가 보편적이고 효과적으로 인정되도록 하기 위하여 수차례 개정되었지만 한 번도 장애인의 권리를 직접 다루지 않았다. 그러나 2003년 유럽평의회는 '장애인의 완전한 사회통합을 위하여'(Towards Full Social Inclusion of Persons with Disabilities)라는 제목의 권고(Recommendation) 제1592호를 채택한 바 있다. 이 권고에서 유럽평의회는 각료위원회가 장애인의 시민권과 완전한 참여에 필요한 조치를 취하도록 촉구하였다. 아울러, 각료위원회가 유럽평의회의 모든 활동영역에서 장애인 문제를 주된 의제로 삼고 내부용 모범사례집을 마련하도록 하였다.[24] 아프리카 지역도 아프리카헌장에서

---

24) 최근 불가리아를 상대로 유럽인권재판소에 제소된 사건은 지역인권협약이 시설에서 생활하는 고령자의 권리에 어떠한 영향을 미칠 수 있는지를 잘 보여 주고 있다. 2007년 8월 24일 정신장애행동본부(Mental Disability Action Center: 이하 MDAC)는 시민단체(NGO)인 불가리아 헬싱키 위원회(Bulgarian Helsinki Committee)와 함께 사회복지시설에 수용된 고령자들인 Mitev와 Stanev의 수용과 관련해서 불가리아를 유럽인권재판소에 제소하였다. Mitev는 2008년 사회복지시설에서 사망하였고, 그 누이가 소송을 승계하였다. Stanev는 직접 신청인으로 참여하였다. 양 사건의 신청인들은 행위능력을 박탈당해서 행위능력 회복 결정을 법원으로부터 받기 위하여 관할 자치단체와 검찰의 협조를 요구했지만 이러한 요구는 거절당했다. Mitev의 후견인인 그의 딸은 피후견인인 아버지의 행위능력 회복에 반대했고, 그가 계속해서 시설에 수용되기를 원하였다. Mitev의 후견인은 사설보안회사를 통해서 Mitev를 시설에 수용시켰다. Stanev의 후견인은 그가 수용된 시설의 관장이었다. 그 수용시설은 고문 의혹을 받아서 국제기관에서 현지 조사까지 나올 정도였다. 신청인들은 유럽인권협약의 여러 규정들을 근거로 하였다. 신청인들은 자신들의 행위능력 박탈은 유럽인권협약에서 인정하는 공정한 재판을 받을 권리를 침해하고(제6조), 행위능력 박탈로 인해서 사생활과 가족생활을 향유할 권리를 침해하였으며(제8조), 자신들의 수용이 자의적이고 불법적이었으며(제5(1)조), 수용의 적법성에 대해서 법원의 재심이 없었으며(제5(4)조), 불가리아법상 불법수용에 대한 손해배상제도가 없다(제5(5)조)고 주장하였다. 특히 Stanev의 경우, 시설에서 비인간적이고 굴욕적인 대우와 처벌을 받았다(제3조)라고 주장하였다. 신청인들은 이러한 여러 가지 위반사항에 대해서 효과적인 구제조치가 없다(제13조)고 주장하였다. Mitev v. Bulgaria(No. 42758/07) 및 Stanev v. Bulgaria(No 36760/06) 사건에서 대해서는 MDAC 홈페이지〈http://www.mdac.info/en/european-court-human-rights-hears-first-social-car, 2010. 4. 15. 검색〉 참조; 이 두 사건의 공개심리가 2009년 11월 10일에 있었고 이에 대해서는 유럽인권재판소 인터넷 녹화자료망〈http://www.echr.coe.int/ECHR/EN/Header/Press/Multimedia/Webcasts+of+public+hearings/webcastEN_media?&p_url=20091110-1/en/, 2010. 4. 15. 검색〉 참조.

인정하고 있는 권리를 장애인에게 적용함으로써 장애인의 인권을 보호하고 있다. 2003년 아프리카 인권위원회(African Commission on Human and Peoples' Rights)는 처음으로 감비아 국내법이 아프리카헌장 규정을 위반하였다고 판단한 바 있다.[25)]

2001년 12월 19일 유엔 총회는 장애인보호를 위한 협약 체결 특별위원회(Ad Hoc Committee on a Comprehensive and Integral International Convention on Protection and Promotion of the Rights and Dignity of Persons with Disabilities)를 구성하는 결의를 채택했다.[26)] 특별위원회는 40개국 이상의 대표, 400개 이상의 시민단체(NGOs)와 장애인기구(Disabled Peoples' Organizations: DPOs)로 구성되었다. 이 결의후 거의 만 5년이 되는 2006년 12월 13일 유엔 총회는 장애인권리협약과 그 추가의정서를 컨센서스로 채택하였다. 장애인권리협약 선택의정서(Option Protocol to the Convention on the Rights of Persons with Disabilities)는 협약감시기구를 창설하기 위한 조약이다. 이 기구는 다른 인권조약에 따른 감시기구와 유사하게 개인 혹은 개인집단이 협약 위반에 대해서 제기하는 청원사항을 다룰 것이다.[27)]

3. 국내법적 측면

장애인권리협약은 고령자를 특별히 보호할 대상으로 규정하지 않고 있지만 평등, 존엄, 접근권이란 면에서 장애가 없는 고령자의 보호와 밀접히 관련된다. 유엔에서 제시하는 입법지침서는 국내법상 고령자 보호를 마련할

---

25) Purohit and Moore v. Gambia, 〈http://www.escr-net.org/caselaw/caselaw_show.htm?doc_id=401249, 2010. 4. 15. 검색〉.

26) A/RES/56/168 "Comprehensive and Integral International Convention to Promote and Protect the Rights and Dignity of Persons with Disabilities"〈http://daccess-dds-ny.un.org/doc/UNDOC/GEN/N01/488/76/PDF/N0148876.pdf?OpenElement, 2010. 4. 15. 검색〉.

27) 2010년 4월 15일 현재, 장애인권리협약의 당사국 수는 85개국이고, 서명국은 144개국이다. 장애인권리협약 선택의정서의 당사국 수는 52개국이고, 서명국 수는 88개국이다. 우리나라는 선택의정서에 가입하지 않았다. UN Treaty Collection〈http://treaties.un.org/Pages/ViewDetails.aspx?src=TREATY&mtdsg_no=IV-15-a&chapter=4&lang=en〉 참조.

때 장애인권리협약을 기준으로 삼도록 권장하고 있다.[28] 장애인권리협약 제1조는 "이 협약의 목적은 장애인이 모든 인권과 기본적인 자유를 완전하고 동등하게 향유하도록 증진, 보호 및 보장하고, 장애인의 천부적 존엄성에 대한 존중을 증진하는 것이다 …"고 하여 이 점을 명시하고 있다. 정신적 혹은 육체적 장애를 갖고 있는 고령자의 경우 다른 사람들과 동등하게 자신들의 권리를 확보할 필요성은 더욱 클 것이다.

장애인권리협약 제3조에서는 협약 전체에 대한 지침으로서 8가지 원칙을 제시하고 있는데 이는 고령자에게도 해당되는 사항이다.[29] 그러나 기회균등 원칙과 관련해서 연령을 이유로 구별(distinction)하는 것이 인권법상 차별(discrimination)에 해당하는지의 여부는 명확하지 않다. 유엔 사회권 규약 위원회는 일반논평 제6호에서 연령을 차별의 근거로 보아야 할지에 대해서 분명한 입장을 제시하지 못했다.[30] 국제법상 연령을 근거로 한 구별이 차별이 될 수도 있고 그렇지 않을 수도 있다. 예컨대, 미주인권협약에서는 모든 시민이 공무를 맡거나 투표할 수 있다고 하였지만 연령을 기준으로 그러한 권리를 제한하는 경우를 허용하고 있다.[31]

장애인권리협약에서 고령자와 관련되는 규정에는 여성장애인에 관한 제6조가 있다. 여성장애인에 관한 규정을 별도로 두자는 제안은 처음에는 남

---

28) Handbook for Parliamentarians on the Convention on the Rights of Persons with Disabilities(2003), 51. 〈http://www.un.org/disabilities/default.asp?id=212, 2010. 4. 15. 검색〉.

29) 유럽인권재판소는 Glor v. Switzerland 사건에서 신청인의 장애를 이유로 차별금지 규정 위반이 있었다고 판단하면서 결정의 근거로서 '합리적인 편의제공'(reasonable accommodation)의 개념을 포함하여 장애인권리협약을 처음으로 인용하였다. Glor v. Switzerland(No. 13444/04) 2009년 4월 30일 선고, European Court of Human Rights, 〈http://sim.law.uu.nl/SIM/CaseLaw/hof.nsf/233813e697620022c1256864005232b7/d75fb07803049153c12575a6003b6eb2?OpenDocument, 2010. 4. 15. 검색〉.

30) 일반논평 제6호, paras. 11-12. 〈http://www.unhchr.ch/tbs/doc.nsf/(Symbol)/482a0aced8049067c12563ed005acf9e?Opendocument, 2010. 4. 15. 검색〉.

31) 미주인권협약 제23조의 관련 부분은 다음과 같다. "(1) Every citizen shall enjoy the following rights and opportunities: (a.) to take part in the conduct of public affairs, directly or through freely chosen representatives; (b.) … (c.) … (2) The law may regulate the exercise of the rights and opportunities referred to in the preceding paragraph only on the basis of age, …."

성과 여성을 구별하지 말고 장애인권리협약 전체에서 함께 다루자는 반대에 부닥친 적이 있었다. 그 후, 여성장애인이 직접 회의장에서 자신의 고충을 증언한 후 특별위원회는 여성에게만 필요한 경우와 여성으로서 겪게 되는 차별을 부각시키기 위하여 별도의 규정을 두기로 하였다.

장애인권리협약 제9조는 접근성 문제를 다루고 있는데, 이 또한 고령자의 활동과 관련해서 그리고 국내법상 장애에 해당되지 않지만 접근에 어려움을 겪는 고령자에게 매우 중요하다. 제9조에서는 여러 가지 기존 장애를 제거하고 새로운 장애를 만들지 못하도록 하면서 접근성을 강조하고 있으며, 물리적 접근성뿐만 아니라 정보와 통신의 접근성도 다루고 있다. 또한, 접근성이 저렴하게 확보되도록 새로운 정보통신기술 개발 단계에서부터 접근성 문제를 고려해야 한다고 강조하고 있다. 제9조에서는 공적·사적 부문의 행위자들이 각자 제품을 생산하고 서비스를 제공할 때 '대중에 공개하고 이들이 활용할 수 있도록'(open or available to the public) 해야 한다고 규정하고 있다. 이 규정은 기획단계에서 접근성을 고려하라는 것이다. 일반적으로 나중에 개선하거나 제거하기보다 설계와 시공 초기부터 건축학적 장애 혹은 통신상의 장애를 제거하면 비용이 저렴할 것이기에 시공자들이 기획과정에서부터 접근성 문제를 고려해야 한다는 것이다.

장애인권리협약 중 고령자의 보호와 관련해서 가장 의미 있는 규정은 제12조가 될 것이다. 제12조의 제목은 '법 앞의 평등 인식'(Equal recognition before the law)이다. 이는 의사무능력자에 관한 기존의 접근방식과 전혀 다른 사항을 규정하고 있다. 우선, 제12조는 장애인은 '모든 영역에서 법 앞에 인간으로서 인정받을 권리'를 가질 뿐만 아니라 '모든 생활 영역에서 다른 사람과 동등하게 법적 능력을 향유한다'는 점을 명확히 하였다. 또한 제12조는 당사국이 '장애인이 법적 능력을 행사하는데 필요한 지원'을 주기 위하여 적절한 조치를 취해야 한다고 하였다. 제12조는 당사국이 장애인의 법률행위능력을 거부하는 관행을 중단하고 대신 장애인들이 자신의 행위능력을 행사할 수 있도록 필요한 경우 지원하도록 촉구하고 있다. 이러한 접근방식의 변화가 필요했던 이유 중 하나는 그동안 분별능력이 없거나, 부족한 사람들이 도움을 얻고자 해도 '후견처분' 혹은 더 가혹한 무관심, 신체적 학대, 시설수용을 당할 위험성이 있었기 때문이다. 따라서 제12조는 장애인이 정신적 능력이 없다고 판단해서 그들의 권리를 박탈했던 관행에서 자율, 존엄, 그리고 독립적인 존재인 장애인의 지위를 강조하는 장애인권리협약의 목표 및 원칙에 부응하는 국가정책과 법을 촉진하도록 당사국의 인식전환을 촉구하고 있다. 수십년간 세계 각지에서는 國父權(*parens patriae*) 원칙에 따라 국가가 자신을 스스로 돌볼 수 없는 사람들의 '인생'에 개입하는 것이 정당하다고 하였다.[32)]

이러한 입장이 가장 많이 반영된 것이 각국의 후견법이다. 후견법 원칙에 따라서 관할법원은 정신적 능력 상실 혹은 저하를 이유로 스스로 돌볼 수 없다고 판단된 사람들을 위하여 특정 개인을 후견인으로 지정할 수 있다. 후견인은 피후견인의 재산관리 또는 그 밖의 다른 이익을 보호하는 임무를 수행한다. 그러나 전 세계적으로 후견제도는 스스로 돌볼 수 없는 사람들을 도와 주기는커녕, 피후견인의 행위능력을 불필요하게 박탈하는 법적 절차가 되어서, 피후견인들이 자신의 삶에 대한 결정능력을 일부 혹은 전부 행사할 수 없도록 만들었다. 법원의 결정으로 개인에 대해서 후견인이 선임되면 피후견인은 생활하는 장소, 같이 생활할 사람, 먹고 사는 것, 근로 여부 및 근로장소, 투표권 행사, 교유관계, 성행위 대상, 혼인 대상에 대해서 결정할 권리를 상실할 수 있다. 사실상, 현행 후견제도에 의하면 개인은 평등한 인간으로서 존중받고 존엄한 대우를 받지 못하는 경우가 많았다.

이처럼 일단 개인이 의사 무능력자로 간주되면 해당 개인은 자신 스스로 더 이상 결정을 내릴 수 없고, 자신의 삶에서 일어나는 일들을 통제할 수 없기에, 혹자는 후견결정으로 인하여 피후견인이 '민사적 사망'(civil death) 상태에 처하게 된다고 하였다.[33)] 이러한 비난에 대응해서 세계 각국들은

32) Naomi Karp & Erica F. Wood, "Guardianship Monitoring: A National Survey of Court Practices," 37 *Stetson L. Rev.* 143, 184(2007).

33) MDAC는 러시아 후견법을 예로 들면서 법률상 피후견인은 '인간'으로 취급되지 않는다

자국의 후견제도에 관한 법을 개정해서 '정신능력이 저하된'(diminished mental capacity) 사람들의 자율권과 자결권, 그리고 국가가 자국민의 복지에 대해서 합법적으로 기울이는 관심이 제대로 균형 잡히도록 노력하고 있다. 최근 우리나라도 현행 민법상 한정치산・금치산제도를 정비하여, '성년후견제도'를 도입한 것은 전 세계적 추세와 일치한다고 할 수 있다. 특히 이러한 경향은 국가들이 후견제도를 '무능력'의 유무와 정도를 판단하는데 집중하는 치료적 모델에서 '개인'의 능력평가에 중점을 두는 모델로 전환하고 있음을 보여 주는 것이다.[34]

장애인권리협약은 이보다 한 단계 더 나아가 현재 각국에서 시행되고 있는 후견제도를 폐지하도록 제안하고 있다. 협약 제12조에 따르면, 개인을 대신해서 결정을 내리는 후견인의 권리는 장애인을 지원하기 위하여 결정을 내리는 방식으로 바뀌게 된다. 이 협약은 각국 내에서 적용되는 기존 후견법이 무능력자들이 필요로 하는 사항을 제대로 다루지 않으며 인간의 존엄을 위협하는 경우를 막으려는 것이다. 따라서 협약 제12조는 능력이 없다고 여겨지는 사람들이 우선적으로 자신의 인생에 대해서 결정할 권리가 있다고 하였기에 그러한 개인 대신 후견인이 '보호자'로서 결정하는 후견법과 달리 '지원자 혹은 후원자'로서의 의사결정 모델을 지지하는 것이다.[35] 모든 사람들은 어느 순간에 신체적 혹은 정신적으로 가족과 친구의 도움을 구할 경우가 있고, 특히 고령자의 경우는 확률이 다른 연령대의 사람들보다 훨씬 높기에 능력이 없다고 판단된 사람들도 제12조에 따라서 그러한 지원

는 의미에서 'civil death' 용어를 사용하고 있다. "Russia: Constitutional Court forges the way out of discrimination for people with mental disabilities"〈http://www.mdac.info/en/node/178, 2010. 4. 15. 검색〉. 우리나라의 경우 고령자에 대한 한정치산・금치산제도의 잘못된 운용에 대해서는 이미 1990년대 후반에 지적된 바 있다. 신영호, "고령사회에 있어서의 후견제도," 『가족법연구』 제11호(1997), 373면. 무능력자를 위한 후견제도를 통해서 고령자를 획일적으로 다루는 점에 대한 비판은 김용욱, "고령자에 관한 해석과 입법의 문제," 『법률신문』(1998. 9. 24) 참조.

34) 박인환, "새로운 성년후견제 도입을 위한 민법개정안의 검토," 『가족법연구』 제24권 제1호(2010), 37-40면.

35) 동일한 취지의 견해로는 제철웅, "성년후견제도의 개정방향," 『민사법학』 제42호(2008), 138-142면.

을 구할 권리를 똑같이 갖는 것이다. 따라서 장애인권리협약 당사국으로서 우리나라도 역시 가능한 한 이들을 돕고 이러한 지원이 악용되지 않도록 하는 안전판을 마련해야 할 것이다.[36)]

협약 제12조의 의사결정 지원 모델은 전 세계 각국 정부들이 정신장애를 안고서 태어난 사람들뿐만 아니라 나이가 들면서 변별능력을 상실하여 스스로 돌볼 수 없다고 판단이 된 고령자에게도 적용될 수 있다. 사실상, 일부 국가는 장애인권리협약을 근거로 해서 자국의 후견법을 변경하기 시작하였다. 이 점에서 캐나다가 선두주자인데, 캐나다의 브리티시 콜럼비아주는 행위무능력자의 의사결정 지원 및 임의대리 계약이 법원에서 결정하는 후견인 선임 결정을 대체하도록 하였다.[37)]

우리나라 현행 민법의 경우 의사결정능력이 부족하거나 결여된 의사무능력자를 보호하기 위한 후견인의 활동은 재산적 법률행위에 한정된다. 현행 민법상의 한정치산 및 금치산제도를 포함하는 행위무능력제도는 비법률행위의 영역에서 의사결정능력이 결여되거나 부족한 성년을 보호할 수 없기에 기존의 행위무능력제도 대신 개인의 일상생활 전 영역을 대상으로 의사능력이 결여되었거나 부족한 성인을 보호하고자 성년후견제도를 도입하였다.[38)]

장애인권리협약 중 고령자와 특별히 관련되는 규정은 제19조인데, 이는 장애인이 독립적으로 지역사회에서 생활할 권리에 관한 것이다. 전 세계적으로 다수의 국가에서 고령자는 시설에서 생활한다. 장애인권리협약에 따르면 시설입소 처우는 개인의 자유와 존엄을 박탈하는 것이고, 때때로 이들의 생명마저 빼앗을 수 있는 점에 주목하고 있다. 협약에서는 시설입소를

36) 우리나라의 성년후견 관련 민법개정안 제9조, 제12조, 제14조의2에 따르면 성년후견개시 사유로서 '질병, 노령, 장애'를 포함하고 있다.

37) 캐나다 브리티시 콜럼비아주의 관련 입법사항은 Nidus Personal Planning Resource Centre에서 찾을 수 있다〈http://www.rarc.ca/textual/info-legislation.htm, 2010. 4. 15. 검색〉.

38) "성년후견제 도입 및 성년연령 하향을 위한 '민법' 개정안에 대한 공청회" 보도자료 〈http://www.moj.go.kr/HP/COM/bbs_03/ListShowData.do, 2010. 4. 15. 검색〉.

전면 금지하지는 않지만,[39] 시설입소를 마지막 수단으로 하고 있는 점에서 다른 어떠한 유엔 조약이나 문서보다 강력하다. 그렇기에, 장애인권리협약의 당사국은 이 협약의 취지에 따라서 고령자를 포함한 장애인들의 존엄, 자유, 그리고 독립권을 집행하고 필요한 지원을 제공하기 위한 새로운 법체제를 마련하면서 국가가 직접 이들 장애인의 시설입소를 결정할 여지를 제한해야 할 것이다.

'건강'에 관한 협약 제25조와 '가활 및 재활'에 관한 제26조도 고령자를 보호하기 위한 법제도를 마련할 때 활용될 수 있다. 제25조는 장애에 특화되고 일반인과 유리된 전문 건강 서비스를 보장하는 것이 아니라 장애인이 '다른 사람에게 제공되는 것과 동일한 범위, 수준, 및 기준의 무상 또는 감당할 수 있는 비용의 건강관리 프로그램'(to the same range, quality and standard of free or affordable health care programs as provided to other persons)에 접근할 수 있도록 하고, 그러한 서비스는 '성별을 고려해야 한다'(gender-sensitive)고 하였다. 특히, 협약 제25조와 제26조는 '농촌지역을 포함하여 장애인이 속한 지역사회와 가능한 인접한 곳에서'(as close as possible to [people's] own communities, including in rural areas) 그러한 서비스에 접근할 수 있도록 해야 한다고 규정하고 있다. 장애인권리협약을 비준하는 국가는 이들 조문으로 인하여 시골 지역에서 생활하는 고령자의 필요사항을 반영해서 사회간접시설 개발 사업을 시행해야 할 것이다.

장애인권리협약 제28조는 빈곤과 장애의 악순환에 빠진 고령자를 위하여 필요한 사항을 다루고 있다.[40] 협약 제28조는 장애인들이 적절한 의식주(공공주택 포함), 정수된 물, 퇴직연금, 그리고 특히 장애를 가진 고령자를

---

39) Tina Minkowitz, "The United Nations Convention on the Rights of Persons with Disabilities and the Right to be Free from Nonconsensual Psychiatric Interventions," 34 *Syracuse J. Int'l L. & Com.* 406, 410(2007).

40) 빈곤과 장애의 상관관계에 대해서는 세계은행의 관련 홈페이지〈http://web.worldbank.org/WBSITE/EXTERNAL/TOPICS/EXTSOCIALPROTECTION/EXTDISABILITY/0,,contentMDK:20193783~menuPK:419389~pagePK:148956~piPK:216618~theSitePK:282699,00.html, 2010. 4. 15. 검색〉 참조.

위하여 고안된 사회보호와 빈곤감소 프로그램에 동등하게 접근하도록 규정하고 있다. 또한 이 협약에서는 장애인들이 제4(3)조(총칙)와 함께 장애인권리협약을 통해서 당사국들이 "장애인 대표단체를 통해서, … 장애인들과 긴밀히 협의하고 이 협약을 이행하기 위한 법률과 정책을 개발하고 이행하는데, 그리고 장애인 관련 문제에 관한 그 밖의 의사결정 절차에 이들을 적극 참여시키도록" 촉구하고 있다. 따라서 장애인권리협약은 정책 프로그램 자체가 장애인을 포섭해야 할 뿐만 아니라, 제28조에 따라서 당사국이 그러한 정책 프로그램을 마련할 때 필요한 의사결정 과정에 장애인 및 장애인 관련 대표단체를 포함시켜야 할 것이다.

Ⅳ. 우리나라 국제사법 보완의 필요성

1. '성년후견제도'의 국제사법적 고려

현재 개정된 '성년후견' 제도는 그 동안 많은 문제점이 있었던 한정치산 및 금치산 제도를 바꾸었다.[41] 2009년 우리나라가 가입한 장애인권리협약을 고려하더라도 이에 상응하는 입법조치로써 '성년후견제도'를 도입하기 위하여 민법을 개정한 것은 시의적절하고,[42] 이와 함께 성년후견제도와 결부되는 섭외사법적 고려를 할 시점이 도래하였다.

우리나라는 기존의 '섭외사법'을 2001년 '국제사법'이라는 명칭으로 대폭 개정하였다. 하지만 성년후견제도'를 통하여 고령자의 의사가 십분 반영된 신상처리 및 재산관리·처분 행위가 섭외적 요소를 띠는 경우 우리 법원이 '국제사법'과 개정 민법규정 그리고 판결례를 근거로 해서 고령자에 유리한

---

41) 현행 민법의 한정치산 및 금치산 제도의 문제점에 대해서는 제철웅 외, 『행위무능력자 제도의 재검토(성년후견 도입을 중심으로) 연구』, 법무부 연구용역과제 보고서(2007), 5-7면 참조.

42) 이은영, 『성년후견제와 UN장애인권리협약의 관계』, 법무부 정책보고서(2009), 1면.

쪽으로 판단할 수 있을지는 분명하지 않다. 우리나라의 '국제사법'상 관할권 행사의 근거와 준거법 지정은 매우 중요한데,[43] 아마도 이 분야의 국내입법을 위한 국제기준으로서 가장 부합하는 것은 성인보호협약이 될 것이다.[44]

2. 고령자 보호와 관련한 주요 쟁점

(1) 임의대리계약과 사전의료지시서의 효력

각국은 국내법으로 무능력자인 성인을 보호하기 위하여 특정인이 행위능력이 있을 때 장래 행위능력 결여 혹은 부족으로 인하여 법률행위를 할 수 없을 때를 대비하는 조치를 스스로 마련할 수 있도록 하였다. 영국 잉글랜드 및 웨일즈의 'lasting power of attorney',[45] 스코틀랜드의 'continuing and welfare powers of attorney',[46] 독일의 'Altersvorsorge-Vollmacht', 프랑스의 'le mandat de protection future', 일본의 '任意後見制度', 그리고 우리 민법개정안에서 규정된 '성년후견제도' 개념이 그러한 특징을 국내적

---

43) 우리 법원의 판결을 평가한 학자에 따르면 국제사법에 따른 '정치한 국제재판관할규칙'이 아직 이루어지지 않은 것 같다. 석광현, "계약사건의 국제재판관할에서 의무이행지와 실질적 관련," 『법률신문』(2009. 11. 12).

44) 성인보호협약은 2007년 독일, 2003년 영국이 스코틀랜드에 한정해서 비준했다. 2007년 10월 1일 이후 영국이 잉글랜드 및 웨일즈에 대해서, 그리고 프랑스, 네덜란드, 스위스, 키프로스, 체코, 핀란드, 폴란드가 서명했다. 그 후, 프랑스가 2008년, 스위스가 2009년 3월에 성인보호협약을 비준했다. 특히 프랑스가 이 협약을 비준하면서 이 협약 제57조의 발효규정에서 정한 3개 비준국 요건을 충족함으로써 성인보호협약은 2009년 1월 1일 발효하였다. 성인보호협약 규정이 스코틀랜드, 그리고 잉글랜드 및 웨일즈 각각에 이행된 방식이 많은 문제를 야기한다. 영국은 현재 스코틀랜드에 대해서만 비준한 상태이다. 이는 성인보호협약 제55조에 따라서 영국이 성인보호협약을 비준하면서 비준의 효력이 구성 관할지역 중 하나에 대해서만 발생하도록 허용하는 연방조항(federal states clause)을 활용하였기 때문이다; J. Harrington, "Scrutiny and Approval: The Role for Westminster-Style Parliaments in Treaty-Making," 55 *International and Comparative Law Quarterly* 121(2006), 150-151면.

45) 영국 잉글랜드의 2005년 정신능력법(Mental Capacity Act 2005) 제9조 내지 제14조.

46) 영국 스코틀랜드의 2000년 장애를 가진 성인에 관한 법(Adults with Incapacity (Scotland) Act 2000) 제15조 내지 제24조.

으로 구현하기 위한 것이다.[47] 이처럼 관할지역마다 상이한 명칭을 갖더라도 이들 제도는 전반적으로 고령자를 위시한 성인의 자율성을 제고해서, 그들이 행위능력 결여 혹은 부족상태에 처하게 되면 그들이 원하는 대로 재산관리 및 신상보호에 필요한 조치들이 취해지도록 하는 것이다.

성인보호협약 제13(1)조에 따르면 협약 당사국의 관할당국은 어떠한 보호조치를 취하더라도 자국법을 적용하는 것이 일반적이다. 특정 성인의 임의대리권 수여행위가 어느 관할권 내에서는 유효하지만 다른 곳에서 유효하지 않게 되면 문제가 발생할 수 있기에, 협약 제15조에서는 당사자가 자신의 무능력 상태를 대비해서 조치를 취하도록 하는 권리가 국제적인 상황에서도 존중되도록 일반적인 준거법이 적용되지 않는 예외를 규정하고 있다. 따라서 무능력자의 임의대리권이 어떠한 명칭을 갖든지 그 존재, 범위, 변경, 종료는 준거법이 지정되지 않았다면 임의대리계약 혹은 대리권수여행위 당시 수권인의 상거소지 국가의 법이 적용된다.[48] 이 협약에 따르면 지정될 수 있는 준거법은 특정 성인의 국적국가, 이전 상거소 국가, 혹은 재산과 관련해서 재산 소재지 국가의 법으로 제한된다.[49] 이러한 예외를 인정함으로써, 성인보호협약은 당사자 자치를 존중하고, 대리권 및 그 밖의 유사한 제도가 타방 당사국의 관할지역 내에서 적용되는 제도와 다르더라도 그 당사국에서 유효하게 활용되도록 하였다.

성인보호협약에 따르면 임의대리권이 행사될 수 없는 경우도 있다. 첫째, 협약에 따라서 관할권을 갖는 당국은 대리권 행사가 해당 성인이나 그의 재산을 충분히 보호할 수 있도록 행사되지 않으면, 대리권을 종료시키거나 변경할 수 있다. 따라서 협약상 관할권을 갖는 당국은 해당 성인을 보호하기 위하여 대리권 행사 여부를 판단할 수 있다. 하지만 관할당국이 대리권을 종료시키거나 변경하는 경우라도 해당 성인이 대리권 수여시 원했던

47) 특히 오스트리아, 독일 및 미국의 고령자보호제도의 비교에 관해서는 백승흠, "유럽과 미국에 있어서 고령자보호제도의 비교 고찰―성년후견제도의 비교를 중심으로―,"『한·독사회과학논총』 제16권 제2호(2006), 1면 참조.

48) 성인보호협약 제15(1)조.

49) 성인보호협약 제15(2)조.

사항을 '가능한' 존중해야 할 것이다.[50]

성인보호협약에 따르면 대리권 행사 방식은 권리행사지의 법이 적용되고(제15(3)조), 해당 성인이 보호받는 장소의 강행법규는 준거법 지정과 상관없이 적용된다(제20조). 또한, 협약에 따른 준거법 적용이 공서양속에 명백히 반하는 경우에는 적용될 수 없도록 하였기에(제21조), 고령자를 위시한 특정 성인이 의료적 치료 제공 혹은 생명연장 치료의 거부와 관련해서 결정할 수 있도록 한 사전의료지시서에서 해당 성인이 원했던 사항이 실행되지 않을 수 있다.[51] 결국, 생명을 연장하기 위한 의료처치를 중단하도록 하는 지시가 어느 관할지역에서 유효하더라도 해당 조치를 취해야 하는 지역에서 유효하지 않다면, 협약상 그러한 권한이 행사되는 국가의 법이 적용되기에(제15(3)조) 해당 성인이 원했던 대로 사전의료지시가 이행될 수 없을 것이다.[52] 만약 그 국가의 법률이 적용된 결과, 연명치료중단이 아니라 의료처치를 제공해야 한다면 이는 해당 성인이 원했던 것과 정반대의 결과가 발생하게 된다. 마찬가지로, 사전의료지시가 시행지의 강행법규 혹은 공서양속을 위반하는 것이라면 더욱 더 사전의료지시의 내용이 실행될 수 없을 것이다.[53]

수권인의 행위능력 결여 혹은 부족을 이유로 고령자를 포함한 성인을 보호하기 위해서뿐만 아니라 그 이전이라도 임의대리의 목적상 대리권 행사가 필요할 수 있다. 따라서 고령자를 포함한 성인은 자신이 완전한 행위능

50) 성인보호협약 제16조; 한편, '가능한 한'(to the extent possible)에 대한 정의는 없지만, 최소한 대리권의 근거가 되는 법을 완전히 무시해서는 안될 것이고, 아주 예외적인 상황이 아니라면 관할당국은 대리권을 승인하도록 노력해야 할 것이다.

51) A.R. Fagan, "An Analysis of the Convention on the International Protection of Adults," 10 *Elder Law Journal* 329(2002).

52) 치료중단과 관련한 외국의 입법 현황에 대해서는 이인영, 『생명의 시작과 죽음: 윤리논쟁과 법 현실』(삼우사, 2009), 482-497면.

53) 우리 민법개정안 제947조의2 제2문에 따르면 "피성년후견인이 의료행위의 직접적 결과로 사망하거나 상당한 장애를 입을 위험이 있는 때에는 가정법원의 허가를 얻어야 한다"고 규정하고 있기에 강행법규 혹은 공서양속 위반 여부는 가정법원의 판단을 기다려야 할 것이다. 하지만 이 때 가정법원의 '판단능력'에 대해서 의문을 제기하는 견해들이 있다. 김상용, "성년후견법안의 문제점," 『법률신문』(2009. 10. 22). 같은 취지로는 김은효, "민법(성년후견)일부 개정안에 대한 小論," 『법률신문』(2009. 11. 20).

력을 갖는다고 해도, 자신을 대신해서 행동할 특정인에게 권한을 수여할 수 있다. 그러한 대리권한은 즉시 발효하고 대부분의 법제도 내에서는 해당 당사자가 나중에 무능력자로 판명되면 통상 효력을 상실한다.54) 성인이 완전한 행위능력을 갖는 경우 효력을 갖는 대리계약의 국제사법적 측면은 대리 관련 준거법에 관한 1978년 3월 14일 헤이그협약(Convention of 14 March 1978 on the Law Applicable to Agency: 이하 '1978년 헤이그협약')에서 규율한다. 이 협약 제6조에 따르면 그러한 계약의 준거법은 달리 정하지 않은 경우 대리인의 영업소 소재지 혹은 상거소지 법이 적용되는 것이 일반원칙이다.

특정 개인은 자신이 무능력하게 되었을 때, 뿐만 아니라 완전한 행위능력을 갖고 있는 동안이라도 자신의 이익과 관련해서 대리인을 지정하고 그에게 자신의 이익을 위하여 행동하도록 대리권을 수여할 수 있다. 해당 성인과 대리인의 상거소가 서로 다르면, 이로 인해서 어느 상거소지법이 적절한 준거법이 되어야 할지를 결정하기 어려울 수 있다. 어느 국가가 1978년 헤이그협약과 성인보호협약 양쪽 모두에 당사국인 경우 해당 성인의 대리권 행사는 무능력자가 되는 날짜를 기준으로 그 이전까지는 1978년 헤이그협약이 적용되고, 그 이후에는 성인보호협약이 적용되도록 분할할 수 있을 것이다.55) 영국의 잉글랜드 및 웨일즈와 같이 1978년 헤이그협약의 구속을 받지 않는 경우에는 해당 성인의 무능력 여부에 대한 아무런 차이가 없을 것이다.56)

(2) 국제협력

성인보호협약 제5장(국제협력)과 제6장(총칙)에서는 협약에 담긴 실체적인

---

54) 성인보호협약 해설서, para. 97. 하지만, 우리 민법 제127조에서는 위임인의 행위무능력을 대리권 소멸사유로 규정하지 않고 있다. 만약 임의후견인이 행위무능력에 빠지면 법정후견이 개시될 수 있고, 적기에 법정후견이 개시되지 않으면 대리권 남용의 소지가 있을 것이다. 박인환, 앞의 논문, 64면.

55) 성인보호협약 해설서, para. 97.

56) R. Frimston, "England & Wales—France: Incapacity of Adults," *Private Client Business* (2008), pp.218-219.

국제사법 규정을 보충하기 위한 규정을 다수 갖추고 있다. 협약 제28조에 따라서 협약 당사국은 중앙당국을 지정해야 한다. 중앙당국은 특정 성인의 상거소 당사국이 아닌 당사국의 관할당국이 관할권을 행사하고자 신청할 때 중요하다. 관할권이송 신청 이외의 분야와 관련해서 협약의 여러 규정들이 제대로 운영되려면 협약 당사국의 중앙당국들이 긴밀히 협력해야 할 것이다. 협약 제38조에 따르면 당사국의 관할당국은 대리권한을 확인하는 증명서를 발부할 수 있다.57)

Ⅴ. 결 론

고령자 보호는 국제사회에서 여러 차례 논의되었지만, 구속력 있는 조약에서 성문화되지 않고 있다. 최근 장애인권리협약이 발효되면서 장애를 갖고 있거나 접근성 혹은 편의제공이 필요한 고령자는 이제 새로이 채택된 장애인권리협약으로 보호받을 수 있게 되었다. 장애인권리협약에 따르면 고령화로 인하여 자신을 돌보거나, 스스로 의사결정을 할 수 있는 능력이 상실되거나 부족하게 된 장애인 고령자는 일상생활에서 차별받지 않아야 할 것이다. 장애인권리협약은 장애인들이 근거로 할 수 있는 실체법적 규정을 마련했다는 점 이외에도 이 협약의 채택과정과 협약에서 사용하는 용어들은 장차 고령자를 전문적으로 다루는 조약을 마련할 때 훌륭한 국제적인 기준이 될 것이다.

아마도 고령자의 권리와 관련해서 장애인권리협약의 장점은 시민적·정치적 인권과 함께 사회적·경제적·문화적 권리를 포섭한 점이 될 것이다. 이 협약은 기존의 의학적·치료적 접근 이외에 장애인들을 지역사회의 구성원으로 포함하기 위하여 각종 장벽이 되는 태도 및 제도를 제거하도록 하고 있기 때문이다. 또한 장애인권리협약의 여러 규정은 국제법상 고령자

57) 성인보호협약 해설서, para. 144.

의 권리를 보호하고 확장하기 위하여 각국의 상황을 평가할 때 좋은 기준이 될 수 있을 것이다. 각 당사국 정부가 협약의 집행 및 감시 규정과 그 선택의정서를 통해서 협약이행의 책임을 부담할 때, 이 협약은 장차 고령자의 권리를 구현하는 경우에도 중요한 역할을 수행할 수 있을 것이다. 무능력자가 된 성인을 위하여 법과 제도면에서 적절한 보호를 제공해야 할 필요성은 최근 국내적으로 뿐만 아니라 국제적으로도 더욱 절실해지고 있다. 이 점에서 성인보호협약은 고령자를 포함한 성인 보호의 국제사법적 측면에서 확실성과 일관성을 제고할 수 있는 원칙을 제공하고 있다.

장애인권리협약이나 성인보호협약과 같이 고령자와 관련된 기준을 제시할 수 있는 여러 가지 국제법 원칙들을 국내법제도에 충분히 반영하는 과제와 관련하여 최근 개정된 '성년후견' 제도는 2009년 우리나라가 가입한 장애인권리협약의 국내이행과 관련해서 고령자 보호에 매우 중요한 변화라고 할 수 있고, 장애인권리협약의 취지에도 부합한다고 할 수 있다. 특히, 우리 민법개정안을 보면 피후견인의 행위능력을 획일적으로 과다하게 제한하는 단점을 개선하여 현존 능력에 따라 탄력적 후견이 가능하도록 함으로써 고령자의 필요에 따라서 최소한의 개입과 보호를 베푸는 것을 목표로 하여 피후견인의 자기결정권을 강조하였다. 이 점은 장애인권리협약에서 제시되는 일종의 '의사결정지원 모델'의 한 예라고 할 수 있다. 또한 장차 성년후견제도가 도입된 우리 민법이 국제재판관할권이 결부된 소송사건의 준거법으로 적용될 경우 성인보호협약에서 제시된 여러 가지 규정과 이를 국내법으로 입법하여 시행하고 있는 해당 협약 당사국의 성인보호협약 해석 및 적용례가 큰 도움이 될 것이며, 이러한 규정들은 장차 고령자가 결부되는 섭외적 사항을 처리하기 위하여 우리나라의 국제사법 원칙을 정비할 때도 유용하게 활용될 수 있을 것이다.

〈참고문헌〉

이은영, 『성년후견제와 UN장애인권리협약의 관계』, 법무부 연구용역과제보고서 (2009) 〈https://www.prism.go.kr/homepage/main/index.do〉.

이인영, 『생명의 시작과 죽음: 윤리논쟁과 법 현실』, 삼우사, 2009.

제철웅 외, 『행위무능력자 제도의 재검토(성년후견 도입을 중심으로)연구』, 법무부 연구용역과제보고서(2007) 〈https://www.prism.go.kr/homepage/main/index.do〉.

박인환, "새로운 성년후견제 도입을 위한 민법개정안의 검토," 『가족법연구』 제24권 1호, 2010.

백승흠, "유럽과 미국에 있어서 고령자보호제도의 비교 고찰－성년후견제도의 비교를 중심으로," 『한·독사회과학논총』 제16권 제2호, 2006.

신영호, "고령사회에 있어서의 후견제도," 『가족법연구』 제11호, 1997.

"성년후견제 도입 및 성년연령 하향을 위한 '민법' 개정안에 대한 공청회" 보도자료.

제철웅, "성년후견제도의 개정방향," 『민사법학』 제42호, 2008.

〈http://www.moj.go.kr/HP/COM/bbs_03/ListShowData.do〉

Dhir, Aaron, "Human Rights Treaty Drafting Through the Lens of Mental Disability: The Proposed International Convention on Protection and Promotion of the Rights and Dignity of Persons with Disabilities," 41 *Stan. J. Int'l L.* 181, 2005.

Doron, Israel, "From National to International Elder Law," 1 *J. Int'l Aging, L. & Pol'y* 43, 2005.

Fagan, Aimee R., "An Analysis of the Convention on the International Protection of Adults," 10 *Elder L.J.* 329, 2002.

Frimston, R., "England & Wales—France: Incapacity of Adults," *Private Client Business*, 218, 2008.

Harrington, J., "Redressing the Democratic Deficit in Treaty Law Making: (Re-) Establishing a Role for Parliament," 50 *McGill L.J.* 465, 2005.

____________, "Scrutiny and Approval: The Role for Westminster-Style Parliaments in Treaty-Making," 55 *International and Comparative Law*

Quarterly 121, 2006.

Kanter, Arlene S., "The Globalization of Disability Rights Law," 30 *Syracuse J. Int'l. L. & Com.* 241, 2003.

Karp, Naomi & Erica F. Wood, "Guardianship Monitoring: A National Survey of Court Practices," 37 *Stetson L. Rev.* 143, 2007.

Kennett, W., "Family Law-Protection of Adults," 49 *International and Comparative Law Quarterly* 497, 1998.

Kinsella, Kevin & Wan He, *An Aging World: 2008 International Population Reports*, U.S. Census Bureau, 2009.

Lee, Luke T., "Aging: A New Human Rights Concern," 81 *Am. Soc'y Int'l L. Proc.* 165, 1987.

Minkowitz, Tina, "The United Nations Convention on the Rights of Persons with Disabilities and the Right to be Free from Nonconsensual Psychiatric Interventions," 34 *Syracuse J. Int'l L. & Com.* 406, 2007.

Moses, Sarah, "A Just Society for the Elderly: The Importance of Justice as Participation," 21 *Notre Dame J.L. Ethics & Pub. Pol'y* 335, 2007.

Mostermans, PMM., "A New Hague Convention on the International Protection of Adults," 2 *International Law FORUM Du Droit International* 10, 2000.

Rodriguez-Pinzon, Diego, "The International Human Rights Status of Elderly Persons," 18 *Am. U. Int'L. Rev.* 915, 2003.

Handbook for Parliamentarians on the Convention on the Rights of Persons with Disabilities, 2003, ⟨http://www.un.org/disabilities/default.asp?id=212⟩

Lagarde, P., Explanatory Report on the Convention of 13 January 2000 on the International Protection of Adults, ⟨http://www.hcch.net/index_en.php?act=publications.details&pid=2951&dtid=3⟩

Office for National Statistics, Populations Trends 138, 2009 Winter, ⟨http://www.statistics.gov.uk/downloads/theme_population/Pop-trends-winter09.pdf⟩

제 3 장

새로운 성년후견제 도입을 위한 민법개정안의 검토

Ⅰ. 논의의 출발

주지하다시피 1958년 제정·공포되어 1960년부터 시행된 우리나라 민법전은 현재까지 여러 차례의 개정을 겪었으나, 대부분의 개정은 가족법 영역에 관한 것이었고 재산법 영역에서는 1984년 총칙편을 포함하여 물권편에서 극히 일부의 개정이 있었을 뿐이다. 하지만 그 동안 시대의 변천과 사회·경제적 환경의 변화에 따라 민법, 특히 재산법 부분을 포함하는 민법 개정의 필요성은 꾸준히 제기되어 왔다. 뿐만 아니라 근래 세계 각국에서는 민법전 개정을 위한 움직임이 매우 활발하게 전개되고 있다. 이러한 상황에서 우리나라에서도 민법전 제정·시행 50년에 즈음하여 재산법 영역을 포함하는 대폭적인 민법 개정이 시도되고 있다. 2009년 2월 법무부가 주관하고 한국민사법학회의 적극적 참여하에 6개 분과로 구성된 민법개정위원회가 발족하여 현행 민법전 전반에 걸친 대폭적 개정을 목표로 본격적인 연구와 검토작업이 시작되었다.[1] 그리고 그 가운데 가장 먼저 개정안이 마련되어 일반에 공개된 것이 새로운 성년후견제도의 도입을 위한 민법개정안이다. 동 개정안은 2009년 10월 공청회를 거쳐 12월 정부안으로 국회에 제출되었고, 2011년 2월 18일 국회 본회에서 민법 개정안이 가결되었다.[2]

---

* 박인환, “새로운 성년후견제 도입을 위한 민법개정안의 검토,” 『가족법연구』 제24권 1호 논문을 재구성하였다.

1) 물론 이번의 민법 개정작업이 본격적인 재산법 개정의 첫 번째 시도는 아니다. 1999년 당시 법무부는 당면한 사회·경제적 요구를 민법에 반영하기 위하여 마찬가지로 한국민사법학회의 참여하에 민법 일부 개정을 위한 작업에 착수한 바 있었다. 당시 5년여의 개정작업의 결실로서 마련된 정부발의 민법일부개정안은 2004년 국회에 제출되었으나 입법에 이르지 못하고 국회임기 만료와 동시에 자동 폐기되었다. 특기할 만한 점은 성년후견제도의 개정은 2004년 민법일부개정안에 있어서는 장기적 검토과제로 미루어져 있었던 것이었으나, 이번 개정에 있어서는 최우선 개정과제가 되어 가장 먼저 개정안이 마련되었다는 사실이다.

2) 의안번호 제7209호, 2009. 12. 29. 정부발의로 국회에 송부되고 다음날 법제사법위원회에 회부되어 나경원 의원 대표발의 장애성년후견법, 박은수 의원 대표발의 민법일부개정안 등 유사 법률안과 함께 2010년 2월 16일 법제사법위원회 전체회의에 상정되었고, 같은 날 법안심사 제1소위원회에 회부되었다.

5개년 이상의 장기계획 아래 순차 진행되고 있는 법무부 주관 민법 개정작업 가운데에서도 새로운 성년후견제도 도입을 위한 개정안이 가결된 것은 1958년 민법 제정 이후 50여년만에 이뤄진 대대적인 '후견제도의 변화'라고 할 수 있다.[3)]

민법학계에서는 벌써 여러 해에 걸쳐 새로운 성년후견제도 도입을 위한 다양한 비교법적 연구와 검토를 거듭하여 왔다.[4)] 말할 나위 없이 이번 새로운 성년후견제도 도입을 위한 정부의 민법개정안은 이러한 연구를 토대로 하여 그 성과 위에서 마련된 것이라고 할 수 있다. 하지만, 민법 개정안 자체에 대하여 민법학계의 검토와 토론의 시간은 충분하지 않았던 것으로 생각된다.[5)] 따라서 이 시점에서 새로운 성년후견제도 도입을 위한 논의과정에서 형성된 사회적 공감대와 학계의 연구성과를 토대로 현행 민법개정안의 내용을 검토하여, 혹시 있을지 모를 입법적 불비나 앞으로 시행과정에서 나타날 수 있는 해석상의 의문에 대하여 가능한 대안을 모색해 보는 것이 무용한 작업은 아닐 것이다. 이러한 취지에서 그간 성년후견제도 도입과 관련하여 선행연구를 참고해 가면서 현재 정부안으로 제출되었던 민법 일부개정안에 대한 검토와 대안을 모색해 보고자 한다.

---

3) 행위무능력자제도를 대체할 성년후견 도입을 위한 법률안의 발의는 이번이 처음은 아니다. 2006년 12월 17대 국회에서 이은영 의원이 성년후견제도 도입을 내용으로 하는 민법일부개정안을 발의한 바 있었고, 2007년 11월에는 성년후견추진연대에서 마련한 개정안이 장향숙 의원의 발의로 국회에 제출되었으나 모두 국회 임기만료로 자동 폐기되었다. 다른 한편으로 대법원에서도 성년후견제도연구회를 구성하여 성년후견에 관한 법률안을 작성한 바 있었다. 성년후견제도연구회, 『성년후견제도 연구』(사법연구재단, 2007) 참조.

4) 일일이 모두 열거할 수는 없으나 본고에 참고한 주요 연구로서 제철웅, "성년후견제도의 개정방향," 『민사법학』 제42호(2008. 9), 111면 이하; 제철웅・박주영, "성년후견제도의 도입논의와 영국의 정신능력법의 시사점," 『가족법연구』 제21권 제3호(2007. 11), 275면 이하; 백승흠, "현행 성년자보호를 위한 제도의 문제점과 대안으로서의 성년후견제도," 『민사법학』 제24호(2003. 9), 407면 이하(이하 '문제점'으로 칭함); 백승흠, "성년후견제도의 입법방향," 『민사법학』 제18호(2000. 5), 156면 이하(이하 '입법방향'으로 칭함); 신영호, "고령사회에 있어서의 후견제도," 『가족법연구』 제11호(1997), 366면 이하 등이 있다.

5) 짧은 글이기는 하지만, 개정안에 대한 비판적 검토 의견으로 김상용, "성년후견법안의 문제점," 『법률신문』 제3787호(2009. 10. 22) 및 김은효, "민법(성년후견) 일부 개정안에 대한 소론," 『법률신문』 제3793호(2009. 11. 16) 참조.

II. 개정안의 기본방향과 구조

본격적인 개정안의 내용 검토에 앞서 새로운 성년후견제도 도입이 시급한 사회적 과제로 제기되게 된 배경을 간략히 살펴보고, 이를 전제로 새로운 성년후견제도에서 요구되는 기본방향과 원칙이 무엇인지 그리고 그것을 구현하기 위한 개정안의 내용과 구조에 관하여 살펴보기로 한다.

1. 새로운 성년후견제도 도입의 필요성

(1) 개인과 가족의 문제에서 사회적 과제로서의 성년후견－가족윤리에서 법제도로의 전환

새로운 성년후견제도 도입의 필요성이 강력하게 제기되는 이유 가운데 하나는 한국 사회의 급속한 고령화 추세에 따라 인지장애 노인이 급증하고, 사고나 질병 등으로 인한 심신장애 인구가 지속적으로 증가함에도 불구하고, 이들 요보호 성년자의 법률관계 형성에 있어서 필수적 수단인 민법상 행위무능력자제도가 거의 이용되지 못하고 있다는 점이다.[6] 그 이유와 관련하여 우선 지적할 수 있는 것은 현행 민법의 한정치산·금치산 선고는 가족관계등록부(2005년 민법 개정에 의하여 2008년부터 동 제도가 시행되기 전까지는 호적부)에 의하여 공시되는데, 금치산 선고 또는 한정치산 선고는 행위무능력자로서 사회적으로 부정적 표지로 인식되어 본인과 가족들에게 수치심과 거부감을 준다는 사실이다. 이러한 이유에 더하여 무엇보다도 우리 사회에서는 지적 장애를 가진 가족원을 둘러싼 문제에 관하여 그 사실을 외부에 널리 알리게 되는 법적 처리보다는 가능한 한 가족 내의 문제로서

6) 지금까지 한정치산, 금치산 신청사건의 접수 건수는 2000년 258건, 2001년 323건, 2002년 421건, 2003년 433건, 2004년 473건, 2005년 529건, 2006년 663건, 2007년 747건, 2008년 804건 등 매년 증가하고는 있으나 실제 급증하는 요보호 성년자 수에 비추어 보면 그 이용률은 매우 저조한 실정이다. 법원행정처, 『사법연감』(2000-2008) 참조.

전통적 가족윤리에 기초한 가족간 협의 등의 방법을 통하여 비법률적 방법으로 처리하는 것이 선호되었다는 점을 지적할 수 있다.

그러나 지적 장애인의 보호와 후견에 관한 문제를 가족간의 의리나 도리와 같은 가족윤리에 의하여 가족 내에서 사실상 처리하는 것은, 핵가족화와 가족구성원간 유대의 약화 그리고 서구적 개인주의가 보편적 삶의 양식으로 정착되어 가고 있는 현대사회에 있어서는 점점 더 그 한계를 드러낼 수 밖에 없다.[7] 나아가 지적 장애인에 대한 관심과 인권의식이 고조되면서 지적 장애인의 존엄과 인권보호를 위한 제도적 기반으로서 성년후견제도의 중요성이 부각되기 시작하였다. 이를 배경으로 성년후견은 더 이상 개인과 가족의 문제가 아니라 국가 또는 사회 전체가 공동으로 책임지고 보호해야 할 사회적 과제로서 재인식되기 시작하였다(복지국가원리). 이를 계기로 성년후견 문제를 가족문제로서 가족윤리에 의하여 사실상 처리해 오던 관행을 극복하고 법규범에 의한 사회 제도적 처리로 성년후견에 관한 패러다임의 전환이 요구되었다고 할 것이다.[8]

(2) 거래의 안전을 위한 행위무능력자제도에서 장애인의 존엄과 인권을 보호하는 성년후견으로

그렇다면 현행 민법의 행위무능력자제도는 왜 새로운 성년후견의 패러다임이 될 수 없는 것일까? 그것은 우리 민법이 규정하고 있는 행위무능력자제도가 현대 복지국가 원리에 걸맞는 지적 장애인 보호의 규범적 틀을 제공해 주지 못한다는 사실로부터 비롯된다. 우리 민법은 근대민법의 전통에

---

7) 약해진 가족간 유대 속에 지적 장애인과 관련된 상속재산분할 내지 재산관리를 둘러싼 가족간 대립과 다툼 끝에 결국 금치산 또는 한정치산 선고의 청구라는 법률문제가 불거지는 사례가 적지 않다는 점이 이를 말해 주고 있다. 선행하는 사례연구는 거의 찾아볼 수 없으나 신영호, 앞의 논문, 370면 이하에 소개되어 있는 4건의 금치산 또는 한정치산 사건 중 1건이 가족간 재산분쟁에서 비롯된 사건이었다.

8) 이러한 관점에서 보면 특히 성년후견의 문제를 여전히 미성년후견과 함께 특히 본질에 있어서 위임계약의 일종인 임의후견계약에 관한 내용을 민법의 친족편에 규정하는 것이 체계 적합한 것인가에는 약간의 의문이 있다. 그렇다고 해서 후견문제를 친족편을 통해서 일람할 수 있는 것도 아니다. 왜냐하면 후견은 이미 총칙과 친족편으로 분열되어 있어서 어느 한쪽의 규정만으로는 전모를 알기 어렵게 되어 있기 때문이다.

따라 행위무능력자 보호라는 명목하에 요보호 성년자의 법률행위를 그의 구체적 의사결정능력을 고려하지 않은 채 획일적으로 무효로 하거나 취소할 수 있도록 하고, 그들의 법률관계 형성을 오직 후견인의 대리나 동의를 통해서만 할 수 있도록 하고 있다. 그 결과 요보호 성년자의 법률관계 형성의 주도권은 거의 전적으로 후견인에게 넘어가게 되고 피후견인은 자신의 삶을 스스로 형성해 나아갈 가능성을 부정당하기 쉽다.

뿐만 아니라 행위무능력자제도가 주로 재산과 관련된 법률관계의 형성에 대하여 후견인의 개입을 요구하는 데에 반하여, 지적 장애인 보호에 있어서 필수적인 신상보호에 관해서는 매우 불충분한 규정만을 두고 있다(민법 제947조). 따라서 관리하거나 보전되어야 할 재산이 없는 자에게 행위무능력자제도는 무의미한 제도에 지나지 않는다. 과연 재산이 없는 지적 장애인은 보호의 필요성도 없는 것일까? 이러한 규율 태도는 행위무능력자제도가 행위무능력자 자신을 보호하는 제도가 아니라 행위무능력자의 비합리적 결정으로부터 —대개는 가산(家産)에서 유래하는— 그의 재산을 보호하여, 결국 사후상속을 통하여 재산이 그의 친족 등 주변인에게 온전히 이전되는 것을 보장하기 위한 것이거나, 의사무능력을 이유로 법률행위가 무효가 됨으로써 입게 되는 불측의 손해로부터 거래상대방을 보호하기 위하여(거래의 안전) 마련되고 기능하는 것이라는 제도 자체에 대한 회의론을 낳고 있다.[9]

나아가 판단능력 결함의 정도는 개개의 요보호 성년자마다 매우 다양할 수 있음에도 불구하고 심신상실 또는 심신박약이라는 획일적 기준으로 이분하여 후견인의 대리와 동의에 의하여서만 법률관계를 형성할 수 있도록 하는 것은, 요보호 성년자에게 남아 있을 수도 있는 잔존능력을 무시하고 그에 기초한 최소한의 자기결정의 가능성을 배제함으로써, 정상 사회로의 복귀나 재활의 기회도 박탈하여 장애를 가진 요보호 성년자의 인권을 증진하기 위한 정상화(normalization)[10] 이념과는 조화되지 않는다.[11]

---

9) 민법이 신상보호에 관하여 침묵하면서 낭비자에 대해서는 이를 보호의 대상으로 하는 등의 태도에 비추어 보면 오히려 그의 재산을 보존하여 상속인들에게 전달하는 데에 목적이 있는 것이 아닌가라는 의문이 제기되고 있다(제철웅, 앞의 논문, 146면).

결국 현대사회에서 지적 장애를 가진 요보호 성년자의 후견에 있어서 윤리적 가족규범은 더 이상 기능할 수 없는 데 반하여, 행위무능력제도는 지적 장애인의 인격존중과 인권보호라는 성년후견의 새로운 방향의 실현에 있어서는 사실상 기능부전 상태에 빠져 있다. 이는 장애인의 존엄과 인권보호를 통하여 복지국가원리를 실현하여야 하는 현대 법질서의 중대한 공백을 의미한다. 이러한 법제도의 공백을 메우기 위한 입법적 대처로서 새로운 성년후견제도의 도입이 필요하게 되었다는 것이다.[12)]

2. 새로운 성년후견제도 도입의 기본방향, 원칙과 개정안의 내용

이러한 관점에서 요보호 성년자의 인격을 존중하고 인권을 보호하는 성년후견제도가 되기 위해서는 의사결정능력이 취약하더라도 가능한 한 잔존의사능력을 최대한 활용하여 스스로 자기결정을 할 수 있도록 지원하고 이를 존중하는 것이어야 한다. 그럼으로써 요보호 성년자가 가능한 한 보통의 사회구성원과 마찬가지로 사회 속에서 자기 나름의 삶의 방식을 형성·유지해 나갈 수 있게 된다.[13)] 이와 같은 방향에서 선행연구 가운데에서는

---

10) 정상화 또는 일반화 혹은 보편화 등으로 불리는데, 장애자를 비정상적인 특별계층으로 사회로부터 분리 또는 격리하여 보호하지 않고, 사회 속에서 그 일원의 하나로 일반적이고 정상적인 생활을 할 수 있도록 하자는 이념이다. 구체적으로는 장애자를 사회로부터 격리하는 수용시설에서 지역사회에서 일반인과 함께 보통의 생활이 가능한 환경과 조건을 만들어 준다는 의미로 이해된다.

11) 특히 금치산·한정치산 선고에 있어서 본인의 의사는 반드시 고려하여야 할 사항이 아니며, 금치산 선고 등을 받은 자는 공직선거를 위한 선거권 및 피선거권이 박탈되는 등 그 밖의 법제도상으로도 무능력자로 간주되어 사회구성원으로서 보편적으로 인정되는 권리의 향유와 행사가 제한된다. 이러한 점들은 자기결정권을 존중하고 잔존능력을 최대한 활용하여 가능한 한 정상적 생활을 유지토록 함으로써, 평등한 사회구성원으로서 사회참여를 촉진하고자 하는 요보호 성년자의 인권존중과는 배치되는 것이다.

12) 그 밖에 현행 민법상 법정후견제도가 안고 있는 세부적 문제점에 대해서는 백승흠, 앞의 논문(입법방향), 158면 이하 및 성년후견제도연구회, 앞의 책, 19면 이하 참조.

13) 나아가 잔존 의사능력을 모두 상실하여 후견인이 요보호 성년자를 대신하여 결정을 하거나 사무를 처리함에 있어서도 평소 요보호 성년자의 가치관이나 세계관, 감정을 존중하는 결정이 이루어져야 한다는 지적도 있다. 의사능력이 없어진 그 순간에도 본인의 삶을 살다 가도록 할 필요가 있으며 각 개개인의 삶의 태도를 존중하는 것은 그가 의사결정능력을 상실한 순간에서조차 보호되어야 한다는 것이다(제철웅, 앞의 논문, 137면).

성년후견제도 도입의 기본방향에 대하여 요보호 성년자의 잔존능력을 최대한 존중하고, 요보호 성년자의 정신능력을 범주화하지 않고 개별적 보호를 제공하며, 국가의 개입은 최소화하여 필요한 경우에 한하여 개입하여 필요한 보호를 제공할 뿐 아니라, 그때에도 정신능력의 상실 정도에 따라 비례하여 보호조치를 제공할 수 있도록 하여야 한다는 원칙이 제시된 바 있다.[14] 그리고 이러한 원칙은 그 동안 성년후견제도에 관한 여러 연구논의를 통하여 형성된 공감대를 반영한 것으로 개정안에 의해서도 원칙적으로 수용되어 있는 것으로 보인다. 따라서 이하에서는 이와 같은 기본방향을 실현하기 위하여 제시되었던 몇 가지 구체적 원칙[15]을 근거로 하여 개정안의 내용을 점검해 보기로 한다.

첫째, 요보호 성년에 대한 보호는 재산분야만이 아니라 신상과 관련한 영역에서도 제공되어야 한다. 이 점에 관하여 개정안은 법정후견 및 임의후견에 있어서 재산관리 및 법률행위의 대리권뿐 아니라 신상보호를 위한 결정권한도 아울러 부여하고 있다(개정안 제947조의2, 제959조의6, 제959조의14 등).

둘째, 특별한 사정이 없다면 요보호자 스스로의 결정을 최대한 존중하여야 하고 무엇보다도 보호제도의 선택, 보호조치의 선택, 보호자의 선택에 있어서 본인의 의사가 존중되어야 한다. 이러한 원칙에 따라 개정안은 본인의 보호 필요성에 따라 세 가지 탄력적 유형의 법정후견과 임의후견계약을 마련하였고, 법정후견에서 임의후견으로, 임의후견에서 법정후견으로의 이행을 보장하고 있다(개정안 제959조의20). 뿐만 아니라 성년후견개시심판 및 한정후견개시심판에서 본인의 의사를 고려하며(개정안 제9조 제2항, 제12

이 논문은 제철웅 외 3인에 의해 수행된 법무부 연구용역보고서인 '행위무능력자제도의 재검토'를 수정·보완하여 발전시킨 것으로 표기되어 있는데, 최근 대폭적 개정이 이루어진 2007년 개정 프랑스 민법의 성년후견 규정(프랑스 민법 제488조 내지 제514조), 2005년 영국의 정신능력법(The Mental Capacity Act)에 관한 비교법적 검토를 거쳐 그 시사점을 개정원칙 및 개정시에 고려되어야 할 사항으로 제시하고 있다.

14) 제철웅, 앞의 논문, 138면.

15) 위의 논문, 138면 이하.

조 제2항), 후견인의 선임에 있어서도 피후견인의 의사를 존중한다(개정안 제936조 제4항, 제959조의3 제2항, 제959조의9 제2항). 특정 후견심판은 본인의 의사에 반하여 할 수 없고(개정안 제14조의2), 본인이 선택한 사람과 임의후견계약을 체결할 수 있으며(개정안 제959조의14), 임의후견감독인의 선임에 있어서는 가능한 한 본인의 동의를 받아야 한다(개정안 제959조의15 제2항). 또한 개정안은 보호자와 보호내용을 스스로 결정하는 임의후견과 법정후견을 마련하여 선택할 수 있도록 하는 한편, 법정후견에 있어서도 지속적 보호조치로서 성년후견과 한정후견 외에도 일시적 보호조치로서 특정후견제도를 마련하였다.[16)]

셋째, 지속적 보호조치에 있어서도 요보호 성년자 스스로 의사결정을 할 수 있도록 지원하여야 하며, 본인을 대신한 의사결정은 다른 방법으로도 가능하지 않을 때 최후의 수단으로 이용되어야 한다. 본인의 잔존능력을 존중하는 것이야말로 그의 존엄성을 보장하는 것이기 때문이다. 이러한 관점에서 본인의 의사결정능력을 범주적으로 결정하여 획일적인 보호조치를 제공해서는 안될 것이다(개별성 · 비례성 · 최소개입의 원칙).[17)] 이러한 원칙은 개정안에 있어서 한정후견에 적극 반영되어 피한정후견인은 원칙적으로 행위능력을 상실하지 않으며 보호 필요가 있는 경우에만 제한적으로 한정후견인에게 동의유보를 하거나 대리권을 부여하고 있다(개정안 제13조, 제959조의4). 다만, 성년후견에 있어서는 요보호인의 정신적 제약에 따른 지속적 보호 필요성 때문에 불가피하게 피성년후견인의 행위능력은 범주적으로 제한된다. 다만 이 경우에도 가정법원은 취소할 수 없는 법률행위를 정하거나 성년후견인의 대리권을 제한함으로써 탄력적으로 개입의 범위를 조절할 수 있다.

---

16) 위의 논문, 139면은 이러한 선택은 성년 자녀를 직접 돌보고 있는 부모에게도 인정되어야 한다고 하고 있으나 이 점에 대해서 개정안은 충분한 배려를 베풀고 있는 것 같지는 않다.

17) 이러한 원칙이 개정안 작성의 기초가 되었다는 점은, 백승흠, "민법개정안의 성년후견법제가 갖는 특징," 성년후견제 도입을 위한 민법개정안 공청회 자료집(법무부, 2009. 9. 30), 62면 이하에서도 밝혀져 있다.

넷째, 의료적 처치에서의 동의, 치료거부, 나아가 생명연장조치에 대한 거부와 관련해서도 요보호 성년자 자신의 의사를 존중해야 하고 그 의사는 신중을 기하기 위하여 그 방식을 법정하는 것이 필요하다. 이에 따라 개정안은 침습적 의료행위에 관한 성년후견인의 보충적 신상결정권을 규정(개정안 제947조의2 제3항)하는 한편, 생명이나 장애의 우려 있는 행위에 대해서는 가정법원의 허가를 얻도록 제한하고 있다(동조 제4항). 다만, 연명치료중단 등에 관해서는 별도의 입법논의를 지켜봐야 한다는 점에서 후견인의 신상결정의 대상에서 제외하는 해석론을 제시하였다.[18]

다섯째, 법정후견과 임의후견, 지속적 보호조치와 개별적 보호조치를 동시에 제공하여 선택할 수 있도록 할 뿐 아니라 각 제도는 양립할 수 있고 또 상호보완적이거나 호환될 수 있어야 한다. 이 점과 관련해서 개정안은 법정후견과 임의후견의 상호 이행의 가능성은 인정하나 양립할 수는 없는 것으로 정하고 있다(개정안 제959조의20).

여섯째, 요보호 성년을 가족이 아닌 전문가가 임의후견인 또는 법정후견인으로서 돌보는 것이 필요하다. 따라서 이들을 성년후견인으로 고려한 입법이 이루어져야 한다. 이에 따라 개정안은 후견인 선임에 있어서 근친자 중심의 법정후견인을 폐지하고 적임자를 직권으로 선임할 수 있도록 하는 한편, 복수후견인, 법인후견인의 선임도 가능하도록 하였다(개정안 제930조 제2항, 제3항).

일곱째, 기존 제도의 골격을 근본적으로 바꾸는 것은 될 수 있는 한 피해야 한다. 그것은 기존 제도하에 축적된 법 운영의 노하우를 최대한 살리고 기존 제도의 토대 위에 개혁하는 것이 연속적인 법문화 발전을 위하여 바람직하기 때문이다.[19] 이에 대해서는 항을 바꾸어 살펴보기로 한다.

---

18) 김형석, "민법개정안 해설," 성년후견제 도입을 위한 민법개정안 공청회 자료집(법무부, 2009. 9. 30), 23면(이하 '개정안 해설'이라 칭함).

19) 개정안 해설은 제도의 구조 설계와 관련하여 이 점을 분명히 밝히고 있다(개정안 해설, 6면 각주 5) 참조).

3. 개정안에 있어서 세 가지 유형의 법정후견과 임의후견계약

이러한 새로운 성년후견제도의 방향과 원칙을 실현하기 위한 제도를 설계함에 있어 먼저 요보호자의 상태 및 보호의 내용을 기준으로 여러 가지 보호유형을 인정하는 다원적 구조를 취할 것인지, 아니면 하나의 보호유형을 인정하여 이를 탄력적으로 운용할 수 있도록 하는 일원적 구조를 취할 것인지가 문제이다. 비교법적으로는 독일 민법의 성년후견제도가 일원적 구성을 취하는 데 반하여, 프랑스 민법과 일본 민법의 성년후견제도는 다원적 구성을 취하고 있다.[20]

이에 대하여 개정안은 현행 민법의 금치산자와 한정치산 제도를 폐지하고, 법정후견제도로서 새로이 ① '질병, 장애, 노령, 그 밖의 사유로 인한 정신적 제약으로 사무를 처리할 능력이 지속적으로 결여된 사람'에 대해서는 성년후견(개정안 제9조), ② 같은 사유로 '사무를 처리할 능력이 부족한 사람'에 대해서는 한정후견(개정안 제12조), ③ 같은 사유로 '일시적 또는 특정한 사무에 관한 후원이 필요한 사람'에 대해서는 특정후견(개정안 제14조의2)을 신설함으로써, 프랑스 민법 및 일본 민법과 같은 다원적 구성을 취하였다.[21] 그 이유에 대하여 개정안 해설은 "그 동안의 선행연구에도 불구하고 아직 성년후견제도의 모습이 어떤 것이어야 하는지에 대한 입법론적 연구가 충분히 축적되어 있다고 할 수 없고, 그 결과 어떠한 방향으로 입법해야 할 것인지에 대한 전반적인 의견수렴이 있다고 말하기 어렵다. 이러한 상황에서라면 기존 법의 구조에 대한 급진적인 변경을 가져오는 입법은 오히려 많은 혼란을 야기할 우려가 있다고 생각되었다"고 설명하고 있다.[22] 이러한 취지에서 개정안은 현행 민법과 마찬가지로 지속적·포괄적 보호제도로서 두 가지 유형을 인정하면서도(성년후견과 한정후견), 기존 제도의 결함

20) 각국의 성년후견제도의 구조와 개략적 내용에 관해서는 개정안 해설, 4면 이하.

21) 개정안 해설, 12면 이하. 공청회 당시 개정안에는 '장애'가 성년후견 개시원인으로 열거되지 않았다.

22) 개정안 해설, 7면.

으로 지적된 문제점들을 제거하고 각각의 유형에 탄력적인 운영을 가능하게 하는 규정들을 채택하고, 동시에 이러한 지속적 보호를 목적으로 하는 제도와 함께 요보호자의 다양한 욕구와 필요에 대처할 수 있도록 하기 위하여, 새로운 제도로서 일회적, 특정적 보호제도(특정후견)와 계약에 의한 후견(임의후견)을 도입하여 보다 효율적인 보호제도를 설계하였다고 한다.[23)]

법정후견의 세 가지 보호유형의 상관관계를 살펴보면 다음과 같은 모습으로 그려질 수 있다. 즉, 한정후견은 보호의 폭이 가장 크고 탄력적인 보호유형으로 가장 많이 활용될 것이 기대되는 유형이다. 한정후견은 선택적으로 취해질 수 있는 동의유보와 일정한 유형의 사무에 관한 포괄적 대리권을 갖는다. 한정후견은 동의유보의 선택 여부나 포괄적 대리권이 인정되는 사무유형의 확장과 축소에 따라 성년후견과 특정후견의 양 극단의 보호조치를 모두 포괄할 수도 있다. 이에 대하여 성년후견은 지속적 보호필요성 있는 경우에 대하여 피후견인의 행위능력을 제한하고 유형의 제한 없는 포괄적 재산관리와 대리권을 부여하지만 감축을 인정하여 탄력적 운용이 가능하다. 특정후견은 그 반대로 일시적 혹은 특정 보호조치가 필요한 경우에는 그에 맞는 개별적 조치를 취할 수 있다.

결국 개정안은 현행 행위무능력자제도와의 제도적 연속성을 고려하여 형식적으로는 범주적·유형적 보호제도(다원적 구조)를 취하면서도, 실질적으로는 각 유형을 매우 탄력적인 것으로 규정함으로써 유형간 단절이 없는 보호의 연속성을 유지할 수 있도록 설계하였다고 볼 수 있다. 이로써 범주적·유형적 보호에 수반되는 획일적 보호의 문제점을 제거하고 요보호 성년자의 개별·구체적 사정에 따라 필요최소한의 최적의 개입과 보호를 제공함으로써, 그의 잔존능력의 활용과 자기결정을 존중하고자 하는 일원적 구조의 장점을 아울러 지향하고 있는 것으로 평가할 수 있다. 개정안의 이러한 특징은 제도적 연속성과 필요최소한의 최적의 개입을 요구하는 새로운 성년후견제도의 이상 사이의 타협점이자, 비교법적으로는 다원적 구조

---

23) 개정안 해설, 6면.

와 일원적 구조 사이의 절충적 형태라고 평가할 수 있다.[24)]

이와 같은 개정안의 이상(理想)에도 불구하고 우리 가정법원이 이를 실현하기 위하여 충분한 인적·물적 인프라를 갖추고 있느냐 하는 것은 전혀 다른 차원의 문제이다. 쉽게 말하자면, 종래 행위무능력자제도에서는 가정법원이 단순히 심신상실이냐, 심신박약이냐 만을 판단하면 족하였다. 그러나 개정안에서는—요보호자의 구체적 보호필요성에 따라 개별적인 보호조치를 제공하기 위하여—요보호자의 정신상태에 대한 감정뿐만 아니라, 생활여건, 본인의사 등을 면담과 실지조사 등의 방법을 통하여 면밀히 파악하지 않으면 안된다. 문제는 현재 가정법원이 과연 이를 수행할 수 있는 인력과 조직을 갖추고 있는가 하는 점이다. 이러한 문제가 해결되지 않는다면 개정안의 이상은 좀처럼 실현되기 어려울 것이다.[25)] 개정안의 시행과 함께 가정법원내 후견부 나아가 후견법원의 설치 등을 포함한 적극적 검토가 필요하다.

Ⅲ. 법정후견에 관한 검토

1. 성년후견에 관한 검토

(1) 성년후견의 개시원인과 본인 의사의 고려

개정안에 따르면, 성년후견개시의 원인은 '질병, 장애, 노령, 그 밖의 사유로 인한 정신적 제약으로 사무를 처리할 능력이 지속적으로 결여된' 상태

24) 다만, 구체적인 제도의 상세 규정에 있어서는 일본 민법에 있어서의 법정후견(後見, 保佐, 補助), 특히 任意後見契約に關する法律의 내용이 상당 부분 참고가 되었음을 알 수 있다. 따라서 향후 제도의 시행과정 및 구체적인 규정의 해석 적용에 있어서는 일본사회의 경험과 일본법의 해석론으로부터 상당한 시사를 얻을 수 있을 것으로 생각한다.

25) 특히 김상용, 앞의 논문에도 가정법원이 피후견인의 신상에 관한 조사와 정보수집, 의견청취 등을 수행하여 피후견인의 신상문제에 적극적으로 개입하여 역할을 하기에는 인적 구성과 전문성에서 한계가 있다는 점을 지적하고 있다. 김은효, 앞의 논문에도 가정법원의 전문성에 대하여 의문을 제기하고 있다.

이다. 당초 제시된 개정안에는 '질병, 노령 기타의 사유'로 규정하여 '장애'를 독립적으로 열거하지 않았으나, 개정안 공청회에서 제기된 "정신적 장애인을 '질병'을 앓고 있는 사람으로 잘못 오해될 소지"가 있고, "제도를 이용해야 할 장애인과 장애인 부모들은 '장애'를 명확히 적시하는 것을 선호"할 것이라는 지적을 수용한 것으로 추측된다.[26] 주로 인지장애를 겪는 고령자와 지적 장애인에 의해서 성년후견제도가 이용될 것이라는 점을 고려하면 장애를 성년후견개시의 사유로 명기하는 것이 분명하고 솔직한 태도일 것이다. 이 경우 신체적 장애도 포함되는가에 대해서는 독일 민법(제1896조 제1항)이나 프랑스 민법(제425조) 등은 일정한 신체적 장애에 대하여도 그로 인하여 원활한 의사표시가 곤란한 경우를 상정하여 성년후견개시를 할 수 있도록 하고 있다. 그러나 개정안은 현행 민법 제정 당시의 입법적 결단을 중요한 정책적 근거로 고려하여 신체적 장애 자체를 성년후견개시의 요건으로 하는 것은 취하지 않았다고 한다.[27] 그러나 기왕에 개정안에서 장애를 굳이 구별하고 있지 아니하므로 결과적으로 정신적 제약을 초래하는 사유라면 굳이 그 원인이 정신적 장애인가 신체적 장애인가를 구별하는 것은 별 의미가 없을 것으로 생각된다.

성년 후견개시절차에서 특기할 만한 것은 가정법원은 성년후견개시 심판에 있어서 본인의 의사를 고려하여야 한다는 점이다(개정안 제9조 제2항). 요보호인이 스스로 후견개시에 관한 의견을 표시할 수 있는 상태에 있는 한

---

26) 김동호(보건복지부 장애인권지원과장), "성년후견제를 위한 민법개정안에 대하여," 성년후견제 도입을 위한 민법개정안 공청회 자료집(법무부, 2009. 9. 30), 88면. 뿐만 아니라 개정안의 국회 제출에 즈음하여 특히, 장애인을 보호 대상으로 하는 장애성년후견법안이 의원입법으로 발의되었다(2009. 10. 27. 나경원의원 대표발의 장애성년후견법안). 동 법안은 정부안과 별도로 법률안을 제안하는 이유로 정부의 민법개정안은 일반적인 후견제도에 대해서만 언급되고 있어 장애성년자의 특수한 요구를 반영하는 데 부족할 뿐 아니라 후견법인 등에 대한 규정이 결여되어 있어 선진적인 후견제도 정착에 미흡하다는 점을 들고 있다.

27) 민법 제정 당시 우리 입법자가 '聾者, 啞者, 盲者'를 준금치산자로 정하던 의용민법 규정(제11조)을 폐지하였고, 민법초안이 '신체에 중대한 결함'을 한정치산 원인으로 하고 있던 것이 "신체에 중대한 결함이 있다 하더라도 심신박약에 이르지 아니한 사람을 한정치산자로 할 필요는 없다"는 이유에서 심의과정에서 삭제되었다는 사실[민법안심의록 상권(1957), 11면]을 지적하고 있다(개정안 해설, 12면).

본인의 의견을 청취하여야 하고, 그것이 본인의 복리에 배치되지 않는 한에서는 이를 적극적으로 고려하여야 한다는 취지이다.[28] 이 규정은 말할 나위 없이 가능한 한 요보호자의 의사를 고려함으로써 그의 인격과 존엄을 존중하고자 하는 개정안의 입법원칙이 구현된 것이라 할 것이다. 그러나 본인의 복리를 위하여 필요한 때에는 본인의 의사에도 불구하고 성년후견의 개시를 선언할 수 있다. 다만, 본인이 성년후견개시 심판에 필요한 정신감정 등을 거부하는 경우 본인 의사에 반하여 이를 강제할 수 있는지 등은 문제될 수 있다. 향후 시행에 대비하여 논의가 필요한 문제라고 생각한다.

(2) 청구권자의 확대

개정안은 청구권자의 범위에 관하여 현행 민법 규정을 답습하여 본인, 배우자, 4촌 이내 친족, 후견인, 검사 외에 후견감독인을 추가하였으나(개정안 제9조), 법원의 직권에 의한 절차의 개시는 인정하지 않았다. 이에 대하여 개정안 해설은 현실적으로 법원의 직권발동을 촉구하는 방법으로 근친에 의한 성년후견제도 남용의 우려를 완전히 불식시킬 수 없고, 결국 요보호인에게 조력할 가능성이 가장 높은 사람들은 일정한 범위의 근친이라는 점이 고려되었다고 설명한다.[29] 그러나 현재에도 고령의 독거노인의 수가 빠르게 증가하고 있고, 저출산 고령화와 개인주의의 영향으로 미래에는 근친의 절대수가 줄어들 뿐만 아니라 친족간 유대도 약화되어, 성년후견의 청구를 해줄 적절한 근친을 찾기 어려운 경우가 늘어날 것으로 예상된다.[30] 더구나 정신감정 비용 등 성년후견 청구에는 적지 않은 비용이 들고, 이것

28) 개정안 해설, 14면.

29) 개정안 해설, 12면 이하. 이러한 개정안의 취지에 따르면 성년후견개시 청구 이후라도 심판 확정 전에 이를 취하한 경우에는 이를 받아들여 절차를 중단하여야 하는지가 문제이다. 경우에 따라서는 본인보호와의 충돌문제가 발생할 수 있다. 이에 관하여 일본 민법의 해석론으로서는 취하를 인정하지 않고 직권주의적으로 운용하여야 한다는 견해가 있다. 二宮周平, 『家族法』(新世社, 2009), 235면.

30) 가까운 일본에서는 성년후견의 청구를 해줄 적절한 근친을 찾지 못하여 성년후견에 의한 보호가 지체되는 경우가 빈번히 발생하고 있다는 점에 유의할 필요가 있다[岡部 喜代子, "日本における成年後見制度の問題点," 『한림법학 FORUM』 제20권(2009. 12), 213면 참조].

도 현재로서는 일단 청구권자가 부담하지 않으면 안되는 상황이므로 언제나 근친에 의한 청구만을 기대할 수는 없을 것으로 생각된다. 반면에 현행 민법하에서도 공익의 대표자로서 검사의 역할은 크게 기대할 수 없는 상황이므로, 지역사회의 대표자로서 지방자치단체의 장 등을 청구권자로 규정할 필요가 크다고 할 것이다.[31] 전문 개정된 민법 제9조는 지방자치단체의 장의 청구에 의하여 성년후견개시의 심판을 할 수 있도록 규정하였다.[32] 성년후견개시에 있어서 지역사회의 대표자로서 지방자치단체장 등에게 성년후견청구의 권한 또는 책무를 부여하는 것은, 다른 한편으로 성년후견제도의 사회화를 촉진하는 계기가 될 것으로 기대된다.[33]

(3) 피성년후견인의 행위능력 제한과 일용품 거래

개정안에 따르면 피성년후견인은 원칙적으로 유효한 법률행위를 할 수 없고, 그의 법률행위는 취소할 수 있다(개정안 제10조 제1항). 그러나 가정법원은 취소할 수 없는 법률행위를 정할 수 있다(동조 제2항). 피성년후견인의 법률행위를 원칙적으로 취소할 수 있는 것으로 한 것은 지속적으로 의사능력을 결여한 사람이 개별 소송에서 의사능력의 결여에 대하여 증명해야 하는 부담을 완화하기 위한 것으로, 지속적 의사능력 결여 상태에서만 성년후견이 개시되므로 잔존능력의 무시와 같은 문제는 발생하지 않는 것으로 설명되고 있다.[34]

특기할 것은 현행 행위무능력자제도에는 없었던 것으로 '일용품 등 일상생활을 영위하는 데 필요한 행위로 그 대가가 과도하지 아니한 법률행위'는

---

31) 일본의 老人福祉法 제32조, 知的障害者福祉法 제27조의3, 精神保健及び精神障害者福祉に関する法律 제51조의11의2 등 참조.

32) 개정안 해설, 14면. 이에 대해서는 성년후견제도에 관한 주무부처 실무과장도 동 개정안에 대한 공청회 토론을 통하여 찬성의 뜻을 표시한 바 있다. 김동호, 앞의 자료집, 88면.

33) '후견의 사회화'란 후견이 단순히 개인이나 그 가족의 문제가 아니라 사회 전체가 책임지고 함께 풀어가야 할 사회 전체의 공동과제로 파악되어야 한다는 것이다. 일본에 있어서 성년후견제도의 사회화의 추진 방향 및 노력에 관해서는 우선 新井 誠 外 2人編, 『成年後見制度』(有斐閣, 2009), 19면 이하 참조.

34) 개정안 해설, 7면.

이를 취소할 수 없도록 한 점이다(개정안 제10조 제4항). 개정안 해설에 따르면 '이러한 일상생활을 영위하기 위한 거래는 심중한 고려를 요구하지 않을 뿐만 아니라 그것의 대가가 과도하지 않은 한에서는 피성년후견인에게 불이익이 있다고 할 수 없으므로, 피성년후견인의 거래의 자유 및 거래의 안전을 보장하기 위한 것'이라고 한다.[35]

이 규정의 해석 적용에 있어서는 '일용품 등 일상생활을 영위하는 데 필요한 행위'를 어디까지 인정할 것인가 또 '그 대가가 과도하지 아니'하다는 것은 어떤 기준으로 인정할 수 있을까와 같은 구체적 판단기준이 문제될 것으로 생각된다. 이와 관련하여 거의 같은 내용의 예외를 규정하고 있는 일본 민법 제9조의 해석론 가운데에는 유사한 표현을 사용하는 일상가사에 관한 법률행위에 대한 연대책임(일본 민법 제761조, 우리 민법 제832조)에 관한 해석론을 원용하여 본인이 생활을 영위하는 데에 있어서 통상 필요한 법률행위를 가리키는 것으로 해석하는 견해가 있다.[36] 그러나 유사한 표현에도 불구하고 일상가사에 관한 대리권(민법 제827조) 또는 일상가사로 인한 채무 등은 거래상대방인 제3자의 신뢰보호를 목적으로 하는 규정이라는 점에서 상당히 넓은 범위에서 '일상'을 인정하고 있으므로, 개정안의 피성년후견인 보호 취지에는 적합하지 않은 것으로 생각된다. 따라서 이 규정은 피성년후견인이 그의 의사능력과는 관계 없이 일용품거래를 거절당하지 않고 생활을 유지할 수 있도록 하기 위한 편의적 규정에 지나지 않는다고 해석하는 것이 타당하다. 그러한 관점에서는 슈퍼마켓 같은 곳에서의 일상생활

---

35) 개정안 해설, 8면. 이에 관하여는 현행 민법의 행위무능력자에 관한 해석론으로서도 거래의 안전 및 필요품 계약이 거절되는 것으로부터 미성년자 본인을 보호하기 위하여 영미법상 보호자 없는 미성년자의 필요품 계약(contract for necessarys) 이론을 원용하여 일상생활에 필요한 물품의 구입 등은 확정적으로 유효하여 취소할 수 없다는 견해가 있다[장경학, 『민법총칙』(법문사, 1983), 196면 이하; 김주수, 『민법총칙』(법문사, 1995), 140면 이하]. 그러나 이에 대해서는 미성년자와의 필수계약을 거절하는 것이 실제에 있어 그리 심각하지 않을 뿐 아니라, 이는 선량한 풍속 기타 사회질서에 반하는 불법행위로서 원상회복적 손해배상의 방법으로 필수계약의 이행을 강제할 수 있으므로 필수계약에 있어서 미성년자 보호 제도를 폐지할 것은 아니라는 유력한 반대 견해가 주장되었다[이영준, 『민법총칙』(박영사, 1995), 762면 이하].

36) 小林昭彦・大門 匡編, 『新成年後見制度の解説』(金融財政事情硏究會, 2000), 100면.

에 필요한 식료품이나 일상 생활용품의 구입과 같은 최소한의 법률행위로 제한하여야 할 것이다.[37] 이러한 규정 취지에 비추어 일용품 구입 등 소소한 일상생활을 위한 거래를 함에 있어서 피성년후견자에게 그러한 거래를 판단할 수 있는 최소한의 의사능력을 갖추고 있었느냐는 처음부터 문제삼지 않는다고 해석하는 것이 타당하다. 왜냐하면 성년후견개시 요건상 피성년후견인은 지속적으로 정신적 제약을 받아서 일상 거래조차 스스로 처리할 수 없는 상태를 전제로 한 것이라고 보아야 하기 때문이다. 만약, 일상거래에 필요한 정도의 의사결정능력이 있다면 성년후견이 아니라 한정후견이나 특정후견이 보다 적합한 보호수단이 될 것이다.

따라서 이러한 예외규정의 목적은 일용품 구입 등 일상의 거래는 그에 필요한 의사능력을 따지지 않고 일상생활의 유지에 필요한 행위를 가능한 한 피성년후견인이 스스로 처리할 수 있도록 함으로써, 피성년후견인의 재활과 사회 적응 내지 복귀(정상화)에 도움이 되도록 하는 데에 주목적이 있는 것이라고 평가할 수 있다. 물론 부수적으로 거래상대방에 대해서도 소소한 일상 거래에 대해서는 취소의 염려 없이 안심하고 거래할 수 있도록 함으로써 거래의 안전에도 도움이 될 것이다. 그 밖에도 가정법원이 취소할 수 없는 피성년후견인의 행위를 정할 수 있도록 한 것은 성년후견과 한정후견의 경계에 있는 사안에 있어서 양 제도의 탄력적 운영을 위하여 보충적으로 규정된 것이라고 평가할 수 있다.

(4) 성년후견인의 선임 방법의 변경과 대상의 확대

누구를 성년후견인으로 할 것인가에 대하여 개정안은 일정한 범위의 친족에 대하여 순위에 따라 당연히 후견인이 되도록 하는 현행 법정후견인제도가 실제상 부적절한 경우가 많다는 비판[38]을 수용하여 법정후견인 규정

---

37) 佐久間毅, 『民法の基礎 1』(有斐閣, 2009), 92면 이하 참조.

38) 즉, 후견인은 피후견인의 직계혈족, 3촌 이내 방계혈족 가운데 최근친, 연장자를 선순위로 하는데(민법 제933조, 제935조 제1항), 피후견인 또는 후견인이 될 자의 의사를 고려하지 않아 부적절한 후견인의 취임이 강요될 수 있다는 점, 연장자인 고령자가 후견인이

을 폐지하고 직권으로 성년후견인을 선임하도록 규정하였다(개정안 제936조 제1항). 따라서 가정법원은 성년후견인의 복리를 위하여 적절한 재량으로 성년후견인을 임명하며, 이때에도 피성년후견인의 의사와 기타 제반 사정을 고려하여야 한다(동조 제4항). 이는 보호자 선택에 있어서도 가능한 한 요보호인의 의사를 존중하여 이를 고려하여야 한다는 개정안의 기본원칙에 따른 것이다.

그 밖에 가정법원은 신상과 재산에 관한 제반 사정을 고려하여 복수의 성년후견인을 둘 수 있고(개정안 제930조 제2항), 복수의 성년후견인들에 대해서는 직권으로, 공동으로 혹은 사무를 분장하여 권한을 행사하도록 정하거나 이를 변경 해소할 수 있도록 하였다(개정안 제949조의2 제1항, 제2항). 복수의 성년후견인을 선임할 필요가 예상되는 경우로서는, 가령 재산관리와 신상감호를 분리하여 전자는 법률전문가에게, 후자는 친족이나 복지전문가에 분담시키는 경우, 재산의 소재지 또는 재산 유형이 다양하여 각각의 전문가에게 이를 분담시키는 경우, 지적 장애의 미성년자가 성년이 되어 부모가 공동으로 성년후견인이 되는 경우, 노령 부모의 사망 등으로 인한 후견 공백을 막기 위하여 보다 젊은 친족이나 제3자를 성년후견인으로 취임시키는 경우 등을 상정할 수 있다.[39]

나아가 자연인뿐 아니라 사회복지법인도 성년후견인이 될 수 있도록 하기 위하여 법인도 성년후견인이 될 수 있다는 규정을 신설하였다(개정안 제930조 제3항, 제936조 제4항 제2문 후단).[40] 예를 들면, 후견이 장기간에 걸쳐

되는 것이 고령사회에서 고령자에 의한 고령자의 후견이 될 수 있다는 점, 기혼자의 경우 배우자가 후견인이 되는데, 부부관계가 사실상 파탄난 경우 등에는 부적절할 수 있다는 점이 지적되었다[신영호, 앞의 논문, 368면 이하; 백승흠, 앞의 논문(문제점), 411면 이하 등].

39) 新井 誠, 앞의 책, 47면 이하 참조.

40) 이와 관련하여 개정안 해설은 반대해석상 법인은 미성년후견인이 될 수 없다 한다. 그 이유로서 미성년후견의 경우 미성년자의 원만한 인격형성을 위하여 친권의 행사 등에서 인적인 접촉이 불가결하므로 법인이 미성년후견인으로 선임되는 것은 허용되어서는 안된다고 한다(개정안 해설, 14면). 반대해석 자체는 납득할 만한 것이지만, 성년후견인의 경우에도 피성년후견인과의 친밀한 인적 접촉을 통한 신뢰형성은 신상보호를 포함하는 성년후견 사무의 원활한 수행을 위하여 필수적인 요소이다. 따라서 법인이 성년후견인

필요한 경우 계속성을 확보하는 데 용이하고, 다수의 재산이 분산되어 관리가 용이하지 않은 경우, 친족간 대립이 격화되어 개인 후견인이 대응하기 어려운 경우 등에는 법인을 성년후견인으로 지정하는 것에 인센티브가 있게 된다.[41] 이때 영리법인도 성년후견인이 될 수 있는지가 제도의 시행과정에서 문제가 될 소지가 있다. 일단 개정안은 법인의 종류에 특별한 제한을 두고 있지 않으므로 영리법인은 후견인이 될 수 없다고 해석할 근거는 없으나, 이 문제는 입법정책적 판단을 요하는 문제라고 생각되므로 추가적인 논의의 필요성이 있다고 생각한다.[42]

이와 같이 개정안이 성년후견인 선임을 근친을 중심으로 한 법정후견으로부터 직권에 의한 선임으로 전환하고 선임대상을 법인으로 확대한 것은 가족 외 후견인으로서 후견사무에 관한 전문적 지식과 경험, 조직을 갖춘 사회복지 관련 전문가, 기관, 법인 등 제3자가 후견인으로 참여할 수 있게 하기 위함이다. 제3자 전문직 후견인의 허용은 다른 한편으로 후견의 시장화를 촉진할 가능성이 있다.[43] 특히, 국가와 사회는 후견 문제를 민간시장의 역할에 맡김으로써 후견 사회화의 책임을 회피하려는 경향을 나타낼 가능성이 크다. 그러나 피후견인 보호를 민간시장의 기능과 역할에 주로 의존하려 하는 경우 민간 후견시장의 형성과 활성화를 위하여 여러 제도 진입의 인센티브를 제공하지 않으면 안되고, 그로 인하여 경제력이 없는 요보호인을 후견 보호의 뒷전으로 물러나게 할 염려가 있을 뿐 아니라 성년후견제도의 남용 또 부실화로 이어질 위험이 크다.[44] 따라서 후견의 시장화

인 경우, 법인은 그 소속 담당 직원을 통하여 가능한 한 장기적으로 피성년후견인과의 인적 접촉을 통하여 신뢰를 형성할 수 있는 여건을 보장하여야 할 것이다.

41) 新井 誠, 앞의 책, 50면 참조.

42) 일본에 있어서는 일단 공익법인인지 영리법인인지를 묻지 않는 것으로 되어 있다. 新井 誠, 앞의 책, 50면 참조.

43) 후견의 시장화는 반드시 영리법인의 허용 여부에만 관련된 문제는 아니며, 사회복지서비스의 시장화라는 관점에서 이해할 수 있다. 이는 국가 또는 사회가 책임지고 수행하여야 할 사회복지에 관한 공공의 서비스를 민간시장의 기능과 역할에 맡기려고 하는 복지정책의 새로운 경향이다. 자유주의적 관점에서 작은 정부를 지향하고 공공부문에서 민간의 효율과 경쟁력을 활용하고자 하는 취지에서 나온 것이다. 그러나 사회복지 부문에는 시장으로 대체할 수 없는 영역이 있다는 점을 과소평가해서는 안될 것이다.

가 사회적 약자로서의 요보호인의 인권보호에 관한 국가 또는 사회의 책무를 방기하는 수단으로 악용되는 것을 경계할 필요가 있다.[45]

(5) 친족회 폐지와 임의적 후견감독인의 신설

현행 민법은 후견인의 감독기관으로 친족회를 규정하고 있으나(제960조 이하), 개정안은 친족회를 폐지하고 새로이 후견감독인 제도를 신설하였다(개정안 제940조의2 이하). 개정안 해설에 따르면 친족회 제도가 프랑스 민법의 제도를 일본 민법을 통하여 계수한 것으로 관습상의 친족단체와 무관하고 현실적으로도 후견감독 업무를 수행하는 데에 적절하지 못하다는 비판을 수용한 것이라고 한다.[46] 뿐만 아니라 개정안 제940조의2는 성년후견감독인을 임의기관으로 하여, 가정법원이 성년후견인을 선임함에 있어서 감독의 필요를 판단하여 성년후견감독인의 선임 여부를 재량적으로 결정하도록 하였다.[47] 이에 대하여 개정안 해설은 성년후견감독인의 선임에는 비용의 부담이 수반되고 전문화된 직업후견인에 의한 성년후견이 정착되는 경우에는 가정법원의 보조적 감독으로 충분할 것으로 예상된다는 점을 이유로 들고 있다.[48]

현행 민법하에서 친족회가 적절한 역할과 기능을 수행하였는가에 대해서는 여러 의견이 있을 수 있을 것이지만, 성년후견감독인을 임의기관으로 함으로써 여러 문제가 발생할 수 있다는 점을 지적하지 않을 수 없다. 가령,

---

44) 이러한 문제와 관련하여 김상용, 앞의 논문은 경제력 없는 요보호자의 후견 공백을 우려하며 전문국가기관을 후견인으로 선임하여 그 기관 종사자로 하여금 후견인의 임무를 수행하는 방안을 제안하고 있다.

45) 이러한 관점에서 후견이 가족의 영역 밖으로 나오는 것을 새로운 후견시장의 발생쯤으로 인식하고 이를 특정 직역의 확대 또는 새로운 비즈니스 모델의 창출 기회로만 여기는 태도는 새로운 제도 도입에 있어서 마땅히 경계해야 할 것이다.

46) 개정안 해설, 17면. 이에 대해서는 개인으로서의 후견감독인제도가 우리에게 너무 낯선 것이고 우리의 인간관계의 문화에 비추어 그 한계를 가볍게 볼 것이 아니라는 점에서 친족회 설치를 필수적인 것이 아닌 필요한 경우로 하되, 일단 설치된 경우에는 그 권한을 강화할 필요가 있다는 주장이 있다(제철웅, 앞의 논문, 141면).

47) 이는 일본 민법 제849조의2의 태도와 같다.

48) 개정안 해설, 17면.

현행 민법 제950조는 후견인이 영업, 차재와 보증, 부동산 등 중요재산의 득실변경, 소송 등 중요한 법률행위를 하는 경우에는 친족회의 동의를 받도록 하고 있는데, 개정안 제950조는 이에 더하여 상속의 승인, 한정승인 또는 포기 및 상속재산 분할에 관한 협의를 추가로 규정하였다. 그러나 정작 그에 대한 동의 여부에 관하여는 성년후견인이 있는 경우에는 그 동의를 받아야 하지만, 성년후견인이 선임되지 않은 경우에 대해서는 아무런 규정을 두고 있지 않다. 이는 결과적으로 상당한 보호의 불균형을 초래할 것으로 우려된다. 왜냐하면 성년후견인이 이러한 중요한 법률행위를 수행함에 있어서 이에 대한 체크와 감독을 받을 것인가가 성년후견감독인이 선임되어 있느냐의 우연적 사정에 의해 좌우되기 때문이다. 물론 성년후견감독인이 없는 성년후견인은 이미 가정법원에 의해 성년후견감독인이 선임될 필요가 없다는 판단을 받았으므로 성년후견감독인이 있는 경우보다 더 신뢰할 만한 경우라고 할 수 있을지도 모르겠으나, 이는 현행 민법이 친족회를 필수적 후견감독기관으로 하였던 것보다는 분명 후견감독 기능의 후퇴 내지 공백이라고 하지 않을 수 없다.[49] 반면에 성년후견감독인이 선임되지 않더라도 가정법원의 감독권한은 여전히 존속하므로(개정안 제954조) 관계인은 가정법원에 직권에 의한 감독을 촉구함으로써 성년후견인을 견제할 수 있다는 설명은 현재의 가정법원의 현실에 비추어보면 상당한 거리감이 있는 것으로 느껴진다. 그 밖에 아래에서 살펴보는 것처럼 피성년후견인의 신상보호와 관련해서도 여러 문제에 대하여 가정법원의 후견적 개입을 예정하고 있으나, 우리 가정법원의 현실에 비추어 적극적 역할을 기대하는 것이 무리라고 여겨지는 경우가 많으므로, 이를 성년후견감독인의 역할을 통하여 경감할 수 있는 가능성도 축소되었다는 점을 덧붙여 지적하고 싶다.

한편, 민법 제779조에 따른 후견인의 가족은 후견감독인이 될 수 없다(개정안 제940조의5). 말할 나위 없이 가족관계에 따른 이해관계나 정의(情誼) 때문에 적정한 감독을 수행하지 못하게 될 것을 염려한 것이다. 결과적으

49) 김상용, 앞의 논문에서도 같은 취지에서 이에 대한 우려를 제기하고 있다.

로 피후견인의 입장에서 보면 가족 가운데에 후견인이 선임되는 경우에는 가족 외에서 후견감독인이 선임되어야 하고, 반대로 가족 외에서 후견인이 선임되는 경우에는 가족 중에서 후견감독인이 선임될 수 있다.

(6) 성년후견인의 임무(재산관리에서 신상보호에 관한 결정으로의 확대)

개정안은 성년후견인이 임무를 수행함에 있어 피성년후견인의 복리를 우선하되 그의 복리에 반하지 않는 한 피성년후견인의 의사를 존중하도록 규정하였다(개정안 제947조). 피성년후견인의 의사를 존중함으로써 의사능력의 저하에도 불구하고 가능한 한 자신의 삶을 자신의 방식대로 스스로 형성해 갈 수 있도록 조력하고 보장하여야 한다는 성년후견제도의 기본정신이 구현된 것으로 평가할 수 있다. 원칙적으로는 피성년후견인 본인의 주관적 의사보다 그의 객관적 복리가 우선하는 것으로 되어 있으나 기계적으로 해석될 것은 아니며, 때로는 피성년후견인의 객관적 복리보다 그의 주관적 의사가 존중되어야 할 경우도 있을 것이다. 왜냐하면 의사결정을 대신하는 경우에도 본인의 인생관, 감정은 존중되어야 하기 때문이다.[50)]

성년후견인은 종래 후견인과 마찬가지로 피성년후견인의 법정대리인으로서(개정안 제938조 제1항), 피후견인의 재산을 관리하고 그 재산에 관한 법률행위에 대하여 피성년후견인을 대리한다(민법 제949조). 다만 종전과 달리 가정법원은 성년후견인의 법정대리권의 권한범위를 제한하거나 변경할 수 있다(개정안 제938조 제2항, 제3항, 제4항). 성년후견인의 대리권을 제한할 수 있도록 가정법원에 유보함으로써 성년후견과 한정후견 등 다른 보호 유형 사이의 연속성이 유지될 수 있다.

나아가 개정안은 성년후견인의 임무로서 일반적인 재산관리뿐 아니라 피성년후견인의 신상보호에 관한 규정을 신설하였다. 즉, 가정법원은 성년후

50) 제철웅, 앞의 논문, 137면은 영국 정신능력법 제1조 제4항 및 제42조 이하에 따라 Lord Chancellor가 작성한 실무지침(code of practice)의 예(가령, 의사결정능력이 부족한 자가 큰 비용을 들여 가이드의 안내를 받은 비싼 세계여행을 하기를 원하는 경우, 객관적으로는 그 비용으로 치료에 집중하는 것이 더 유익할지라도 그러한 결정은 존중되어야 한다고 한다)를 인용하여 이 점을 지적하고 있다.

견인이 신상에 관하여 결정할 수 있는 권한의 범위를 정할 수 있고, 이를 사정에 따라 변경할 수 있다(개정안 제938조 제3항, 제4항). 이 권한은 주로 법률행위 이외의 신상에 관한 결정권을 의미하는 것으로 이해되지만,[51] 이것은 피성년후견인이 스스로 신상에 관한 결정을 할 수 없는 상태에 있는 경우, 그에 갈음하여 보충적으로 결정할 수 있는 권한을 부여한 것에 지나지 않는다.[52] 즉, 피성년후견인은 원칙적으로 자신의 신상에 관하여 그의 상태가 이를 허락하는 한 단독으로 결정한다(제947조의2 제1항).

이에 대하여 개정안 해설은 "이는 거주, 이전, 면접교섭, 의학적 치료 등 신상에 대한 결정에서는 피성년후견인이 그러한 결정을 내릴 수 있는 상태에 있는 한 그의 의사가 가장 중요한 요소이며, 그에 따라 그의 신상에 관한 관계가 형성되어야 한다는 의미이다. 이러한 결정은 일반적으로 법률행위가 아니므로 대리할 수 없을 뿐만 아니라, 설령 그것이 가능하다 하더라도 피성년후견인의 의사가 결정적인 의미를 가지는 일신전속적인 결정이라고 해야 하기 때문"이라고 한다.[53] 그러나 피성년후견인이 자신의 신상에 관한 결정을 할 수 있는 신체적·정신적 상태에 있지 않은 경우에는 그에 갈음하여 성년후견인이 보충적으로 결정하도록 할 필요가 있고, 그에 따라 개정안 제938조 제3항이 신설된 것이다.

개정안은 이와 관련하여 신상에 관한 결정 중에서도 피성년후견인의 복리에 큰 영향을 미치는 경우에는 가정법원의 감독을 가능하게 하는 규정을 함께 도입하였다. 성년후견인은 피성년후견인을 치료 등의 목적으로 정신병원 그 밖의 다른 장소에 격리하기 위해서는 가정법원의 허가를 얻어야 한다(개정안 제947조의2 제2항). 이는 현행 민법 제947조 제2항을 수용하면서

---

51) 따라서 성년후견인에게 직접 피성년후견인의 간호요양의 사실행위를 수행할 의무를 부과하는 것이 아님은 문언으로부터 분명하다.

52) 이는 주로 독일 민법, 프랑스 민법, 영국의 정신능력법 등의 관련 규정을 참고한 것이다. 이와 달리 일본 민법은 제858조에서 성년피후견인의 의사존중 및 신상배려에 관한 일반규정을 두는 외에는 주거용 부동산에 대한 일정한 법률행위에 대하여 가정법원의 허가를 받고 하여야 한다는 것만을 규정하고(일본 민법 제859조의3) 구체적으로 신상보호에 관한 특별규정을 두고 있지 않다(개정안 해설, 20면 각주 8)).

53) 개정안 해설, 20, 21면.

사후허가의 단서를 삭제한 것이다. 그 밖에 개정안은 성년후견인의 보충적 신상결정권 행사로서 자주 문제될 것으로 예상되는 의학적 침습에 대한 동의에 대해서는 특별히 별도의 규정을 두었다. 즉, "피성년후견인의 신체를 침해하는 의료행위에 대하여 피성년후견인이 동의할 수 없는 경우 성년후견인이 대신하여 동의할 수 있다"(개정안 제947조의2 제3항 제1문). 하지만 이 경우에도 "피성년후견인이 의료행위의 직접적 결과로 사망하거나 상당한 장애를 입을 위험이 있는 때에는 가정법원의 허가를 얻어야 한다"(개정안 제947조의2 제2문 본문). 거의 모든 의료행위에 합병증의 위험이 따르고 그로 인하여 궁극적으로 사망에 이를 수는 있지만, 특히 의료행위의 직접적 결과로 사망하거나 상당한 장애를 입을 위험이 있는 경우에는 가정법원의 허가를 얻도록 제한한 것이다.[54)]

(7) 성년후견인의 신상보호에 관한 결정에 있어서의 문제점

동의를 요하는 의료행위는 모두 신체침습을 수반하는 것이므로 그 중에서 사망이나 장애의 리스크가 있는 의료행위만을 구별하여 가정법원의 동의를 받을지 여부를 결정하는 것은 성년후견인에게 있어서도, 의료행위를 수행하는 의료기관의 입장에서도 쉽지 않은 일이다. 법적 안정성을 위하여는 의학적 검토를 거쳐 가정법원의 동의가 필요한 의료행위의 유형을 미리 정하여 널리 알 수 있게 함으로써, 성년후견인이나 의료기관의 자의적 판단에 따른 배상책임의 리스크를 제거하여 줄 필요가 있다고 생각한다. 하지만 그럼에도 불구하고 사망이나 장애의 위험 있는 의료행위에 관하여 언제나 가정법원의 동의를 구하는 것이 현실적으로 가능하고 또 필요한지에 관해서는 여전히 의문이 남는다.

가령, 피성년후견인이 심장수술이나 뇌수술을 받을 경우, 언제나 가정법원의 허가를 받도록 할 필요가 있을까? 이때 가정법원은 무엇을 어떻게 고려하여 허가 여부를 결정하여야 할까? 또한 현재의 의료계의 관행에 따르

54) 개정안 해설, 23면.

면 리스크가 큰 의료행위에 있어서 본인의 의사가 충분하지 않은 경우에는 가족 등 근친의 동의를 요구하는데, 성년후견인의 신상에 관한 결정권에도 불구하고 가족 등의 동의 관행은 아마도 사라지지 않을 것이다. 왜냐하면 한국의 가족정서상 법적 권한 유무와 관계 없이 그 부모 또는 자식의 동의 없이 위험한 수술을 강행하기 어렵고, 실제적으로도 본인이 사망 또는 장애 등의 손해를 입은 경우 손해배상권리자는 성년후견인이 아니라 그 직계가족이 될 것이기 때문이다. 그러한 점까지 아울러 고려하여 보면, 통상의 경우 그러한 중대한 수술에 관하여는 의학적 판단을 기초로 하여, 가능한 한 본인의 의사와 가족 등 근친의 의사 그리고 성년후견인의 결정, 성년후견감독인이 선임되어 있는 경우에는 그의 동의로써 수술을 받도록 하는 것이 타당하지 않을까 생각한다. 다만, 의학적 판단과 본인의 의사나 그 근친의 의사, 성년후견인의 의사, 성년후견감독인의 의사가 서로 일치하지 않는 경우에는 의료기관, 본인, 그 가족 또는 성년후견인, 성년후견감독인 등의 청구에 의하여 비로소 가정법원이 개입하여 그 허가를 결정하도록 하는 것이 타당할 것이다. 이와 같이 필요한 최소한의 범위로 가정법원의 허가요건을 제한하는 것이 현재의 가정법원이 현실적으로 실천할 수 있는 개입의 수준일 뿐 아니라 의료행위에 따른 지나친 절차적 번잡을 피하는 길이 아닐까라고 생각한다.

여기서 주의할 것은 개정안에 따르면 가정법원의 허가사항인 의료행위는 피후견인의 생명이나 건강에 유익하지만 위험이 수반되는 의료행위를 전제로 한 것이므로, 환자 상태의 개선을 목적으로 하지 않는 특수하고 극단적인 의료행위, 예컨대 연명치료의 중단이나 장기이식수술 등은 대상으로 포섭하지 않는 것을 예정하고 있다. 이러한 문제에 대해서는 별도의 입법논의를 지켜볼 필요가 있다는 것이다.[55] 그러나 개정안 해설에서 밝히고 있는 입법자의 주관적 의사에도 불구하고 연명치료중단에 관한 근래의 대법원 전원합의체 판결[56]에서 드러난 바와 같이 별다른 입법적 구제수단이 없

55) 개정안 해설, 23면.

는 상황에서 의료행위에 관한 성년후견인의 신상결정권을 근거로 하여 가정법원의 허가를 구하는 방법으로 법적 해결을 시도할 가능성이 있지 않은가 생각된다. 그러한 경우에 달리 법적 절차가 마련되어 있지 않은 상황에서 법원이 과연 입법자의 주관적 의사를 고려하여 피성년후견인의 의료행위에 관한 허가절차에서 그 판단을 회피할 수 있을지는 의문이다. 결국 입법자의 주관적 의도와는 무관하게 의료행위에 관한 신상결정권을 확대하여 또는 적어도 유추적용의 방법으로 연명치료중단의 문제에 개입하게 될 가능성이 크다고 할 것이다. 조속히 이에 관한 후속 논의가 필요한 것은 아닌가 하는 문제의식을 가지게 된다.

나아가 개정안에 따르면, 성년후견인이 피성년후견인을 대리하여 그가 거주에 사용하고 있는 건물 또는 그 대지에 대하여 매도, 임대, 전세권 설정, 저당권 설정, 임대차의 해지, 전세권의 소멸 그 밖에 이에 준하는 행위를 할 때에는 가정법원의 허가를 얻어야 한다(개정안 제947조의2 제5항). 이는 재산관리나 법률행위의 대리에 관한 것이지만 그 규정의 위치에서도 엿보이는 바와 같이 실질적으로는 피성년후견인의 주거라고 하는 신상에 중대한 영향을 미치는 문제이기 때문이다.[57] 이와 관련해서도 필자는 가정법원에 지나친 개입을 요구하는 것은 아닌가 하는 의문을 가지고 있다. 결국 피성년후견인이 이사를 할 경우에는 가정법원의 허가를 얻어야 한다는 것으로 귀결되는 것은 아닌가 하는 것이다. 이때에도 관련 당사자들 사이에 다툼이 있는 경우에만 가정법원이 보충적으로 개입하도록 하는 것이 타당하지 않은가 생각한다.

다른 한편으로 피성년후견인의 신상보호에 관한 성년후견인의 임무는 피성년후견인의 신상보호를 위하여 법률행위를 대리하거나 신상에 관한 결정을 대신할 권한을 부여한 것에 지나지 않으며, 직접 피성년후견인의 요양과 간호와 같은 사실행위에 관한 의무를 부과한 것은 아니다. 다만, 위와 같은

56) 대법원 2009. 5. 21. 선고 2009다17417판결(공2009, 849).
57) 개정안 해설, 24면.

신상보호에 관한 사무를 적절히 처리하기 위해서는 피성년후견인의 정신적·신체적 상태와 생활환경 등을 지속적으로 관찰할 필요가 있으므로 적어도 그 범위 내에서는 피성년후견인을 보살필 의무는 있다고 할 것이다.[58]

그리고 그러한 신상보호의무와 관련하여 후견인이 이를 게을리하여 피후견인이 적절한 신상보호 조치를 받지 못함으로써 신체 또는 정신적 피해가 발생하거나 제3자에게 피해를 입힌 경우, 후견인은 주의의무 위반을 이유로 위임계약상 ―혹은 그 유추를 통하여― 채무불이행 또는 불법행위에 기한 손해배상책임을 질 수 있다. 특히, 제3자에게 손해를 입힌 경우에는 민법 제755조 감독자책임이 문제될 수 있고, 이때 후견인과 실제 피후견인을 보호하는 자 사이에 손해배상책임의 경합이 문제될 것이다. 이러한 사태를 우려하여 후견인으로 취임하는 것을 꺼리게 될 수 있다는 점을 고려하면, 후견인의 취임과 동시에 후견인의 배상책임에 대한 책임보험의 가입 등을 요구하고, 그 비용은 후견비용의 일부로 처리하는 방안을 생각해 볼 수 있다.

(8) 성년후견인 및 성년후견감독인의 보수와 비용의 지급

성년후견인의 보수에 관하여는 현행 민법의 규정이 그대로 적용되어 가정법원은 후견인의 청구에 의하여 피후견인의 재산상태 기타 사정을 참작하여 피후견인의 재산 중에서 상당한 보수를 후견인에게 수여할 수 있다(현행 민법 제955조). 또한 개정안은 후견비용에 관한 규정도 신설하였으나 이 역시 피후견인의 재산 중에서 지출하는 것으로 되어 있다(개정안 제955조의2).

민법 규정과 개정안만을 고려한다면, 경제적인 여유가 없는 요보호자는 무보수로 후견업무를 맡아 줄 가족, 친족이 없다면 자원봉사자가 나타나지 않는 이상 후견인의 도움을 받을 수 없게 된다. 이러한 사태는 후견의 사회화라는 관점에서 사회적 약자인 지적 장애인에 대한 국가와 사회의 책임을 방기하는 것이 될 것이다. 따라서 국가와 지방자치단체는 자기 재산에서

58) 新井 誠, 앞의 책, 100면 이하 참조.

필요한 보수나 비용을 지급할 수 없는 요보호자를 위하여 필요한 사회복지 예산을 확보하여 이에 대비하여야 할 것이다.

2. 한정후견 및 특정후견에 관한 검토

(1) 한정후견의 개시와 피한정후견인의 능력 등

가정법원은 질병, 노령, 장애, 그 밖의 사유로 인한 정신적 제약으로 사무를 처리할 능력이 부족한 사람에 대하여 청구권자(성년후견에서와 같다)의 청구에 의하여 한정후견개시의 심판을 한다(개정안 제12조 제1항). 한정후견에서는 요건상 성년후견의 사무처리 능력의 부족에서 '지속적'이라는 수식이 탈락함으로써 보다 경증의 정신적 제약을 개시요건으로 하는 것으로 이해된다. 따라서 피한정후견인은 피성년후견인과는 달리 원칙적으로 종국적·확정적으로 유효한 법률행위를 할 수 있다. 그러나 가정법원은 피한정후견인의 정신적 제약을 고려하여 피한정후견인이 한정후견인의 동의를 얻어야 하는 행위의 범위를 정하고 이를 변경할 수 있으며(개정안 제13조 제1항, 제2항), 동의유보의 심판을 받은 피한정후견인이 한정후견인의 동의 없이 법률행위를 한 경우 한정후견인과 피한정후견인 본인은 이를 취소할 수 있다(개정안 제13조 제4항, 제140조). 다만 일상생활을 영위하기 위하여 필요한 것으로 그 대가가 과도하지 않은 것에 대해서는 취소할 수 없다(개정안 제13조 제4항 단서, 제10조 제4항).

요보호인의 정신적 능력의 구체적 상황을 고려하지 아니하고 포괄적으로 행위능력을 제한하는 것은 성년후견제도의 이념에 부합하지 않으므로, 요보호인의 정신적 능력을 고려하여 잔존능력을 최대한 활용할 수 있는 형태의 탄력적으로 기능할 수 있는 동의유보 규정을 개정안에 수용하였다고 한다.[59] 그 밖에 개정안은 한정후견인에게 대리권을 수여하는 심판을 할 수 있다(개정안 제959조의4 제1항)고 규정하는 한편, 성년후견인의 법정대리권과

59) 개정안 해설, 8면.

마찬가지로 그 범위를 변경할 수 있도록 하였다(동조 제2항).

(2) 한정후견에서 동의유보와 대리권의 불일치의 문제

개정안 해설에 따르면, 가정법원은 한정후견 심판에서 피한정후견인의 능력, 상태 등을 고려하여 개별적으로 한정후견인의 동의권과 법정대리권의 범위를 정하며, 동의유보의 범위와 법정대리권의 범위가 반드시 일치할 필요는 없다고 설명하고 있다.[60] 그런데 동의유보의 제한이 있는 법률행위에 대하여 "한정후견인에게 대리권이 없는 경우에는 동의유보를 이유로 법률행위가 취소되더라도 한정후견인에게 대리권이 없어 취소에 따른 원상회복이 사실상 불가능한 경우가 발생할 수 있지 않은가"라는 의문이 제기될 수 있다.[61] 이와 같은 문제에 관해서는 실제 가정법원이 동의유보를 정하면서 반드시 취소에 따른 원상회복에 관한 법정대리권을 부여하는 심판을 함으로써 회피하거나, 가정법원이 이를 간과하더라도 원상회복에 관한 법정대리권은 당연히 포함되어 있는 것으로 해석하는 방법이 있을 수 있다(개정안 입안자의 설명). 우선 개정안은 피한정후견인의 법률행위에 대한 동의유보와 한정후견인에 대한 대리권의 수여에 관하여 각각 별개의 조문에서 이를 규정하고 있으나 그 절차의 개시 등에 관해서는 각각 달리 정함이 없다. 그러므로 한정후견개시 심판 당시에 동의유보와 동시에 그에 수반한 대리권을 수여하거나 피한정후견인이 동의 없이 법률행위를 한 경우에는 사후적으로도 필요한 대리권을 수여할 수도 있을 것으로 해석된다. 왜냐하면, 한정후견인에게 대리권을 수여하는 심판을 반드시 한정후견개시 심판

60) 개정안 해설, 27면.

61) 일본 민법 제876조의4에서는 본인 이외의 청구에 의하여 보좌인에게 대리권을 부여하는 심판을 하는 경우에 피보좌인의 동의를 얻도록 하고 있다. 따라서 피보좌인이 보좌인의 동의가 필요한 법률행위를 동의 없이 하고 보좌인에게 대리권을 수여하는 심판에는 동의하지 않는 경우 바로 이와 같은 문제가 발생한다. 이에 대해서는 취소의 결과 실현에 필요한 범위에서는 취소권 부여의 내재적 효과로서 보좌인에게 대리권을 부여하는 견해가 있다고 한다(佐久間毅, 앞의 책, 92면 참조). 특히, 한국에서의 성년후견제도 도입도 염두에 두고 이러한 문제점을 지적하는 견해로서 岡孝, "日本任意後見法의 概要와 問題點," 『한림법학 FORUM』 제21권(한림대학교 법학연구소, 2010. 6) 참조.

에서만 할 수 있다고 해석할 법적・실제적 근거는 없기 때문이다. 다만, 한정후견인에게 대리권을 수여하는 심판을 직권으로 할 수 있다는 취지인지 아니면, 후견개시 심판에 있어서와 마찬가지로 특정인의 청구가 있어야 하는지 등에 대해서는 분명하지 않다. 반대로 동의유보에 관하여 취소에 따른 원상회복에 필요한 대리권을 당연히 포함하는 것으로 해석하는 것에는 의문이 있다. 왜냐하면 동의의 유보와 법정대리권이라는 두 제도는 기본적으로 구별되고 목적하는 취지도 다를 뿐만 아니라,[62] 앞서 본 바와 같이 사후적으로 대리권 수여의 심판을 할 수 있다고 보면 이를 법의 흠결로 파악해야 할 필연성도 없기 때문이다.

(3) 특정후견의 심판

보호조치가 필요한 사람이더라도 반드시 지속적・포괄적 보호제도에 의존할 필요는 없다. 따라서 개정안은 정신적 제약이 다소 미약한 정도이거나 일상생활에서는 가족의 보호를 통하여 무난히 생활을 영위하면서도 특정한 문제의 해결을 위하여 개별적・일시적・일회적으로 가정법원의 보호조치를 받고자 하는 법적 수요를 고려하여 특정후견을 신설하였다.[63] 특정후견심판은 본인의 의사를 존중하여 이루어지는 절차이므로 본인의 의사에 반하여는 할 수 없다(개정안 제14조의2 제2항). 그러나 적극적으로 동의를 얻어야 하는 것은 아니다. 특정후견도 그 심판에 있어서는 본인의 심신상태에 대한 감정 등을 요하지만, 긴급한 경우 가정법원은 가사소송법상의 사전처분 등을 활용하여 대처할 수 있다(가사소송법 제62조 참조).[64]

개정안에 따르면 가정법원은 피특정후견인의 후원을 위하여 필요한 처분을 명할 수 있다(개정안 제959조의9). 따라서 가정법원은 피특정후견인의 사무를 처리하기 위하여 관계인에게 특정행위를 명하거나 부작위를 명하는 등의 방법으로 사무처리에 필요한 처분을 명할 수 있다. 개정안 해설의 설

62) 개정안 해설, 27면.
63) 개정안 해설, 9면.
64) 개정안 해설, 29면.

명에 따르면 이러한 특정후견에 따른 처분은 상속재산의 분할 협의와 같이 요보호인의 재산관리에 관한 것일 수도 있고 의식불명의 요보호인의 수술에 관한 동의와 같이 신상보호에 관한 결정을 할 권한도 포함될 수 있다고 한다.[65] 그리고 특정후견에 따른 처분에 따르지 않는 경우에 대한 제재로 가사소송법상의 이행명령(제64조), 과태료(제67조), 감치(제68조)의 제재를 활용할 수 있을 것이라고 한다.

그러나 특정후견은 피특정후견인의 행위능력에는 어떠한 영향도 없다.

개정안의 해설에 따르면 특정후견에 따른 법원의 처분이 의사표시에 갈음하는 재판이 될 수는 없다고 해석한다. 왜냐하면 그러한 재판은 이행판결에 의하여야 하고 비송절차에서 법원의 처분에 그러한 효력을 인정하는 예가 현행법에는 없기 때문이라고 한다.[66] 물론 가정법원은 특정후견에 따른 처분으로 피특정후견인을 후원하거나 대리하기 위하여 특정후견인을 선임할 수 있다(개정안 제959조의9 제1항). 그 선임절차에는 성년후견인의 규정이 준용된다(동조 제2항).

3. 후견사항의 공시와 제3자 보호 문제

개정안의 성년후견제도에 있어서도 본인의 행위능력 여부 및 그 범위, 후견인의 특정 및 그 권한과 범위 등에 관하여, 거래의 안전 등을 고려하여 후견사항의 공시가 필요하다. 따라서 개정안은 법정후견이나 임의후견에 있어서 모두 가족관계등록부에 공시할 것을 예정하고 있다(특히 임의후견에 있어서는 개정안 제959조의15 제1항, 제959조의19 참조). 공시방안에 관하여 공청회 지정토론을 통하여 제시된 방안[67]은 현행 가족관계등록부의 다섯 가지

65) 개정안 해설, 30면.

66) 개정안 해설, 30면 이하.

67) 민유숙, “후견공시제도와 예산지원,” 성년후견제 도입을 위한 민법개정안 공청회 자료집(법무부, 2009. 9. 30), 101면 이하. 지정토론의 형식을 취하고 있으나, 필자가 민법개정위원회 성년분과위원회 개정위원으로 이미 개정작업에 참여하고 있었으므로 개정위원회의 공식의견으로 보아 무리가 없을 것 같다.

증명서에 더하여 후견사항증명서제도를 신설하는 것으로 되어 있다.68)

종래 행위무능력자제도에 있어서도 금치산・한정치산 선고 여부가 호적부에 의하여 공시되었지만, 실제 거래계에 미치는 영향은 매우 미미하였던 것으로 생각된다. 실제 선고 건수가 워낙 적었던 탓에 공시제도가 운영되었다 한들, 이를 고려하여 거래상대방에게 호적등본의 제시를 요구하거나 하는 일은 거의 들어 본 일이 없다. 그러나 장차 성년후견제도가 널리 활용되게 된다면 성년후견의 존재가 거래의 안전을 위협하는 요소가 될 수 있다. 이때에는 그러한 염려를 배제하기 위하여 적극적으로 거래상대방의 후견사항에 대한 증명을 요구하는 거래관행이 형성될 수 있을 것이다. 가령, 거래상대방이 고령자 또는 무엇인가 상대방의 행위능력에 관한 의심스러운 정황이 있는 경우 혹은 후견인을 자처하는 자와 거래를 하는 사람은 상대방에 대하여 후견사항의 증명서를 거래에 앞서 제시할 것을 요구할 수 있다.69) 그러나 실제 그러한 거래관행이 형성되기까지는 먼저 성년후견제도가 일반에 널리 이용되어야 할 것이므로 상당한 시일이 걸릴 것으로 예상된다. 그러한 거래관행이 확립되기 전까지는 후견사항의 등록에도 불구하고 이를 예상하지 못한 거래상대방의 불측의 손해 가능성이 상당 기간 동안 지속될 수 있다. 성년후견 사실을 예상하지 못하여 불측의 손해를 입게

68) 주지하는 대로 가족관계등록 등에 관한 법률은 종래 호적부와는 달리 개인별 편제방식을 취하면서 등록 내용을 모두 표시하여 제공하는 호적등본제도를 폐지하고, 대신 증명 목적에 따라 5가지의 증명서(가족관계증명서, 기본증명서, 혼인관계증명서, 입양관계증명서, 친양자관계증명서)를 발급하고 있다(동법 제15조 제1항). 가족관계등록부는 개인의 신분관계를 전산 데이터 형식으로 관리하면서 필요한 사항에 대하여만 개별적 증명서를 본인과 그 가족 등 제한된 범위의 발급권자에게만 발급함으로써 프라이버시 보호를 도모한다는 점에서 호적등본제도와 구별되는 장점이 있다.

69) 그러한 증명서만으로는 동의유보 또는 대리권이 부여된 사무 유형에 속하는지 여부가 해석상 불분명한 경우도 예상된다. 이때 거래상대방은 선의자로서의 보호를 주장할 수도 없으므로 거래를 기피하게 될 염려도 없지 않다. 결국 개별적 보호조치의 선택도 공시의 명확화 등의 요청에 의하여 그 한계 설정이 분명한 거래 유형(가령 '부동산 거래, 금액 얼마 이상 또는 이하' 등)으로 제한될 수밖에 없다. 나아가 그러한 거래 관행의 성립을 부동산 외에 동산 거래(고가의 내구재 거래 등)에 있어서도 예상할 수 있을지는 여전히 의문이 남는다. 이러한 점에 있어서 성년후견제도의 광범위한 확산에는 피할 수 없는 거래의 안전에 대한 위험을 내재하고 있는 것처럼 생각된다.

되거나 반대로 매번 거래시마다 성년후견 사항의 증명을 요구하는 것이나, 모두 거래비용의 증가를 의미하는 것이지만, 이는 성년후견제도의 실시에 있어서 불가피한 사회적 비용으로서 받아들이지 않으면 안될 것이다.

Ⅳ. 임의후견에 관한 검토

1. 후견계약의 의의와 공정증서에 의한 계약 체결

후견계약은 질병, 장애, 노령, 그 밖의 사유로 인한 정신적 제약으로 사무를 처리할 능력이 부족한 상황에 있거나 부족하게 될 상황에 대비하여 자신의 재산관리 및 신상보호에 관한 사무의 전부 또는 일부를 다른 자에게 위탁하고 그 위탁사무에 관하여 대리권을 수여하는 것을 내용으로 하는 계약을 말한다(개정안 제959조의14 제1항). 후견계약은 신중한 결정과 사후 분쟁 가능성을 제거하기 위하여 공정증서에 의하여 체결하여야 한다(개정안 제959조의14 제2항). 무엇보다도 후견계약 체결 당시에 본인이 의사능력을 결여함으로써 사후에 발생할 수 있는 법적 불안정성을 제거하기 위하여 공증인의 적절한 확인과 개입이 필요하다(공증인법 제25조 참조).[70]

대리에 의하여 임의후견계약이 체결될 수 있는가에 대해서는 공정증서에 의하여 계약을 체결하도록 하는 취지 등에 비추어 본인의 의사가 필요하다고 해석할 수도 있으나,[71] 법정대리인인 부모가 미성년 자녀를 위하여 임의후견계약을 체결해 두고자 하는 경우와 같이 현실적 필요가 있을 수도 있다. 장차 보다 면밀한 검토와 논의가 필요한 문제라고 할 것이며, 신설된 민법 제959조의14 제4항은 가정법원, 임의후견인, 임의후견감독인 등은 후

70) 개정안 해설, 33면.

71) 가령, 日本辯護士聯合會(日辯聯), 『任意後見制度に関する改善提言』, 2009. 7. 16(http://www.nichibenren.or.jp/ja/opinion/report/data/090716_3.pdf#search='任意後見制度に関する改善提言')의 1면에서는 일본의 임의후견계약법에 대리인에 의한 임의후견계약 체결을 금지하는 규정을 둘 것을 제안하고 있다.

견계약을 이행・운영할 때 본인의 의사를 최대한 존중하여야 한다고 규정하고 있다.

2. 임의후견감독인의 선임에 의한 효력발생

후견계약에서 당사자들이 그 효력발생 시기를 정하였다 하더라도 과연 본인이 후견계약에서 정한 '정신적 제약으로 사무를 처리할 능력이 부족한 상황'에 놓여 있는지 여부를 판단하는 것은 용이한 것이 아니므로, 과연 언제 후견계약의 효력이 발생하는가에 대하여는 상당한 법적 불안정이 존재한다. 따라서 후견계약의 효력을 유권적으로 확정할 필요가 있으므로 개정안은 일본법의 예에 따라[72] 가정법원이 임의후견감독인을 선임하는 것에 의하여 후견계약의 효력이 발생한다고 하였다(개정안 제959조의14 제3항).[73] 임의후견인에게 후견인 결격사유가 있거나(개정안 제937조) 그 밖에 현저한 비행이 있거나 후견계약에서 정한 임무에 부적합한 경우에는 가정법원이 임의후견인의 선임을 회피함으로써(개정안 제959조의14) 후견계약의 효력 발생을 저지할 수 있다. 한편 가정법원이 임의후견감독인을 선임한다고 하여 후견계약 자체가 가지고 있는 하자나 흠결은 치유되지 않는 것으로 해석한다. 특히, 개정안 해설은 후견계약은 당사자의 진의가 중요한 계약으로 중대한 착오, 사기, 강박이 있는 후견계약은 무효라고 해석한다.[74]

3. 임의후견계약 체결의 유형과 그에 따른 문제점

구체적으로 임의후견계약이 어떤 방식으로 체결되는지에 관해서는 이미 10년 이상의 시행 경험을 축적하고 있는 일본의 예[75]가 참고가 될 것이므

72) 일본의 任意後見契約に關する法律 제2조 제1호.

73) 개정안 해설, 34면. 동 해설에 따르면 이를 법정조건(conditio juris)으로 이해한다.

74) 개정안 해설, 35면 이하.

75) 成年後見關係事件の概況－平成 20年1月~12月－, 最高裁判所事務總局家政局, 2면에 따르면 2008년 1월부터 12월까지 임의후견계약 체결 등기는 합계 7,095건이고 2000년 4월부

로 이를 소개하면서 각각의 문제점에 관하여 개정안에 입각하여 검토해 보고자 한다.

일본에서는 구체적인 임의후견계약의 체결 유형에 관하여 다음 세 가지 유형을 상정하고 있다.[76] 첫 번째 유형은 이른바 장래형 임의후견계약으로서 임의후견계약만을 체결하고 효력발생은 장래의 임의후견감독인의 선임에 의존하는 유형이다. 이러한 체결 유형에서 임의후견계약의 수임인이 동거 친족이 아닌 제3의 전문직의 수임인이라면, 본인이 언제 후견계약에서 예정하고 있는 정신상태에 이르게 되었는지를 파악하는 것이 쉽지 않다. 따라서 임의후견계약 수임인이 가능한 한 신속히 본인의 상태를 파악하여 적시에 임의후견감독인의 선임청구가 가능하도록, 후견계약 체결에 부수하여 수임인으로 하여금 정기적으로 본인과 접촉하여 그 상태를 관찰하여 체크하거나 상담에 응하는 것을 내용으로 하는 부수적 의무를 부과할 필요가 있다. 이러한 부수적 의무의 부과는 임의후견감독인의 선임을 청구해 줄 근친이 없는 경우에 긴요하겠지만, 근친이 있더라도 임의후견감독인 선임에 호의적이지 않을 수 있다는 점을 고려하면, 임의후견 수임인에게 일반적으로 요구되는 것이라고 할 것이다. 나아가 임의후견 수임인이 이와 같은 접촉을 통하여 본인과 신뢰관계를 쌓아 놓지 못한다면, 정작 임의후견개시가 필요한 시점에 이르러 본인이 임의후견인을 신뢰하지 못하고 임의후견감독인의 선임에 동의하지 않는 등의 문제가 발생할 수도 있다.

두 번째 유형은 이른바 이행형 임의후견계약으로서 임의후견계약과 함께 현재의 재산관리 및 신상보호에 관한 사무의 위탁을 내용으로 하는 임의의 대리계약을 동시에 체결하는 유형이다. 이 유형에 있어서는 임의대리계약

터 2008년 12월까지의 등기건수 누계는 32,983건이다. 같은 기간에 임의후견감독인 선임 청구 건수는 약 2,143건으로 추계되어 등기 총수 가운데 약 6.5%에서 임의후견감독인이 선임된 것으로 알려져 있다. 多田宏治, "日本任意後見制度の現狀と課題," 學習院大學 東洋文化硏究所 東アジア比較民法硏究會, 발표자료(2009. 12. 23).

76) 日本司法書士會聯合會・社團法人成年後見センター・リーガルサポート,『任意後見制度の改善提言と司法書士の任意後見執務に対する提案』, 2007. 2. 16(http://www.legal-support.or.jp/act/index_pdf/index_pdf03.pdf), 14면 이하 참조.

에 있어서 대리인의 권한남용이 크게 문제가 된다.[77] 즉, 본인이 이미 임의후견개시에 필요한 정신상태에 이르렀음에도 불구하고 임의후견인이 임의후견감독인의 선임을 청구하지 아니하고, 종전의 임의대리계약에 의하여 자의적으로 사무를 처리함으로써 대리권 남용의 위험이 있다는 것이다. 이러한 경우 일본에서는 임의후견감독인의 선임에 본인이 동의하지 않는 경우에는 법정후견을 발동시켜 대리권 있는 후견인, 보좌인, 보조인이 위 임의대리계약을 종료시킬 수 있으나 보좌, 보조에 있어서 대리권 수여에 본인이 동의하지 않는 경우에는 임의대리인의 대리권 남용을 통제할 수 없는 문제가 발생한다고 한다.

이러한 경우 개정안에 의하더라도 본인이 임의후견감독인의 선임에 동의하지 않는 경우에는 마찬가지 문제가 발생하게 된다. 그러한 경우에는 개정안에서도 본인의 이익을 위하여 법정후견을 발동시킬 필요가 있다. 그러나 개정안 제959조의20은 일본법에서와는 달리 임의후견계약이 등록되어 있는 경우에는 법정후견개시 심판의 청구권자를 임의후견인[78] 또는 임의후견감독인으로 제한하고 있으므로 임의후견감독인 선임 전이라면 임의후견수임인 이외에는 법정후견을 발동시킬 수 없게 되어 있다. 결국 개정안은 일본에서 크게 문제되고 있는 임의후견계약 수임인이 임의후견감독인 선임을 미루면서 임의대리권을 남용하는 경우에 대해서는 적절한 법적 대처수단을 확보하지 못하고 있는 셈이다. 국내에서도 이와 같은 문제가 발생할 개연성은 충분하므로 그러한 문제의 발생을 예방하고 저지할 수 있는 방안에 관하여 면밀한 검토가 필요할 것으로 생각한다.[79]

---

77) 일본의 문제 상황을 소개하는 글로서 岡孝, 앞의 논문 참조.

78) 아직 임의후견이 개시되지 않았다는 점에서 아직은 임의후견계약의 수임인에 지나지 않는다. 일본은 법률 용어로써 이를 구별하여 사용하고 있다. 任意後見契約に関する法律 제2조 제3호, 제4호.

79) 일본에서는 이에 관한 대책으로 임의후견 수임인에게 임의후견감독인 선임 청구의무를 부과하는 방안, 임의후견계약과 함께 체결된 위임계약에 따라 수임인이 부동산처분, 상속재산분할, 소송제기 등 중요한 법률행위를 함에는 개별적으로 본인의 동의를 얻도록 하는 방안, 본인의 의사능력 상실을 임의대리권 소멸사유로 입법하는 방안 등이 주장된다. 日本司法書士會聯合會・社團法人成年後見センター・リーガルサポート, 앞의 책 4면

세 번째 체결유형으로서는 이른바 즉효형 임의후견계약으로서 본인이 이미 보호가 필요한 정신적 제약이 있는 상태에 있어서 임의후견계약 체결과 동시에 임의후견감독인 선임을 청구하여 곧바로 임의후견에 의한 보호를 시작하는 유형이다. 이러한 체결 유형에 있어서는 임의후견계약을 체결할 당시 본인이 그에 필요한 의사능력을 갖추고 있었는지 여부가 사후에 다투어질 가능성이 많다. 이 문제에 관해서는 앞서 살펴본 바와 같이 공정증서 작성과정에서 공증인의 적극적 개입과 역할을 통하여 본인의 의사능력의 존부에 관한 체크를 수행함으로써 예방하여야 할 것이고,[80] 그럼에도 불구하고 의사능력의 없는 상태에서 체결된 임의후견계약은 당연히 무효가 될 것이다.

4. 임의후견감독인

가정법원은 후견계약이 가족관계등록부에 등록되어 있고 본인이 사무를 처리할 능력이 부족한 상태에 있다고 인정될 때에는 본인, 배우자, 4촌 이내 친족, 임의후견인 또는 검사의 청구에 의하여 임의후견감독인을 선임한다(개정안 제959조의15 제1항). 본인 아닌 자의 청구가 있는 경우 가정법원은 본인이 동의할 수 있는 상태에 있는 한 그의 동의를 얻어야 한다(동조 제2항). 임의후견감독인은 임의후견을 감독하면서 그 사무에 관하여 가정법원에 정기적으로 보고하여야 하고(개정안 제959조의16 제1항), 감독을 위하여 임의후견인에게 임무수행에 관한 보고와 재산목록을 제출할 것을 요구할 수 있으며 본인의 재산상황을 조사할 수 있다(개정안 제959조의16 제3항, 제953조). 한편 가정법원은 임의후견감독인에게 감독사무의 보고를 요구하거나 임의후견인의 사무 또는 본인의 재산상황의 조사를 명하고 임의후견감독인의 직무에 관하여 필요한 처분을 명할 수 있다(동조 제2항).

이하 및 日本辯護士聯合會(日辯聯), 앞의 책 1면 이하 참조.

80) 임의후견계약 체결에 있어서 공증인의 역할에 대한 기대가 높아짐에 따라 일본에서는 본인의 계약체결능력에 관하여 의심이 있는 경우에는 공정증서 작성을 거절할 수 있다는 취지의 규정 마련 등이 제안되고 있다[日本辯護士聯合會(日辯聯), 앞의 책 3면].

5. 후견계약의 내용

후견계약은 위임계약(민법 제680조)의 성질을 가지며, 단지 그 사무처리의 내용을 후견으로 하였다는 점에서 특징이 있다.[81] 따라서 임의후견인은 위임계약의 성질상 선량한 관리자의 주의의무를 지며(민법 제681조), 특히 본인의 의사를 최대한 존중하여야 한다. 본인의 승낙이나 부득이한 사유가 없는 한 복임권(개정안 제959조의14 제4항)은 인정되지 않고(민법 제120조, 제682조), 부득이한 경우라도 포괄적 복대리인의 선임은 성질상 허용되지 않는다.[82] 위임법리에 따라 원칙적으로 무상이지만 보수의 약정을 할 수 있고, 복수의 임의후견인을 선임하는 것도 가능하다.

임의후견계약은 본인을 위한 재산관리 및 신상보호를 위한 대리권의 수여는 물론 신상과 관련된 결정권한을 부여하는 수권도 가능하다고 해석되며, 이때에는 가정법원의 감독에 관한 개정안 제947조의2가 유추적용된다.[83] 다른 한편으로 후견계약의 효력발생의 실질적 요건을 고려하면 임의후견개시 후 본인은 의사결정에 제한을 받는 것을 추정할 수 있으나 임의후견개시의 효력으로 본인의 행위능력에 제한을 받는 것은 아니다. 이와 관련하여 임의후견계약의 내용으로 피후견인의 법률행위에 대한 동의권이나 취소권을 정할 수 있는가가 문제될 수 있으나, 임의후견계약이 성질상 당사자 사이의 계약에 지나지 않으므로 명문의 근거가 없는 이상 거래상대방을 구속할 수는 없을 것이다.

6. 임의후견계약의 종료

본인 또는 임의후견인은 임의후견감독인의 선임 전에는 공증인의 인증을

81) 개정안 해설, 32면. 임의후견계약에 관하여 구체적인 규율 내용은 일본법의 그것과 유사한데, 개정안이 임의후견계약을 민법 안에 수용한 데 반하여 일본의 임의후견계약은 임의후견계약에 관한 법률이라는 별도의 특별법을 제정하는 방식으로 입법화되어 있다.

82) 개정안 해설, 37면.

83) 개정안 해설, 37면.

받은 서면에 의하여 언제든지 후견계약을 종료할 수 있다(개정안 제959조의18 제1항). 개정안 해설은 이를 철회로 파악하고 있으나 임의후견계약의 내용으로 임의후견감독인의 선임 전에라도 요보호자를 위하여 일정한 사무의 처리를 위탁하거나 적어도 임의후견개시의 필요성 여부를 적시에 파악하기 위하여 요보호인의 상태를 정기적으로 체크할 의무 등을 부수적으로 부과할 수 있으므로 철회가 반드시 적절한지는 다소 의문이 없지 않다. 본질적으로 임의후견계약도 민법상 위임계약의 일종이고, 그것이 임의후견인과 요보호자 사이의 특별한 신뢰관계를 전제로 하는 법정대리권 수여를 내용으로 한 것이라는 점에서 서면의 제약은 받지만, 민법 제689조 제1항에 의한 상호 임의해지로 보아도 무방하지 않은가 생각한다.[84]

그러나 임의후견감독인이 선임되어 이미 임의후견이 개시된 경우라면 본인 또는 임의후견인은 정당한 사유가 있는 때에 한하여 가정법원의 허가를 얻어 후견계약을 종료할 수 있다(개정안 제959조의18 제2항). 본인의 재산관리 및 신상보호를 목적으로 하는 후견계약의 성질상 임의해지는 본인의 복리에 반할 우려가 있기 때문에 해지사유로서 중대한 사정변경에 해당하는 정당한 사유를 요구하면서 법적 안정성을 위하여 가정법원의 허가를 받도록 한 것이다.[85]

그러나 정당한 사유를 그와 같이 엄격히 해석하여야 하는지에 관해서는 좀 더 생각해 볼 여지가 있다고 생각된다. 후견계약의 성질에 비추어 다른 주관적 사유에 의하여 후견계약의 당사자 사이에 충돌이나 갈등이 격화되어 상호 신뢰를 상실한 경우에는 본인의 복리에 중대한 불이익이 없는 한 가정법원의 적절한 판단을 통하여 후견계약의 해지를 인정하더라도 좋지 않을까 하는 것이다. 그 밖에 임의후견인이 현저한 비행을 저지르거나, 그 밖에 임무에 적합하지 아니한 사유가 있는 때에는 가정법원은 임의후견감독인, 본인, 친족 또는 검사의 청구에 의하여 임의후견인을 해임할 수 있다

84) 일본의 任意後見契約に関する法律 제9조는 임의후견감독인 선임 전후를 불문하고 이를 해제로 규정하고 있다.

85) 개정안 해설, 38면 이하.

(개정안 제959조의17 제2항). 후견계약이 해지되면 임의후견인의 권리와 의무는 장래를 향하여 소멸한다. 다만, 임의후견인의 대리권 소멸은 가족관계등록부에 등록하지 않으면 선의의 제3자에게 대항할 수 없다(개정안 제959조의19). 임의후견계약이 종료된 후에는 본인이 의사능력이 있는 한 또 다른 임의후견계약을 체결할 수 있고, 그렇지 않은 경우라면 법정후견이 청구될 수 있다.

7. 임의후견계약의 변경

임의후견계약이 체결된 후 임의후견계약을 변경(가령, 대리권의 변경 또는 보수액의 증감 등)할 수 있는지가 문제이다. 임의후견계약의 변경은 임의후견계약 체결을 요식행위로 한 취지가 몰각되지 않도록 임의후견계약 체결에 준하여 판단할 필요가 있으므로 임의후견감독인의 선임 전에는 일본에서의 해석론[86]과 마찬가지로 기존 후견계약의 종료 또는 유지 위에서 공정증서에 의한 새로운 후견계약의 체결방식으로 변경토록 하는 것이 타당하다. 그러나 임의후견감독인이 선임된 후에 후견계약의 내용을 변경하는 경우에는 가정법원의 허가를 얻어 후견계약을 종료시키고 다시 공정증서를 작성한 후 가정법원에 임의후견감독인의 선임을 청구하는 것은 절차적으로 번잡하므로 가정법원의 허가를 얻어 변경할 수 있다고 보아도 좋지 않을까 생각한다. 이와 같이 후견계약이 변경된 경우에도 개정안 제959조의19에 따라서 가족관계등록부에 등록하지 않으면 선의의 제3자에게 대항할 수 없다고 해석하여야 할 것이다. 신선될 민법 제959조의19 조문에 따르면 임의후견인의 대리권 소멸은 등기하지 아니하면 선의의 제3자에게 대항할 수

86) 일본에서는 대리권의 변경은 임의후견감독인 선임의 전후를 불문하고 원칙적으로 허용되지 않으며, 대리권 감축의 경우에는 기존 후견계약을 종료시킨 후 공정증서 작성에 의하여 새로운 후견계약을 체결하고, 대리권 추가의 경우에는 기존 후견계약을 유지하면서 추가로 새로운 공정증서에 의한 후견계약을 체결할 수 있다고 한다. 그 밖에 보수액의 증감 등에 대해서는 변경의 공정증서 작성으로 변경이 가능하다고 해석한다(小林昭彦・大門 匡, 앞의 책, 266면).

없다고 한다.

8. 임의후견과 법정후견의 관계

개정안에 따르면, 본인의 의사에 기초한 임의후견에 대하여 법정후견은 보충적이고 양자의 병존은 인정되지 않는다. 즉, 임의후견계약이 체결되어 가족관계등록부에 등록되어 있는 경우에는 가정법원은 원칙적으로 법정후견을 개시하지 않는다(개정안 제959조의20 제1항 참조). 사적 자치, 특히 본인 의사의 존중이라는 점에서 법정후견에 대하여 임의후견이 우선하는 것은 당연하다. 그러나 임의후견에도 불구하고 법정후견에 의한 보호가 필요한 경우가 있다. 그러한 경우에 대비하여 개정안 제959조의20 제1항은 "… 가정법원은 본인의 이익을 위하여 특별히 필요할 때에만 임의후견인 또는 임의후견감독인의 청구에 의하여 성년후견, 한정후견 또는 특정후견의 심판을 할 수 있다. 이 경우 후견계약은 본인이 성년후견 또는 한정후견 개시의 심판을 받은 때 종료된다"고 규정하였다.

가령, 후견계약상 임의후견인의 대리권이 제한 열거적인 탓에 필요한 대리권을 결여하여 보호의 공백이 발생하는 경우, 또는 –임의후견의 개시에 의해 본인의 행위능력이 제한되는 것은 아니므로– 정신적 제약을 받고 있는 본인이 임의후견인과 상의 없이 법률행위를 하고 그로 인하여 불이익이 발생하는 경우 등에는 법정후견에 의한 취소권 등을 인정할 필요가 생기게 된다. 그러나 특히 후자와 같은 경우는 임의후견에 있어서 일반적으로 발생하는 문제이므로 이를 예외적인 경우라고 할 수 있을지 의문이다.

나아가 개정안에 따르면 이미 법정후견의 보호를 받고 있는 본인에 대하여 임의후견감독인을 선임하는 경우에는 종전의 법정후견의 종료 심판을 하는 것으로 되어 있다(개정안 제959조의20 제2항). 이는 법정 피후견인도 임의후견계약을 체결하여 임의후견으로 이행할 수 있다는 것을 의미한다. 즉, 개정안 해설에 따르면 피한정후견인은 의사능력이 있는 한 후견계약을 체결할 수 있고, 피성년후견인은 성년후견인의 대리를 통하여 임의후견계약을 체결할 수 있다고 한다. 비록 법정후견에 따른 보호를 받고 있더라도 본인의 의사에 따라 자신의 사무를 규율하고자 한다면 당연히 그의 의사를 우선해야 한다는 취지이다.87)

그런데 이때에도 동의유보를 받던 피한정후견인 또는 피성년후견인이 임의후견으로 이행하게 되면 법정후견이 종료되므로 이제 그들의 법률행위는 취소할 수 없게 된다. 법정 피후견인들이 의사능력이 회복되어 임의후견으로 이행한 것이 아니라면 이때부터 피후견인은 자신의 행한 법률행위의 구속으로부터 벗어나기 위해서는 의사능력의 결여를 증명하지 않으면 안된다. 이것이 타당한 귀결일까? 요컨대 임의후견인의 동의권 또는 취소권의 부여를 인정하지 않는 한, 임의후견에는 보호의 흠결이 존재하므로 법정후견의 보호를 완전히 대체하는 수단이 될 수는 없다는 것이다. 이와 같은 전제 위에서는 임의후견과 법정후견의 병존을 부인하면서 임의후견에 대한 법정후견의 보충성을 인정하는 것에 의문을 갖게 한다. 이러한 의문을 해소하는 방법으로는 임의후견에 있어서의 보호의 공백을 제거하기 위해서 후견계약에서도 동의유보나 취소권 부여가 가능하도록 근거규정을 마련하거나, 임의후견에 대한 법정후견의 보충성을 유지하면서도 양자의 병존을 인정하는 방법이 있을 수 있다.88) 보다 다각적인 논의가 필요한 문제가 아닌가 생각한다.

Ⅴ. 결 론

이상 새로운 성년후견제 도입을 위하여 국회에 제출된 민법개정안과 그 해설을 중심으로 새로운 성년후견제도가 가져야 할 기본방향과 원칙, 구조

87) 개정안 해설, 33면 이하 참조.

88) 입법론적으로 임의후견과 법정후견의 병존을 주장하는 견해로서, 岡孝, 앞의 책, 4. (4) 참조.

에 관하여 살펴보고, 일본에서의 시행 경험 등을 참고해가며 개정안의 해석 적용상의 문제점을 사전에 체크하여 검토하였다.

이미 살펴본 바와 같이 성년후견의 문제는 단순히 개인과 가족의 문제가 아니라 사회적 약자 보호를 위한 국가와 사회의 공동의 책무로 인식할 필요가 있다는 점이다. 인지장애 노인 및 지적 장애인이 우리 사회의 구성원으로서 후견인 등의 도움을 받아가며 자신의 남아 있는 능력을 최대한 활용하여 자기결정을 통하여 자신의 삶을 주체적으로 형성해 갈 수 있도록 우리 사회 모두가 서로 돕는 제도와 관행을 구축하는 것이야말로 새로운 성년후견제도 도입의 목적이라고 할 것이다. 이러한 관점에서 특히, 강조하고 싶은 것은 법원을 포함하여 국가와 지방자치단체 등은 후견문제를 개인과 가족을 넘어서 국가 또는 사회의 책무라는 점을 분명히 인식하고, 그에 따라 사회복지서비스의 일환으로 성년후견제도의 성공적 정착에 필수적인 인적·물적 인프라의 구축을 위하여 공공적 개입과 재정적 지원을 촉진·강화할 필요가 있다는 점이다. 가령, 국가 또는 사회의 지원책으로서 보호인이 보다 손쉽게 성년후견제에 접근할 수 있도록 관련 정보의 제공과 조언, 상담, 알선 등의 인적 지원, 성년후견에 수반되는 제반 비용에 관한 재정적 지원, 전문적 성년후견인 및 후견감독인의 육성과 관리·감독 등을 위한 법제도 정비, 이들 과제를 원만히 수행하기 위한 국가 또는 지방자치단체 내의 전문인력과 조직, 예산의 확보를 위하여 노력하여야 할 것이다.

〈참고문헌〉

김주수, 『민법총칙』(제5판)(법문사, 2005).

이영준, 『민법총칙』(한국민법론 I)(박영사, 2005).

성년후견제도연구회, 『성년후견제도 연구』(사법연구재단, 2007).

김동호, "성년후견제를 위한 민법개정안에 대하여," 성년후견제 도입을 위한 민법개정안 공청회 자료집(법무부, 2009. 9. 30).

김형석, "민법개정안 해설," 성년후견제 도입을 위한 민법개정안 공청회 자료집(법무부, 2009. 9. 30).

민유숙, "후견공시제도와 예산지원," 성년후견제 도입을 위한 민법개정안 공청회 자료집(법무부, 2009. 9. 30).

백승흠, "민법개정안의 성년후견법제가 갖는 특징," 성년후견제 도입을 위한 민법개정안 공청회 자료집(법무부, 2009. 9. 30).

______, "성년후견제도의 입법방향," 『민사법학』 제18호(2000. 5).

______, "현행 성년자보호를 위한 제도의 문제점과 대안으로서의 성년후견제도," 『민사법학』 제24호(2003. 9).

신영호, "고령사회에 있어서의 후견제도," 『가족법연구』 제11호(1997).

제철웅, "성년후견제도의 개정방향," 『민사법학』 제42호(2008. 9).

제철웅・박주영, "성년후견제도의 도입논의와 영국의 정신능력법의 시사점," 『가족법연구』 제21권 제3호(2007. 11).

二宮周平, 『家族法』(新世社, 2009).

佐久間毅, 『民法の基礎』 1(有斐閣, 2009).

新井 誠 外 2人編, 『成年後見制度』(有斐閣, 2009).

小林昭彦・大門 匡 編, 『新成年後見制度の解說』(金融財政事情硏究會, 2000).

最高裁判所事務總局家政局, 『成年後見關係事件の概況―平成 20年1月~12月―』.

岡部 喜代子, "日本における成年後見制度の問題点," 『한림법학 FORUM』 제20권(2009. 12).

岡孝, "日本任意後見法의 槪要와 問題點," 『한림법학 FORUM』 제21권(2010. 6).

多田宏治, "日本任意後見制度の現状と課題," 學習院大學 東洋文化硏究所 東アジア比較民法硏究會, 발표자료(2009. 12. 23).

日本辯護士聯合會(日辯聯), 任意後見制度に関する改善提言, 2009. 7. 16(http://www.nichibenren.or.jp/ja/opinion/report/data/090716_3.pdf#search='任意後見制度に関する改善提言').

日本司法書士會聯合會・社團法人成年後見センター・リーガルサポート, 任意後見制度の改善提言と司法書士の任意後見執務に対する提案, 2007. 2. 16(http://www.legal-support.or.jp/act/index_pdf/index_pdf03.pdf).

제 4 장

후견법원의 설치 및 그 방안에 관한 고찰

Ⅰ. 논의의 출발

Ⅱ. 각국의 후견법원

Ⅲ. 우리나라 법원 및 가정법원의 현황

Ⅳ. 후견법원의 설치 방안

Ⅴ. 결 론

Ⅰ. 논의의 출발

우리나라에서도 고령사회로 빠르게 나아감에 따라 지적·정신적 장애로 인하여 판단능력이 불충분한 고령자가 늘어나고 있다. 이러한 현실 속에서 우리나라도 이러한 자들의 신상을 보호하고 그 재산을 관리하기 위한 성년후견제도의 논의가 학계나 실무계에서 그동안 활발히 진행되었고, 그 결과를 담은 법률안이 여러 차례 제출되었지만 국회에서 부결되곤 하였다. 그러나 마침내 2011년 2월 18일 국회의 의결을 거쳐 민법일부개정법률로 성년후견제도의 도입이 확정되었고 2013년 7월 1일부터 시행하기로 하였다.

이번에 도입된 성년후견제도는 본질적으로 판단능력이 불충분한 고령자 등에 대한 민법상 행위능력의 제한에 관한 문제이기는 하지만, 이 제도가 도입되어 안착되기 위해서는 이 제도를 실시하는 법원의 역할이 실로 중요하다. 그러므로 여기에서는 곧 시행에 들어갈 성년후견제도의 실천으로서 우리 사법의 현실상 후견업무를 담당하게 될 법원(가칭 후견법원)을 어떻게 구축하는 것이 바람직한지에 관하여 살펴보고자 한다. 이를 위해서는 이미 성년후견제도를 실시하고 있는 외국의 법원 편제 및 절차를 살펴보고, 우리나라 사법의 현실을 바탕으로 우리의 경우 (가칭) 후견법원을 어떻게 구축할 것인지를 고찰하고자 한다.

Ⅱ. 각국의 후견법원

1. 독 일

독일 헌법(Grundgesetz)상 재판을 담당하는 법원으로는 기본적으로 연방

---

* 김상훈, "후견법원의 설치 및 그 방안에 관한 고찰," 『원광법학』 제27권 제2호 논문을 재구성하였다.

법원(Bundesgrichte)과 주법원(Gerichtse der Länder)을 두고 있으며(Art.92 GG: 독일 기본법 제92조) 그 밖에 특수한 분야를 위한 법원으로서 연방법에 의해서만 설치될 수 있는 특별법원[1])을 규정하고 있다(Art. 101 II GG). 한편 연방법원의 경우에는 연방통상대법원, 연방행정법원, 연방재정법원, 연방노동법원, 연방사회법원의 5개 법원이 있고(Art. 95 I GG), 주법원의 경우에는 區法院(Amtgericht), 地方法院(Landgericht), 上級地方法院(Overlandesgericht)으로 이루어져 있다(§12 GVG; 법원조직법 제12조). 일반적으로 민사소송의 경우에는 제1심으로서 구법원, 지방법원, 제2심으로서 상급지방법원, 제3심으로서 聯邦通常大法院(Bundesgrichtshof)이 재판권을 행사한다(§12 GVG).

독일의 경우 최근까지 민법상의 친족상속에 관한 규정을 절차적으로 실현하기 위해 가사사건절차에 관하여 우리나라와 같은 독립적인 가사소송법을 가지고 있지 아니하고, 민사소송법 내의 제6편(§§606~661)에 규정되어 있어 가사사건절차상 고유한 것이 아닌 한 기본적으로는 민사소송절차가 준용되었으며 판결로 재판하였다. 그렇지만 우리나라에서의 무능력자(미성년자, 한정치산자, 금치산자)를 위한 후견사건의 경우에는 비송사건절차법에 의해 처리되어[2]) 1인 단독판사가 주재하는 구법원(區法院: Amtsgericht)이, 구체적으로는 그 재판부에 해당하는 후견법원(Vormundschaftsgericht)이 결정으로 재판하였다. 이 구법원은 우리의 경우로 치면 시・군 정도의 지역마다 두고 있으므로 독일 전역에 설치되어 있는 것이다.

그런데 우리의 한정치산이나 금치산에 해당하는 성인을 위한 후견절차가 없는 것은 아니었지만, 주로 미성년후견제도만을 두고 있던 독일이 1992년 1월 1일 민법전에 성년후견제도를 도입・시행하였고, 이의 운영상 문제점을 보완하여 1999년 1월 1일부터 그 개정법을 시행하고 있다. 이와 같이 성년후견에 관한 실체법이 새로 제정됨에 따라 절차법적으로 정비하여 성년후견에 관한 모든 사건을 비송사건으로 일원화하여 처리함으로써 성년후

1) 해사법원(Schiffahrtsgerichte: §14 GVG)과 특허법에 기한 연방특허법원이 있다.

2) Manfred Helbich, Freiwillige Gerichtsbarkeit, 4. Aufl., Vahlen, 1990.

견제도 이전의 후견사건 및 신설된 성년후견사건을 비송사건절차법의 규율을 받아 구법원이 재판하도록 하였었다.

그러나 1977년 이혼법의 개정으로 구법원의 재판부로서의 가정법원(Familiengericht)이 창설되면서 구법원의 한 재판부로서의 동일한 성격을 갖는 후견법원과 가정법원이 병존하고 또한 그 구별이 매우 어려운 상황이었다. 특히 그 동안 독일의 비송사건절차법(FGG)은 근 100년이 지나도록 거의 법 제정 당시의 모습에서 별로 변한 것이 없어 낙후되어 있었을 뿐만 아니라, 가사사건과 관련된 비송사건이 민법, 민사소송법, 비송사건절차법 등에 산재하여 혼란스러웠고 그 관할과 관련하여 법원조직법(GVG)상으로도 복잡하여 이를 정리하여 통일할 필요가 있었다. 그리하여 가사사건과 비송사건의 절차를 정리·통합하는 가사사건 및 비송사건절차법(FamFG)을 제정하여 2009년 9월 1일부터 시행에 들어가게 되었다.[3)]

이 법률에 따라 그 동안 미성년자와 성년의 후견사건을 담당하던 후견법원(Vormundschaftsgericht)은 가정법원과의 혼란을 피하기 위해 폐지되고 그 대신 이 법원이 담당하던 미성년자의 후견사건을 가정법원(Familiengericht)으로 하여금 담당하게 하는 한편, 성년후견사건의 경우에는 특유하고 복잡하므로 가정법원과 마찬가지로 구법원의 한 재판부 성격을 갖는 성년후견법원(Betruungsgericht)을 별도로 신설하여 이로 하여금 담당케 하여 미성년의 후견사건과 성년후견사건의 담당법원을 분리하였다.

그렇지만 이와 같이 상황이 변하였어도 독일의 경우 기본적인 재판조직을 변경한 바 없다. 다시 말해 가사사건을 처리하기 위한 조직상 독립적인 가정법원이나 후견사건(Betreunungssachen)을 담당하기 위한 독립적인 후견법원을 설치·운영하지 아니하고 여전히 일반 민사법원에서 처리하고 있다. 다만, 후견법원(Vormundschaftsgericht)이나 가정법원(Familiengericht) 그리고 성년후견법원(Betruungsgericht)이라는 용어가 사용되었고, 또 최근 사

---

3) 이에 대하여는 김상일, "독일의 가사사건 및 비송사건절차법(FamFG) 개관," 『민사소송』 제13권 제1호(한국민사소송법학회, 2009. 5), 622면 이하; 반흥식, "독일 가사 및 비송사건철차법의 내용과 구조," 『민사소송』 제15권 제1호(2011. 5), 44면 이하 참조.

용되기 시작하였지만 이는 후견사건을 심판하는 구법원의 부(部)로서의 의미로 사용된 것임을 유의할 필요가 있다.

2. 미 국

미국은 연방국가이므로 聯邦法院[4]과 州法院[5]이 있으며,[6] 연방법원[7]에서의 민사소송절차에 관하여는 연방의회가 연방대법원에 위임하여 연방대법원이 제정하는 민사절차규칙인 FRCP(Federal Rules of Civil Procedure)가 적용된다. 주법원에서의 민사소송절차에서는 각 주의 법률로 제정된 여러 가지 민사절차법이 적용되는데, 각 주의 민사절차법은 각 주마다 조금씩 다르다.

미국도 후견제도를 두고 있는데 이러한 후견제도 역시 역사적으로 聯邦이 아닌 州의 관할사항이었다. 그리하여 후견제도에 관한 입법이 연방이 아니라 주(州)가 주도하고 있으며,[8] 무능력자라고 판단을 받은 자를 위해 후견인을 선임하는 권한을 법원에 부여하는 취지의 제정법은 모든 주에 존재하고 연방 차원의 입법은 아직까지는 없다. 이러한 후견사건을 처리하는 절차와 관련하여서도 연방 차원의 절차법은 없고 각 주의 절차법에 의하

4) district courts, circuit courts of appeal, the U.S. Supreme Court로 구성되는데 연방법원이 주법원의 상급법원이 아니며 서로 독립적이지만 협력적인 관계를 맺고 있다.

5) trial court, 항소법원, 최고법원의 3심으로 구성되는데 제1심법원으로는 다양하게 설치되는데 청구 액수나 소송의 대상물에 대한 제한이 없는 court of general jurisdiction이 기본이고, 한정된 사건만을 다루는 1심법원으로 소액사건만을 다루는 small claims court, 임대사건을 다루는 법원, 유언집행법원, 가정법원 등이 있다. 항소법원(court of intermediate appeals)은 제1심법원의 판결에 대한 항소를 다루고 일부 제한적인 관할권을 가진 법원에서의 판결에 대한 항소심은 court of general jurisdiction의 appellate division에서 관할하기도 한다. 각 주의 최고법원은 supreme court라는 이름을 쓴다(단, 뉴욕주의 경우는 general jurisdiction을 가진 제1심법원을 의미함).

6) 미국의 법원조직에 대한 개괄적인 내용은 Mary Kay Kane, *Civil Procedure in a nutshell*, 5th. edition, 2003, chapter 1 §1-2 참조.

7) 연방법과 관련된 federal question jurisdiction과 원고와 피고의 州籍이 다른 일정한 사건을 다루는 diversity of citizenship jurisdiction을 담당하는데 이는 주법원에서도 관할할 수 있지만 특허소송과 anti-trust 소송 등은 연방법원의 전속관할이다.

8) 미국의 건국과정을 비춰보면 그 이유를 이해할 수 있을 것이다.

는데, 이러한 사건을 처리하는 법원이 일반적으로 검인법원(Probate Court)이다.

후견사건은 검인법관이 검인법원에서 취급하는 사항의 하나라고 대다수의 사람들이 생각하지만, 절반 이상의 주에서는 검인법원 이외의 명칭이 부여된 법원에서 검인법관들이 재판을 하고 있다.

20개 주 및 콜럼비아 특별구에서는 그 공식명칭의 일부로서 검인(檢認)이라는 말을 내건 제한적 관할권을 가진 법원이 있지만, 때로는 그 말을 내건 부(部)가 일반적 관할권을 가진 법원 중에 존재하고 있다. 뉴욕주와 뉴저지주에서는 검인후견법원이라고 부르는 법원이 있다. 그 명칭이 드러내는 바와 같이 제한적 관할권을 갖는 법원은 어떤 특정 종류의 사건이, 혹은 소송가액의 최고액이 한정되어 있는 사건만을 취급한다. 일반적 관할권을 갖는 법원은 소송가액의 다과에 관계 없이 모든 종류의 사건을 취급할 수 있다.

미국에서는 기본적으로 후견사건을 취급하는 법원은 다음 4가지 범주로 분류할 수 있다.

① 주 전체에 미치는 후견법원이 있는 경우(11개 주—알라바마, 아칸소, 코네티컷, 조지아, 메인, 미시간, 뉴햄프셔, 뉴멕시코, 로드아일랜드, 사우스캐롤라이나, 버몬트).

② 일반적 관할권을 갖는 법원의 일부(一部)로서 주법에 의해 상설적으로 설치되어 있는데 검인부(檢認部)에서 검인국(檢認局)이 있는 경우(2개 주와 1개 연방구—매사츄세츠, 미주리, 콜럼비아특별구).

③ 법원의 어떤 지구(地區)에 의해 검인법원의 형태 또는 법률에 의해 창설된 특별한 형태의 법원조직 등이 혼합 내지 혼재되어 있는 경우(5개 주—콜로라도, 인디애나, 오하이오, 테네시, 텍사스).

④ 상설적 검인법원이 그 자체로서 공식적으로 존재하고 있는 것은 아니지만 (일반적 관할권을 갖는 사실심법원 중에 검인국이 설치되는 것이 보통이라고 하지만 그것은 주법에 의해 상설적으로 설치되어 존재하는 것이라기보다는 오히려) 해당 법원 자체에 의해 내부적으로 설치되어 있는 경우. 민사국(民事局), 형사국(刑事局), 가정국(家庭局) 등과 마찬가지로

그 법원 시스템 중에 설치되어 있는 경우가 있을 것임(32개 주－예를 들어 애리조나, 캘리포니아, 미네소타 등이 그러한 형태이다).

후견사건을 담당하는 법원의 명칭은 다음과 같다.9)

주 명	법원의 이름
알라바마	Probate Court(검인법원)
알라스카	Superior Court(상위법원)
애리조나	Superior Court(상위법원)
아칸소	Chancery Probate Court(형평법검인법원)
캘리포니아	Superior Court(Probate Division)(상위법원 검인부)
콜로라도	덴버에서는 Probate Court(검인법원), 덴버 이외의 지역에서는 District Court(지방법원)
코네티컷	Probate Court(검인법원)
델라웨어	Court of Chancery(형평법검인법원)
콜럼비아특별구	Superior Court(Probate Division)(상위법원 검인부)
플로리다	Circuit Court(순회법원)
조지아	Probate Court(검인법원)
하와이	Circuit Court(순회법원) 혹은 Family Court(가정법원)
아이다호	District Court(지방법원)
일리노이	Circuit Court(순회법원)
인디애나	Probate Court(검인법원)
아이오와	Probate Court(검인법원)
캔사스	District Court(지방법원)
캔터키	Circuit Court(순회법원)
루이지애나	District Court(지방법원)
메인	Probate Court(검인법원)
매릴랜드	Orphan Court(고아법원) 혹은 Circuit Court(순회법원)
매사추세츠	Probate Court(검인법원) 혹은 Family Court(가정법원)
미시간	Probate Court(검인법원)

9) ジムニー, グロスバーグ, 編譯 (社)日本社會福祉士會,『アメリカ 成年後見 ハンドブック』, 勁草書房, 2002, 80-81項 參照.

주 명	법원의 이름
미네소타	District Court(지방법원)
미시시피	Chancery Court(형평법법원)
미주리	Circuit Court(순회법원)
몬타나	District Court(지방법원)
네브라스카	County Court(군법원)
네바다	District Court(지방법원)
뉴햄프셔	Probate Court(검인법원)
뉴저지	Surrogate Court(검인후견법원)
뉴멕시코	District Court(지방법원) 혹은 일부 지방에서는 County Court(군법원)
뉴욕	Surrogate's Court(검인후견법원)
노스캐롤라이나	Superior Court(상위법원)
노스다코다	County Court(군법원)
오하이오	Court of Common Pleas(인민간소송법원) 혹은 일부 지방에서는 Probate Court(검인법원)
오클라호마	District Court(지방법원)
오리건	Circuit Court(순회법원)
펜실베이니아	Court of Common Pleas(Orphan Court) (인민간소송법원 고아부)
로드아일랜드	Probate Court(검인법원)
사우스캐롤라이나	Probate Court(검인법원)
사우스다코다	Circuit Court(순회법원)
테네시	Probate Court(검인법원)
텍사스	Probate Court(검인법원)
유타	District Court(지방법원)
버몬트	Probate Court(검인법원)
버지니아	Circuit Court(순회법원)
워싱턴	Superior Court(상위법원)
웨스트버지니아	Circuit Court(순회법원)
위스콘신	Circuit Court(순회법원)
와이오밍	District Court(지방법원)

3. 일 본

일본에서는 최고재판소, 고등재판소, 지방재판소, 가정재판소 및 간이재판소 등 5종류의 법원이 있다. 가정재판소는 가사사건을 심판하고 조정하는 권한을 가지고 있으며, 그 외에도 최근에는 인사소송법 제2조에서 정해 놓은 인사소송의 제1심 심판권을 갖게 되었다(재판소법 제31조의3 제1항 제1·2호).

일본의 경우 가사사건과 관련된 재판소의 설치는 2차 세계대전후 민법개정과 수반하여 제정되었는데, 헌법에 적합한 법 개정작업을 위해 설치한 임시법제조사회가 마련한 민법개정요강 제42에서 "친족사건에 관한 사건을 적절하게 처리하기 위하여 조속히 가사심판소를 설치할 것"이라고 규정하여 이에 따라 1947년 地方裁判所의 特別地部로서 가사심판소(1년후 가정재판소로 명칭 변경)가 설치되었다. 이 가사심판소는 비송사건만 담당하는 재판소로서 출발한 것이므로 기본적인 신분관계(혼인, 친자, 그 밖의 친족관계)의 발생, 변경, 소멸 등에 관한 중요사항과 같은 가사소송은 인사소송수속법에 의해 처리하여 지방재판소가 제1심을 관할하였다. 그 후 연합국총사령부의 영향으로 소년재판소가 병합되어 1949년 가정재판소가 새로 설치되었다. 가정재판소는 2003년 인사소송법이 개정되어 다음 해 시행됨에 따라 기존의 비송사건뿐만 아니라 그동안 인사소송수속법에 따라 처리되던 혼인관계, 친생자관계, 입양관계에 관한 소송과 그 밖의 신분관계의 형성 또는 존부확인소송 및 준인사소송의 제1심 재판권을 가지게 되었다. 그리하여 비송으로서의 가사조정과 인사소송을 함께 다루게 되었다.

일본의 경우 성년후견제도를 도입하기 전에는 비송사건으로서의 후견사건은 가정재판소의 재판부에 배정하여 처리하였는데, 2000년 성년후견제도를 도입한 후에도 조직면에서 독립적인 후견법원을 구성하기보다는 기존의 가정재판소에서 담당하고 있다. 다만, 동경 등 일부 가정재판소에서는 접수상담부터 후견 등의 개시, 후견인 등의 선임, 피후견인 등 사망에 의한 후견감독의 종료 때까지 하나의 부서에서 집중적으로 처리하기 위해 후견센터를 발족하여 운용하기도 한다.[10] 이 가정재판소는 민・형사소송을 담당하는 지방재판소와 마찬가지로 전국 50개가 있으며, 그 지부(支部) 203개 및 출장소(出張所) 77개가 전국에 배치되어 있다.[11]

Ⅲ. 우리나라 법원 및 가정법원의 현황[12]

성년후견제도의 실시를 대비하기 위하여 이를 담당할 우리나라 법원의 조직 및 현황을 살펴보고자 한다. 후견사무는 비송사건이므로 재산에 관한 법적 분쟁을 다루는 민사법원이 처리할 사건이 아니므로, 여기서는 민사법원에 대한 부분은 언급하지 아니하고 현행법에 따라 후견사무를 관장하고 있는 가정법원을 중심으로 살펴본다.

1. 가정법원의 조직

우리나라의 경우 가정법원은 조직 및 기능면에서 일반법원과 독립된 법원으로 존재하는 것은 아니다. 가사사건(가사소송사건, 가사비송사건 등)의 비중이 작은 편이어서 독립의 필요성도 적기 때문이다. 그리하여 가사사건은 원칙적으로 대법원, 고등법원, 지방법원 내에서 민사, 형사 등 사건들과 함께 처리되고 있다. 따라서 법원조직법상 고등법원, 지방법원에서는 부를 설치할 수 있으므로 가사부(家事部)를 두어 가사사건을 처리하고 있다(법원조직법 제27조, 제30조). 다만, 가사사건이 많은 지역, 예컨대 서울의 경우는 1963년부터 독립 전문법원으로 지방법원급의 (서울)가정법원을 별도로 설

10) 이에 대해서는 사법연구지원재단, "동경가정재판소 후견센터의 운용실무와 절차," 『성년후견제도 연구』, 209면 이하 참조.

11) 김원태, "일본에서의 가정법원의 역할과 기능," 『가족법연구』 제22권 3호(한국가족법학회, 2008. 11), 90면.

12) 이에 대하여는 김상훈, "우리나라 가정법원의 현황," 『법학연구』 제18권 제4호(연세대학교 법학연구소, 2008. 12), 150면 이하 참조.

치・운영하고 있으며, 지방법원에는 가정법원의 지원을 둘 수 있으므로(법원조직법 제3조 제2항) 2001년부터 고등법원이 있는 곳의 지방법원(대전, 대구, 부산, 광주)에 별도로 가정지원을 설치・운영하고 있다. 그 밖의 지역에서는 지방법원이나 그 지원에서 가사전담부(家事專擔部)를 두어 혹은 민사재판부에서 가사사건을 처리하고 있다. 일부에서는 형사사건을 담당하는 법관이 가사사건을 담당하고 있기도 하다. 그리하여 그 동안 한국가정법률상담소 및 학계를 중심으로 가정법원을 확대하여 설치할 것을 꾸준히 요청한 바 있고, 가사 및 소년사건의 증가와 그 전문성의 요청으로 인하여 대법원도 사법정책자문위원회의 의결을 거쳐 가정법원의 기능확대 및 전국설치를 긍정적으로 검토하여 마침내 2011년 4월 고등법원 소재지 중 먼저 부산을 시작으로 가정지원을 가정법원으로 승격설치하고, 이를 대전・대구・광주에도 점진적으로 확대하기로 하는 한편 이들 지원에 가정지원을 신설하기로 하여 가정법원의 조직을 확대해 나가고 있다.

2. 인적 구성

가정법원의 인적 구성으로는 법관, 가사조사관, 일반사무직원, 법정 경위가 있으며 아울러 조정위원도 있다.

가사사건을 담당하는 법관의 경우 서울가정법원이나 가정지원에 소속된 법관과 고등법원이나 지방법원의 가사부에 소속된 법관이 가사사건을 전담한다. 그러나 그 밖의 경우에도 민사재판을 담당하는 민사부에서 가사사건을 함께 다루거나, 경우에 따라서는 형사부와 가사부가 통합된 특별부에서 가사사건을 담당하여 형사재판을 담당하는 법관이 가사사건도 재판하거나,[13] 지원에서는 민사・형사・가사를 한 재판부가 통합하여 담당하기도 한다. 그리하여 서울가정법원처럼 가사사건을 전담하는 법관[14]이 있는 하

13) 대구고등법원이나 광주고등법원의 경우가 그러하다(『사법연감』(2007), 93면 참조).

14) 예컨대 서울가정법원의 경우도 법관의 수는 31명이지만 파견이나 연수, 휴직 판사를 제외하면 실제로는 법원장 1, 부장판사 5, 판사 20명으로 구성되어 있다(2006년 3월 1일

면 이와 달리 다른 사건을 담당하면서 가사사건을 담당하는 법관이 혼재되어 있으므로 가사사건을 담당하는 법관의 정확한 수를 파악하기도 어려웠다. 또한 서울가정법원의 경우도 그 근무기간은 부장판사는 3년, 배석・단독판사 및 가정지원 판사는 2년이어서 가사사건에 대해 관심을 기울이고 이에 대한 전문성을 쌓을 기회가 거의 없었고[15] 배치된 법관도 단지 민・형사사건을 위해 거쳐 가는 업무 정도로 파악하였다.[16]

그리고 고등법원, 서울가정법원, 지방법원의 가사부 그리고 가정지원에는 소수의 부장판사가 배치되어 있으나, 일부 가정지원의 경우에는 부장판사 없이 단독판사로만 가사재판업무를 수행하는 곳도 있었다. 그리하여 가사사건을 담당하는 법관의 비전문성 및 전문성을 키울 수 없는 근무여건 그리고 이에 대해 무관심한 법원 관계자에 대한 실무계와 학계의 비판, 이혼사건과 그에 따른 친권지정 문제 그리고 소년보호 및 가정보호사건의 증가라는 시대상황 등을 고려하여 마침내 사법부는 이러한 문제점을 개선하고자 하였다. 2005년 2월 이후에는 가사사건을 전담할 전문법관을 처음으로 선발하여, 가정법원에 장기간 근무하면서 가사사건이나 소년사건을 전문적으로 처리토록 하여 개선되는 방향으로 나아가고 있음은 틀림없지만, 가사사건의 전문성을 고려하여 좀 더 시급히 개선할 필요성이 있다.

독일의 경우는 이혼사건을 통일적으로 처리하기 위해 1997년 가정법원(Familiengericht)을 새로 설치할 때 이러한 점에 대해 고려하였다고 한다. 즉, 비록 합의부가 아니라 단독판사가 담당하고[17] 전문성을 확보하기 위한

기준).

15) 현재 전문법관은 재직연수 4년 이상인 법관으로서 전문성, 근무성적 등을 고려하여 선발하고 가능하면 남녀 비율의 균형을 유지하며 서울가정부장판사는 5년, 배석・단독판사는 6년, 가정지원은 4년을 근무하도록 하였다(김상규, "가정법원의 장기적 발전방향-인적・물적 구성을 중심으로," 『실무연구』 제10호(2005), 784면).

16) 김상규, "가정법원의 새로운 역할과 운영개선의 필요성," 『재판자료』 제112집(2007), 217면 이하 참조.

17) 단독판사가 처리할 경우 해당 판사의 주관적 가치관이 판결을 좌우할 염려가 있다고 하여 단독판사에 의한 이혼사건 담당에 반대하는 견해도 있었으나, 전문성이 있으므로 당사자와의 관계형성과 의사소통이 원활하게 이루어져 개별 가족관계를 정확히 파악할 수 있고, 이에 따라 적절한 판단을 내릴 수 있다고 보아 단독판사제를 취하였다고 한다. 이

특별한 제도를 함께 도입하지는 않았지만, '풍부한 경험과 높은 수준의 자질을 가진 판사들' 중에서 가정법원 판사를 임명하여야 한다는 점이 강조되었고,[18] 또한 한번 판사가 되면 평생 판사로 근무하면서 퇴직하는 풍토가 조성되어 있었으며, 본인이 원할 경우 동일한 법원에서 퇴직할 때까지 장기간 근무할 수 있는 인사제도를 가지고 있었기 때문에 가정법원에서의 경험과 지식을 축적할 수 있다. 그리하여 독일에서는 가정법원판사로서 20년 이상을 근무한 판사를 찾는 것은 어려운 일이 아니고, 그 결과 이러한 판사들이 가정법원에 배속된 신임판사에 대하여 선배 법관으로서 지식과 경험을 전수하는 역할도 담당한다고 하는데[19] 이러한 점은 우리가 본받을 만한 가치가 있다.

또한 재판장, 조정장 또는 조정담당 판사의 명을 받아 그 전문적 지식과 식견을 토대로 사실의 진상을 과학적으로 파악하여 가사분쟁의 원인을 해소하고 소년비행에 대한 사회적 조사를 담당하는 가사조사관이 있다. 이에는 전문직과 일반직이 있고, 전자의 경우에는 계약직으로 특채된 자이며 후자의 경우에는 법원의 일반직 직원(5-7급) 중에서 임명된 자인데, 가사사건을 지원하기 위해서는 그 수가 많아야 하지만 절대 부족한 상황이다.[20] 이번에 부산가정법원이 승격·설치되면서 소수의 전문조사관만이 추가 임명되는 정도에 그쳐 재판지원인력의 확충이 여전히 요원하다. 그리고 이러한 가사조사관도 가능하면 일반직은 임명하지 않고 전문직으로 구성되어야 전문성을 키울 수 있을 것이다.[21]

아울러 조정위원은 비상근으로 가정법원이나 그 지원 소속의 조정위원회에 속하여 조정에 참여하는데 임기는 1년이나 2004년 3월 현재 159명이

에 대하여는 김상용, "독일 가정법원의 기능과 역할," 『가족법연구』 제22권 3호(2008. 11), 109-110면 참조.

18) 김상용, 위의 논문, 111면.

19) 위의 논문, 113면과 각주 22) 참조.

20) 2005년 4월 기준으로 전체 75명으로 전문직 조사관은 14명, 일반직 조사관은 61명이었다(김상규, 앞의 주 15)의 논문, 749면 참조).

21) 이호원, "가정법원의 발전방향에 관하여," 『민사소송』 제11권 제2호(2007. 11), 15면.

있다.[22)]

이와 같이 법원 내에서 가사사건을 담당하는 법관의 전문성을 보조하는 가사조사관이나 조정위원뿐 아니라 법원 외에 있는 전문기관과의 연계 역시 원활히 이루어져야 할 것이다.

3. 물적 시설

가정법원은 앞에서도 언급한 바와 같이 서울가정법원과 2011년 가정지원에서 승격한 부산가정법원 외에는 고등법원이 있는 곳의 지방법원에 가정지원을 두고 있을 뿐 그 밖의 경우에는 일반법원에 가사부를 두어 가사사건을 처리하고 있다. 이와 같이 가사사건을 처리하는 가정법원 내지 지원이 일부 지역에만 있고 전국적으로 배치되어 있지 아니하여 앞에서 지적한 바와 같이 민사분쟁 내지 형사분쟁을 담당하는 법관이 가사사건을 함께 처리하는 법원도 존재한다. 다만 다행스러운 것은 2012년부터 대전, 대구와 광주의 가정지원이 가정법원으로 승격하고 그의 전 지원에 가정지원을 확대・설치할 예정이지만, 가능하면 조속히 가사사건을 전담하는 가정법원을 전국적으로 설치할 필요가 크다.[23)] 앞에서 본 바와 같이 독일은 구법원이 가사사건을 관할하는데 구법원은 전국적으로 668개가 설치되어 있다고 한다.[24)]

그리고 독립청사가 없어 현재 대부분의 가정법원처럼 민사・형사재판을 담당하는 법원과 같은 건물을 사용하여 가정법원이 투쟁의 장이라는 이미지를 주고 있고, 복도 등에서 당사자 등과 만날 수 있어 프라이버시의 보호에도 미흡하므로 가능하면 조속히 독립청사를 마련해야 할 것이다. 이를 통해 투쟁의 장이라는 이미지를 벗고 열린 분위기를 갖출 수 있을 것이

22) 김상규, 앞의 주 15)의 논문, 811면 참조.

23) 김상용, 앞의 논문, 141면.

24) 김상용, 앞의 논문, 141면. 구법원에는 적어도 1개 이상의 가정법원(가사재판부)가 있으므로 가정법원(가사재판부)은 구법원 수보다 더욱 많을 것이다.

다.[25] 다행스럽게도 서울가정법원이 독립청사를 마련하였지만 대전가정지원, 광주가정지원처럼 해당 지방법원과 공동으로 사용하거나 대구가정지원처럼 등기소와 함께 사용하는 것이 일반적이다.

4. 가정법원의 업무현황

우리 법원이 2009년에 접수한 총 사건은 17,910,728건으로 이 중 소송사건은 총 사건의 6,345,439건(35.4%), 비송사건은 11,536,289건(64.5%)을 차지하고 있다. 소송사건 중 가사사건은 140,328건(2.2%)이고, 비송사건 중 (등기사건이 대부분을 차지하고) 가족관계등록비송사건은 345,785건(3.0%)이다. 따라서 총 가사사건은 486,113건으로 총 사건에서 가사사건이 차지하는 비율은 약 0.8%에 불과하다.[26]

그리고 가사사건의 경우 소송사건이 그 중 41.5%, 비송사건이 약 40%, 조정사건이 약 2.7%, 신청사건이 약 15.7%를 차지하고 있다.[27] 지난 10년간 가사소송의 비율이 점진적으로 증가하고 있는데 반해 가사비송의 증가가 눈에 띨 정도로 높아지고 있는데 성년후견제가 실시되면 좀 더 증가폭이 커질 것이다.

제1심 가사소송사건 접수 건수 중 재판상 이혼소송이 85.9%를 차지하고, 그 뒤로는 친생자관계존부확인의 소가 7.7%를 차지할 뿐 나머지 소송들은 대체로 1% 미만이어서 의미는 없다. 항소심 및 상고심에서도 이혼사건이 80%를 상회하여 가정법원은 거의 이혼사건의 해결에 매달려 있음을 알 수 있다.[28]

그리고 가사소송사건의 접수 건수는 서울가정법원 관내가 24.8%로 수위를 차지하였고, 수도권인 수원이 13.4%로 뒤따르고 있으나 다른 소재지 법

25) 이호원, 앞의 논문, 14면.
26) 『사법연감』(2010), 503-504면, 532면.
27) 위의 책, 533면.
28) 위의 책, 534면. 지난 10년간의 누계를 보아도 평균적으로 약 90%에 접근하고 있다(627면).

원들은 대체로 5% 내외의 비율을 점하여[29] 의미를 갖지 못하고 있다. 이와 같이 서울과 수원에서 사건이 많은 것은 결국 인구비율이 높은 곳이어서 사건도 많이 발생함을 알 수 있으며, 가사비송사건의 경우에도 동일한 현상이 나타나고 있다.[30] 또한 가사소송사건의 심급별 처리기간은 1심이 평균 162일(판결사건의 경우는 약 210일), 항소심이 평균 179일(판결사건의 경우는 약 204일)이 걸려 사건 해결에 오랜 시간이 필요함을 알 수 있다.[31]

아울러 가사본안사건 중 조정으로 처리되는 비율이 35.4%로 상당한데 이는 판결로 해결되는 경우보다 상대적으로 조기에 해결[즉시 해결(30.4%), 2~3개월 내에 해결(40.3%)]되고[32] 또한 법원 역시 적극적으로 조정에 회부하기 때문인 것 같다. 그리고 가사비송사건의 경우 상속사건이 51.4%를 차지하고 있으며, 성년후견과 관련된 한정치산·금치산사건은 1.7% 그리고 후견사건은 1%로 미미한 편이다.[33] 성년후견제가 실시되면 일본이 그러하였듯이[34] 증가할 것이다.

또한 소년보호사건의 경우 총 50,708건으로 전체 사건의 0.3%, 전체 소송사건에 대하여는 0.8%의 비율을 차지하고 있는데, 최근 10년간 한동안 줄었다가 다시 증가하는 추세를 보이고 있다. 전체 가사사건 약 48여만 건에 추가되는 것이어서 가정법원에 부담이 될 것이다.

5. 소 결

가정법원은 사회존속 및 발전의 기본이 되는 가정에서 발생한 문제(가사사건)를 다룬다. 그리하여 민사소송처럼 단지 법률적 쟁점만 확정하여 해결

29) 위의 책, 535면.

30) 위의 책, 630면.

31) 위의 책, 527면.

32) 위의 책, 541-542면.

33) 위의 책, 631면.

34) 성년후견의 신청건수가 이 제도가 처음 실시되었던 2000년에는 9,007건이었으나 2007년에는 148,309건으로 16.5배 증가하였다고 한다(김명중, "일본의 성년후견제도의 동향과 과제," 『국제노동브리프』, Vol. 8, No. 6(한국노동연구원, 2010. 7), 71면).

해 주는 것만으로 부족하고, 이혼소송과 관련되어 있는 양육권자 지정과 같은 사건에서 보듯이, 당사자(부부)간의 감정적 갈등을 치유하고(치료사법) 그 자녀의 문제까지 고려해야 완전히 해결될 수 있기[35] 때문에 이러한 사건을 담당함에 있어 법관들도 전문적 지식과 경험이 필요하다. 이러한 점을 고려하여 사법부도 전문법관을 선발하는 등 전문성을 높이기 위해 노력하고 있다. 이러한 가사사건의 특성을 고려할 때 민사사건이나 형사사건에 익숙한 법관이 이러한 가사사건을 처리하는 것은 바람직하지 아니하지만, 그럼에도 불구하고 현재 지방법원이나 지원에서 민사사건을 담당하는 법관이 심지어는 형사사건을 담당하는 법관이 가사사건을 함께 재판하고 있는 경우가 있어 이에 대해 지적한 바 있다. 이런 점에서 가정법원을 민・형사사건을 다루는 일반법원으로부터 독립시킬 필요가 있는 것은 사실이나 현재 전체 사건 중 가사사건이 차지하는 비중이 낮고, 예산이나 인식 부족으로 인하여 가정법원이 여전히 일반법원에 부속되어 있는 실정이다. 그렇기 때문에 적어도 조직상의 독립은 아니어도 가정법원의 독립청사 마련과 가정법원(또는 가정지원)의 전국적인 설치를 희망하고 있다.[36]

아무튼 앞에서 본 바와 같이 가사사건은 민사, 형사 등이 전체 사건의 0.8%, 소송사건의 2.2%를 차지하고 있어 전체 사건 속에서 차지하는 비중이 매우 낮다. 그럼에도 제1심에서 접수한 가사사건 중 소송사건이 41.5%, 비송사건이 약 40%, 조정사건이 약 2.7%, 신청사건이 약 15,7%를 차지하여 가사소송사건(특히 이혼사건)의 비중이 큰 편이다. 그리하여 현재 가정법원은 이혼사건의 홍수로 이의 처리에 대부분의 역량을 쏟고 있는 중이다. 그리하여 이로 인해 발생하는 문제점을 지적하거나 그 발전방향을 논함에 있어서는 이혼사건 및 이와 관련된 비송사건(자의 양육, 친권지정, 재산분할)의 폭증문제 해결이 그 중심이 되고 있다.[37] 따라서 사법부에서도 가정법원이

35) 선재성, "가사소송에서의 신모델의 향후 과제－가사소송의 비송화 및 상담조정기능의 확충," 『재판자료』 제106집(2005), 301면 이하.

36) 양정자, "가정법원의 현황과 발전방향," 『가족법연구』 제14호(2000. 12), 493면 이하; 김상규, 앞의 논문, 754-755면 참조.

37) 선재성, 앞의 논문, 295면 이하; 양정자, 앞의 논문, 477면 이하; 문준필, "가사소송절차의

이혼공장이라는 오명에서 벗어나기 위해 가정법원의 발전방안을 모색하면서 전담법관, 가사조사관 및 조정위원의 증원과 전문성 확대, 구성 성비의 균형 등을 제시하고 있다.38)

또한 이러한 가정법원에 소년보호 및 가정보호사건도 증가 추세여서 부담이 되고 있다. 게다가 성년후견제도가 곧 시행될 예정이어서 조만간 가정법원의 업무는 이혼사건과 소년보호사건, 성년후견사건이라는 3대 축을 중심으로 운영될 전망이다.

Ⅳ. 후견법원의 설치 방안

국가의 기능이 국민생활에 대한 개입 없이 최소한 개인의 재산권을 보호하고 치안을 유지하며, 외국의 침입으로부터의 국민을 보호하는 것으로 족하던 시대를 지나 이제는 국민의 생활에 개입하여 국민의 생활을 향상시키고 인간다운 생활을 할 수 있도록 기초생활여건을 조성하는 데까지 이르게 되었다. 이와 같이 국가의 국민생활에 대한 소극적 태도를 넘어 그 생활에의 개입 정도가 시간이 지남에 따라 더욱 깊어지고 넓어지고 있다. 그에 따라 국가의 후견적 개입의 범위가 넓어지고 있는데 그 중의 한 분야가 오늘날의 성년후견의 영역이다.

그리하여 우리나라도 기존의 무능력자(미성년자, 한정치산자, 금치산자)의 재산 보호와 거래의 안전을 위해 친권자나 후견인 그리고 친족회를 통한 후견제도를 두고 있었지만(민법 및 이를 위한 가사소송법상의 가사비송 규정), 우리 사회가 고령화사회로 빠르게 변함에 따라 인지장애노인이나 사고 및 질병 등으로 인한 심신장애 인구가 지속적으로 증가함으로써 이들에 대한

문제점과 개선방향," 『가족법연구』 제18권 2호(2004. 9), 259면 이하; 배금자, "이혼소송에서의 문제점," 『시민과 변호사』 제118호(2003. 11) 42면 이하.

38) 김상규, 앞의 논문, 751면 이하; 선재성, 앞의 논문, 295면 이하; 문준필, 앞의 논문, 259면 이하; 양정자, 앞의 논문, 477면 이하; 박동섭, "가사소송의 몇 가지 문제점," 『인권과 정의』 246호(1997. 2), 79면.

재산보호뿐 아니라 신상보호의 필요성이 커졌지만, 무능력자라는 낙인을 찍음으로써 오히려 이 제도의 이용을 기피하게 하였을 뿐만 아니라 이에 대한 해결도 충분치 못하였고, 재산 없는 지적 장애인에 대한 보호 역시 기존 법규로는 해결책이 되지 못하였다. 그리하여 민법 등을 개정하여 성년후견제도를 도입하게 되었고, 이를 통하여 요보호 성년에 대한 재산보호 및 신상보호를 제공하고 보호제도, 보호조치, 보호자의 선택 그리고 의료적 처치에 있어 요보호 성년자 자신의 결정을 최대한 존중하며, 기존의 후견인이 전문가 아닌 근친자 중심의 법정후견인을 폐지하고 적임자를 직권으로 선임할 수 있게 하여 요보호 성년자가 가능한 한 보통의 사회구성원과 마찬가지로 사회 내에서 자기 나름의 삶을 영위할 수 있도록 하였다.[39)]

이와 같은 성년후견제는 당사자간의 법적 분쟁(소송)이 아니라 능력이 부족한 자들에 대한 국가의 후견적 역할이 필요한 분야(비송)이므로 1회의 분쟁해결(재판)로써 문제가 해결되지 아니하고, 지속적인 후견적 역할이 필요하다. 아울러 법원 자체의 역할만으로는 부족하여 지역사회와의 연계가 필요하며, 사회보장제도와 통일적 연결[40)]이 될 때 후견적 개입의 목적을 달성할 수 있는 특성을 갖는다.[41)] 이러한 특성을 갖는 성년후견제도의 실시를 위해서는 이를 위한 가사비송을 포함하는 가사소송법 등의 절차법 개정이 필수적이다. 그렇지만 조만간 실시될 성년후견제도의 안착과 이를 통한 고령자의 인간다운 삶을 보장하기 위해서는 이러한 법 개정만으로는 부족하고, 이를 구체적으로 실시하는 법원의 준비 역시 필요함은 두말할 나위 없다.

---

39) 이에 대하여는 김형석, "민법 개정안에 따른 성년후견법제," 『가족법연구』 제24권 제2호(2010. 6), 111-124면; 박인환, "새로운 성년후견제 도입을 위한 민법개정안의 검토," 『가족법연구』 제24권 제1호(2010, 3), 31-40면.

40) 성년피후견인의 후견개시부터 (시설수용이나 강제치료를 포함한) 보호방법의 선택, 후견인선임, 감독인선임 그리고 후견종료에 이르기까지 장기간의 관찰과 심사 그리고 통제기능이 필수적이고 피후견인의 사회보장급여의 수령 등의 연계가 반드시 필요하기 때문이다.

41) 신권철, "성년후견제도의 도입과 법원의 역할," 『사법』 제14호(사법연구지원재단, 2010), 9-10면.

이는 현재 후견사건을 포함하는 가사사건을 담당하는 가정법원의 조직, 인적·물적 시설, 사건처리 현황 및 부담 등에 대한 정밀조사·분석과 함께 앞으로 실시될 성년후견제도의 틀에 맞추어 개별적인 후견절차에 따른 업무량 및 후견사건의 증대수준을 예측하여 준비하여야 할 것이다. 이를 위해 성년후견제도를 이미 도입하여 실시하고 있는 선진 고령사회 국가가 가지고 있는 법원의 조직 및 운영상황에 대한 비교법적 고찰도 많은 도움을 줄 것이다.

앞에서 이미 성년후견제도를 실시하고 있는 독일, 일본, 미국의 법원조직을 살펴보았는데 후견사건을 처리하는 법원의 조직면에서 생각할 수 있는 방안은 첫째, 성년후견사건 처리를 위한 독립 후견법원을 설치하는 것, 둘째, 지방법원(지원)급에 가정법원(지원)을 설치하고 그 법원 내에 전담재판부(후견부)를 구성하는 방식, 셋째, 우리의 기존의 가사사건 처리 방식을 유지하여 지방법원 내의 가사부를 두고 이 재판부에서 후견사건을 처리하는 방식, 넷째, 지방법원이나 지원에 일반민사재판부를 두고 여기에서 처리하는 방식이 있을 수 있다.

먼저 성년후견제의 실시를 위하여 조직 및 기능적으로 독립적인 후견법원의 설치하는 방안과 관련하여서는, 이러한 법원을 처음부터 구상하기 위해서는 성년후견사건이 폭증할 개연성이 농후하고 더욱이 예산확보가 전제되어야 하겠지만 성년후견제가 실시된다고 하여 후견사건이 기존의 법원조직으로는 해결할 수 없을 정도로 폭증할 개연성이 없다면, 독립 편제의 후견법원을 설치·운영하는 것은 경제성 측면에서 바람직하지 아니할 것이다. 그렇기 때문에 성년후견제를 먼저 도입하여 운영하고 있는 독일, 미국, 일본 등의 선진국도 독립 편제의 후견법원을 구축하지는 아니하였다. 우리의 경우에도 가사사건 중 후견사건 자체의 건수가 미미할 뿐만 아니라 이를 포함하는 가사사건이 전체 사건에서 차지하는 비중 역시 크지 아니하고 우리와 유사한 성년후견제도를 가지고 있는 일본의 경우에서 보듯이 성년후견제가 실시되었어도 후견사건이 미처 기존의 법원에서 해결할 수 없을 정도로 폭증하는 것도 아니므로 이 방안을 채택하기는 어렵다.

둘째, 후견사건을 가정법원(혹은 가정지원)의 후견사건전담부를 통해 재판하는 방식은 후견사건 업무의 특성이 가장 잘 반영될 수 있는 바람직한 형태이다. 그렇지만 이러한 방식으로 후견법원을 구성하기 위해서는 가정법원을 운영하기에 적합할 정도의 많은 후견사건이 있어야 하고 또한 전국적으로 발생하여야 한다. 우리의 경우에는 현재 서울과 지방의 가사사건 발생비율간에 현저히 차이가 나므로[42] 전국적으로 가정법원을 설치하고 후견전담부를 두기에는 시기상조인 것으로 본다. 사건의 수는 결국 인구의 수에 비례할 것이므로 전체의 인구의 1/3이 몰려 있는 서울과 그 주변의 수도권지역 외에는 사건 수가 적어 그 밖의 지역에 소재하는 가정법원 및 그 후견사건전담부는 유지하기 쉽지 않을 것이다. 아울러 이러한 전국적 가정법원 편제를 구축하기 위해서는 많은 예산의 확보도 필수적이나 우리 현실상 이를 확보하는데 어려움이 있을 것이므로 이를 전적으로 채택하는데 한계가 있다.

셋째, 그 동안 우리의 지방법원 및 그 지원에서 행하던 방식으로 그 일반법원 내에 가사부(家事部)를 두는 방안은 가사사건 특히 후견사무의 특수성으로 인하여 법관에게 전문성이 필요한데, 이 방안은 다양한 가사사건의 재판을 통해 전문성을 상당부분 확보하였을 것이므로 수용 가능한 방안이나 후견사건 전담이 아니기 때문에 일부 미흡한 부분은 있을 수 있다. 그렇지만 사건 수나 예산확보의 부족으로 두 번째 방안을 채택하기 어려운 경우에는 그 여건이 성숙될 때까지 임시적으로 이 방안을 활용할 수는 있을 것이다.

넷째, 지방법원 또는 그 지원의 일반 민사부에서 민사사건이나 형사사건과 함께 후견사건을 처리하는 방안은 그 동안 학계와 실무계로부터 문제점으로 지적한 바와 같이 전문성이 없는 법관이 재판을 하게 될 가능성이 크

42) 가사사건 전체에 대한 것은 아니지만 가사본안사건의 예로 살펴보면, 서울이 전체 가사본안사건의 약 25%, 인구가 집중된 수도권 지역인 수원이 13.4%, 나머지 지역은 모두 10% 미만을 기록하고 있으며, 2011년에 가정법원으로 승격된 부산의 경우도 7.7%밖에 되지 아니한다(『사법연감』(2010), 535면).

므로 이 방안은 바람직하지 아니하다. 일부 법원의 경우에는 형사사건 담당판사가 가사사건을 재판하는 경우까지 있어 더욱 문제되었으므로 이제는 이러한 방안으로부터 벗어나야 할 것이다.

생각건대 우리의 경우 현재 전체 소송사건 중 가사사건이 차지하는 비중이 크지 아니하고, 성년후견제가 실시된다고 하더라도 후견사건이 크게 늘어나지 아니할 것이므로 독립조직의 후견법원을 구축하기는 어렵다. 더욱이 예산확보의 가능성도 크지 아니다.

지방법원(내지 그 지원)에 가정법원을 설치하고 그 안에 전담후견부를 두는 방안이 가장 바람직하나, 첫 번째 방안에서 언급한 바처럼 가정법원으로 후견업무를 처리할 정도로 국내에 (후견사무를 포함하는) 가사사건의 수가 충분치 아니하고, 예산 확보면에서도 현실적인 어려움이 있으므로 먼저 지방법원급의 법원에 가정법원을 설치하는데 지방법원의 경우에도 일단 사건이 많은 지방법원부터 점진적으로 설치하고, 그 후에는 그 지원에 가사사건 전담부를 두는 것이 좋을 것이다. 다만, 사건 수가 많지 않고 예산확보가 안되어 가정법원 및 그 전담후견부의 설치가 지연되고 있는 법원이나 지원에는 그것이 설치되기까지 임시적으로 셋째 방안처럼 일반법원에 가사부를 두어 후견사건을 처리하는 것이 현실적인 것으로 본다.

우리보다 먼저 성년후견제를 실시한 독일이나 일본이 기존 법원조직을 활용하여 전담재판부를 두어 해결한 것도 이런 의미일 것이다. 또한 우리의 경우에는 독일처럼 후견을 미성년후견과 성년후견으로 구분하여 각각 다른 재판부에 맡기는 것은 맞지 않다고 본다.

Ⅴ. 결 론

성년후견제도의 실시를 앞두고 있는 우리의 경우 이와 같은 후견사건을 처리하는 법원을 어떤 방식으로 구성할 것인지와 관련하여 고찰하였다. 이를 위해서는 후견사건의 특성을 고려하여 전문성 있는 법관이 주재하는 전담재판부를 구성하여야 하고, 그 구체적인 방안을 모색하기 위해 우리나라 가사사건 및 가정법원의 현실을 전제로 앞으로 발생할 후견사건의 수의 예상과 확보할 수 있는 예산범위를 고려하여 그 방안을 모색하여야 한다.

그에 따라 지방법원(및 그 지원)에 가정법원(및 가정지원)을 설치하고 그 안에 전담후견재판부를 두는 것이 바람직하다고 판단된다. 다만, 현재 가정법원을 설치하기에는 전체적인 가사사건의 수가 상대적으로 크지 아니하므로(특히 후견사건의 경우에는 더욱 그러하므로), 일단 가사사건 수가 많은 지역의 지방법원부터 별도의 청사를 갖춘 가정법원을 설치하고 가사부를 인력을 확보하여 후견사무를 담당케 하고(아울러 그 지원에도 가정지원을 두고), 이를 점진적으로 전국 지방법원으로 확대해 나가야 할 것이다. 그리고 여건의 불충족으로 아직 가정법원을 설치할 수 없는 지역의 지방법원 및 그 지원에서는 가사부를 두고 전문성 있는 법관으로 하여금 후견사무를 처리하게 하는 것이 현실적인 방안일 것이다.

그렇지만 이와 같은 하드웨어의 구축도 중요하지만 민법에 규정된 구체적인 후견사무를 법원이 실시해 가는 세부적인 소프트웨어의 마련이 더욱 중요하다는 점을 인식해야 할 것이다. 예컨대, 성년후견개시의 원인(질병, 노령 그 밖의 사유)을 판단함에 있어서의 정신감정이나 성년후견인과 성년후견감독인의 선임시 누가 적임자인가의 판단이나 피후견인에게 병원이나 시설에의 입소를 허용할 것인지, 후견방법의 결정이나 사정변경에 따른 성년후견의 범위나 내용의 변경이 그러한데, 이와 관련하여 그 구체적인 절차를 합리적고 효율적으로 마련해 가는 것이 중요하다.

성년후견제도가 우리에게 도움이 되는 제도가 되느냐 여부는 바로 이러한 소프트웨어의 형성에 달려 있는데, 이는 앞으로 후견사무를 운영하는 과정에서 법원이 좀 더 구체화하고 효율적으로 만들어 가야 할 것이다.

〈참고문헌〉

『사법연감』, 2007, 2010.

성년후견제도연구회, 『성년후견제도』, 사법연구지원재단, 2007.

사법연구지원재단, "성년후견제도 도입이 소송절차에 미치는 영향," 『성년후견연구』, 2007.

김명중, "일본의 성년후견제도의 동향과 과제," 『국제노동브리프』, Vol. 8, No. 6(한국노동연구원. 2010. 7).

김상규, "가정법원의 장기적 발전방향-인적·물적 구성을 중심으로," 『실무연구』 제10호(2005).

_____, "가정법원의 새로운 역할과 운영개선의 필요성," 『재판자료』 제112집(2007).

김상용, "독일 가정법원의 기능과 역할," 『가족법연구』 제22권 3호(한국가족법학회, 2008. 11).

김상일, "독일의 가사사건 및 비송사건 절차법(FamFG) 개관," 『민사소송』 제13권 제1호(한국민사소송법학회, 2009. 5).

김원태, "일본에서의 가정법원의 역할과 기능," 『가족법연구』 제22권 3호(2008. 11).

김형석, "민법 개정안에 따른 성년후견법제," 『가족법연구』 제24권 제2호(2010. 6).

문준필, "가사소송절차의 문제점과 개선방향," 『가족법연구』 제18권 2호(2004. 9).

박동섭, "가사소송의 몇 가지 문제점," 『인권과 정의』 제246호(1997. 2).

박인환, "새로운 성년후견제 도입을 위한 민법개정안의 검토," 『가족법연구』 제24권 제1호(2010. 3).

반흥식, "독일 가사 및 비송사건절차법의 내용과 구조," 『민사소송』 15권 제1호(2011. 5).

배금자, "이혼소송에서의 문제점," 『시민과 변호사』 제118호(2003. 11).

선재성, "가사소송에서의 신모델의 향후 과제-가사소송의 비송화 및 상담조정기능의 확충," 『재판자료』 제106집(2005).

신권철, "성년후견제도의 도입과 법원의 역할," 『사법』 14호, 사법연구지원재단(2010).

양정자, "가정법원의 현황과 발전방향," 『가족법연구』 제14호(2000. 12).

윤진수, "미국 가정법원의 현황과 개선 논의,"『가족법연구』 제22권 3호(2008. 11).
이유정, "가정법원의 문제점과 개선방향,"『가족법연구』 제22권 3호(2008. 11).
이호원, "가정법원의 발전방향에 관하여,"『민사소송』 제11권 제2호(2007. 11).

Manfred Helbich, Freiwillige Gerichtsbarkeit, 4. Aufl., Vahlen, 1990.
Bumiller · Winkler, Freiwillige Gerichtsbarkeit, 5. Aufl., C.H. Beck, 1990.
Bumiller · Harders, FamFG Freiwillige Gerichtsbarkeit, 9. Aufl., C.H .Beck, 2009.
Mary Kay Kane, *Civil Procedure in a nutshell*, 5th. edition, 2003.
Friednethal · Kane Miller, *Civil Procedure*, 4th. edition, 2005.
ジムニー, グロスバーグ, 編譯 (社)日本社會福祉士會,『アメリカ 成年後見 ハンドブック』, 勁草書房, 2002.
赤沼康弘, "日本の成年後見における最近の動向,"『成年後見法制硏究』第5號, 日本成年後見法學會.

제 5 장

지방자치단체의 노인복지행정과 자치행정법 연구

Ⅰ. 논의의 출발

Ⅱ. 지방자치단체의 노인복지행정의 중요성과 현대적 양상

Ⅲ. 노인복지행정의 체계 및 운영의 법적 문제점

Ⅳ. 결　론

Ⅰ. 논의의 출발

2007년은 우리나라 노인복지법제의 확립에 있어 매우 중요한 의미를 갖는 해였다. 그것은 1981년 노인복지법이 제정되어 시행된 이래, 노인복지법제의 중핵을 이루는 노인장기요양보험법과 기초노령연금법이 제정・공포됨으로써, 이로부터 우리나라에 있어서도 노인요양보험제도와 기초노령연금제도가 실시되기에 이르렀기 때문이다.[1] 이 두 제도는 종전의 노인복지법제를 획기적으로 보충하는 내용의 것들이기 때문에 비록 법적인 보장내용이 만족할 만한 수준은 되지 못한다 하더라도 위 두 법이 우리나라 노인복지에 있어서 차지하는 의미는 자못 크다고 할 수 있다.

우리나라는 전체 인구 중 65세 이상의 인구가 2000년에 이미 7%를 넘어 이른바 고령화사회에 진입하였고, 2006년 말에는 9.5%에 이르렀으며, 향후 10년 뒤인 2018년에는 14%를 넘어 고령사회로 진입하게 될 것으로 예측되고, 2026년에는 전 국민의 20% 이상이 65세 이상 노인인 초고령사회가 될 것으로 예상되고 있다. 더구나 2050년경에는 세계에서 가장 노인인구의 비율이 높은 최고령사회가 될 것이라는 전망까지 나와 있다.

이렇게 노인의 비율이 급속도로 증가함에 따라 그동안 미처 예상하지 못하거나 대처하지 못한 각종 노인문제들이 점차 사회적 문제로 대두되고 있기도 하다. 게다가 노인인구의 다수는 국민 평균수준보다 생활수준이 상당히 낮다는 문제 또한 안고 있다. 전체국민의 경우 평균 10% 정도가 빈곤층에 해당하는 반면에 경제활동이나 소득원이 상대적으로 제한된 노인들의 경우 30% 이상이 빈곤층에 해당하는 것으로 나타나고 있다.[2] 경제활동을

---

* 문상덕, "지방자치단체의 노인복지행정과 자치행정법 연구," 『지방자치법연구』 제8권 제2호 논문을 재구성하였다.

1) 노인장기요양보험법은 2007년 4월 27일 법률 제8403호로 제정되어 2008년 7월 1일부터 시행되고, 기초노령연금법 역시 비슷한 시기인 2007년 4월 25일 법률 제8385호로 제정되어 2008년 1월 1일부터 이미 시행되고 있다.

2) 우리나라의 노인 빈곤율 현황(단위: %)

유지하고 있는 노인들의 경우에도 그 수입은 평균적으로 높지 않은 편이다. 이와 같이 경제적 취약성 등 충분히 노후준비가 이루어지지 않은 노인인구의 급격한 증가, 노인들에게 상대적으로 열악한 사회문화적 환경 등은 노인들의 삶의 질을 매우 고되고 황폐한 것으로 내몰고 있다.3)

구 분	전체 빈곤율1)	노인 빈곤율2)
전 체	**10.6**	**31.6**
서 울	7.4	22.0
부 산	13.2	34.8
대 구	8.1	27.5
인 천	6.9	22.1
광 주	9.7	22.3
대 전	10.1	32.2
울 산	4.7	17.8
경 기	7.7	22.8
강 원	12.9	31.1
충 북	12.7	38.7
충 남	14.6	36.5
전 북	16.6	39.7
전 남	19.7	42.7
경 북	16.4	39.9
경 남	15.5	42.0
제 주	10.1	28.6

1) 전체인구 중 경상소득(총소득-비경상소득)이 최저생계비의 100% 이하인 인구비율
2) 노인빈곤율(65세 이상) = 빈곤노인 수/전체 노인 수×100
* 자료출처 : 보건복지부, 『지방자치단체 노인보건복지시책 사례집』(2007), 666면.

3) 〈황혼자살 ①〉 급증하는 노인자살 … 조각난 무병장수의 꿈〉 (【서울=뉴시스】 기사입력 2008-05-31 06:04) [http://news.naver.com/main/read.nhn?mode=LS2D&mid=sec&sid1=102&sid2=257&oid=003&aid=0002117382]
다음의 글은 올 초에 자살한 70대의 한 독거노인이 남긴 유서다. 그는 10여년 전 아내와 사별한 뒤 홀몸으로 살아오다가 다음과 같이 담담하게 자신의 처지를 이야기하며 세상과 작별했다. "불미스럽게 생애를 마감할 수밖에 없는 내 처지를 이해해 주게. 늙고 병들고 재산도 날려버린 초라한 독거생활을 더 이상 지속할 수가 없었네. 지금의 생활을 계속한다면 머지않아 정신병자나 치매환자가 되고 말 것만 같네. 그런 지경에서 시중을 받으며 연명한다는 것은 너무도 끔찍한 비극이야. 세상사 모든 부분에서 뒤떨어진 낙오자인 나는 더 이상 우매한 삶을 이어갈 의욕을 상실한지 오래됐네."
보건복지부가 최근 발표한 '응급실 손상환자 표본심층조사'에 따르면 65세 이상 노인 인구 10만명당 자살률은 1996년 28.6명에서 2006년 72.1명으로 약 2.5배가 증가했다. 이는 같은 기간 동안 65세 미만이 11.7명에서 16.8명으로 늘어난 것에 비해 두드러진 수치이다. 나이가 많을수록 자살하는 빈도도 높다. 2005년에 한정시켜 보면 60~64세 노인의 경우는 10만명당 48.0명, 65~69세는 62.6명, 80~85세는 무려 127.1명에 달한다. 우리

급속한 고령화에 따른 현재의 문제상황은, 고령사회에 대한 국가사회적인 기본인식의 전환을 요구하고 있다. 즉 종래까지 고령화에 따른 노인관련 사안들을 단순히 노인 '문제'라고 보던 소극적이고 부정적인 시각에서 벗어나, 노인 또한 당당한 국민이자 사회구성원으로서 인간다운 생활을 향유할 수 있도록 국가사회적으로 다양한 관심과 노력을 기울일 필요가 있다고 하는 인식의 대전환이 요구된다는 것이다.

이와 같은 관점에서 볼 때, 복리행정의 주체인 중앙정부와 각 지방자치단체들은 노인의 복지증진에 관하여도 보다 더 적극적이고 실효적인 정책의 수립과 함께 지속적인 실천을 담보하려는 노력을 지속하여야 할 것이다. 노인문제와 노인복지에 관하여 국가와 지방자치단체와 같은 행정주체가 보다 적극적으로 대처하여야 하는 것은, 앞서 언급한 고령화의 급격한 진전 및 노인생활수준의 저하현상과 함께, 출생률 저하에 따른 가족수의 감소와 가족의 해체현상 그리고 여성의 경제활동 참여 증가로 인한 전통적인 가족의 노인부양기능이 현저히 약화되었다는 점, 그에 따라 노인부양부담률 또한 급격히 상승하고 있다는 점[4] 등 또한 고려한 것으로서, 노인부양과 복지의 문제를 단순히 사적 영역의 부양 내지 민간차원의 대응으로 해결하려는 자세는 더 이상 견지될 수 없는 상황에 직면하고 있기 때문이다.

본 연구는 이와 같은 문제의식에 기초하여, 특히 노인복지서비스의 직접적 전달주체인 지방자치단체 차원의 노인복지행정의 현황과 법제를 주된 연구대상으로 삼고자 한다. 앞서 언급한 것처럼 노인복지의 문제는 중앙정부 차원의 대처와 노력도 중요한 것이지만, 노인인 주민들을 대상으로 하여 그들의 입장과 실상을 가장 근접거리에서 파악하고 있고, 현장에서 대면적

국민의 평균 자살률이 26.1명인 것을 감안하면 얼마나 많은 노인들이 스스로 목숨을 끊는 지 알 수 있다. … (중략) … 이에 따라 전문가들은 노인들의 사회활동을 활성화하고 경제적 지원책을 강화하는 등 노인복지정책에 일대 전환이 필요한 시기라고 입을 모은다.

4) 노인부양부담률을 나타내는 노인부양지수[(노인인구 수/생산인구 수)×100]의 추이를 보면 2004년 현재 12.1%로 10년 전인 1994년의 8.1%에 비해 4% 증가하였고 향후 2020년에는 21.3%, 2030년에는 35.7%로 높아질 전망이라고 한다(조현 · 강인순, "우리나라 지방분권과 노인복지정책," 『노인복지연구』 통권 제26호(2004), 15면 참조).

복지서비스를 직접적으로 전달할 수 있는 지방자치단체의 역할이 더욱 중요해지고 있다는 판단 때문이다. 게다가 전통적으로 국가의 복지정책은 상당부분 지방자치단체 내지 그 기관에게 위임되어 수행되어 왔고, 최근 들어서는 복지와 관련한 중앙의 행정적·재정적 권한이 부분적으로 자치권으로 이양되고 있기 때문에 노인복지의 수혜자들에 대한 지방자치단체의 역할은 그 어느 때보다 직접적이고 중요한 영향을 미치게 되었다고 생각한다. 원래 지방분권은 생활자치와 주민의 삶의 질의 향상을 추구하는 것이므로, 복지행정은 지방분권 개혁의 핵심적 과제일 수밖에 없고, 여기에 더하여 지역사회의 높은 고령화에 따른 복지수요의 다양화는 주민 가까이에 있는 지방자치단체 특히 기초지방자치단체의 복지행정 기능의 강화를 요구하게 되는 것이다.

이와 같은 시각에서, 여기에서는 지방자치단체에서의 노인복지 관련 행정의 체계와 운영에 관하여 개관해 보고 그 주요 법적 문제점들을 점검해 보며, 그에 대한 법이론적·법제도적인 대안을 제시하는 데 연구의 목적을 두고자 한다. 지방화시대에 있어서는, 지방자치단체에 의한 노인복지서비스의 양적 확대와 질적 발전, 지역적 여건과 특성을 반영한 다양한 노인복지프로그램의 형성과 시행 등과 함께, 자율행정에 편승한 무분별하고 무원칙적인 노인복지행정의 전개 가능성도 없지 않기 때문에, 이러한 문제의 예방 및 시정을 위해서 노인복지행정에 있어 법치주의적 요소들을 재점검하고 이러한 진단과정을 통해 노인복지행정 과정에서 노인들의 권익보장 방안을 모색하는 한편, 나아가 지방 차원의 노인복지행정에 대한 법치주의적 체계를 한층 공고히 할 필요성이 크다고 본다. 사회적 법치국가를 지향하는 현대 급부국가의 노인복지행정작용은 법치주의적 원리와 기준에 따라 적법하고도 합리적인 절차와 내용으로 이루어져야 하고, 복지서비스의 부당한 배분이나 거부 등에 대하여는 약자인 노인의 입장에서 간편하고 실효적인 행정구제절차를 확립함으로써 권익구제의 사각지대가 없도록 빈틈없는 노력을 경주하여야 할 것이다.

II. 지방자치단체의 노인복지행정의 중요성과 현대적 양상

1. 노인의 기본권 보장을 위한 국가 및 지방자치단체의 헌법적 책무

노인복지의 향상을 위하여 국가와 지방자치단체가 노력해야 할 필요성은 우리 헌법에 의하더라도 충분히 도출될 수 있다. 헌법 제34조 제1항에서는 모든 국민이 인간다운 생활을 할 권리를 가진다고 규정하고 있는데, 여기서 인간다운 생활을 할 권리란, 인간의 존엄성에 상응하는 건강하고 문화적인 생활을 영위할 권리를 말한다고 본다. 비록 노인은 노화현상에 따른 질병, 건강과 소득(재산), 사회활동 등에서 여러 가지 곤란과 장해가 있을 수 있으나, 노인 역시 국가공동체의 구성원인 국민의 일원으로서 당당히 인간의 존엄성에 기초한 인간다운 생활을 할 권리를 향유할 수 있어야 할 것이다. 헌법은 제10조에서 국가로 하여금 이러한 국민 개인이 가지는 불가침의 기본적 인권을 확인하고 이를 보장할 의무가 있음을 확인하고 있고, 제34조 제4항은 국가가 노인의 복지 향상을 위한 정책을 실시할 의무가 있음을 규정하고 있다. 그리고 제117조 제1항에 의해서는 지방자치단체가 주민인 노인의 복리에 관한 사무를 처리하도록 그 헌법적 근거를 설정하고 있다고 볼 수 있다. 이와 같은 헌법 규정들을 종합적으로 살펴볼 때, 국가와 지방자치단체는 국민인 노인들이 인간다운 생활을 영위할 수 있도록 그 기본적 인권을 확인하고 보장하며 그 복지 향상과 복리 증진을 위하여 각종의 정책을 수립하고 관련 사무를 처리하여야 할 막중한 의무를 부담하고 있다고 해석할 수 있다.

2. 고령화사회에 있어서의 지방자치단체의 역할과 책무의 중요성

그런데 노인의 복지와 복리 증진을 위하여 지방자치단체가 담당하여야 할 역할과 책무는 더욱 중요해지고 있다고 생각된다. 그것은 종래 중앙정부가 주로 종합적인 기획・조정 및 통일적인 기준을 설정하고 자원을 배분하여, 지방자치단체는 주로 중앙정부의 정책이나 결정 내지 배분된 자원을 집행하는 기능을 수행하는 정도에 그쳤으나, 1990년대 이후 지방자치의 전면 복원과 지방분권 개혁의 추진으로, 노인복지 관련 행정사무도 점차 지방자치단체에 위임되거나 자치사무로 이양되어 왔고,[5] 이에 따라 지방자치단체도 점차적으로 부분적이나마 지역적 특성과 수요에 부응하는 노인복지행정을 수행할 수 있게 되었기 때문이다. 지방자치단체에 의한 노인복지행정은 중앙정부와는 달라 복지수혜 요구자들과 직접적인 대면관계에서 그들의 구체적인 필요와 요구에 대응하는 현장행정을 중심으로 이루어지기 때문에, 복지수혜자인 노인들에게는 지방자치단체가 보다 더 직접적인 급부결정자 및 제공자로서의 의미를 갖게 된다. 따라서 앞으로 전개될 노인복지행정에 있어서 전국의 개별 지방자치단체가 어떠한 시책과 행정을 펼치고 그 책무에 상응한 역할을 수행할 수 있느냐 하는 것은 우리나라 노인복지의 전개에 있어서 매우 실제적이고 중요한 의미를 가질 것이다. 특히 향후의 노인복지행정은 예컨대 주로 노인복지시설의 운영이나 이용, 각종 재가(在家)서비스의 제공 등을 중심으로 이루어질 가능성이 있는데, 이러한 업무들은 시・군・구와 같이 지역에서 직접 노인들은 대면하는 기초지방자치단체가 담당해야 할 필요성이 크다고 할 것이다.

본격적인 지방자치의 시행을 계기로 앞으로의 노인복지정책은 지역적인 특성과 여건 및 주민들의 다양한 수요를 고려한 자주적인 지역사회복지가 추진되어야 할 것인 바, 이러한 책무는 당연히 지역 차원의 행정을 책임지

---

5) 지방자치법 제9조 제2항 제2호 라.목에서는 이미 노인의 보호와 복지증진 사무를 지방자치단체의 사무로 규정하고 있다.

고 있는 지방자치단체가 담당하여야 할 것이다. 지방자치는 기본적으로 주민자치에 기초한 자율과 책임을 기본이념으로 하여 지역의 특성과 여건 및 주민의 의견에 부합하는 정책을 수립하고 이를 실천해 가는 방식을 통해 주민의 실질적인 복리 향상에 기여할 수 있어야 하므로, 지역사회의 노인문제의 현황과 그들의 복지수요 등에 대하여도 지역의 개별 지방자치단체들이 이를 면밀하게 파악하고 분석하여 스스로에게 주어진 권한을 기초로 주민인 노인들의 복지 향상을 위하여 양질의 서비스와 편의를 제공하고자 하는 책임 있는 행정주체로서의 역할을 다하여야 할 것이다.

3. 지방자치단체의 노인복지프로그램의 증가・다양화와 그 문제점

노인복지법 제4조는 국가뿐 아니라 지방자치단체로 하여금 노인의 보건 및 복지증진의 책임을 부여하여 이를 위한 시책의 강구 및 추진의무를 부과하고 있다. 이처럼 지방자치시대의 노인복지시책의 방향은 사회경제적으로 어려운 처지에 있는 노인인구의 기본욕구의 충족과 동시에, 예방적・보편적 차원에서 지역 전체 노인의 삶의 질을 향상시키기 위한 다양하고 질 높은 복지정책의 개발과 서비스의 제공에 초점을 두어야 할 것이다.

2007년에 보건복지부가 조사한 바에 따르면, 지방자치단체별로 운영중인 노인복지프로그램은 전국적으로 578개에 이르며, 분야별로는 노후생활지원(사회참여 지원, 경로우대 지원, 장수수당 지급, 노인여가활동 지원), 노인의 안전 및 권리 증진(안전 확인, 주거 개선 및 가사 지원, 정서 지원, 건강 증진, 영정사진 제작 등), 노인복지시설 지원(운영비 보조 등), 저소득층 노인보호강화프로그램 등으로 분류된다고 한다.[6] 지방자치의 전면 복원 이후, 개별 지방자치

6) 2007년 지방자치단체 노인복지시책 주요 현황 (단위 : 개소, %)

구 분	사 업 명	추진지자체 수	비율
계		578	100.0

단체가 지역적 특성을 고려하여 채택·시행중인 이러한 노인복지프로그램이 양적인 면에서도 급증하고 있을 뿐 아니라 그 내용에 있어서도 점차 다양화하고 있는 추세를 엿볼 수 있다. 이러한 지역별 노인복지프로그램의 증가 및 다양화 현상은 일단 지방자치 복원 이후의 긍정적 성과로 평가할 수 있을 것이다.

그러나 지역에서 실시되는 노인복지프로그램에는 일정한 문제점 또한 동시에 노정되고 있는 것으로 보인다. 즉 일부 지역의 경우 노인복지계획 수립시 지역사회 특성을 고려하지 않은 채 타 지방자치단체의 시책을 단순히 도입·시행함으로써 지역사회 노인들의 요구를 적절하게 반영하지 못하고 있다는 점, 노인복지 관련 프로그램 수가 지방자치단체의 재정자립도와 관계 없이 지방자치단체장의 복지마인드 및 노력 정도에 따라 다양한 양상으로 나타난다는 점, 지방자치단체별로 다양한 노인복지프로그램을 추진하고는 있지만 타 연령층(60세 미만)의 노인에 대한 부정적인 인식을 제고할 수 있는 프로그램이 부족하다는 점 등이 그것이다.[7)]

노후생활지원 강화	장수수당 지급	71	12.3
	경로우대 지원	69	11.9
	노인사회참여 지원	208	36.0
	노인여가활동	25	4.3
노인의 안전 및 권리증진	안전 확인	20	3.5
	주거개선 및 가사지원 등	19	3.3
	정서지원	22	3.8
	건강증진	30	5.2
	기타	23	4.0
노인복지시설 지원 등	노인복지시설 운영비 지원 등	21	3.6
저소득노인보호 강화	건강증진	8	9.5
	노인사회참여 지원	1	1.4
	저소득노인 우대 지원	55	0.2
	정서지원	6	1.0

* 출처: 보건복지부, 『지방자치단체 노인보건복지시책 사례집』(2007), 4면.

7) 보건복지부, 『지방자치단체 노인보건복지시책 사례집』(2007), 4면 참조. 위와 같은 문제점에 대하여 본 사례집은 다음과 같은 개선방향을 제시하고 있기도 하다.
- 고령사회에 대비하여 자치단체별로 재정능력, 지역여건, 고령화율 등을 고려하여 '중장기 노인복지계획'을 수립·시행할 수 있는 발전방안 강구

Ⅲ. 노인복지행정의 체계 및 운영의 법적 문제점

1. 노인복지행정의 중앙집권적 체계의 문제점

우리나라 노인복지행정 체계는 전체적으로 보아 중앙정부에 대한 지방자치단체의 종속성을 탈피하지 못하고 있다. 다수의 노인복지사무가 기관위임의 형식으로 지방에 맡겨져 운영되고 있으며, 이로 인해 지방자치단체 차원의 노인복지행정은 독자적이고 창의적인 정책형성적 요소보다는 단순집행적 기능이 많은 비중을 차지하고 있음을 부인하기 어렵다. 즉, 중앙부처인 보건복지부가 노인복지에 관한 기본정책과 사업계획을 수립하여 광역 및 기초지방자치단체에 시달하면, 이들 기관들은 그 지침 등에 따라 대체로 집행적 성격의 업무를 수행하는 상의하달식 행정이 근간을 유지하고 있는 것이다.[8] 광역자치단체의 경우 기초자치단체들 간의 불균형을 조정하고 광역적 서비스를 제공하며 지역실정에 부합하는 노인복지서비스를 개발・보급하여야 하나, 현실적으로는 여전히 중앙정부의 지시를 기초자치단체에 전달하고 다시 기초자치단체의 업무실적을 중앙정부에 보고하는 연락기능 중심의 행정양태를 보이고 있다. 기초지방자치단체 역시 자체적인 노인복지계획의 수립이나 독자적인 프로그램의 실시는 아직 초기적 단계에 머물러 있는 실정이고, 주로 중앙정부나 광역자치단체에서 결정한 정책들을 책정된 기준이나 지침에 따라 기계적으로 집행하는 경향이 농후함을 부인하기 어렵다.

- 노인일자리, 자원봉사, 건강운동 등 '지역사회 노인 참여 프로그램'을 자체 개발・지원할 수 있도록 추진하고 이를 계기로 '의존적' 노인상을 '긍정적・활기찬 노인상'으로 전환 유도
- 매년 지자체의 우수한 노인복지 프로그램을 선정・시상하고 우수한 프로그램을 다른 지역에 전파함으로써 지방자치단체장의 관심 제고 및 지역복지 역량 강화
- 보건복지부에 기 구성된 '노인복지 지역자문단'을 중심으로 중앙・지방정부, 노인복지 민간단체들과 생산적인 논의의 장이 될 수 있도록 상시 회의체계 구축 운영

8) 조현・강인순, 앞의 논문, 22면.

이것은 보건복지부 산하에 집행업무를 담당하는 국가의 특별지방행정기관이 존재하지 않는 관계로 인해, 중앙정부와 지방행정조직 간에 이원적인 행정체계가 형성되어 있기 때문인데, 이와 같이 정책결정기관과 집행기관이 분산되어 있음으로 인해서 의사전달상의 혼란, 리더십의 혼선, 업무협조의 저해 등 여러 가지 문제점이 파생되고 있는 것으로 보인다.[9]

노인복지행정은 그 내용이 국민인 노인들의 삶과 일상생활에 결정적인 의미를 갖는 것이고 이에는 막대한 공적 재원이 투입된다는 점에서, 대부분의 노인복지정책은 법률 등을 비롯한 법규적 근거를 설정하여 그 기준과 절차 등을 법정한 후에 시행에 들어가게 된다. 이러한 노인복지행정의 법적 근거 내지 기준의 설정과정에서 법령 제안권과 제정권을 보유하고 있는 중앙정부(행정부 및 입법부)의 역할은 여전히 확고하게 유지되고 있다. 물론 지방자치단체 역시 법령의 범위 내에서 자주적인 노인복지시책을 조례 등을 통해 일부 법제화하고는 있다. 하지만, 노인복지에 관한 대부분의 법제나 기준이 중앙정부가 주도하는 법률과 법령을 통하여 일방적이고 전국 일률적으로 정해지고 있고,[10] 조례 등에 위임되는 경우도 많지 않아 실제 지방자치단체의 자치법규 등을 통하여 창설되거나 규율되는 노인복지사무는 양적으로나 질적으로 비중이 그다지 크지 않은 것이 사실이다. 여기에 노인복지사업을 시행함에 있어 필수적인 재정권마저 중앙정부가 거의 장악하고 있는 상황이므로, 대체로 재정자립도가 낮은 지방자치단체들로서는 구조적으로 자율적이고 창의적인 노인복지행정을 수행하는 데 적지 않은 애로를 느낄 수밖에 없다.

---

9) 김순양, "지방정부의 바람직한 사회복지행정체계 구축방안－노인복지행정을 중심으로," 『한국사회복지학』 제31호(1997. 4), 202면.

10) 예컨대 기초노령연금제도의 경우에도, 중앙정부가 국가시책사업으로 일방적으로 추진하면서 막상 그에 따르는 재정부담은 충분한 협의 없이 지방자치단체에게도 부분적으로 부담하도록 함으로써, 결과적으로 지방자치단체들은 미처 예상하지 못한 재정적 압박을 받게 된 것으로 보인다(인터넷 [조선일보] 2008. 6. 9.http://kr.news.yahoo.com/service/news/shellview.htm?linkid=12&articleid=2008060922460776134&newssetid=470 참조). 이 경우 부족한 재정 형편에 처해 있는 지방자치단체들의 형편을 감안하여 제도 도입에 따르는 추가적 재정부담 문제에 관하여 충분한 사전협의와 대책 강구의 기회를 부여하였다면 더욱 바람직하였을 것이다.

물론 법치행정의 원칙에 비추어 볼 때, 법령이든 조례든 노인복지행정의 법적 근거와 기준이 마련되는 것은 매우 바람직하다. 하지만 현대의 노인복지서비스가 지역적 특성과 수요에 부응하여 주로 지방자치단체를 중심으로 자율적·창의적으로 제공되어야 한다는 점을 이해한다면, 전국 일률적으로 적용될 수밖에 없는 국법에서 노인복지사무 내지 사업을 창설하고 그 구체적 근거와 기준 또한 대부분 법령에서 정하는 것은 기본적으로 지방자치시대의 분권적 방향성을 거스르는 것이다. 비록 법령에서 새로운 복지법제를 창설하고 일정한 요건이나 기준 등을 정하더라도 법령 차원에서 관련 사무의 대부분을 국가사무로 규정하거나 사무처리의 세세한 기준까지 모두 정해버릴 것은 아니고, 국법은 제도의 기본적인 틀과 대강의 규율만을 정한 뒤 나머지의 구체적인 요건이나 기준 및 집행상의 절차 등은 지방자치단체로 하여금 지역적 실정과 여건에 맞도록 세부적인 제도 설계를 가능하게 하고, 이를 위하여 법령이 가능한 한 관련 사무를 자치사무로 설정하거나 조례 등에 위임하도록 하여야 할 것이다.

단순한 상의하달식의 타율적 노인복지행정은 안정성·효율성면에서의 장점이 없지 않으나, 개개 수혜대상자의 구체적 욕구에 부응하는 행정서비스가 되기 어렵다는 점에서 근본적인 한계가 있다. 국가 중앙부처에 의하여 일률적으로 정해지는 정책이나 법령, 기타 사업계획은 개별 지방자치단체의 지역적 특성이나 여건 등을 고려하지 못하는 경우가 많기 때문에 그 관할지역의 환경과 여건에 상응하는 만족도가 높은 시책이나 행정으로 이어지지 못할 우려가 큰 것이다. 이로 인해서 특히 기초지방자치단체의 경우에는 실질적으로 자율적인 기획과 그에 따른 집행이 아니라, 중앙 또는 시·도에서 하달되는 획일적 정책이나 재원에 기초한 타율적이고 기계적인 집행이 노인복지행정의 상당 부분을 차지하고 있는 것이다.

다만, 고령화사회의 진전과 더불어 주민구성에 있어서 노령인구의 비중 확대, 노인복지서비스에 대한 수요의 증가, 건강하고 유의미한 노후생활에 대한 욕구 증대 등이 지역별로 가속화하고 있기 때문에, 지방자치단체들 또한 조금씩 확대되는 자치권한과 재정력을 바탕으로 하여 보다 적극적이고 다양한 노인복지행정을 펼쳐가지 않을 수 없을 것이다. 이런 점에서 지방자치권의 확대와 고령화의 진전은 상호 맞물리면서 노인복지서비스의 제공에 있어서 지방자치단체의 역할과 기능을 현재보다 보다 더 확대・강화시킬 것으로 예상된다.[11)]

2. 급부행정으로서의 노인복지행정과 급부행정의 법원칙의 문제

지역에 있어서의 노인복지행정은 행정주체인 지방자치단체가 급부의 주체로서 각종의 공공재화나 서비스를 주민인 노인에게 제공함으로써 그 생존을 배려하고 복리를 증진하고자 하는 급부행정(Leistungsverwaltung)의 전형적 예이다. 전통적 행정법은 자유주의적 법치국가관에 입각하여 질서행정・경찰행정을 염두에 두고, 국가권력으로부터 시민의 권리와 자유의 법적 보호를 주된 목표로 한 데 비하여, 현대 헌법은 국민의 인간다운 생활을 보장하려는 사회적 법치국가를 지향하여, 국민에 대한 각종의 공적 급부를 통하여 국민의 권익과 복리를 증진하는 데에도 큰 비중을 두고 있다.[12)] 이

---

11) 일본의 경우 이미 1986년의 기관위임사무정리합리화법에 의하여 사회복지관계의 제 법률이 개정되어 사회복지서비스 제공사무 등이 기관위임사무에서 단체위임사무로 바뀌었는데, 이를 통하여 노인복지사무에 관하여도 지방자치단체의 자주성이 확대되었다(다만, 당시의 단체위임사무는 정령이 정하는 기준에 따르도록 되어 있었기 때문에 지방자치단체의 자율성에는 근본적인 한계가 있었다). 그리고 1990년에는 이른바 복지 8법의 개정을 통하여 급속히 전개되는 고령사회에 대응하기 위하여 기초자치단체인 시정촌을 중심으로 복지서비스를 제공하기 위한 법적・제도적 틀을 갖추었다고 한다. 그리고 2000년 지방분권일괄법의 시행으로 종래의 기관위임사무제도가 아예 폐지되면서 복지사무의 상당 부분이 지방자치단체의 법정수탁사무 또는 자치사무로 전환되었고, 이를 통하여 현재는 지방자치단체가 명실 공히 복지사무의 종합적 담당주체로서 정책과 집행기능을 대부분 담당하게 된 것으로 평가된다.

12) 현대 급부행정의 종류로는 일반적으로 공급행정, 사회보장행정, 조성행정 활동을 들 수 있는데, 그 구체적인 예를 노인복지행정을 중심으로 하여 들어보면, 먼저 ① 공급행정(배려행정)의 경우 생활에 필수적인 재화 및 서비스와 사회간접자본을 제공하는 행정으로, 교통수단 이용료의 감면, 각종 교육・교양・문화시설로서 노인학교의 설치, 도서관・박물관 등의 이용료 감면, 보건시설로서 노인전문병원・요양소 등의 설치, 사회복지 및 각종 체육시설로서 노인복지회관, 양로원・경로당의 설치와 운동장・체육관 이용 등에서의 편의제공, ② 사회보장행정의 경우 건강하고 문화적인 생활을 확보하게 하기 위한 것으로서, 사회보험인 건강(의료)보험, 노인장기요양보험, 재해 및 실업보험, 노령연금 등의 수혜, 사회원호(援護) 제도로서 전쟁・재해・폐질노인에 대한 원조, 사회(공적)

에 따라 급부행정 활동은 현대 행정에 있어서 중요한 부분을 차지하게 되었는데, 국가와 지방자치단체 등에 의하여 다양한 급부적 행정활동이 증가하면서 전통적 행정법학의 주류적 방법과 원칙만으로는 대응하기 곤란해진 점들이 발생하였고, 따라서 사회적 법치국가하의 급부행정에 부합하는 새로운 행정법원리와 이론을 탐구하는 것이 현대 행정법학의 중요한 과제로 되어 있다.[13)]

급부행정을 관통하는 일반적 법원리로서는 현재 사회국가의 원리, 보충성의 원리, 법률적합성의 원리(합법성원칙), 평등원리, 과잉급부 금지(비례원칙), 부당결부 금지, 신뢰보호의 원리 등이 거론되고 있는데, 노인복지행정 또한 현대 급부행정의 일환으로 이루어진다는 점에서 급부행정 영역에 일반적으로 적용되는 위와 같은 법원리들은 노인복지행정에 대해서도 그대로 적용된다고 볼 수 있다. 다만 일반적인 급부행정과는 달리 사회적・경제적으로 특별히 약자라고 할 수 있는 노인을 대상으로 하는 급부행정의 경우, 위에서 말하는 급부행정의 일반적 원칙들을 부분적으로는 달리 해석하여야 할 필요성도 있을 것으로 보인다. 예컨대 보충성의 원칙은 기본적 생활수단의 확보를 원칙적으로 사인이나 사적 공동체에 맡기고, 행정의 급부활동은 사적 부문에 의한 생활수단의 확보가 어렵거나 그들에게 맡기는 것이 부적당한 경우에 한해서 보충적으로 행하여져야 한다고 하는 것이고,[14)] 이 원칙을 담은 국민기초생활보장법 제3조(급여의 기본원칙)도 "① 이 법에 의

부조(扶助)로서 기초생활보장, 구빈, 의료보호 등을 들 수 있고, ③ 조성(助成)행정의 경우 바람직한 경제・사회・문화질서의 형성을 위하여 일정 생활영역을 구조적으로 개선시키는 것으로서, 노인들을 위한 각종의 문화사업의 지원활동 등을 들 수 있겠다.

13) 이러한 노력은 독일에 있어서 이미 오래 전부터 시도되었는데, 독일의 급부행정법을 현대적으로 체계화시킨 것은 Forsthoff로서, 그의 1938년 논문인 '급부주체로서의 행정'(Die Verwaltung als Leistungstraeger)에서는, 인구의 증가와 도시화의 결과 야기된 인간과 생활재와의 분리로부터 발생하는 개인의 사회적 필요성에 기한 생활필수품의 충족을 상호충당이라고 하면서, 그 상호충당의 요청을 위하여 이루어지는 배려를 생존배려(Daseinsvorsorge)라 하고, 이러한 생존배려를 국가적 사항으로 보고 있다(Forsthoff의 급부행정론에 대한 보다 자세한 요지는 김철용, 『행정법Ⅱ』(제8판)(박영사, 2008), 295면; 최치봉, "Forsthoff의 행정법학체계－그의 Daseinsvorsorge를 중심으로," 『법학의 제문제』(1969), 41면 이하 등을 참조).

14) 급부행정에 관한 보충성의 원칙은 "최후에 공공의 손으로!"라는 명제로 표현된다.

한 급여는 수급자가 자신의 생활의 유지·향상을 위하여 그 소득·재산·근로능력 등을 활용하여 최대한 노력하는 것을 전제로 이를 보충·발전시키는 것을 기본원칙으로 한다"라고 규정하고 있다.

그러나 노인의 경우, 사적 부문에 의한 생활수단의 확보 등에 최선을 다할 것을 요구하고 그렇게 해서도 채워지지 않는 수요에 한정하여서만 비로소 최후적으로 공공의 손이 급부로 나가도록 하는 경우에는, 적어도 노인의 경제·사회적 생활을 충실하고 풍요롭게 영위하도록 하는 데에는 상당히 부족할 수 있다는 점을 부인하기 어렵다. 노인은 대체로 경제적·사회적 문화적·신체적 측면 등에서 상당한 애로와 장해를 갖는 경우가 많고, 따라서 자신의 사적 영역만으로 모든 필요성에 구체적이고 적절히 대응하기는 쉽지 않다. 따라서 이러한 노인의 평균적 특성에 기하여 개별적 한계를 넘어서는, 그래서 경우에 따라서는 개인별 능력의 정도나 노력의 여하를 불문하고 일정한 수준의 사회복지의 혜택이 노인 일반에 대하여 이루어질 수도 있다고 보아야 할 것이다. 우리나라의 경우, 부분적인 것이지만 일정 연령 이상의 노인에 대하여는 일정한 시설이용권의 제공 내지 그 이용료의 감면 등을 일률적으로 시행하고, 65세 이상의 노인으로서 소득인정액이 대통령령으로 정하는 금액 이하인 자에게는 그 범위 내에서의 소득의 다소(多少)를 묻지 않고 일정한 금액을 노령연금으로 지급하도록 한 제도들이 이러한 사례에 해당한다고 할 것이다.

노인복지의 선진국이라 할 수 있는 독일의 경우를 보면, 1980년대 이후 고령사회로 진입하면서는 노인복지는 더 이상 소외자나 약자(Minderheits)를 위한 공적인 책임의 영역이기보다는 오히려 기본권적 보장 범주(grundrechtliche Gewährleistungsebene)로 이해되고 있다고 한다.[15] 즉 사회복지의 초창기 시대나 전(前)노령화 시대에는 분명 사회복지서비스는 노령보호에 관한 사회보험이나 공공부조(공적 부조)에 대해 보충적 수단에 불과하였지만, 고령화사회에 있어서 노령보호는 더 이상 사회적 약자보호나 나아가 이

15) 최봉석, "독일의 노인복지서비스법제에 관한 비교법적 고찰," 『토지공법연구』 제29집 (2005. 12), 429면.

미 사회국가의 원리가 적용되는 전형적 대상군의 범주 밖에 존재하는 일상적인 생활관계의 과제가 되어 있다는 것이다.16)

3. 노인복지사무 수행주체별 사무 구분의 문제점

현행 지방자치법을 보면 제9조 제2항 제2호 라.목에서 노인의 보호와 복지 증진을 지방자치단체의 사무로 규정하면서, 지방자치단체 종류별 사무를 규정하고 있는 동법 시행령 제8조 별표1에서는 노인복지와 관련하여 시·도의 경우, 노인복지사업계획 수립·조정, 경로사업의 실시·지원, 노인복지시설의 설치·운영 및 지원을, 시·군·자치구의 경우 노인복지사업계획 수립·시행, 노인복지사업의 시행, 경로행사 등 경로사업의 실시·지원, 노인복지시설의 설치·운영 및 지원을 규정하고 있다. 그런데 이러한 규정에 의하면 광역과 기초지방자치단체간의 사무가 상당 부분 중복되면서 구체적으로 구분되고 있지 않다는 문제가 존재한다.

여기에 지방자치법 제9조 제2항 단서는 제2항 각호에 예시되는 지방자치단체의 사무도 법률에 이와 다른 규정이 있으면 그러하지 아니하다고 하여, 입법자는 얼마든지 노인복지사무의 일부분을 개별법을 규정을 통하여 국가사무나 다른 종류의 지방자치단체의 사무로 전환할 수도 있다. 실제 다수의 노인관련 법령에서는 광의의 노인복지에 관련되는 사무들이 국가의 사무 등으로 전환되어 있는 사례를 적지 않게 찾아볼 수 있다. 따라서 지방자치단체 종류별 사무 구분의 불명확성에 더하여 지방자치단체와 국가 사무의 구분 또한 복잡하여, 전체적으로 볼 때 노인복지 관련 사무에 있어서의 수행주체별 사무 구분에 일정한 어려움이 가중되어 있는 실정이다.

그런데 이러한 노인복지사무 구분의 불명확성은 지방자치단체간 사무처리의 중복과 그로 인한 낭비, 사무처리과정에 있어서의 이견과 마찰 등을 야기할 수 있게 되고, 무엇보다도 노인복지사무를 자기의 사무로서 보다 책

16) 위의 논문, 433면 참조.

임 있게 수행하도록 하는 데 장해를 초래할 수 있게 할 것이다.

따라서 먼저, 노인복지사무를 지방자치단체의 자치사무로 구분하되, 시·도와 시·군·자치구 사이의 사무 구분을 보다 명확히 할 필요가 있을 것으로 본다. 지방자치법 시행령 제8조 별표1에 있어 시·도의 경우는 노인복지사업계획 수립·조정 및 경로사업과 노인복지시설사업의 지원, 노인복지시설의 설치를 맡기고, 시·군·자치구의 경우에는 현재와 같이 노인복지사업계획 수립·시행, 노인복지사업의 시행, 경로행사 등 경로사업의 실시·지원, 노인복지시설의 설치·운영 및 지원 등 세부적 계획과 시책 수립 및 구체적인 사무 내지 사업시행을 규정하는 것이 바람직할 것이다. 이것은 지방자치법 스스로도 밝히고 있는 바와 같이(법 제10조 제3항), 시·도와 시·군 및 자치구가 사무를 처리할 때 서로 경합하지 아니하도록 하여야 하고, 사무가 서로 경합하면 시·군 및 자치구에서 먼저 처리하도록 한 지방자치사무의 보충성의 원리를 적용하면 될 것이다. 아무래도 각 구역 내에서 노인들을 직접적으로 대면하고 있는 기초지방자치단체가 노인복지와 관련된 사무 내지 사업실시 권한을 모두 부여받아 처리하는 것이 바람직할 것이고, 광역자치단체의 경우에는 이를 지원·조정하거나 그 기초가 되는 정책 내지 계획의 책정을 주로 담당하는 것이 타당할 것이기 때문이다.

그리고 중앙정부의 경우에도 지방자치법상 노인의 보호와 복지증진사무를 지방자치단체의 사무로 규정해 놓은 이상, 지금과 같이 주요 노인복지정책이나 법령, 기획을 중앙정부가 전면적으로 주도하여 관철하거나 시종할 것이 아니라, 그 내용에 해당하는 상당한 부분을 지방자치단체가 자율적으로 정하고 시행할 수 있도록 하여야 할 것이다. 따라서 법령의 제정에 의해 개별 노인복지사무를 새롭게 국가사무로 설정하거나 전환하는 일은 가능한 한 지방자치권을 존중하는 차원에서 자제하여야 하고, 새로운 노인복지사무의 창설 필요성이 있을 때에는 가능한 이를 자치사무로 설정하거나 세부기준 등을 조례로 위임하려는 노력을 지속하여야 할 것이다.

4. 노인복지사무의 담당행정조직과 민간위탁의 법적 문제

(1) 노인복지사무의 담당행정조직

노인복지행정의 담당주체는 국가와 지방자치단체가 되겠지만, 행정조직으로서는 중앙정부의 보건복지부[17]를 비롯한 국가 중앙행정기관과 개별 지방자치단체의 보건복지국 또는 가정복지국, 과・계・팀 단위의 노인복지 전담조직이 존재한다. 그리고 이들 행정기관과 기관담당자들은 노인복지정책의 수립과 시책 수행의 핵심적 역할을 담당하고 있다. 특히 지방자치단체의 노인복지 담당조직 및 담당자들은 노인복지행정에 있어서의 현장복지 구현자로서 첨병의 역할을 하고 있다. 따라서 법치행정의 관점에서 볼 때에도 이러한 노인복지 전담조직 구성의 적절성, 조직 규모나 기능 배분의 합리성, 조직담당자의 양적 규모와 업무수행능력의 전문성, 책임성 확보방안 등이 충분히 검토될 필요가 있다.

최근의 지방자치단체의 조직에 관한 법령의 개정으로, 지방자치단체는 종래와 비교할 때 보다 폭넓은 자치조직권을 향유하게 되었다. 즉 총액인건비제의 도입으로 자치재정에서 차지하는 인건비 총액의 범위에서 필요한 노인복지 관련 행정기구의 설치나 공무원의 증원이 부분적으로 가능하게 되었다. 따라서 증가하는 노인복지행정 수요에 부합하는 적정하고도 합리적인 규모와 기능을 가지는 노인복지행정조직을 창설, 조정할 필요가 있다고 본다.

다만 이러한 문제들은 주로 법제 내지 법리 자체의 문제라기보다는 주로 구체적인 조직정책과 관련되는 문제이므로 이에 관한 상세한 논의는 여기에서는 일단 생략하는 것으로 한다.[18]

---

17) 중앙정부 차원의 노인복지 업무는 보건복지부 저출산고령사회정책국에서 담당하고 있다.

18) 이 문제와 관련하여서는 김순양, 앞의 논문, 202-210면을 참조.

(2) 간접적 노인복지행정 담당자로서 민간위탁의 문제

한편 노인복지행정의 담당자와 관련하여 빼놓을 수 없는 것이 민간인 내지 민간단체에 대한 노인복지사무의 위탁처리의 문제이다. 일반적으로 민간위탁이란 각종 법률에 규정된 행정기관의 사무 중 일부를 지방자치단체가 아닌 법인·단체 또는 그 기관이나 개인에게 맡겨 그의 명의와 책임하에 행사하도록 하는 것을 말한다.[19]

노인복지행정 기능의 확대는 필연적으로 재정의 확대를 수반하고, 행정의 관여는 동시에 국민에 대한 불필요하거나 과도한 규제적 결과로 이어질 수 있다는 점에서, 재정부담을 축소하고 국민의 자율적 활동을 보장하며, 민간의 자본과 기술을 적극 활용하기 위해서 노인복지사무를 민간위탁하는 방법이 적극 검토되고 있다. 특히 현대 국가의 두드러지는 특징 중의 하나인 소위 협력적 법치주의(協力的 法治主義)는 더 이상 행정만의 독점적 지위를 통해 공동체의 모든 문제를 해결할 수는 없는 현실을 암묵적으로 반영하는 것으로, 민간위탁 등을 포함하여 지방행정의 주체와 사인간의 협력과 공조체제의 필요성은 더욱 증대하고 있는 것이다.

이미 노인복지사무와 관련해서도 적지 않은 지방자치단체에서 노인복지시설의 운영 등을 민간단체나 개인에게 위탁운영하는 등의 방법을 도입하고 있기도 하다. 노인복지사무가 권력적 성격보다는 비권력적 성격의 사무가 많다는 점에서 향후 이러한 민간위탁 방식은 공사(公私)협력에 의한 복지서비스 제고라는 관점에서 보다 적극적으로 활용될 것으로 예상된다.

그런데, 이와 같이 민간위탁의 필요성 및 유용성을 수긍하고 실제에 있어서 그 확대 도입의 가능성을 예상하는 경우에, 그동안 행정법 연구의 사각지대에 놓여 있던 행정사무의 민간위탁 법리 및 법제에 대하여 더욱 심도 있는 연구가 필요하다고 본다. 민간위탁 방식으로 처리되는 사무도 어디까지나 행정사무라는 관점에서 전적으로 사인의 자율적 판단과 이익 추구에만 맡겨져서는 안되고 공법적 규율과 행정책임이 담보될 필요가 있기

---

19) 행정권한의 위임 및 위탁에 관한 규정 제2조 제3호

때문이다.

행정사무의 민간위탁의 법적 문제로는 우선 행정목적의 실현을 민간에 위탁하는 것이라는 점에서 민간위탁의 범위와 한계의 문제를 들 수 있다.[20] 동시에 민간위탁이 허용되는 경우에도, 민간위탁의 본질이 사적 영역에 의한 행정목적의 수행에 있다는 점에서 행정권한을 위탁받은 민간수탁기관의 법적 지위의 문제, 위탁사무의 공정성・책임성 확보를 위한 사후적 관리방안, 민간위탁된 행정권한의 행사에 대한 행정구제의 문제 등이 중요한 법적 문제로 다루어질 수 있을 것이다.

행정권한의 민간위탁 일반에 관해서는 이미 상당한 정도의 연구결과들이 존재한다. 그런데 이러한 종래의 연구들은 주로 행정권한의 민간위탁에 관한 추상적・논리적 접근을 중심으로 하여 왔다. 그러나 현대사회에서 민간위탁의 유형은 극히 다양하게 나타나는 결과, 종래의 일반적 공무수탁사인론 또는 민영화이론을 통해 일의적으로 해결되기 어려운 구체적인 법적 과제를 던져 주고 있는 바, 이에 대한 개별적이고 구체적인 검토가 요구된다고 할 것이다. 따라서 행정권한의 민간위탁과 관련하여서는 종래의 전통적 행정법 이론만으로는 포섭하기 새로운 법적 문제가 존재하거나 법적 쟁점들이 나타나고 있다고 할 수 있다.

그 대표적인 쟁점들로서는 민간수탁기관의 선정방법과 민간위탁에 대한 사후관리체계의 문제를 들 수 있다. 먼저 전자의 경우, 행정권한의 위임 및 위탁에 관한 규정은 그 제12조 제1항에서 민간위탁 대상기관의 선정기준으로서, "행정기관은 민간위탁사무의 수탁자를 선정하고자 하는 때에는 인력과 기구, 재정적인 부담능력, 시설과 장비, 기술보유의 정도, 책임능력과 공

20) 행정권한의 위임 및 위탁에 관한 규정 제11조는 '민간위탁의 기준'이라는 제하에, 행정기관이 법령이 정하는 바에 따라 그 소관사무 중 조사・검사・검정・관리업무 등 국민의 권리・의무와 직접 관계되지 아니하는 다음의 사무를 민간위탁할 수 있다고 하면서, 그 대상으로 단순사실행위인 행정작용, 공익성보다 능률성이 현저히 요청되는 사무, 특수한 전문지식 및 기술을 요하는 사무, 기타 국민생활과 직결된 단순행정사무를 들고 있으나, 민간위탁 대상사무의 범위 내지 한계를 추상적인 개념, 즉 불확정 개념을 사용하여 규정하고 있기 때문에, 실제에 있어서 어떠한 사무가 구체적인 민간위탁의 대상이 될 수 있는지는 반드시 명확한 것은 아니라고 볼 수 있다.

신력, 지역간 균형분포 등을 종합적으로 검토하여 적정한 기관을 수탁기관으로 선정하여야 한다"고 하면서, 제2항에서 행정기관이 민간수탁기관을 선정하고자 하는 때에는 다른 법령에 정한 경우를 제외하고는 공개모집하여야 하고, 다만 민간위탁의 목적・성질・규모 등을 고려하여 필요하다고 인정되는 때에는 관계법령에 위배되지 아니하는 범위 안에서 민간수탁기관의 자격을 제한할 수 있도록 하고 있다.

그런데, 민간위탁사무의 집행에 있어서의 공정성, 책임성 등을 확보하기 위해서는 무엇보다도 법령상 수탁결격사유를 정하여 일정한 결격사유가 있는 자들에 대해서는 아예 행정권한을 위탁하지 못하도록 차단할 필요가 있을 것이다. 그리고 결격사유 없는 민간수탁 대상자들의 경우에도, 위 제1항에서 규정한 대로 가능한 위탁사무 분야에 관한 전문성, 재정능력, 책임성 등을 골고루 갖춘 공신력 있는 단체나 개인을 민간수탁기관으로 선정할 필요가 있다. 이를 위하여 특히 지방자치단체가 공신력 있는 자를 민간수탁기관으로 선정하기 위한 객관적 기준과 절차를 조례 등 자치법규를 통하여 마련할 수 있게 할 필요가 있고, 법령에서는 이것을 가능하게 하는 법적 근거를 설정하는 것이 바람직할 것이다.

한편 후자의 경우, 행정권한의 민간위탁이 허용되는 경우에도 그것이 행정목적의 실현작용이라는 점에서 민간수탁기관의 사무수행에 대해서도 공정성과 적법성 등 책임성을 담보할 사후적 관리체계가 확립되어야 할 것이다. 노인복지사무의 민간수탁기관으로 확정된 법인 또는 단체의 임직원 및 개인 등에 대하여는 그 업무수행의 공정성과 책임성을 확보하기 위하여, 직무관련 금품수수행위에 대하여 공무원에 준하여 수뢰죄 등으로 형사처벌하는 제도가 일반적인데, 이러한 수뢰죄 외에도 준공무원에 해당하는 이들의 직무관련 위법행위를 공무원직무관련죄(직무유기죄, 직권남용죄, 공무상비밀누설죄 등) 등으로 처벌할 수 있도록 법리를 보완하여야 한다고 본다.[21] 그리

21) 공직자윤리법(제3조 제10호)은 정부 또는 지방자치단체의 업무를 위탁받아 수행하는 기관・단체의 임원의 경우 재산등록의무자로 규정하고 있는데, 이것은 비공무원인 민간수탁기관의 임원의 업무의 처리와 관련한 부정 재산증식의 우려를 줄이기 위한 방안으로,

고 일반적으로 공무 위탁·수탁기관 사이에는 포괄적 지휘·감독관계가 성립하므로, 노인복지사무를 위탁한 지방자치단체는 민간수탁기관의 직무수행을 통제할 수 있는 일반적 지도·지휘·감독권을 행사하여 위탁사무의 적정·적법 처리를 도모하여야 한다고 본다.[22] 다만 이러한 지휘·감독수단은 수탁기관에 대해서는 직접적이고도 강력한 견제 내지 통제수단이라는 점에서, 지휘·감독의 방법, 절차, 범위 및 내용 등에 대하여도 법치행정의 원칙에 따라 보다 구체적인 법규적 기준이 설정될 필요가 있다고 본다.

향후 노인복지사무의 민간위탁의 확대와 더불어 위탁기관인 지방자치단체와 민간수탁기관간의 지휘·감독권 행사를 둘러싼 마찰과 분쟁이 늘어날 것으로 예상된다. 이러한 문제에 적극적으로 대처하기 위해서는 민간위탁의 지휘·감독에 관한 법리를 구체화하고, 이러한 이론적 근거에 기초하여 보다 명확한 법적 기준과 한계를 정립할 필요가 있을 것이다.

5. 노인복지행정작용에 대한 절차법 및 구제법적 통제

(1) 노인복지행정작용과 사전 절차법적 통제

노인복지행정과정은 행정주체가 다양한 급부를 생산·제공하는 행정과정이라는 점에서, 급부 배분의 공평성·적정성을 확보할 필요가 어느 행정분야보다도 크다고 할 수 있다. 따라서 이를 가능하게 하기 위해서는, 무엇보다도 행정과정의 투명성 확보와 급부결정에 대한 폭넓은 주민참여가 요구된다고 할 것이다. 어떠한 급여나 서비스를 누구가 수령·수익할 수 있

비록 민간인 신분의 수탁자들이라도 수탁업무와 관련하여 공직자에 준하여 재산등록의무를 부과하고 있다는 점에서 참고할 만하다.

22) 현행 행정권한의 위임 및 위탁에 관한 규정도, 민간위탁의 지휘·감독에 관한 일반적 근거규정(제13조~제15조)을 두고, 위탁기관의 지휘·감독권, 필요시 지시·조치명령권, 보고징수권, 위법·부당한 사무처리에 대한 처분취소·정지권, 수탁사무별 사무편람 승인권, 사무처리 결과에 대한 정기감사권, 감사사항에 대한 시정조치권·인사조치요구권 등을 규정하고 있다. 감사원법에 의한 감사원 감찰도 이 범주에 속하는 감독수단이다.

는가가 사전에 투명하고 합리적으로 정해져야 하고, 복지서비스 수혜자인 노인들의 적극적인 행정참여 또한 보장되어야 한다는 것이다. 이것은 행정에 대한 불신과 오해를 해소하고 적법한 권리자들의 권익을 보호하며 급부과정을 둘러싼 분쟁을 사전에 예방할 수 있는 이점이 있다.

행정절차에 대한 법적 통제는 비단 노인복지행정에 한하는 것은 아니지만, 새로운 급부행정 영역으로 급부상하고 있는 노인복지 분야가, 법 내지 법문제에 대하여 다소 위약(危弱)한 노인들을 대상으로 한다는 점에서 보다 명확한 행정절차법적 규율과 통제가 필요하다고 할 것이다. 따라서 지방자치단체들은 행정절차법의 적용은 물론이고, 개별 노인복지 관련 법령에서 규정하고 있는 사전적 절차들을 충실히 준수해야만 할 것이고, 이에서 더 나아가 지방자치단체의 행정절차 조례 등을 통하여, 법적인 문제제기나 권리주장에 무지하거나 전통적인 정서에 기하여 행정에 대해 이의를 제기하는 것에 부담을 느끼는 노인들이, 편안하게 행정절차 과정에 참여하여 자신의 이해관계를 주장할 수 있는 보다 상세하고 친절한 절차규정을 마련하고, 그 시행지침을 확립할 필요성이 크다고 본다. 그리고 이러한 행정절차 과정에의 노인 참여와 관련하여서는, 노인복지법 제7조에 의해 특별자치도와 각 시・군・구에 설치된 노인복지상담원의 역할도 적지 않다고 할 것이다.

(2) 노인복지행정작용에 대한 사후 구제법적 통제

노인에 대한 복지적 급여 내지 행정서비스는 법령과 조례 기타 각종 지방자치단체의 시책 등에 기하여 다양한 형태와 내용으로 이루어진다. 이러한 각종 급부는 노후를 영위하는 노인들에게 있어 일상생활상 매우 유용하거나 필수적 가치를 갖는 것들이다. 따라서 노인에 대한 각종 급부는 법에 기한 공정하고 투명한 기준에 기하여 불편부당 없이 제공되어야 할 것이다.

하지만 행정 실제에서는 법령의 미비, 법해석의 오류, 행정상의 집행부전, 절차법적 규율 위반, 사실관계에 대한 조사・검증의 미진・착오 등의 사유로 복지서비스의 급부결정 등에 있어 부당한 배분과 거부 등이 있을 수 있다. 행정의 영역이 전통적인 질서행정으로부터 급부행정으로 옮겨가고 지방자치단체의 복지예산이 급격히 증가하고 있는 상황에서, 행정주체에 의한 복지서비스의 제공을 단순한 행정의 시혜로 여기고 이러한 부당한 집행에 대해서 개인이 감수하도록 하는 것은 현대의 사회적 법치국가에서는 용인될 수 없는 일이다. 따라서 위법 또는 부당한 급부결정에 대하여는 언제든지 이의나 불복쟁송을 제기할 수 있어야 하고, 이에 대하여는 신속한 심리를 거쳐 공정한 심판이 이루어지도록 하여야 할 것이다.

현행법상 이미 청원, 고충민원, 이의신청, 심사청구, 행정심판, 행정소송 등의 다양한 행정구제절차가 마련되어 있는 것은 사실이지만, 불복제기자가 사회적 약자이며 상대적으로 법에 무지할 수 있는 노인들이라는 점에서, 종래의 행정구제제도를 보다 더 손쉽고 간편하게 이용할 수 있는 현실적 토대가 마련될 필요성은 크다고 할 것이다.

Ⅳ. 결 론

고령화사회에 진입한 우리나라는 이제 노인문제를 단순한 부정적 사회문제로 보는 시각에서 벗어나 노인의 인간다운 생활을 할 권리의 실현의 관점에서 노인복지 문제를 새롭게 조망하려는 인식의 전환과 체제의 구축이 필요하다.

그런데 노인복지와 관련한 행정서비스는 노인에 가장 근접한 행정주체인 지방자치단체로 하여금 지역적 특성과 수요에 따라 노인들의 의사를 반영하여 자율적이고 탄력적으로 행하도록 하는 것이 가장 효과적인 것으로 판단된다. 그리고 이러한 방식의 지역 노인복지행정체제를 정립하고 운영하기 위해서는, 현재의 노인복지행정체계의 문제점을 분석하여 그에 대한 법이론적·법제적 대안을 마련하여 가는 것이 필요하다고 생각한다.

이 글에서는 이와 같은 목적에서 지역 노인복지행정에 관한 법치주의체계를 확고히 정립하고 노인들의 법적인 권리를 보다 명확히 확립할 목적에서, 급부국가 · 사회국가시대에 있어서의 노인복지행정이 법치주의적 원리와 기준을 바탕으로 적법하고도 합리적인 체계와 절차 하에 수행되고, 급부의 부당한 배분이나 거부 등에 대하여는 실효적인 행정구제절차가 활용될 수 있도록 일련의 분석과 검토를 시도해 보았다.

전체적으로 지방자치시대의 노인복지행정은 지방자치단체의 자율성과 책임성에 입각하여 이루어져야 하고, 중앙정부와 광역 내지 기초지방자치단체 상호간에는 역할 분담에 입각한 협력적 관계의 정립과 함께, 사무주체별로 명확한 사무 구분이 이루어짐으로써 행정의 효율성과 책임성을 동시에 확보하여야 할 것이다.

그리고 급부행정의 특성에 부합하도록 노인복지행정에 대하여도 사회국가원리에 입각한 급부행정의 법원칙이 적절히 적용되어야 하고, 특히 행정효율성을 위하여 그 활용도가 증가하고 있는 노인복지서비스의 민간위탁에 대하여는 효율성의 제고와 함께 공정성과 책임성의 가치 또한 충분히 확보될 수 체계와 관리시스템이 확립되어야 한다. 또한 행정과정에 대한 노인들의 참여가 활발히 이루어져야 함과 동시에, 노인복지행정 과정에서의 부당 또는 위법한 권리 침해가 발생하는 경우에는 다양하고 편리한 구제절차를 통하여 신속하고 명확하게 행정구제가 이루어지도록 하여야 할 것이다.

21세기 고령화사회를 맞이하면서, 앞으로 시급히 위에서 언급한 일련의 개선과정을 거침으로써, 노인이 단순히 사회적으로 부담스런 존재로 취급되는 것이 아니라, 국가사회에 공헌한 당당한 국민의 일원으로서 정당하게 대접받고 권익을 보장받는 그런 아름답고 이상적인 고령사회를 만들 수 있도록 중앙정부와 지방자치단체 그리고 국민 모두가 노력해 가야 할 것이다.

〈참고문헌〉

권기창, "사회복지서비스의 민간위탁에 관한 연구," 『한국지방공기업학회보』, Vol. 1, No. 1, 2004. 9.

宮尾三郎(환경관리연구소 편집부 역), "일본의 민간위탁에 대한 전망," 『첨단환경기술』 제11권 제6호(통권 제121호), 2003. 6.

김대인, "행정기능의 민영화와 관련된 행정계약 : 민관협력계약과 민간위탁계약을 중심으로," 『행정법연구』 통권 제14호, 2005. 하반기.

김도엽・김상구, "기초자치단체 민간위탁의 영향요인 : 자치단체장의 리더십을 중심으로," 『한국거버넌스학회보』 제12권 제1호, 2005. 8.

김민호, "공공서비스의 민간위탁과 공기업의 민영화," 『토지공법연구』 제25집, 2005. 2.

김순양・고수정, "지방 공공서비스의 민간위탁(contracting-out)과정 비교・분석," 『한국사회와행정연구』 제15권 제1호, 2004. 5.

김재훈, "민간위탁의 계약유형에 관한 비교연구 : 거래비용경제학 및 신제도이론의 적용," 『한국행정학보』 제39권 제3호, 2005 가을.

김주원, "지방정부 노인복지시설의 운영실태와 개선방안－강원도를 중심으로," 『노인복지연구』 통권 제19호, 2003. 3.

김충용, "지방자치단체의 노인복지 향상을 위한 정책방안에 관한 연구," 한양대 석사학위논문, 2006. 2.

변재관, "21세기 노인복지정책의 전망과 과제－노인을 위한 복지 패러다임의 전환으로 「적극적 복지-적극적 노화」를 추구한다," 『자치행정』 통권 제202호, 2005. 1.

소순창 외 3인, "일본의 고령자 복지정책과 기관위임사무제도의 폐지," 『한국행정학보』, Vol. 35, No. 2, 2001.

오용식, "지방자치사무의 위임・위탁과 관련한 쟁점 검토," 『법제』 통권 제582호, 2006. 6.

윤동은, "우리나라 노인복지제도의 문제점 및 개선방안에 관한 연구－법제를 중심으로," 명지대 석사학위논문, 2005. 8.

이원일・김도엽, "지방자치단체의 민간위탁 운영 성과와 쟁점 : 울산광역시를 중심으로," 『영산논총』 제15집, 2005. 2.

이인수・임춘식, "미국 지방자치단체의 노인복지정책과 과제－캘리포니아주 실버타운 종사자와 입소자의 질적 연구 사례를 중심으로,"『노인복지연구』통권 제26호, 2004. 12.

전광현, "일본의 지방자치단체의 노인복지행정의 변화와 과제,"『노인복지연구』통권 제26호, 2004. 12.

전재일・엄기복, "한・일 지방자치단체의 노인보건복지정책 비교분석－대구광역시와 오오사카특별지정시의 비교,"『사회복지개발연구』통권 제31호, 2002. 6.

정민주, "법을 통해 본 고령화 대비,"『國會報』통권 제474호, 2006. 5.

정영섭・남은순, "독일 지방정부의 노인복지정책－배경과 역할 : 노르트라인 베스트팔렌주의 사례,"『사회과학연구』제18집, 2004. 11. 30.

정재욱, "일본의 지방분권개혁과 시정촌 복지행정제도의 구조변화,"『지방정부연구』제8권 제4호, 2004.

조현・강인순, "우리나라 지방분권과 노인복지정책,"『노인복지연구』통권26호, 2004. 12. 30.

지병문, "지방정부의 민간위탁 결정 요인에 관한 이론적 논의,"『한국거버넌스학회보』제12권 제2호, 2005. 12.

최봉석, "독일의 노인복지서비스법제에 관한 비교법적 고찰,"『토지공법연구』제29집, 2005. 12.

Sberg, J.S., McGinnis, G.E., Dejong, G. and Seward, M.L., "Life Satisfaction and Quality of Life Among Disabled Elderly Adults," *Journal of Gerontology* 42(2), 1987.

吉野 智, 公権力の行使にかかわる業務の民間委託について-刑務所業務の民間委託に関する法制度を題材として(下),『捜査研究』55(6)(通号 660), 東京法令出版, 2006. 6.

須藤達俊, 実践レポート)民間委託業務の実情と今後の展望について,『刑政』117(11)(通号 1373), 矯正協会, 2006. 11.

晴山一穂, [資料と解説]自治体民間化ー「強い国家」「小さな政府」と公務の未来, 自治体研究社, 2005.

赤坂正浩, 憲法からみる"公共サービスの民間委託," 特集 憲法学は「規制緩和」にどう向き合うか), 法学セミナー 51(7)(通号 619), 日本評論社, 2006. 7.

特集 公共サービスへの民間参入－民間委託から市場化テストへ, 実践自治 24, イマジン出版, 2005(冬).

木下武徳,『アメリカ福祉の民間化』, 日本経済評論社, 2007.

村上武則,『給付行政の理論』, 有信堂, 2002.

Public & Private2-「公」の担い手(8)民間委託・指定管理者, Gyosei EX 17(11), ぎょうせい, 2005. 11.

제 6 장

주요 국가의 '존엄사'법 분석과 평가 및 우리나라의 입법과제

Ⅰ. 논의의 출발

Ⅱ. '존엄사'법 입법 분류 : 안락사법, 자연사법, 의사조력자살법

Ⅲ. 생전유언법 내지 자연사법 입법에 대한 분석과 평가

Ⅳ. 의사조력자살법 입법에 대한 분석과 평가

Ⅴ. 우리나라 법원의 역할 한계와 입법 논의

Ⅵ. 결 론

Ⅰ. 논의의 출발

세브란스 김할머니의 사건은 의식이 없는 노인환자의 가족들이 인공호흡기 제거를 청구한 사건이며, 우리나라 최초의 연명치료중단에 관한 법원의 판결이 이루어진 사건이다. 인공호흡기제거 청구사건의 고등법원 판결문에서 "생명유지 기술이 고도로 발달해 있고 그러한 기술이 나날이 발전하고 있는 현대의 의료현실에서 위와 같은 사례는 많이 발생할 것으로 보이지만, 구제적인 기준이 또는 법적 근거가 마련되어 있지 않다. 또한 무의미한 연명치료를 중단한다는 명목으로 실제로는 회생 가능성이 있는 환자에 대하여 고의 또는 선부른 판단으로 치료를 중단하여 사망을 초래하는 일이 발생할 가능성이 우려된다"는 점을 지적하며, "국가는 구체적인 입법을 통하여 국민의 기본권을 구체화할 필요가 있는데, 연명치료중단 등의 문제를 아무런 기준의 제시 없이 당해 의사나 환자 본인, 가족들의 판단에만 맡겨 두는 상황이 지속되는 것은 바람직하지 않으며, 개개의 사례들을 모두 소송사건화 하여 일일이 법원의 판단을 받게 하는 것도 비현실적이다"라고 판시하고 있다.

이와 같이 연명치료의 중단을 요청할 수 있는 권리가 현행법상 헌법상으로 인정되는 기본권적 성격을 가지고 있다면 혹시 발생할 수 있는 부작용 내지 폐해를 막기 위해서는 어느 범위에서 어떠한 절차와 방식으로 할 수 있는가에 대한 충분한 논의와 검토가 불가피하며, 그 기준이 입법론적으로 제시되어야 할 필요가 있다. 입법상의 기준은 한편으로 헌법상에서 명시한 인간의 존엄과 가치의 보장규정에 따라 참기 어려운 고통 속에 있는 죽음을 기다리는 환자의 인간다운 죽음을 진정으로 도와 줄 수 있는 길을 열어 주면서 다른 한편으로 안락사의 남용을 최대한 방지하는 제도적 장치를 마련해야 할 것이다.[1)]

---

* 이인영, "주요 국가의 존엄사법 분석과 평가," 『입법학연구』 제6권 제1호 논문을 재구성

생명권 보호영역에서 엄격한 보수주의적 색채를 가지고 있는 독일의 경우 입법논의가 1986년에 제안된 안락사법안[2]을 중심으로 이루어졌는데, 입법안의 서문에는 법안의 목적이 생명보호 원칙을 이완시키는 것이 아니라 형법의 한계를 명확히 하기 위한 데에 있음을 밝히고 있다. 이 안락사법안은 특별법 형식을 취한 것이 아니라 형법 제16장의 생명에 대한 범죄행위[3]에 규정할 것을 제안하였다.[4] 이와 같이 입법논의가 이루어진 배경으로는 지금까지 법원이 일관성 없는 태도를 보이고 있기 때문에 법적 불확실성의 제거를 위해서는 입법이 필요하다는 점에 기초하였다. 마찬가지로 우리나라도 연명치료중단에 관한 전제요건 등이 법제화되지 않은 상황에서 매번 연명치료중단과 관련된 소송이 법원에 제기되었을 때 법원이 기준설정과 관련된 역할을 제대로 할 수 있을지 의문이며, 말기환자 연명치료의 계속 여부에 대한 의사결정에 사법 참여를 매번 요구하는 것은 가족과 의료기관에게 부담을 줄 뿐 아니라 무규범으로 인한 불확실성과 혼란이 가중될 수 있다.

따라서 이 연구는 연명치료중단에 관한 외국의 입법례를 분석하고 평가하여 우리 현실에 적합한 입법 모델을 찾아나가는 작업의 일환으로 주요 국가를 중심으로 허용행위 및 허용조건, 검증절차를 살펴보고자 한다. 첫

하였다.

1) 허일태, 『안락사에 대한 연구』, 한국형사정책연구원, 1994, 47면.

2) Alternativeentwurf eines Gesetzes über Sterbehilfe vorgelegt von Jürgen Baumann u.a., 1986.

3) 독일 형법개정안 제214조 생명연장장치를 중단 또는 개시하지 않는 자는 다음의 경우 위법한 행위를 한 것이 아니다. ① 당해인이 이것을 명시적 또는 진지하게 요구하는 경우, ② 의사의 소견에 의하면 당해인이 회복 불가능한 정도로 의식을 상실한 경우 또는 심각한 장애를 가지고 있는 신생아의 경우에는 결코 의식을 가질 수 없는 경우, ③ 의사의 소견에 의하면 당해인이 치료의 개시 또는 계속에 관하여 지속적으로 의사표시를 할 수 없고 당해인이 가망 없는 고통상태의 계속 및 경과를 고려하고, 특히 목전에 급박한 죽음을 고려하여 치료를 거부한다는 것을 신뢰할 만한 근거에 기하여 상정할 수 있는 경우, ④ 죽음이 목전에 급박한 경우에 고통상태와 치료의 가능성을 고려해볼 때 의사의 소견에 의하면 생명유지조치의 개시 또는 계속이 적절하지 않은 경우이다.

4) 이 법안은 1986년 개최된 독일법학회에서 검토되었으나 안락사 규정을 포함한 법률 개정은 지지를 얻지 못하였다.

째, 자연사법 입법 유형으로 연명치료를 중단하거나 보류하는 행위를 허용하여 자연사의 과정으로 이어지도록 규정하고 있는 자연사법 내지 생전유언법률 형태의 미국의 대부분 주법과 오스트리아의 '환자자기결정법', 대만의 '안녕완화의료조례'를 살펴본다. 둘째, 그 다음으로 의사조력자살 내지 일부 적극적 안락사를 허용하는 입법 형태를 유지하는 미국 오레곤주 및 워싱턴주의 '존엄사법', 네덜란드의 '요청에 의한 생명종결과 조력자살법', 벨기에의 '안락사에 관한 법률'을 살펴보고, 두 가지 유형의 입법 형태를 비교・분석하여, 우리나라에서의 연명치료중단에 관한 법률제정을 위한 시사점과 중요한 참고자료로서 활용하고자 한다.

II. '존엄사'법 입법 분류 : 안락사법, 자연사법, 의사조력자살법

1. 적극적 안락사와 소극적 안락사의 구분 포기

안락사 내지 치료중단의 허용 여부에 대한 규범 형태를 결정하면서 의사의 행위를 중심으로 '적극적'과 '소극적'으로 구분하여, 이에 따라 적극적인 경우에는 허용하지 않고 소극적인 경우에는 허용할 수 있다는 결론을 도출하는 것은 매우 혼란스러울 수 있다. 경우에 따라서는 '적극적'과 '소극적'이라는 용어가 분명하고 그에 따라 각각 의미를 부여할 수 있겠지만, 의료 현실에서는 분명하게 구분되지 않을 경우가 더 많기 때문에 그 한계가 분명하지 않다는 점에 근거한다.[5] 이러한 지적은 이미 1980년 중반 미국 뉴저

5) 미국 레이첼(James Rachels) 교수에 의하면 적극적-소극적 안락사의 구분은 틀린 것이라고 지적한다. 상당수의 사례에서 치료를 보류하거나 죽도록 방치하는 소극적 안락사가 적극적 안락사보다 더 허용적이라는 믿음은 타당하지 않다. 양자 사이에 도덕적인 차이가 있을 수 없으며, 그 구분이 명확한 것도 아니다. Aaron Ridley, *Beginning Bioethics*, Bedford・St. Martin's, p.164; Bette-Jane Crigger(editor), *Cases in Bioethics*, Bedford・St. Martine's, 1998, p.165.

지주 대법원의 콘로이(Conroy) 사건에서 잘 나타났다. 미국 뉴저지주 대법원은 환자에게 행하고 있는 튜브를 통한 영양공급을 의사가 중단한다면, 이것이 중요한 영양공급원을 차단함으로써 적극적으로 죽음을 야기한 것인지 또는 단순히 인공적인 형태의 치료를 중단하여 환자의 자연적인 죽음을 소극적으로 허락한 것인지 여부를 규명하는 것이 필요하다고 하였다. 또한 이미 진료중인 환자의 인공호흡기 또는 영양공급 튜브의 제거는 소극적 안락사라기보다는 엄밀히 말해서 그 결과의 확실성으로 말미암아 적극적 안락사로 분류하는 것이 더 합리적이라고 판단하였다.[6] 이 판례를 계기로 의사의 행위를 중심으로 적극적 내지 소극적 안락사를 구분하기보다는 오히려 정당화된 죽임(justified killing)과 정당화되지 않는 죽임(unjustified killing)으로 구분하는 것이 더욱 유용할 수 있다는 견해가 대두되었다.[7]

한편 안락사를 적극적-소극적 내지 능동적-수동적으로 구분하는 것은 법적으로 뿐만 아니라 도덕적으로도 합당하지 않다는 논의가 이루어졌다.[8] 윤리적 판단으로 죽게 방치하는 것보다는 죽게 하는 것이 보다 더 나쁘다는 선입견을 가질 수 있지만, 실제 어떤 경우에는 죽게 방치하는 것이 죽이는 것보다 더 나쁠 수도 있음을 지적한 것이었다.[9] 즉, 느리게 수동적으로 죽게 하는 것이 빠르고 고통 없이 적극적으로 죽이는 것보다 도덕적으로 우위에 있다고 만드는 인식에서 벗어나는 계기를 만들어 주었다. 최근 의료 현장에서 인공호흡기와 같은 생명연장장치의 사용이 특수한 치료방법이

---

6) In re Conroy, 486 A 2d 1209, 1224(N.J. 1985).

7) David Orentlicher, "The Legalization of Physician Assisted Suicide: A very Modest Revolution," *A Heath Law Reader—An Interdisciplinary Approach*, Carolina Academic Press, 1999, p.389.

8) R. Munson 저, 박석건 · 정유석 외 옮김, 『의료문제의 윤리적 성찰』, 단국대학교 출판부, 2001, 166면.

9) 경우에 따라서는 요구되는 행위를 하지 않는 것 자체가 적극적인 작위와 비난성의 면에서 다를 바 없고 오히려 더 잔인하게 여겨질 수 있다고 하면서, 예를 들어 심한 다운증후군과 합병증으로 음식을 먹여 주어야 하고 치료약을 지속적으로 투여해야만 하는 상황임에도 불구하고 가능한 의료조치와 영양공급을 하지 않음으로써 영양실조와 각종의 병균에 감염되어 고통 가운데 죽게 내버려 두는 경우가 치명적인 주사제를 투여함으로써 바로 사망하게 하는 경우보다 비난성이 덜하다고 보기 어렵다고 지적한다. 윤종행, "안락사와 입법정책," 『비교형사법연구』 제5권 1호(2003. 7), 460면.

아니라 일상적인 치료방법으로 보편화되어 있는데, 이러한 인공호흡기나 심폐소생기를 환자에게 실제 사용 가능함에도 사용하지 않는 것은 독극물을 주입하여 생명을 단축시키는 것과 비교하여 불법의 정도가 경하다고 판단할 수 없을 것이다.[10] 양자 모두 죽음의 원인이 되는데, 도덕적으로 중요한 것은 죽음을 가지고 온 방법이 문제가 아니라, 죽음을 초래한 상황이 중요한 도덕적 판단근거가 된다고 할 수 있다. 오히려 도덕성과 비도덕성 여부의 판단은 그러한 행동이 이루어진 맥락에서 행위의 동기와 행위 방법, 결과들에 의해 결정된다고 볼 수 있기 때문이다.[11]

미국 대통령 윤리문제 자문위원회(The President's Commission for the Study of Ethical Problem in Medicine and Biomedical and Behavior Research)의 생명유지치료의 보류결정(Deciding to Forgo Life-Sustaining Treatment)에 대한 보고서(1983)에서 죽이는 것과 죽게 방치하는 것의 구분에 대해 상당히 유보적인 평가를 내렸다. 위원회는 물론 치료를 보류하거나 생략하여 죽음을 허용하는 모든 의료행위가 수용될 수 있는 것은 아니지만, 환자나 그 대리인이 그러한 선택을 할 경우 도덕적으로 수용되고 그것은 살인죄에 저촉되지 않는다는 것을 인정하였다. 또한 위원회는 직접 죽이는 것(direct killing)을 금지함으로써 사람의 생명을 보호하기 위한 안전장치로 개인의 자기결

10) 한국의료윤리교육학회에서 편찬한 교재에서는 ① 생명을 단축시키는 특수수단을 사용하는 경우(예, 독극물을 주입하여 생명을 단축시키는 방법), ② 생명을 연장시키는 일반수단을 사용하지 않는 경우(예, 생명을 유지하기 위하여 영양공급이 필요한 환자에게 영양공급 방법을 취하지 않은 경우)를 적극적 안락사로 보고, ③ 생명의 단축시키는 일반수단을 사용하는 경우(예, 마약성 진통제의 반복사용이 환자의 생명을 단축시키는 줄은 알지만 통증을 해소시키기 위하여 모르핀을 투여하는 행위), ④ 생명을 연장시키는 특수수단을 사용하지 않는 경우(호흡기능의 저하가 있는 무뇌아에게 인공호흡기를 사용하지 않는 경우)를 소극적인 안락사로 분류하고 있다. 한국의료윤리교육학회 편, 『의료윤리학』, 계축문화사, 2001, 299면.

11) 죽음에 대한 조력을 요청할 수 있는 개인의 자유를 제한하는 것은 어떠한 도덕적 근거가 존재하지 않는 것으로 생각될 수 있다. 그러나 더욱 심각한 도덕적 문제는 환자의 요청이 있다고 하더라도 의사가 이러한 요청을 받아들여야 한다는 의무가 부과되어 있지 않다는 점이다. 의사의 경우, 경우에 따라서는 환자의 요청을 거절할 충분한 도덕적 근거가 있을 수 있고, 다른 한편으로 환자의 요청에 응할 충분한 이유를 가질 수 있다. Tom L. Beauchamp · James F. Childress, *Principles of Biomedical Ethics*, Oxford University Press, 2001, p.148.

정권에 대한 제한이 받아들여질 수 있다고 보았다. 그럼에도 불구하고 위원회는 작위(acting)와 부작위(omitting)의 단순한 차이가 결코 무엇이 도덕적으로 바람직한 행위인지를 결정해 주지 못한다고 지적하였다. 오히려 어떤 특정한 행위나 부작위의 도덕적 수용 가능성은 다른 중대한 고려사항들, 즉, 달성해야 할 이익과 예상되는 피해의 균형, 죽어가는 사람에 대한 다른 사람들의 의무, 행위와 부작위에 관련된 위험성, 결과의 확실성 등에 의해서 평가되어야 한다고 권고하였다.[12]

독일의 국가윤리위원회에서도 2006년 6월 13일 말기의료에 관한 견해를 표하면서 적극적 안락사, 소극적 안락사, 직접적 안락사의 용어가 오해의 소지가 있고 오류의 여지가 있기 때문에 이러한 용어의 사용을 포기한다고 하였다. 직접적이고 간접적으로 죽음의 과정에 영향을 미치는 결정과 행위는 말기의료, 말기의료에서의 치료, 죽게 내버려 두는 것, 조력자살, 촉탁에 의한 살인 등의 용어를 사용함으로써 보다 적절하게 묘사될 수 있고 구별될 수 있다고 보았다.[13] 죽게 내버려 두는 것이라는 관점에서 사람은 그의 생명을 일시적으로 연장하게 하는 의료처치를 거부할 권리를 가지고 있다고 보았다. 환자가 비록 자신의 의향을 표시할 능력이 없다고 하더라도 의료지시서 또는 다른 신뢰할 만한 지시 등으로 인해 충분한 확실성을 가지고 거부의 의사표시를 확인할 수 있다면 이 경우에도 해당 권리의 행사를 인정할 수 있다. 또한 국가윤리위원회는 의사표시의 명백한 입증 내지 환자가 그러한 의사표시를 할 능력이 없다고 하더라도 환자의 고통, 환자의 기대여명 등과 관련하여 더 이상의 의학적 치료를 필요로 하지 않는다면

12) 미국 대통령 윤리문제 위원회의 보고서 결론은 다음과 같다. ① 자격 있고 충분한 설명에 근거한 동의를 한 환자는 생명유지 처치를 할 것인지 아닌지를 자의적인 선택에 따라 결정할 수 있다. ② 의료진은 생명을 유지한다는 추정하에 환자가 어떠한 처치도 거부한다는 선택을 하였다는 것을 인지하였더라도 환자에게 최선을 다해야 한다. 그러한 기본적인 지위는 대리결정권자, 제도상의 정책, 법의 개정 등의 많은 다른 제안들에 의해서 보충되어야 한다. 병원윤리위원회는 특수한 사례들의 어려운 논쟁에 참여하여야 하고, 이러한 어려운 결정에 참여하는 수단으로서 생전유언의 법적 장치와 대리인의 지속적인 권한들이 권고될 수 있다고 결론을 내렸다. Albert R. Johnsen, *The Birth of Bioethics*, Oxford University Press, 1998, pp.259-261.

13) http://www.ethikrat.org/stellungnahmen/stellungnahmen.html.

해당 의료처치는 보류, 제한 또는 중단될 수 있다는 의견을 표하였다. 그에 반해서 자살자가 심각한 질병을 앓고 있고 심사숙고한 결정에 따라 자살시도가 이루어졌다는 명백한 표시가 있고, 그 자가 구조받기를 원하지 않는다고 하더라도 이 경우 독일 국가윤리위원회의 다수 위원들은 그 자의 복지와 관련되어 특별한 의무를 가지고 있는 의사 또는 가족구성원들이 기소의 두려움 없이 개입하는 것을 허용할 수 없다는 의견을 표하였다.[14] 즉, 자살관여와 자살조력에 대해서 우려를 표시하고 유보적인 입장을 취하였다.

2. 연명치료중단 또는 조력자살 허용의 입법 형태

안락사는 살인죄의 구성요건을 충족하는 행위를 하는 행위자와 일정한 요건의 환자가 분명히 구분되지만, 의사조력자살의 경우 스스로 생명을 종결하는 행위자와 환자가 구분되지 않고 일치한다. 의사조력자살은 의사 또는 의료제공자가 의도적으로 환자의 생명을 종결하기 위하여 환자를 도울 목적으로 의학적 절차에 참여하거나 또는 고의적으로 약물, 합성물 또는 물질을 처방하는 것을 말한다.[15] 예를 들어 불치의 질병으로 회복 가능이 없는 환자가 죽음을 희망하여 자살을 심사숙고하고 요청하는 경우 의사가 환자에게 다량의 수면제나 진통제를 제공하든가 그 밖의 치명적 약에 관한 정보를 알려 주는 방식으로서, 직접적 죽음을 초래하는 행위는 환자가 스스로 실행하고 의사는 직접 개입하지 않는 경우를 말한다.

한편, 연명치료중단 내지 보류는 의사조력자살(physician-assisted suicide)과 구분할 수 있다. 연명치료를 중단함으로써 환자가 가지고 있는 말기질환이 그 자체의 자연적인 사망의 원인으로 작용하도록 두는데 반해 의사조력자살은 치사량의 약물을 처방함으로써 죽임의 행위(an act of killing)의 과

---

14) 몇몇 위원들은 심각한 질병으로 인해 사망에 임박한 상황의 경우에만 이러한 가능성을 제한하는 것이 필요하다는 것을 고려하였다. http://www.ethikrat.org/stellungnahmen/stellungnahmen.html.

15) Arkansa Code Title 5. Criminal Offenses Subtitle 2. Offenses against the person Chapter 10. Homicide §5-10-106. Physician-assisted suicide.

정에 의도적으로 개입하고 있음을 의미한다. 의사조력자살에서의 중요한 요소는 환자의 자발적이고 진지한 요청에 근거하여 환자의 고통을 제거하고 죽음에 이르게 하였다는 것에 초점을 맞추는 것이 아니라, 환자의 생명을 종결하는데 의도적인 단축의 방법으로 개입하는 것을 허용할 수 있는지 여부에 중점을 둔다.16)

생명종결을 야기하는 행위 유형을 중심으로 외국의 입법 형태는 자연사법 유형과 의사조력자살법 유형으로 구분할 수 있다. 양 입법 형식의 기본적 요건을 비교하면, 사고 또는 질병에 의한 말기상태 또는 영구적 무의식상태의 환자인 말기의료 단계의 환자를 대상으로 한다는 점, 환자의 진지하고 유효한 요청 내지 서면청구를 필요로 한다는 점, 의료제공자 내지 시술참여자에 대한 형사책임을 면제한다는 점에서는 다소 절차상의 차이는 있을지라도 이러한 요건들은 상당히 공통점을 가지고 있다. 다만, 뚜렷한 차이점은 죽음으로 이르는 과정, 즉 의료진의 행위 형태이다. 자연사법 형태의 입법 유형은 환자가 사전에 말기상태나 영구적 무의식상태에서 생명유지장치를 보류하거나 중단하는 생전유언이나 의료지시서를 작성하고 의료진은 이를 확인하고 법령이 정한 절차와 방식에 따라 생명유지장치를 제거하거나 보류하는 방법으로 의료진이 시행하여 자연스러운 죽음의 과정을 꾀하는 것이다. 이에 반해 의사조력자살법이라고 불리는 미국의 오레곤주법이나 네덜란드법에서의 요건을 살펴보면, 담당의사가 투약의사로 기재되어 있다면 환자의 불편함을 최소화시키려는 효과를 도와 주는 보조투약을 포함하여 처방하거나 약물을 투약하는 행위를 하는 점에서 큰 차이를 보이고 있다. 의사의 적극적으로 개입된 행위, 즉 조력자살의 형태로 개입하는 것을 허용하고 있으며, 다만 말기환자가 극심한 고통을 받고 있는 상태에서 기대여명이 6개월 이하인 경우에만 해당하는 등 자연사법의 요건보다는 적격환자의 기준을 엄격하게 제한하고 있다는데 차이점이 있다.

---

16) David Orentlicher, *supra* note 7, p.389.

3. 존엄사법의 명칭에 대한 논쟁

2009년 7월 8일 한국 천주교 주교회의는 기자회견을 열어 "안락사로 인식되는 존엄사를 허용하는 법 제정에 반대한다"고 밝혔다. 장봉훈 주교회의 생명윤리위원회 위원장은 성명을 내어 "대법원의 판결은 불필요한 연명치료를 중단할 수 있다는 것이었지, 환자의 죽음이나 존엄사를 의도한 것은 아니었다"며 "최근 우리 사회에서 사용되고 있는 '존엄사'는 안락사를 아름답게 포장한 개념에 지나지 않는다"고 주장했다. 인공호흡기를 뗐는데도 환자가 2주일 이상 생존하는 것에 당황하거나 의아한 반응을 보이는 것은 우리 사회에서 논의되는 존엄사가 사실은 '안락사'였다는 것이 주교회의의 견해다. 그래서 "무의미한 연명치료중단에 '존엄사'라는 표현을 사용하는 것은 지양돼야 한다"는 것이다.[17)]

위의 의견표명은 의사조력자살 행위를 허용하는 입법을 존엄사법이라는 용어를 사용하고 있는 외국의 입법례처럼, 연명치료중단의 행위를 허용하는 법률도 존엄사라는 용어를 사용함으로써 안락사를 아름답게 포장하여 사회적 수용태도를 높이려고 한다는 비판의 목소리이다. 실제 '존엄사법'이라는 용어에 대해 논란은 미국 오레곤주에서의 법률 명칭에서 출발한다. 미국의 오레곤주는 죽음에 이르는 약물을 처방하는 조력자살 행위를 허용하는 법률을 존엄사법(death with dignity act)이라는 명칭을 쓰고 있다. 이는 실제 사회적으로 논란이 되는 적극적 안락사의 형태인 약물주입과 거의 유사한 성격을 가지고 있는 약물처방의 조력행위를 허용하고 있으면서, 법률의 명칭에 존엄한 죽음이라는 수용적 용어를 사용함으로써 사회적 거부반응을 희석시키고 있다는 지적을 부인할 수는 없다. 다만, 오레곤주법과 워싱턴주법에서는 의료진 또는 다른 사람이 치사량의 약물을 환자에게 직접 주입하는 생명종결행위는 허용하지 않으며, 자비살인(mercy killing) 또는 적극적 안락사(active euthanasia)를 금지한다고 명시하고 있다.[18)] 또한 존엄사

17) 『한겨레』, 2009년 7월 8일자.

법률의 요건과 절차를 구비한 행위들은 어떠한 목적이든지 자살, 조력자살, 자비살인, 살인행위를 구성하지 않는다고 규정하고 있다. 통칭해서 의사조력자살 행위를 허용하는 법률로 인용하고 있지만, 해당 법률규정은 법률이 정한 방식에 따른 행위는 조력에 의한 자살행위가 아니라고 명시하고 있다. 더 나아가 워싱턴주법에서는 오레곤주법과 달리 주보고서는 이 법률에 따른 실행행위를 자살 또는 조력자살 행위로 언급하지 않았으며, 해당 행위를 생명종결의 처방약을 얻어서 자기투약(self-administration)하는 행위로 언급하였다고 규정하고 있다.[19] 환자가 심사숙고 끝에 이루어진 약물처방의 요청행위 자체를 자살행위로 평가하지 않고 있다.[20]

한편, 위와는 전혀 다른 의미의 존엄사법 명칭의 입법례가 있다. 그 예가 미국의 사우스캐롤라이나주의 보건편 제77장의 법률명칭이 존엄사법(Death with Dignity Act)이다.[21] 오레곤주법이나 워싱턴주법과는 달리 법률 명칭이 존엄사법이지만, 사우스캐롤라이나주의 존엄사법은 연명치료중단 내지 보류행위만을 허용하고 있으며, 환자의 추정적 의사에 의한 연명치료중단을 허용하지 않는 엄격하고 보수적인 규정을 두고 있다. 사우스캘로라이나주법에 따르면 18세 이상의 성인이고 법령이 정한 방식에 따라 의료지시에 관한 선언(declaration)을 하였으며, 두 명의 의사에 의해 환자를 조사하고 난 후에 말기상태이거나 영구적인 무의식상태인 것으로 증명되었다면, 환자의 선언에 따라 연명치료를 중단할 수 있다고 규정하고 있다. 이 법에 의하면 말기상태는 상당한 의학적 판단하에서 연명치료과정을 행하지 않으면 상당히 단기간 내에 사망에 이르게 하는 치료 불가능하거나 회복 불가능한 상태를 말한다.[22]

---

18) The Washington Death with Dignity Act 70.245.180; The Oregon Death with Dignity Act 127.880. § 3. 14.

19) The Washington Death with Dignity Act 70.245.180.

20) 이러한 요청을 할 수 있는 환자는 단지 노령 또는 장애라는 이유 때문에 이 법률하에서 그 자격을 부여받지 않는다고 규정하고 있다. The Washington Death with Dignity Act 70.245.020; The Oregon Death with Dignity Act 127.805 §2.01.

21) Code of Laws of South Carolina Title 44. Health Chapter 77. Death with Dignity Act.

앞에서의 미국의 입법례와 같이 존엄사법의 용어를 개념적으로 확장해서 사용하거나 엄격한 자연사법과 같은 용어로 사용하고 있음을 알 수 있다. 오히려 존엄사와 관련해서 적합한 기준과 관련된 통일된 개념이 없다 보니 존엄사 그 용어 자체를 포장용 내지 미화용 용어라고 칭하며 그 사용을 거부하는 현상까지 야기된 것이다. 하지만, 미국의 입법례의 경우 실제 동일한 법률명으로 내용적으로 다른 허용범주를 가지고 있지만, 궁극적으로 그러한 입법들이 연방대법원이나 주 대법원의 사법심사에서 위헌논쟁을 거치면서 헌법상의 기본권으로서 말기환자의 자기결정권이라는 관점에서 존엄한 죽음에의 선택이라는 공통된 이념에 기초하고 있다는 결론에 이르렀음을 간과할 수 없다.

생각건대, 존엄사라는 용어에는 삶과 죽음, 삶과 고통을 인간의 존엄과 가치라는 개념으로 교량하려는 합리주의적 사고가 바탕에 깔려 있다고 볼 수 있다. 한 사회의 생명문화 및 죽음대비문화의 성숙도, 대안적 치료를 선택할 수 있는 의료보장제도의 확충 등과 같은 여건의 개선을 도모하는 바탕하에서 생명권 존중이라는 가치와의 비교형량적 관점에서 존엄한 죽음의 선택 가능성의 범주를 여러 국가에서 단계적으로 각각 달리 규정할 수 있을 것이다. 안락사의 미화 내지 포장하는 의미로 오용될 수 있다는 시각에서 존엄사의 용어 사용을 배척할 것이 아니라, 연명치료의 중단을 허용하는 법률을 만들면서 그 법률의 궁극적 이념 내지 가치의 틀이 존엄한 죽음에 대한 성찰임을 나타내는 용어로서 '존엄사'라는 용어 사용이 가능할 수 있을 것으로 본다. 결국 존엄한 죽음의 선택이라는 이념을 표방한 법률 명칭을 사용하든지 여하와 같은 어떠한 용어를 사용하는 것이 문제가 되는 것이 아니라, 그 사회의 생명문화적 성숙도에 따라 어느 범주까지 그리고 어떤 방식과 절차에 따라 이행할 것인가를 결정하는 것이 시급한 과제라고 할 수 있다.

---

22) Code of Laws of South Carolina Title 44. Health Chapter 77. Death with Dignity Act. §44-70-20. Definitions.

Ⅲ. 생전유언법 내지 자연사법 입법에 대한 분석과 평가

1. 미국 각 주의 생전유언법(living will act), 자연사법(natural death act)[23)]

(1) 법률의 명칭 및 구성

'죽을 권리'가 어떻게 실현될 수 있는가에 관한 문제는 이미 1976년 뉴저지주 대법원의 카렌 퀸란 사건 판결[24)] 이후로 사회가 직면한 심각한 문제로 인식되었다. 카렌 퀸란 사건이 안락사에 대하여 여론의 갑작스러운 변화를 일으킨 것은 아니지만, 이 사건의 발생으로 죽음에 있어 시간과 장소, 방법을 통제할 수 있는 개인의 권리에 대한 인식을 구체화하였다.[25)] 특히 의사결정능력이 있는 말기환자가 생명연장 의료처치를 거부할 수 있는 권리를 보호하기 위하여 많은 주에서 생전유언(living will)의 규정을 포함하는 자연사법(natural death act)을 제정하기 시작하였다.[26)] 자연사법 입법은 생

---

23) 이인영, "미국의 자연사법 규범과 의료인의 면책규정이 주는 시사점," 『비교형사법연구』 제10권 제1호(2008), 7면 참조.

24) 퀸란은 1975년 마약과 알콜을 함께 복용하고 난 뒤 혼수상태에 빠졌고, 식물인간상태가 지속되었으며, 인공호흡장치를 달고 지냈다. 퀸란의 아버지는 후견인으로서 소생이 불가능하다는 의사의 진단과 가톨릭 교회법에는 희망이 없는 환자에게 비통상적인(extra-ordinary) 방법을 사용하면서까지 연명시켜야 할 윤리적 의무가 없다는 신학적 해석에 따라 품위와 존엄 속에 죽을 수 있도록 인공호흡기를 제거해 줄 것을 병원 당국에 요청하였다. 해당 의료기관이 이를 거부하면서 퀸란의 아버지는 뉴저지주 법원에서 퀸란에 대해 '생명장치의 제거를 허가해 달라'고 신청하였는데 제1심 법원은 이를 기각하면서 인공호흡기 제거는 명백한 살인행위라고 판시하였다. 그러나 1976년 3월 31일, 뉴저지주 대법원은 의사와 법원 당국이 찬성한다면 인공호흡기를 제거해도 좋다는 판결을 내렸다. Quinlan, 355 A. 2d 647(N.J. 1976), cert. denied 429 U.S. 922, 97 S. Ct. 319, 50 L. Ed. 2d 289(1976).

25) In re Quilan, Supreme Court of New Jersey 355 A. 2nd 647(N.J. 1976); 궁극적으로 개인의 권리는 주의 이익을 넘어설 수 있으며, 만약 퀸란이 의사결정능력이 있었을 때 그러한 선택을 하였다면 법에 의해서 지켜져야 한다고 판시하였다. Jerry Menikoff, *Law and Bioethics－An Introduction*, Georgetown University Press, 2001, p.248.

26) 퀸란 사건 이후 이 사건 보고서가 출판되는 2년도 채 되지 않아서 몇몇 주가 어떠한 상

전유언의 문서를 허용하는 캘리포니아주의 초기의 노력에서 찾아볼 수 있다.[27] 생전유언에 관한 입법은 환자가 말기상황에 있고 더 이상 스스로 의료적 의사결정을 할 수 없다면 생명연장시술을 보류하거나 중단하도록 그의 의사에게 지시하는 선언(declaration)으로 이를 실행하게 하도록 하는 법률을 말한다.[28] 일반적으로 생전유언은 말기상황 또는 영구적인 의식불명 상태에서 생명연장시술을 피하려는 의사로 표현되지만, 그 반대의 의사(opposite intent)도 역시 표현할 수 있다. 생전유언은 대부분 서면으로 작성되며, 환자가 인지하고, 선택을 할 수 있을 때 상황을 고려해서 그러한 상황이 실현된다고 하더라도 미리 환자가 작성한 선택방안대로 실행될 수 있도록 작성하고 있다.[29]

미국 대부분의 주는 생전유언뿐 아니라 더 나아가 의료지시서(advanced directives)에 관한 주 법령을 두고 있다.[30] 미국의 모든 주는 생전유언에 관한 법률을 가지고 있다고 할 수 있으며, 주와 주 사이 법률의 내용은 상당히 다양하다.[31] 예를 들어 많은 주에서 지속적인 대리권이나 생전유언을

황에서 어떠한 처치를 할 수 있는지 여부에 대해서 문서화된 의료지시서를 인정하는 입법을 채택하였으며, 이러한 법령을 생전 유언법 때로는 죽을 권리에 관한 법, 자연사법으로 불렸다. Furrow・Greaney・Johnson・Jost・Schwartz, *Health Law*, West Group, 2000, p.843.

27) Jerry Menikoff, *supra* note 25, p.269.

28) David L. Sloss, "The Right to Choose to How to die: A Constitutional Analysis of State Laws Prohibiting Physician-Assisted Suicide," 48 *Stanford Law Review* 937, April, 1996, p.945.

29) Aaron Ridley, *supra* note 5, p.164; Bette-Jane Crigger(editor), *supra* note 5, p.292.

30) 생전유언은 통상 말기적 상황에서만이 적용되는데 반해, 의료지시서는 포괄적이라고 할 수 있으며, 말기질환의 경우가 아니라도 생각하거나 느낄 수 없는 회복할 수 없는 두뇌손상의 경우에도 적용할 수 있다. 사전의료지시란 의사결정능력을 가진 어떤 사람이 환자 자신이 법적으로 온전하게 행위할 수 없을 때인 미래의 상황을 대비하여 자신을 대신하여 행위할 사람을 지정하거나 자신에 대해 어떠한 진료행위를 시행할 것을 결정하여 작성한 문서(written documents)를 말한다. 만약 자신이 의사결정능력이 없게 될 경우 재정적인 그리고 의학적 결정을 내릴 지속적 대리권(durable power of attorney)을 다른 사람에게 부여하는 것이다. 생명에 대한 사전유언과는 달리 대리의사결정권자(surrogate decision-maker)가 새로운 혹은 예기치 않은 상황에서도 통제력을 행사할 수 있도록 허용하는 것이다. Jerry Menikoff, *supra* note 25, p.270.

31) 50 States Statutory Surveys Right to Die.

행하거나 철회하는 경우 주에서 승인하는 양식을 갖출 것을 요구하고 있으며, 서면으로 작성된 문서로서 구비할 것을 요구한다. 그러나 몇몇 주에서는 반드시 서면에 의할 것을 요구하지 않고 의사소통의 형식 정도인 구두의 진술로서도 가능하며, 두 가지 형식 모두를 인정하는 경우도 있다. 예를 들어 플로리다주법에 의하면 생전유언을 입증된 서면문서(witnessed document in writing) 또는 구두진술(witnessed oral statement)이라고 정의하고 있다.[32) 이와 같이 주마다 상이한 차이가 있었기 때문에 1989년에 말기질병환자의 권리에 관한 통일법전(Uniform Rights of the Terminally Ill Act)이 만들어졌지만, 실제 주 입법 내에서의 그 효력은 극히 제한적이었다.[33) 1994년의 의료서비스결정에 관한 통일법전(Uniform Health Care Decision Act)에서는 개인의 지시(individual instruction)는 어떠한 의료서비스 결정을 사실상 통제할 수 있을 것이라고 되어 있으며, 1999년에는 세 개의 주에서 위의 통일법전을 채택하였다.[34)

법률에 정해진 요건과 절차를 구비한 생전유언이나 의료지시서에 따라 의료진이 환자의 생명연장 의료처치를 보류하거나 중단하여 자연적인 죽음의 과정에 이르게 하는 것을 허용하는 내용을 담고 있는 규범을 자연사법(natural death act)이라고 한다. 예를 들어, 워싱턴주의 경우 공공보건과 안전에 관한 법률(Title 70. Public Health and Safety)의 부분으로서 자연사법 규정(Chapter 70.122 Natural Death Act)을 두고 있다. 아이다호주의 경우에는 보건과 안전에 관한 법률(Title 39. Health and Safety)의 부분으로서 의료동의와 자연사법(The Medical Consent and Natural Death Act)의 장을 두고 있다. 콜럼비아 특별구의 경우 보건치료와 안전(Title Human Health Care and Safety)의 부분으로서 죽음에 관한 장의 하위 부분으로 자연사(Natural Death)에 관한 규정을 두고 있다. 미주리주의 경우 치료보류에 의한 죽음(Death

32) Florida Statutes Title XLIV. Civil Rights Chapter 765. Health Care Advance Directives Part I. General Provisions 765. 101 Definition.

33) Furrow · Greaney · Johnson · Jost · Schwartz, *supra* note 26, p.843.

34) *Ibid.*

resulting from withholding treatment)에 대한 규정을 두고 있다.35) 유사한 규정으로 아칸소주법에서는 말기환자 또는 영구적 의식불명환자의 권리에 관한 법률(Arkansas Rights of the Trminally Ill or Permanently Unconscious Act)의 명칭으로 사용하고 있다. 노스캐롤라이나주의 경우 자연사 권리에 관한 규정(right to a natural death)을 두고 있으며, 주 법률에 자연사의 요청을 기재하는 사전의료지시서 서식을 첨부하고 있다.36)

미국의 의료처지의 중단과 보류를 허용하고 있는 자연사법(natural death act)에는 다음과 같은 원칙 규정을 두고 있다. "성인은 말기상황에서 생명연장 절차를 보류하거나 중단하는 결정을 포함하여 그들 자신에게 의료처치를 제공하는 것과 관련된 의사결정을 통제할 근본적인 권리(fundamental right)가 있다."37) 이러한 기본원리에서와 같이 성인은 자신의 의료관리에 관련된 통제권을 가지고 있으며, 이 권리의 적용범위는 말기상태나 영구적인 의식불명상태에서의 생명유지치료의 보류나 중단도 포함된다. 노스캐롤라이나주법에 의하면 환자가 자신의 생명을 생명유지 장치에 의해서 연장하지 않겠다는 희망을 법률이 정한 바에 따라 선언의 방법으로 표시하였다면 이 선언(declaration)의 의사표시는 어떠한 경우에도 무효화할 수 없다.38)

한편 워싱턴주 자연사법(Natural Death Act) 법률도 환자의 존엄성과 프라이버시를 인정하여, 이에 대한 구체적인 내용으로 말기상태나 영구적 무의식상태에 있는 사람이 그의 의사에게 생명연장처치를 보류하거나 중단하도록 서면으로 지시할 수 있는 권리를 가지고 있음을 밝히고 있다.39) 자연사

---

35) Missouri Code Title XXVI. Trade and Commerce, Chapter 404 Transfer to minors-Personal Custodian and Durable Power of Attorney §404. 845 Death resulting from withholding treatment.

36) North Carolina General Statues Chapter 90. Medicine and Allied Occupations Article 23. Right to Natural Death §90-321.

37) West Revised Code of Washington Annotated Currentness, Title 7. Public Health and Safety, Chapter 70.122. Natural Death Act; Legislative findings.

38) North Carolina General Statues Chapter 90. Medicine and Allied Occupations Article 23. Right to Natural Death §90-321.

39) Washington Code, Title 7. Public Health and Safety, Chapter 70.122. Natural Death Act. §91101 Legislative Findings and Intent.

법 규정을 두고 있는 콜럼비아 특별구 대법원은 1985년 판례에서 의사결정 능력이 있는 연방의료기관의 말기환자는 인위적인 생명유지장치를 제거함으로써 곧 죽음에 이르게 되더라도 환자의 자발적인 의사표시에 따라 이를 제거하도록 결정할 권리를 가지고 있다고 판시하고 있다.[40]

(2) 허용행위 : 환자의 의사 및 의료지시서에 따른 의사의 치료 보류 또는 중단행위

말기상태에 있는 적격환자에 대해 의사는 연명치료를 보류하거나 중단할 수 있지만, 그 가능한 범위는 모든 형태의 연명치료처치를 말하지 않는다. 몇몇 주의 경우 인공호흡기 제거 등의 생명연장처치에 국한하고 있으며, 전체 절반 정도의 주에서는 치료중단을 할 수 있는 처치의 내용에는 영양공급이나 수분공급을 포함하고 있지 않다.[41] 환자의 의료지시서에 따라 생명연장처치를 보류하거나 중단하는 것은 어떤 의도에서든 자살방조나 살인죄를 구성하지 않지만, 의사, 간호사 또는 다른 의료관계 종사자도 어떠한 조건에서든 치료의 보류나 중단에 참여할 것을 법률이나 계약에 의해 강요받을 수 없다. 워싱턴주법에 의하면 어느 누구도 연명치료의 중단이나 보류에 참여를 거부하였다는 이유로 고용이나 직업적 권한에서 차별을 받아서는 안된다고 규정하고 있다.[42]

(3) 허용조건 : 연명치료중단 및 보류의 전제조건

1) 환자의 말기상태

대부분의 주의 경우 주치의사뿐 아니라 다른 의사를 포함하여 둘 이상의 의료진에 의해서 환자의 말기상태에 대한 확인이 이루어질 것을 요한다.[43]

---

40) Tune v. Walter Reed Army Medical Hosp., 1985, 602 F. Supp. 1452.

41) Furrow · Greaney · Johnson · Jost · Schwartz, *supra* note 26, p.844.

42) Washington Code, Title 7. Public Health and Safety, Chapter 70.122. Natural Death Act. 70.122.051. Liability of Health Care Provider or Facility.

43) District of Columbia Code, Title 7. Human Health Care and Safty, Subtitle A. General, Chapter 6. Death, Subchapter II. Natural Death §7-621 Definitions. (2); Arkansas

말기상태(terminal condition)란 질병으로 인하여 치료할 수 없거나 회복할 수 없는(incurable and irreversible) 상태를 의미한다.[44] 콜럼비아 특별구 법률상의 말기상태라 함은 상해나 질병에 의해서 야기된 치료할 수 없는 상태를 의미하며, 이러한 상태는 생명유지장치를 유지하더라도 조만간 죽음을 야기하고 생명유지장치는 다만 환자의 죽음의 순간을 연기하는 기능만 하는 상태를 말한다.[45] 한편 워싱턴주 법률에서는 말기상태라 함은 치료 불가능하고 회복 불가능하여 단기간 내에 죽음을 맞이하며, 생명연장장치를 이용하여 죽음의 과정을 인위적으로 연장하는 상태라고 정의하고 있다.[46] 그런데 좁은 의미의 말기상태가 아니라 영구적 무의식상태(permanent unconscious condition), 돌이킬 수 없는 혼수상태나 지속적인 식물인간상태에서의 회복 가능성이 없는 것처럼, 객관적인 의학적 판단 내에서 치료가 불가능하거나 회복이 불가능하다고 의학적으로 평가되는 상태도 말기상태에 포함시키고 있다. 이와 같이 말기상태의 적용범위를 확대하게 된 계기는 크루젠 사건이었으며, 그 사건 이후 많은 주에서는 예를 들어 오하이오주와 아칸소주에서는 말기상태가 아닌 회복할 수 없는 혼수상태, 지속적인 식물인간상태, 영구적인 무의식상태의 경우에도 적용하도록 하였다.[47]

2) 의료지시서의 작성

의료지시서(health care directive)는 법률이 정한 기준에 따라 작성자에 의하여 자발적으로 작성된 서면문서를 의미하며, 그 내용은 말기상태나 영구

Code Title 20. Public Health and Welfare, Subtitle 2. Health and Safety, Chapter 17. Death and Disposition of the Dead, Subcapter 2. Arkansas Rights of the Trminally Ill or Permanently Unconscious Act, §20-17-201. Definitions (9). 아칸소주 법률에서는 의사 2인이 확인・조사해야 한다는 규정을 두고 있지만, 기본적으로 말기상태의 환자의 요건을 18세 이상으로 하고 있다.

44) Uniform Rights of Terminally Ill Act, §3, 9B U.L.A. 170 (Supp. 1999).

45) District of Columbia Code, Title 7. Human Health Care and Safty, Subtitle A. General, Chapter 6. Death, Subchapter II. Natural Death §7-621 Definitions. (3).

46) Washington Code, Title 7. Public Health and Safety, Chapter 70.122. Natural Death Act. 70.122.030. Directive to withhold or withdraw life-sustaining treatment.

47) Furrow・Greaney・Johnson・Jost・Schwartz, *supra* note 26, p.844.

적 무의식상태에서 생명유지장치를 보류하거나 중단하는 지시를 하는 것이다.[48] 워싱턴주법의 의료지시서에는 "환자는 의료관리결정 능력을 가지고 있으며, 의지대로, 자발적으로 다음의 상황에서 인위적으로 생명을 연장시키는 것을 원하지 않음을 밝힌다"라는 형태로 되어 있다. 작성자는 담당의사에 의하여 말기상태나 두 명의 의사로부터 영구적으로 무의식상태임을 진단받고 생명유지장치의 적용이 죽음의 과정을 인위적으로 연장하기만 하는 경우, 그러한 처치를 보류하거나 중단할 것을 지시한다는 내용을 담고 있다.[49] 노스캐롤라이나주법에 의하면 환자는 의료서비스 결정을 할 수 없거나 의사소통을 할 수 없다고 주치의에 의해 진단 확인되는 경우를 대비하여 사전에 생명연장 여부에 대한 자신의 의향을 표시하는 의료지시서를 작성할 수 있다.[50]

환자의 의료지시서 작성시 두 명의 증언이 참석하여야 하고 이에 대해 서명할 것을 요구한다. 이와 같이 생전유언 내지 의료지시서의 작성에는 통상 증언의 입회를 요구하는 데, 실질적으로 미국 대부분의 주는 적어도 생전유언 및 선언(declaration)을 증명할 두 명의 성인인 증인과 그의 서명을 요구한다.[51] 몇몇 주에서는 증인이 환자와 혈연관계 또는 혼인관계를 가지고 있거나 유산상속이나 재산상의 이해관계가 있는 자를 제외해야 하며, 환자의 치료비에 대한 재정적 부담을 지고 있는 자도 제외하고 있다. 또한 의료진이거나 의료진이 고용한 자 또는 의료기관이 고용한 자 등은 제외하는

48) 의료지시서의 주요 내용으로 지속적인 대리권의 위임이 자리잡게 된 계기는 1990년대 초이다. 지속적인 대리권의 위임은 환자로 하여금 환자의 가치를 가장 잘 이해하고 이를 적용한 사람을, 즉 그가 의사결정능력이 없을 때 그의 치료 여부를 결정할 사람을 정하게 한다. Furrow · Greaney · Johnson · Jost · Schwartz, *supra* note 26, p.847.

49) Washington Code, Title 7. Public Health and Safety, Chapter 70.122. Natural Death Act. 70.122.030. Directive to withhold or withdraw life-sustaining treatment.

50) 노스캐롤라이나주법의 의료지시서의 서식은 '자연사에 대한 나의 희망'(My Desire for a Natural Death)이라는 표제어를 가지고 있다. North Carolina General Statues Chapter 90. Medicine and Allied Occupations Article 23. Right to Natural Death §90-321. Right to a natural death.

51) District of Columbia Code, Title 7. Human Health Care and Safty, Subtitle A. General, Chapter 6. Death, Subchapter II. Natural Death, §7-622. Declaration-Execution; form.

규정을 가지고 있다.[52)]

3) 말기상태에서의 적격환자의 의사 확인

의사능력을 가진 성인은 말기상태에서 연명치료(life-sustaining treatment)[53)]를 보류하거나 중단하는 지시를 할 수 있다. 의료진은 먼저 말기환자의 상태에 대한 확인을 하여야 한다. 담당 주치의는 환자가 말기상태에 있는지 여부를 증명하고 확인해 줄 의무가 있다.[54)] 이는 서면으로 작성되어야 하며, 이러한 과정이 거쳐야만 치료 보류와 중단의 의사표시를 행한 환자는 적격환자로서 인정된다. 이러한 환자에게 생전유언이나 사전의료지시서에 따라 의사는 치료를 보류하거나 중단할 수 있다.

(4) 검증절차

의사나 의사의 지시에 따르는 의료제공자 혹은 의료기관 그리고 요건에 부합하는 적격환자로부터 연명치료를 보류하거나 중단하는 데 선의로 참여하는 개인은 다른 과실이 없는 한 민사적・형사적 책임이나 직업적 제재로부터 면제된다. 대부분의 주는 사전의료지시서 내지 생전유언에 관한 규정의 절차와 서식을 구비하여 이에 따른 의료진의 행위는 자살방조나 살인으로 보지 않는다.[55)] 이러한 규정에 의한 치료중단이나 보류는 자비로운 살

---

52) 워싱턴주 법률에 의하면 증인들은 선언자의 의지나 유언서에 의하여 혹은 법적 효력에 의하여 선언자의 사망으로 인해 선언자의 재산에 대한 상속권이 부여되지 않는 자여야 한다. 이울러 증인은 담당의사가 아니어야 하며, 환자로 두고 있는 의료기관이나 담당의사의 고용인이어서도 안되고, 또한 지시의 시행시점에 선언자의 사망으로 인하여 선언자의 재산에 대한 상속권을 주장할 수 있는 사람이어서는 안된다. 70.122.030. Directive to withhold or withdraw life-sustaining treatment.

53) 워싱턴주 법률에 의하면 연명치료는 기계적 혹은 다른 인위적 수단을 사용한 의학적 혹은 외과적 간섭을 의미한다. 여기에는 필수적 기능을 유지하거나 회복하거나 대신하기 위해 인위적으로 공급되는 영양이나 수분 공급이 포함된다.

54) District of Columbia Code, Title 7. Human Health Care and Safty, Subtitle A. General, Chapter 6. Death, Subchapter II. Natural Death, §7-625. Physician duty to confirm terminal condition.

55) Missouri Code Title XXVI. Trade and Commerce, Chapter 404 Transfer to minors-Personal Custodian and Durable Power of Attorney §404. 845 Death resulting from withholding treatment; District of Columbia Code, Title 7. Human Health Care and

인이나 환자의 자살에 조력하는 행위, 안락사의 행위로 해석하지 않으며, 또한 이러한 죽음을 자살로도 평가하지 않는다.[56] 의료진의 고의 내지 과실로 인하여 자연적인 죽음의 과정 이외의 방법으로 생명을 종료시키는 것을 허락하지 않으며 이에 대한 처벌규정을 두고 있다. 예를 들어, 타인의 의료지시서를 위조・변조하거나 고의로 은닉하거나 선언자의 희망과 반대로 연명치료의 보류나 중단을 야기할 의도로 개정 워싱턴주 법률 70.122.040조에 해당하는 철회사실을 보류함으로써 이러한 행위로 인해 연명치료의 보류나 중단을 직접적으로 야기하여 결국 사망을 촉진한 자는 개정 워싱턴주 법률 9A.32.030조에서 정의된 일급 살인죄의 소추대상이 된다. 타인의 지시서를 선언자의 동의 없이 고의로 은닉, 삭제, 손상, 파괴하는 것은 범죄에 해당한다. 오히려 의사표시를 행한 환자의 동의를 구하지 않고 환자의 선언을 의도적으로 은폐, 취소, 훼손하거나 말소하는 행위를 한 자는 벌금형이나 징역형으로 처벌하고 있다.[57]

2. 오스트리아의 '환자자기결정법'

(1) 법률의 명칭 및 구성

오스트리아의 경우 2006년 5월 8일 공포되고 2006년 6월 1일부터 시행된 환자지시법(환자자기결정법)은 환자의 생전유언에 관한 연방법으로서 성격을 가진다.[58] 이 연방법률은 생전유언의 필요성과 효과에 대해서 규정하고 있다. 생전유언이 환자의 의사를 표시하고 있을 경우 생전유언은 구속

Safety, Subtitle A. General, Chapter 6. Death, Subchapter II. Natural Death, §7-628. Exclusion of suicide; effect of declaration upon issuance.

56) California Code, Division 4. 7. Health Care Decisions, Part 1. Definitions and General, Chapter 2. General Provisions §4656. Effect of Death resulting from withholding or withdrawing health care.

57) District of Columbia Code, Title 7. Human Health Care and Safty, Subtitle A. General, Chapter 6. Death, Subchapter II. Natural Death, §7-627. Extent of medical liability; transfer of patient; criminal offense.

58) 이 법은 생전유언의 필요성과 효과에 대해서 규정하고 있다(제1조).

력을 가지거나 또는 참작하여야 한다(제1조).

법률의 구성은 다음과 같다.

제1장 일반규정

제2장 생전유언의 구속력

제3장 구속력 없는 생전유언

제4장 일반규정

제5장 최종규정

(2) 허용행위 : 생전유언에 따른 의료처치의 거부

생전유언의 구속력과 관련해서 거부의 대상이 되는 의료처치는 분명하게 표현되어 있어야 하며, 생전유언의 전체 내용으로부터 명확하게 나타나야 한다(제4조). 다만, 생전유언을 찾는데 소비하는 시간이 환자의 생명 또는 건강을 심각하게 위협한다면, 응급의료처치는 이 연방법률에 의해서 영향을 받지 않을 것이다(제12조).

(3) 허용조건 : 생전유언의 구속력 요건

1) 환자의 요건

이 법률에서 생전유언이라 함은 환자가 의료처치를 거부하고, 그리고 처치의 순간에 환자가 이해할 수 없거나 판단 또는 표현할 수 없다면 유효한 것이 될 의사표시의 선언을 말한다. 환자는 생전유언을 행하는 순간에 그의 현재의 건강상태 여하를 불문하고 생전유언을 행하는 사람이다(제2조). 생전유언은 오직 개인적으로 실행되어져야 하며, 환자는 생전유언을 행할 수 있는 통찰력과 판단력을 소유하고 있어야 한다(제3조). 그에 더하여 환자가 생전유언의 결과를 심사숙고하여 고려하였다는 것은 생전유언으로부터 명백하여야 한다(제4조).

2) 선행적인 상담절차의 이행

구속력 있는 생전유언의 증서 작성에 앞서 의료처치를 위한 생전유언의 성격과 결과에 관한 정보를 포함하는 종합적인 의료상담이 선행되어야 할 것이다. 설명하는 의사는 그의 이름과 주소, 개인적으로 문서에 서명하게 함으로써 설명을 행한 사실을 문서로 기록하여야 하고, 환자의 통찰력과 판단력을 확인하여야 한다. 그리고 의사는 환자가 상당하게 생전유언의 결과를 심사숙고하였는지 여부의 사실과 그 이유, 예를 들어 환자 그 자신이나 그의 가까운 친척이 예전 또는 현재의 질병과 관계가 있는 처치와 관련되어 있다는 이유 등을 진술하여야 한다(제5조). 만약 생전유언을 대리인, 공증인, 환자 변호인의 법률상의 동업자가 참석한 가운데 서면으로 작성되고 일시가 표시되어 있다면, 그리고 환자가 언제든지 철회의 가능성뿐 아니라 생전유언의 결과에 대해서 정보(설명)를 받았다면, 해당 생전유언은 구속력을 가진다(제6조).

3) 구속력의 상실 및 철회

생전유언은 이것의 환자가 만료기한을 짧게 정하지 않았다면 생전유언의 증서 작성으로부터 5년이 경과한 때에는 해당 생전유언은 구속력을 잃는다. 제6조에서 언급한 형식적인 요구조건의 준수에 관해 적정한 의학적 정보가 제공된 이후에는 효력을 회복할 수 있다. 따라서 다시 새로운 5년의 기한이 시작된다. 생전유언의 내용에 대한 부가적인 수정은 철회로 보고 있으며, 구속력 있는 생전유언의 증서작성과 관련된 조항이 이에 따라 적용되어야 할 것이다. 각각의 부가적인 수정과 관련해서 생전유언의 만료기한은 전체 생전유언을 위해 재설정된다. 환자가 이해하고 판단할 수 있거나 표현할 수 있는 능력을 상실하였기 때문에 생전유언을 갱신할 수 없는 한 생전유언은 구속력을 잃을 것이다(제7조).

4) 구속력이 없는 생전유언

제4조 내지 제7조에서 언급한 모든 조건을 충족하지 않은 생전유언은 그럼에도 불구하고 환자의 의사를 입증하는 데에 참작할 수 있다(제8조). 구속력이 없는 생전유언이 구속력을 갖추기 위한 요구조건을 충족하면 할수록 환자의 의사를 입증하는데 참작할 수 있을 것이다. 그에 관해서는 특별히 다음의 사항들이 고려되어야 할 것이다. ① 환자가 생전유언을 작성하

는 때에 생전유언의 결과는 물론 생전유언과 관련되어 있는 질병의 상태를 어느 정도까지 평가하고 있었는지, ② 거부의 대상이 되는 의료처치를 구체적으로 어떻게 명시하고 있는지, ③ 문서의 작성 이전에 종합적인 의학적 정보제공이 어떻게 있었는지, ④ 구속력 있는 생전유언의 형식적 요구조건으로부터 해당 생전유언이 어느 정도 벗어나 있는지, ⑤ 종종 얼마나 생전유언이 갱신되었는지, ⑥ 가장 최근에 갱신된 날짜를 얼마나 되돌릴 수 있는지 등이다(제9조).

5) 무 효

다음의 경우에 해당하는 경우 생전유언은 무효이다(제10조).

i) 자유롭고 진지한 선언에 기초하지 않거나 또는 착오, 기망, 기만, 또는 물리적·정신적 강요에 의해서 시도된 경우

ii) 그 내용이 법적으로 받아들일 수 없는 경우

iii) 생전유언의 내용과 관련된 의학의 상황이 생전유언이 작성된 이후로 본질적인 변화가 있는 경우

또한 환자가 생전유언을 취소하거나 더 이상 유효하지 않다는 것을 말하였다면 생전유언은 효력을 잃는다. 생전유언에 환자의 부가적인 의견, 예를 들어 특별히 믿을 만한 사람에 대한 지시, 특정한 사람과의 접촉 거부 또는 특정한 사람에게 알려 주어야 하는 의무 등을 포함하고 있다고 해서 생전유언의 유효성에 어긋나는 것은 아니라고 규정하고 있다.

(4) 검증절차

환자에게 생전유언에 대해 설명하고 생전유언이 작성되었다면, 담당한 의사는 진료기록부에 생전유언의 기록을 첨부하여야 하며, 만약 생전유언이 병원 밖에서 작성되었다면 진료기록에 첨부해서 이를 기록해야 한다. 제5조 규정에 따라 상담, 설명하는 과정에서 의사는 환자가 생전유언의 증서를 작성하는 데에 요구되는 통찰력과 판단력을 갖추었는지 여부를 관찰하였다면, 해당 의사는 가능한 병력의 범위 내에서 이것을 문서로 기록해야

한다(제14조).

오용에 대한 보호를 위한 행정적 벌로서 생전유언이 증서로 작성되었는지 또는 아닌지 여하에 따라서 처치, 간호 또는 요양시설 또는 그러한 서비스의 처방을 이용하게 한 자는 이러한 행위가 법원이 부과하는 벌금형이 되지 않는 한 행정적인 위반행위를 한 것이고, 25,000유로의 이하의 과태료를 부과할 수 있으며, 재범의 경우 50,000유로 이하로 부과할 수 있다(제15조).

3. 대만의 완화의료법

(1) 법률의 명칭과 구성

대만의 경우 2000년 5월 자연사법(the Natural Death Act)이라는 이름으로 의회를 통과하였지만, 2000년 6월 '안녕완화의료조례'(완화의료법; the Hospice and Palliative Act)의 명칭으로 제정・공포되었다. 이 법에서는 완화의료에 대한 정의, 완화의료의 신청절차 및 요건, 심폐소생술 시행거부 요건, 의사의 호스피스의료 사전고지의무 및 기록보존 등에 관한 규정을 두고 있으며, 말기환자가 될 경우 완화의료 수용에 대한 사전신청서(living will cards) 제도를 두고 있다. 완화의료법의 입법목적은 회복이 불가능한 말기환자의 의료에 대한 의사결정을 존중하고 그 권익을 보장하기 위해서이다(제1조).

이 법률은 15개의 조문으로 구성되어 있으며, 다음과 같다.

제1조 입법목적 및 관련법의 보충적 적용

제2조 주관기관

제3조 용어의 정의

제4조 말기환자의 안녕완화의료선택 의원서 작성

제5조 행위능력자의 사전의원서 작성

제6조 의원인의 의사표시 철회

제7조 심폐소생술 불시행의 요건, 시행중인 소생술의 중단

제8조 안녕완화의료 실시시 의사의 치료방침 고지의무

제9조 안녕완화의료 실시시 의사의 병력서 작성 및 보존의무
제10조 제7조 위반시의 처벌
제11조 제9조 위반시의 처벌
제12조 처벌의 주관기관
제13조 벌금 미납시의 법원 이송
제14조 시행세칙 유보
제15조 법 시행일

(2) 허용행위 : 안녕완화의료의 실시

이 법률에서 안녕완화의료라 함은 말기환자의 고통을 줄이거나 없애기 위하여 완화성, 지지성, 안정의료를 시행하여 돌보거나 심폐소생술을 시행하지 않는 것을 말한다(제3조 1호). 또한 심폐소생술이라 함은 임종, 빈사, 또는 생명징후가 없는 환자에 대해서 기관내 삽관이나 체외의 심장마사지, 구급약물 주사, 심장전기충격, 심장인공격동, 인공호흡 기타 구급치료행위를 실행하는 것을 가리킨다(제3조 3호). 의사는 일정한 요건을 구비한 경우 말기환자에게 심폐소생술을 시행하지 않는다(제7조). 의사가 말기환자를 위하여 안녕완화의료를 실시할 때에는 치료방침을 환자 또는 그 가족에게 고지하여야 한다(제8조).

(3) 허용조건 : 심폐소생술 불시행의 전제조건

1) 완화의료 의원서 작성

먼저, 말기환자[59]는 완화의료를 선택하는 의원서(신청서)를 작성하여야 한다. 의원서에는 다음의 사항이 최소한 명기되어 있어야 하며, 의원인[60]이 서명하여야 한다(제4조).

---

59) 대만의 법률에서 말기환자라 함은 심한 부상이나 병에 걸려 의사의 진단에 의해 치유가 불가능하다고 판단될 뿐만 아니라 의학상의 증거로 단기간 내에 병세가 사망이 불가피한 정도까지 진전된 사람을 말한다(제3조 2호).

60) 대만의 법률에 의하면 의원인은 의원서를 작성하여 안녕완화의료의 전부 또는 일부를 선택한 사람을 말한다(제3조 4호).

ⅰ) 의원인의 성명, 국민신분증번호 및 주소 또는 거소

ⅱ) 의원인이 안녕완화의료를 수용한다는 의향과 그 내용

ⅲ) 의원서의 작성연월일

20세 이상의 완전행위능력을 지닌 사람은 사전의원서를 작성할 수 있다 사전의원서의 작성자는 미리 의료 위임대리인을 정해야 하며, 서면으로 위임의도를 확실히 기재하고 그 의도를 표현할 수 없는 때에는 대리인이 대신 서명한다(제6조).

2) 심폐소생술의 불시행시의 요건

심폐소생술을 시행하지 않는 경우의 전제조건은 다음과 같다(제7조).

ⅰ) 두 명의 의사[61]에게 말기환자로 확실히 진단받아야 한다.

ⅱ) 의원인이 서명한 의원서가 있어야 한다. 다만, 미성년자가 의원서에 서명할 때에는 반드시 법정대리인의 동의가 있어야 한다. 말기환자가 의식불명이거나 신청의사를 명확히 밝힐 수 없을 시에는 신청서는 최근친이 제출한 동의서로 대체한다. 단, 말기환자가 의식불명이거나 신청의사를 명확히 밝힐 수 없기 전에 명시한 의사표시와는 상반되어서는 안된다(제7조 제3항). 위의 최근친의 범위는 ① 배우자, ② 혈족인 직계비속 성인, ③ 부모, ④ 형제자매, ⑤ 조부모, ⑥ 증조부모 또는 3촌인 방계혈족, ⑦ 1촌인 직계인척이다(제7조 제4항). 최근친이 동의서를 작성함에는 1인이 이를 행하여야 하며, 최근친의 의사표시가 일치하지 않는 때에는 위에 열거한 선후에 의거하여 그 순서를 정한다. 후순위자가 이미 동의서를 제출한 때에는 만약 선순위자에게 다른 의사가 있는 경우에는 심폐소생술 불시행 결정 이전에 서면으로써 이를 표시하여야 한다(제7조 제5항).

한편, 의사는 말기환자에게 완화의료를 시행할 때 반드시 치료방침을 환자 또는 그 가족에게 확실히 알려 주어야 한다. 다만, 환자가 명확한 의사표시로써 질병의 상황을 알고자 하는 때에는 그것을 환자에게 고지하여야 한다(제8조).

---

61) 두 명의 의사 중 한 명은 반드시 관련 전문의의 자격이 있어야 한다(제7조 제2항).

(4) 검증절차

의사는 말기환자에게 호스피스의료를 시행할 때 반드시 규정에 따른 사항을 진료기록부에 상세하게 기재해야 한다. 의원서 또는 동의서도 병력서와 같이 보존하여야 한다(제9조).

만약 의사가 심폐소생술 불시행의 전제조건에 관한 규정을 위반하면 대만 화폐 6만위엔 이상 30만위엔 이하의 벌금에 처하고, 1월 이상 1년 이하의 업무정지처분 또는 면허취소에 처할 수 있다(제10조). 기록 및 보존의무를 위반한 경우에는 대만화폐 3만위엔 이상 15만위엔 이하의 벌금에 처한다(제11조).

4. 미국의 주법, 오스트리아법, 대만의 법의 비교분석

미국의 경우 대부분의 주가 생전유언법의 규정을 가지고 있으며, 일부 주의 경우 자연사법이라는 명칭을 사용하고 있다. 자연사법 내지 생전유언법에 의하면 연명치료중단 내지 보류행위를 허용하고 있으며, 사전의료지시서 내지 생전유언의 서식을 작성한 환자가 두 명의 의사에 의해 말기상태의 적격환자로 확인되면 의료지시서에 따라 연명치료를 중단 내지 보류할 수 있도록 규정하고 있다. 오스트리아, 대만의 입법의 경우에도 마찬가지로 의료지시서, 의원서를 작성하게 하고 있다. 오스트리아의 경우 사전적 개념으로 일반 개인이 말기상태 여하에 관계 없이 종합적인 의료상담으로 상담절차를 거쳐서 작성하도록 하고 있으며, 말기상태와 같은 요건을 별도로 요구하고 있지 않다는 점과 의료지시서의 유효기간을 두고 있다는 점에서 특색을 살펴볼 수 있다. 대만의 경우 연명치료중단 내지 보류의 허용범위 외에 심폐소생술의 불시행을 의료지시서에 명시할 수 있다는 점에서 특색이 있다. 특히 대만의 완화의료법은 다른 입법과 달리 뚜렷한 차이점은 말기환자가 의식불명인 경우 최근친이 제출한 동의서로 대체할 수 있어서 연명치료중단의 의사결정의 대리를 허용하고 있다.

	미국	오스트리아	대만
법률의 명칭	생전유언법, 자연사법(1976년 이후)	환자자기결정법(환자지시법, 생전유언에 관한 연방법) (2005년)	안녕완화의료조례(2001)
허용 행위	생전유언이나 사전의료지시서에 따른 연명치료의 보류, 중단(영양공급이나 수분공급의 중단을 허용하는 것에 대해서는 주마다 차이가 있음)	생전유언에 따른 의료처치의 거부	안녕완화의료의 실시 : 심폐소생술(기관내 삽관이나 체외의 심장마사지, 구급약물 주사, 심장전기충격, 심장인공격동, 인공호흡 기타 구급치료행위)의 불시행 포함
허용 조건	① 환자의 말기상태 또는 영구적인 무의식상태: 2인 이상의 의사에 의해 말기상태 확인 ② 의료지시서 작성, 2명의 증인 입증 ③ 적격환자의 의사표시 확인, 의사결정을 할 수 있는 판단능력이 있는 지 여부 확인	① 통찰력과 판단력을 갖춘 개인 ② 선행적인 상담절차의 이행 ③ 환자가 정한 만료기간 이내 또는 생전유언 작성으로부터 5년 기간 이내 ④ 무효원인 : 자유롭고 진지한 선언에 해당하지 않는 생전유언인 경우, 내용이 법적으로 받아들일 수 없는 경우, 작성 이후 의학상황의 변화, 환자의 생전유언 취소나 무효선언	① 2명의 의사에 의한 말기환자 진단 ② 완화의료 의원서(말기환자가 의식불명인 경우 최근친이 제출한 동의서로 대체) ③ 의사는 시행전 환자에게 치료방침 고지
검증 절차	① 의사의 기록의무 ② 의료지시서를 위조 · 변조, 고의 은닉, 철회사실 기재보류 등으로 인한 연명치료중단의 경우 처벌규정	① 의사의 기록의무 ② 생전유언의 증서 작성과 관련된 위반행위에 대한 행정적인 벌로써 제재	① 의사의 기록의무 ② 전제조건 위반시 처벌규정

Ⅳ. 의사조력자살법 입법에 대한 분석과 평가

1. 미국의 오레곤주의 의사조력자살법

(1) 법률의 명칭과 구성

보건부 법령 제13편 보호절차, 대리권한, 신탁 중 제127장 대리권한, 의료지시서, 정신치료를 위한 선언, 존엄한 죽음에 관한 규정 중에서 127장 127.800조항부터 127.995조항까지 오레곤주의 존엄사법(The Oregon Death with Dignity Act)으로 인용되고 있다.

(2) 허용행위 : 의사조력자살

오레곤주의 '존엄한 죽음에 관한 오레곤주법'(Death with Dignity Act; 의사조력자살법)은 환자의 자살조력에의 유효한 요청은 합법적이며, 그러므로 의사는 법적 책임의 부담 없이 그러한 요청에 응할 수 있다고 허용한 것이다.[62] 이 법률에 따른 의사의 행위는 어떤 의도에서건 법적인 자살이나 조력자살, 살인을 구성하지 않는다. 또한 이 법에 따라 선의로 참여한 자는 민・형사적 책임이나 직업적 징계를 받지 아니하고, 선의의 참여자에 대하여 비난, 징계, 자격정지, 자격박탈, 권한정지, 회원의 자격박탈이나 다른 처벌을 과할 수 없다.[63] 만약 의료제공자가 적격환자의 요구를 이행할 수 없거나 이행하기를 원치 않는다면, 새로운 의료제공자에게 전원조치시키고 요구가 있으면 의료기록의 사본을 제공해야 한다.

(3) 허용조건

의사조력자살의 형태로 이루어지는 의사의 말기처치가 형사적인 책임을

---

62) Tom L. Beauchamp・James F. Childress, *supra* note 11, p.148.

63) The Oregon Death with Dignity Act, 127.880 §3.14 Construction of Act.

면하기 위해서는 ① 존엄한 죽음을 위한 투약에 대한 서면요청, ② 적격 환자의 요건이 구비되어 있어야 하며, ③ 담당의사의 투약처방이 있으며, ④ 의료제공자의 책임면제규정에 따라 처벌받지 아니한다.

먼저, 적격환자의 요건으로 오레곤주에 거주하면서 말기질병[64]으로 고통받고 있으며, 의사능력이 있고, 죽음에 이르고자 하는 자발적 의사표시를 한 18세 이상의 성인이어야 한다. 이러한 요건을 구비한 적격환자는 오레곤주 개정법률에 따라 인도적이고 존엄한 방식으로 사망에 이르는 투약에 대한 서명요청을 할 수 있다.[65] 환자의 서명요청은 일정한 양식에 따라야 하며, 최소한 2인의 입회한 증인의 자발적 서명과 환자의 의사능력에 대한 인식과 신뢰에 대한 증명이 포함되어 있어야 한다. 첫 구두요청 이후 최소한 15일을 기다려야 하고, 그 이후 서면요청(written request)을 하여야 한다. 환자는 삶을 마감하기 위한 투약을 해달라는 요청을 최소한 48시간의 간격을 두고 두 번 구두로 해야 한다.[66] 담당의사와 자문의사의 견해로 환자가 정신적・심리적 장애나 우울증으로 고통받고 있다면, 환자가 상담을 하도록 해야 하며, 상담으로 환자가 정신적・심리적 장애나 우울증으로 겪고 있지 않는다는 결정이 있어야 한다.[67] 환자는 자신의 정신적 상태와 관계없이 언제나 어떤 방법으로든 자신의 요청을 철회할 수 있으며, 담당의사는 환자에게 철회의 기회를 제공하지 않고는 처방할 수 없다.

담당의사는 환자가 말기질병을 가지고 있는지, 의사능력이 있는지, 자발적인 요청을 하는 지를 처음으로 결정해야 한다. 또한 의사는 환자에게 그의 증세, 예후, 처방된 대로 행한 투약에 따른 잠재적인 위험, 투약에 따르는 가능한 결과, 통증완화 간호, 호스피스간호, 통증 통제 등의 실행 가능한

64) 오레곤주 법률에서 말하는 말기질병은 합리적인 의학적 판단으로 6개월 이내에 사망에 이르게 되는 의학적으로 확인된 회복 불능의 질병을 말한다. 통상 주의 경우 회복 내지 치료 불가능, 단기간 내의 죽음에 이르는 과정, 의학적 확인 등의 요소를 기준으로 한다.

65) The Oregon Death with Dignity Act, 127.805 §2.01. Who may initiate a written request for medication.

66) 환자의 최초의 구두요청과 의사의 처방전 사이에는 적어도 15일간의 기간이 있어야 한다. 환자의 서면요청과 의사의 처방전 작성간에는 48시간의 공백이 있어야 한다.

67) The Oregon Death with Dignity Act, 127.825 §3.03. Counseling referral.

대안들에 대하여 정보를 제공하여야 한다.[68] 이러한 정보에 근거해서 다른 대안들에 대한 심사숙고한 거부(a considered rejection of alternatives)가 존엄사를 정당화하는 요건이 된다.[69]

담당의사가 투약의사로 기재되어 있다면 환자의 불편함을 최소화시키려는 효과를 도와 주는 보조투약을 포함한 모든 투약은 직접 시행해야 한다.[70] 그리고 약사와 만나서 약사에게 처방전을 알려야 한다. 서면 처방전은 직접 혹은 우편으로 전달해야 하고, 약사는 환자나 담당의사 혹은 환자의 대리인에게 약물을 제공해야 한다.[71]

(4) 검증절차

의무기록에 다음의 사항이 기록되거나 첨부되어야 한다(127.855 §3.09. Documentation requirements for medical records).

i) 인간적이고 존엄한 방법에 의해 자신의 생명을 종결하는 처방을 요청하는 환자의 모든 구두 요청

ii) 인간적이고 존엄한 방법에 의해 자신의 생명을 종결하는 처방을 요청하는 환자의 모든 서면 요청

iii) 의사의 진단, 처방 및 환자가 판단능력이 있고, 자발적으로 행동했고 충분한 설명을 듣고 행했다는 의사의 의사결정

iv) 자문의사의 진단, 처방 및 환자가 판단능력이 있고, 자발적으로 행동했고 충분한 설명을 듣고 행했다는 자문의사의 증명

v) 자살이 행해졌다면 상담을 행한 결과 및 의사결정

vi) 환자의 두 번째 구두요청에서의 환자에게 철회할 것에 대한 의사의 제의

---

68) Oregon Death With Dignity Act, Section 3.01(2) (Attending Physician responsibilities); Jerry Menikoff, *supra* note 25, p.352.

69) Tom L. Beauchamp · James F. Childress, *supra* note 11, p.148.

70) 의료제공자로 하여금 투약 시행 기록사본의 제출을 요구할 수 있다. The Oregon Death with Dignity Act, 127.855 §3.09. Medical record documentation requirements.

71) R. Munson, *supra* note 8, 171면.

vii) 법률이 정한 바에 모든 요건들이 충족되었다는 것을 나타내는 의사의 기록과 처방된 약물의 표시를 포함해서 요청을 이행하는 과정의 단계를 나타내는 의사의 기록

보건부는 법률이 정한 바에 따른 기록의 샘플을 매년 심사하고, 법령이 정한 바에 따라 처방약을 조제할 경우 그 기록 사본을 보건부에 제출할 것을 요구한다. 보건부는 이러한 수집된 정보를 이용하기 위한 규정을 만들어야 하고, 다만 예외적으로 수집된 정보는 공공기록이 될 수 없고, 공공에 의해서 조사의 목적으로 이용할 수 없다(127.865 §3.11 Reporting requirements).

2. 네덜란드의 의사조력자살법

(1) 법률의 명칭과 구성

네덜란드의 경우 2001년 4월 안락사 합법화 법안이 네덜란드 상원을 통과하여 2002년 4월부터 시행되었으며, 이 법률은 형법과 매장 및 화장법을 개정하는 형식으로 이루어졌다. 이 법률의 정식명칭은 '요청에 의한 생명종결과 조력자살의 심사절차 및 형법과 장례법 개정법률'(Review procedures of termination of life on request and assisted suicide and amendment to the Penal Code and the Burial and Cremation Act)이다.[72] 네덜란드 의사조력자살법의 구성은 총 5개 장, 24개 조항의 조문으로 구성되어 있다.

제1장 용어의 정의(제1조)

제2장 말기치료의 조건(제2조)

제3장 요청에 의한 생명 종결과 조력자살을 위한 지역심의위원회(제3조-제19조)

제4장 다른 법률의 수정(제20조-제22조)

제5장 최종 규정(제23조-제24조)

72) 이 법률을 약칭해서 요청에 의한 생명종결과 조력자살법(Termination of Life on Request and Assisted Suicide Act)으로 부르며, 국가 차원에서 안락사를 세계 최초로 입법화한 법률이다.

(2) 허용행위 : 요청에 의한 생명종결과 조력자살

이 법률에서 말하는 조력자살(assisted suicide)은 다른 사람의 자살을 고의로 도와 주거나 또는 그것을 위해 형법 제294조 제2항 2문에서 언급한 수단을 다른 사람에게 구해 주는 것을 의미한다. 기존의 형법이 요청에 의한 생명종결과 자살조력에 대해 처벌규정을 두고 있는 것을 이 법률의 요건을 구비한 경우에는 범죄를 구성하지 않고 처벌하지 않는다.

이 법률에 따라 형법 제293조와 제294조를 아래와 같이 개정한다.

1) 형법 제293조 : ① 타인의 의사표시와 진지한 요청에 따라 타인을 살해한 자는 12년 이하의 징역형 또는 15번째 범주의 벌금에 처한다. ② 전항의 행위가 '요청에 의한 생명종결과 조력자살에 관한 법률' 제2조에 의해 정해진 말기치료의 기준을 이행한 의사에 의해 행해졌다면 그리고 의사가 '매장 및 화장에 관한 법률' 제7조 제7항의 규정에 따라 지역 병리학자에게 신고하였다면 범죄가 되지 않는다.

2) 형법 제294조 : ① 자살을 행하도록 타인을 교사한 자는 자살이 행해졌다면 3년 이하의 징역형 또는 4번째 범주의 벌금에 처한다. ② 고의로 자살을 행하도록 타인을 도와 주거나 그에게 할 수 있는 수단을 제공해 준 자는 자살이 행해졌다면 3년 이하의 징역형 또는 4번째 범주의 벌금에 처한다. 제293조 제2항은 필요한 변경을 가하여 적용할 수 있다.

(3) 허용요건 : 말기처치의 전제조건

이 법률에서 언급한 말기처치는 의사[73]가 ① 환자에 의한 요청이 자발적이고 심사숙고된 요청임을 확신하고, ② 환자의 고통이 지속적이고 참을 수 없음을 확신하고, ③ 환자에게 예상되는 상황을 알리고, ④ 환자가 자신의 상황에서 다른 합리적인 해결책이 없음을 확신하고, ⑤ 독자적인 의사가 말기처치의 조건에 대한 서면 의견을 환자에게 제출하면서 ①-④에 해당하

73) 주치의는 최소한 한 명 이상의 안락사 혹은 조력자살 요청을 다루어본 경험이 있는 의사의 자문을 구하여야 한다. Termination of Life on Request and Assisted Suicide Act, Chapter II. Requirements of Due Care. Article 2. 1. b.

는 부분을 최소한 서로간의 상담을 하고, ⑥ 말기처치로 사망에 이르게 하거나 자살에 조력할 수 있다.[74)]

이 법률에 따라 말기처치의 기준을 충족하는 상황에서 의사에 의해 말기처치가 이루어졌다면, 그리고 의사가 매장 및 화장에 관한 법률 제7조 제2항에 따라 이 지역의 병리학자에게 신고하였다면 위법하지 않다.[75)] 이 법률에 따르면 환자의 고통이 지속적이고 참을 수 없이 지속되며, 치유 가능성이 없는 환자여야만 한다. 의사는 환자의 고통이 참을 수 없는 정도라는 것을 입증할 수 있어야 한다.

만약 16세 또는 그 이상의 환자가 더 이상 자신의 의사를 표시할 수 없지만, 이전에 이러한 상태에 이르기 전에 그의 이익에 대한 상당한 이해를 할 수 있었고 생명의 종결에 대한 요청을 담고 있는 서면진술을 작성하였다면 의사는 이러한 요청을 이행할 수 있다. 전항에서 언급한 말기처치의 전제조건은 필요한 변경을 가하여 적용할 수 있다.[76)] 미성년자가 16세~18세 사이의 연령에 달하고 그의 이익에 대해 상당한 이해를 할 수 있다면 친권을 행사하고 있는 부모 일방 또는 부모 모두 그리고 (또는) 후견인이 이 의사결정과정에 참여한 후에 의사는 환자의 요청을 이행할 수 있다. 12세~16세 사이에 있는 연령의 미성년자는 그의 이익에 대한 상당한 이해를 할 수 있다면, 친권을 행사하고 있는 부모 일방 또는 부모 모두 그리고 (또는) 후견인이 생명종결 또는 조력자살에 대해 동의하는 것을 전제로 의사는 환자의 요청을 이행할 수 있다. 전항에서 언급한 말기처치의 전제조건은

74) Termination of Life on Request and Assisted Suicide Act, Chapter II. Requirements of Due Care. Article 2. 1.

75) 부검을 행한 자가 자연사라고 확신하면 사망증명서를 발급하여야 한다. 말기처치의 경우 즉시 지역검시관에게 사망의 원인에 관해 통보해야 한다. 만약 지역검시관이 사망증명서를 발급할 수 없다는 의견을 갖고 있다면, 즉시 검사에게 보고하고 출생・사망・결혼 등록원에 통보해야 한다. 문제가 있으면 지역검시관은 즉시 지역심의위원회에 보고해야 한다. Termination of Life on Request and Assisted Suicide Act, Chapter III. Regional Review Committees for Termination of Life on Request and Assisted Suicide. Paragraph 4: Duties and Powers. Article 10.

76) Termination of Life on Request and Assisted Suicide Act, Chapter II. Requirements of Due Care. Article 2. 2.

필요한 변경을 가하여 적용할 수 있다.

(4) 검증절차 : 말기처치에 관한 심의위원회 등의 검증절차

1) 지역위원회의 설치 및 구성[77)]

촉탁살인 및 자살방조에 관한 사례를 심의하기 위해 지역위원회(regional committees)를 두고 있다. 위원회는 어떤 비율이든 1명의 법률전문가, 의장, 1명의 의사, 윤리적 또는 철학적 쟁점에 대한 전문가 1명이 포함되어 있는 홀수의 위원으로 구성된다. 위원회는 위 각 범주의 부위원들(deputy members)을 각각 포함할 수 있다. 정위원 및 부위원들은 장관에 의해 위촉되며, 임기는 6년이다.

2) 위원회의 임무 및 권한

위원회의 임무는 '매장과 화장에 관한 법률' 제7조 제2항의 규정[78)]에 따라 신고된 촉탁살인이나 조력자살의 사례에서 해당 의사가 이 법률 제2조의 전제조건에 근거하여 이행했는지 여부를 평가한다. 즉, 위원회는 보고서[79)]에 기초하여 말기처치를 한 의사가 말기처치의 요구조건을 준수하였는지 여부를 평가한다. 위원회는 의사에게 의사의 행위에 대한 적절한 평가를 위하여 필요한 경우에는 추가적으로 서면 또는 구두로 보고할 것을 요청할 수 있다. 또한 위원회는 의사의 행위에 대한 적절한 평가를 위하여 필요한 경우에는 사체부검의, 자문의사, 참여한 처치제공자들에게 질의할 수

---

77) Termination of Life on Request and Assisted Suicide Act, Chapter III. The Regional Review Committees for Termination of Life on Request and Assisted Suicide Article 3.

78) 부검을 행한 자가 자연사라고 확신하면 사망증명서를 발급하여야 한다. 말기처치의 경우 즉시 지역검시관에게 사망의 원인에 관해 통보해야 한다. 만약 지역검시관이 사망증명서를 발급할 수 없다는 의견을 갖고 있다면, 즉시 검사에게 보고하고 출생, 사망, 결혼등록원에 통보해야 한다. 문제가 있으면 지역검시관은 즉시 지역심의위원회에 보고해야 한다.

79) 공시보고서 제출: 의사는 정부에 환자의 병력과 함께 의사조력사망이나 안락사에 대한 모든 요건을 만족시켰다는 것을 확인하는 보고서를 제출해야 한다. Termination of Life on Request and Assisted Suicide Act, Chapter III. Regional Review Committees for Termination of Life on Request and Assisted Suicide. Paragraph 4: Duties and Powers. Article 8.

있다.[80] 위원회는 만약 의사가 말기처치의 조건에 따라 이행하지 않았다는 의견을 가지고 있다면 검찰과 지역 의료감찰관에게 통보한다.[81]

위원회는 검사의 요청에 따라 ① 의사의 행위를 평가할 목적으로 또는 ② 범죄수사를 위한 목적으로 필요로 하는 경우에는 검사에게 모든 정보를 제공해야 할 의무가 있다.[82] 위원회의 의견은 다수결에 의해서 채택되고, 모든 위원들이 표결에 참여하는 것을 전제로 위원회에 의해서 채택될 수 있다. 지역위원회의 위원장은 적어도 1년에 2번 다른 지역위원회의 의장과 위원회의 운영방식과 이행에 관해 상호 자문을 행할 수 있다.[83]

3) 위원회의 연례보고서 제출

위원회는 적어도 4월 1일까지 장관에게 전년도의 활동에 관한 연례보고서를 제출하여야 한다. 장관은 이를 위해 필요한 서식을 규정할 수 있으며, 적어도 위원회의 보고서에는 ① 위원회가 의견을 제시한 요청에 의한 생명종결과 조력자살의 신고된 사례건수, ② 이 사례의 성질, ③ 의견과 수반된 심사과정에 대한 내용이 포함되어 있어야 한다.

매년 주 예산안을 제출할 때에 장관은 위원회의 직무수행의 관점에서 위원회의 활동에 관한 보고서를 제출하여야 한다. 장관의 권고에 따라 의회는 ① 위원회의 수와 지역관할권, ② 위원회의 소재지에 대해서 의회는 규정을 만들어야 한다. 또한 의회에서 만든 규정에 따라 장관은 ① 위원회의

---

80) 위원회는 보고를 받고 6주 이내에 의사에게 초기 견해를 서면으로 통보해야 한다. Termination of Life on Request and Assisted Suicide Act, Chapter III. Regional Review Committees for Termination of Life on Request and Assisted Suicide. Paragraph 4: Duties and Powers. Article 9.

81) Termination of Life on Request and Assisted Suicide Act, Chapter III. Regional Review Committees for Termination of Life on Request and Assisted Suicide. Paragraph 4: Duties and Powers. Article 9.

82) Termination of Life on Request and Assisted Suicide Act, Chapter III. Regional Review Committees for Termination of Life on Request and Assisted Suicide. Paragraph 4: Duties and Powers. Article 10.

83) Termination of Life on Request and Assisted Suicide Act, Chapter III. Regional Review Committees for Termination of Life on Request and Assisted Suicide. Paragraph 4: Duties and Powers. Article 13.

규모와 구성, ② 위원회의 활동방식과 보고서에 관해 추가적인 규정을 만들 수 있다.[84)]

3. 벨기에의 안락사법

(1) 법률의 명칭과 구성

2002년 5월 28일 공포된 벨기에 법률의 명칭은 안락사에 관한 법률(The Belgian Act on Euthanasia)이며, 그 구성은 다음과 같다.

제1장 일반규정

제2장 조건과 절차

제3장 의료지시서

제4장 신고

제5장 특별규정

(2) 허용행위 Ⅰ: 요청에 의한 생명종결

이 법률에 의하면 안락사(euthanasia)는 누군가의 요청에 의하여 당해 사람이 아닌 다른 사람에 의해서 생명을 의도적으로 종결하는 것으로 정의하고 있다.[85)] 안락사를 시행하는 의사가 법률규정이 정한 조건을 충족하면 형법상의 범죄를 행한 것으로 보지 않는다.

(3) 허용조건 Ⅰ: 요청에 의한 안락사 시술의 전제조건

안락사를 시술하는 의사가 형법상의 범죄를 행하는 것이 아니기 위해서는 다음의 요건을 구비하여야 한다.[86)]

---

84) Termination of Life on Request and Assisted Suicide Act, Chapter III. Regional Review Committees for Termination of Life on Request and Assisted Suicide. Paragraph 4: Duties and Powers. Article 19.

85) The Belgian Act on Euthanasia of May, 28th 2002, Chapter I. Section 2.

86) The Belgian Act on Euthanasia of May, 28th 2002, Chapter II. Section 3 §1.

ⅰ) 환자는 성인에 달하거나 후견을 벗어난 미성년자이고, 그리고 요청의 순간에 법적으로 자격을 갖추고 의식이 있어야 하며,

ⅱ) 요청은 자발적이고, 충분히 고려되고, 반복적이고 그리고 외부의 압력에 의한 결과가 아니어야 한다.

ⅲ) 환자는 질병이나 사고로부터 야기된 심각하고 치료할 수 없는 질환(disorder)에 기인한 더 이상 완화시킬 수 없는 계속적이고 참을 수 없는 육체적 또는 정신적 고통의 상태에 있는 의학적으로 무의미한 조건에 놓여 있어야 하며,

ⅳ) 담당의사는 이 법에서 정한 조건과 절차를 준수하여야 한다.

그리고 담당의사는 환자의 요청에 의한 생명종결 행위를 거부할 수 있으며, 이를 거부하지 않고 환자의 요청에 따른 안락사 행위를 하는 경우 담당의사는 아래의 사항들을 행하여야 한다.

ⅰ) 환자에게 건강상태와 기대여명에 대해 설명하고, 안락사에 대한 환자의 요청과 가능한 치료법, 완화치료과정의 시행과 그 결과에 대해 의논하여야 한다. 환자와 함께 의사는 환자의 상황에서 다른 합리적인 대안이 없다는 믿음을 가져야 하고, 환자의 요청이 완전히 자발적이라는 믿음을 가져야 한다.

ⅱ) 환자의 계속적인 육체적 또는 정신적 고통을 인식하여야 하고, 지속적인 성격의 환자의 요청에 대해 인식하고 있어야 한다. 결국 환자의 상태를 고려하면서 담당의사는 상당한 시간의 경과를 통해 여러 차례 환자와 상담을 하여야 한다.

ⅲ) 환자의 질환의 심각하고 치료 불가능한 특성에 대해 다른 의사와 자문하여야 하고, 그러한 자문을 받는 이유를 설명하여야 한다. 자문의사는 의무기록을 재점검하고, 환자를 조사하고 그리고 완화할 수 없는 계속적이고 참을 수 없는 환자의 육체적 또는 정신적 고통을 인식하여야 한다. 자문의사는 자신의 조사결과에 대해 보고한다.

자문의사는 담당의사로부터 마찬가지로 환자로부터 독립적이어야 하고, 문제가 되는 질환에 대해 의견을 줄 수 있는 자격을 갖추어야 한다. 담당의

사는 이러한 자문의 결과를 환자에게 알려준다.

iv) 환자와 정규적으로 접촉하는 간호팀이 있다면 환자의 요청에 대해 간호팀이나 그 구성원들과 상의하여야 한다.

v) 만약, 환자가 그렇게 원한다면 환자가 지정한 친지와 환자의 요청에 대해 상의하여야 한다.

vi) 환자는 그 자신이 만나기를 원하는 사람들과 자신의 요청에 대해 상의하는 기회를 가졌다고 확신할 수 있어야 한다.

한편, 만약 의사가 환자가 곧 빠른 시일 내에 사망할 것이라고 예상되지 않는다면 의사는 역시 다음의 사항을 하여야 한다.

i) 정신과의사 또는 문제가 되는 그 질환의 전문가인 제2의 의사에게 자문을 구해야 하고, 그러한 자문을 받는 이유를 설명하여야 한다. 자문의사는 의무기록을 재점검하고, 환자를 조사하고, 그리고 완화할 수 없는 계속적이고 참을 수 없는 환자의 육체적 또는 정신적 고통을 인식하여야 하고, 자발성과 충분한 심사숙고, 안락사 요청의 반복적 성격을 확인하여야 한다. 자문의사는 자신의 조사결과에 대해 보고한다. 자문의사는 처음에 자문한 의사와 마찬가지로 환자로부터 독립적이어야 한다. 의사는 이러한 자문의 결과를 환자에게 알려 준다.

ii) 환자의 서면요청과 안락사 시행 사이에는 적어도 1개월의 기간을 허용하여야 한다.

환자의 요청은 서면으로 작성되어야 한다. 서면에는 환자에 의해 작성되고 날짜와 서명이 기재된다. 만약 환자가 이러한 행위를 할 수 없다면 환자에 의해 지정된 사람에 의해 작성된다. 지정받은 자는 성인에 달해야 하고, 그리고 환자의 사망으로 인하여 어떠한 물질적인 이해관계를 가지고 있지 않아야 한다. 지정받은 자는 환자가 자신의 요청을 서면으로 작성할 수 없다는 것과 그 이유를 표시하여야 한다. 그러한 경우에 그 요청은 서면에서 이름이 거명되는 의사의 면전에서 작성되어야 한다. 이 문서는 의무기록에 첨부되어야 한다. 환자는 언제든지 그의 요청을 철회할 수 있으며, 그 경우 문서는 의무기록에서 떼어내어 환자에게 돌려 준다.[87]

(4) 허용행위 II : 의료지시서에 따른 생명종결

의료지시서에 따라 안락사를 시행한 의사는 일정한 전제조건을 구비한 경우에는 범죄를 행한 것이 아니다.[88] 만약, 더 이상 의사를 표시할 수 없는 경우를 대비하여 모든 법적으로 자격이 있는 성인 또는 후견을 벗어난 미성년자는 의사가 다음의 사항을 확인하고 난 후에 의사에게 안락사를 시행할 것을 지시할 수 있는 의료지시서를 작성할 수 있다.

i) 환자는 질병이나 사고에 기인한 심각하고 치료 불가능한 질환으로부터 고통을 받는다.

ii) 환자는 더 이상 의식이 없다.

iii) 이러한 상태는 현재의 의학적 수준에서는 불가역적인 상태이다.[89]

의료지시서에는 위임을 얻은 1명 또는 그 이상의 사람이 선호에 따라서 지정될 수 있으며, 그 자는 담당의사에게 환자의 의사를 알린다. 위임을 받은 각자는 거절 또는 방해하거나 자격이 없는 경우, 사망한 경우에는 의료지시서에 언급된 바와 같이 그의 전임자와 대체된다. 환자의 담당의사, 자문의사, 간호팀의 구성원은 위임을 얻은 사람으로서 행위할 수 없다.

의료지시서는 어떠한 경우에도 작성될 수 있다. 다만, 그것은 2명의 증인의 면전에서 작성되어야 하며, 적어도 그 중의 한 명은 환자의 죽음과 관련하여 물질적인 이해관계가 없어야 한다. 그리고 그것은 초안을 작성한 자, 증인과 그리고 적용 가능하다면 위임을 얻은 자에 의해서도 작성연월일을 기재하고 서명해야 한다.

만약, 의료지시서를 작성하기를 원하는 사람이 영구적으로 또는 물리적으로 의료지시서를 작성하거나 서명할 수 없다면, 성인이고 해당자의 죽음과 관련하여 물질적인 이해관계가 없는 증인 두 명이 출석한 가운데 서면으로 자신의 요청을 작성하기 위하여, 성인이고 그리고 해당자의 죽음과 관

---

87) The Belgian Act on Euthanasia of May, 28th 2002, Chapter II. Section 3 §4.

88) The Belgian Act on Euthanasia of May, 28th 2002, Chapter III. Section 4 §2.

89) The Belgian Act on Euthanasia of May, 28th 2002, Chapter III. Section 4 §1.

련하여 물질적인 이해관계를 가지고 있지 않는 사람을 지정할 수 있다. 이 경우 의료지시서에는 해당자가 서명할 수 없고 그리고 왜 그런지 그 이유를 표시하여야 한다. 의료지시서에는 날짜를 기재하여야 하고 작성자, 증인, 그리고 적용할 수 있다면 위임을 받은 자가 서명하여야 한다. 의료지시서는 언제든지 수정되거나 또는 철회할 수 있다.

(5) 허용조건 II : 의료지시서에 따른 의사의 행위의 전제조건

의료지시서에 따라 안락사를 시행한 의사의 경우 다음의 조건들을 충족하여야 한다.

i) 환자가 질병 또는 사고에 기인한 심각하고 치료 불가능한 질환으로부터 고통을 받는다.

ii) 환자가 의식불명이다.

iii) 이러한 상태가 현재의 의학적 수준에서는 불가역적인 상태이다.

iv) 담당의사가 이 법률에서 정한 조건과 절차를 준수하여야 한다.

또한 담당의사는 안락사를 시행하기 전에 아래의 사항들을 행하여야 한다.

i) 환자의 의학적 상태의 불가역성에 대하여 다른 의사에게 자문을 구하여야 하고, 그러한 자문을 받는 이유를 설명하여야 한다. 자문의사는 의무기록을 자문하고, 환자를 조사하고, 그리고 난 후 해당 조사결과를 보고한다. 의료지시서에 위임을 받은 자가 지정되어 있다면, 지정된 자에게 담당의사는 자문의 결과를 알려야 할 것이다. 자문의사는 담당의사와 마찬가지로 환자로부터 독립적이고, 문제가 되는 질환에 대해 자문을 행할 자격을 갖추어야 한다.

ii) 만약에 환자와 정규적으로 접촉하는 간호팀이 있다면, 의료지시서의 내용에 대해 간호팀이나 그 구성원들과 상의하여야 한다.

iii) 의료지시서에 위임을 받은 자가 지정되어 있다면, 그자와 요청에 대해서 상의하여야 한다.

iv) 의료지시서에 위임을 받은 자가 지정되어 있다면 위임을 받은 자는 환자의 친족과 의료지시서의 내용에 대해서 상의하여야 한다.

자문의사의 보고서를 포함해서 담당의사의 행위와 그 결과 이외에 의료 지시서도 환자의 의무기록에 빠짐없이 기록되어야 한다.

(6) 검증절차

1) 의무기록의 작성 및 제출

이 법률에 의하면 자문의사의 보고서를 포함하여 담당의사에 의한 행위와 그 결과 이외에 환자에 의해 행해진 모든 요청들은 환자의 의무기록에 빠짐없이 기록하도록 하고 있다.[90] 특히 이 법을 이행하기 위해서 안락사를 시행한 의사는 등록서식을 작성할 것이 요구되며, 이 법률에 따라 설립된 연방규제평가위원회에 제출하고 그리고 4일 이내에 이 문서를 송달할 것이 요구된다.[91]

2) 연방규제평가위원회의 설치

이 법의 이행을 위해서 연방규제평가위원회(이하 '위원회')를 설치한다.[92] 위원회는 16명의 위원으로 구성되며, 위원들은 위원회의 관할에 속하는 주

---

90) 위원회는 의사가 안락사를 행할 때마다 작성해야만 하는 등록양식(draft)을 만든다. 이 문서는 두 부분으로 구성되어 있다, 첫 번째 구성부분은 의사에 의해 봉인이 된 채로 놓여 있어야 한다. 여기에는 다음의 정보가 포함되어 있다. ① 환자의 성명과 주소, ② 담당의사의 성명, 주소, 건강보험기관에의 등록번호, ③ 안락사 요청에 대한 자문한 의사의 성명, 주소, 건강보험기관에의 등록번호, ④ 담당의사와 상의한 모든 사람들의 성명, 주소, 자격, 그리고 자문한 날짜, ⑤ 위임을 받은 사람이 하나 또는 그 이상이 지정된 의료지시서가 존재한다면 그러한 사람들의 성명
이와 같이 문서의 첫 번째 부분은 기밀이 유지되어야 한다. 그리고 의사에 의해 위원회에 제출해야 한다. 이것은 위원회의 결정에 의해서만 열람할 수 있다. 아무런 조건이 없는 하에서 위원회는 이 문서를 평가를 위해서 사용할 수 있다.
두 번째 부분은 역시 기밀이 유지되어야 한다. 여기에는 다음의 정보가 포함되어 있다. ① 환자의 성, 출생연월일, 출생장소, ② 죽은 날짜와 장소, ③ 환자가 고통을 받았던, 사고 또는 질병에 기인한 심각하고 치료 불가능한 상태의 성격, ④ 계속적이고 참을 수 없는 고통의 성격, ⑤ 이러한 고통이 완화될 수 없었던 이유들, ⑥ 환자의 요청이 자발적이고, 심사숙고하였고 반복적이고 외부적 압력의 결과가 아니라는 것을 보증할 수 있는 중요한 요소들, ⑦ 환자가 조만간 알 수 있는 미래 내에 사망할 것이라는 것을 기대할 수 있는지 여부, ⑧ 의료지시서가 작성되었는지 여부, ⑨ 의사에 의해서 행해진 절차, ⑩ 자문한 의사의 자격, 이러한 자문으로부터의 권고사항과 정보, ⑪ 의사에 의해 상담한 사람의 자격 그리고 상담일자, ⑫ 안락사가 시행된 방법과 사용된 처방약.

91) The Belgian Act on Euthanasia of May, 28th 2002, Chapter IV. Section 5.

92) The Belgian Act on Euthanasia of May, 28th 2002, Chapter IV. Section 6.

제들에 대해 전문적인 지식과 경험을 가지고 있는 사람 중에서 임명된다. 8명의 위원들은 벨기에 소재 대학에서 적어도 4년 이상 재직한 의사이다. 4명의 위원은 벨기에 소재 대학의 법학교수이다. 위원회의 위원은 입법부의 일원으로 지위를 겸할 수 없으며, 또는 연방정부의 일원으로서의 지위, 또는 지방정부나 지역공동체 정부의 일원으로서 지위를 겸할 수 없다. 언어그룹과 관련해서 – 각 언어집단이 적어도 성별로 세 명의 후보자를 가지고 있고 다양한 대표성을 보장하는 경우에는 위원회의 구성원은 의회로부터 제출받은 후보자의 2배수 명단에서 장관회의에서 심의를 거친 후에 4년 임기로 왕명에 의해 임명된다. 위원의 임기는 위원이 선출된 기반에서의 자격을 잃는다면 합법적으로 종결된다. 위원회는 독일어와 불어를 말하는 위원들로 의장을 맡긴다. 이러한 의장들은 대표되는 언어그룹의 위원회 구성원들에 의해서 선출된다.

위원회의 결정은 구성원의 2/3 출석의 정족수를 충족해야만 유효하다. 그리고 위원회는 자체 내부적인 규칙을 제정한다.

3) 조사 및 심의

위원회는 담당의사에 의해 위원회에 제출된 등록서면 전체를 조사해야 한다. 등록서면의 두 번째 부분에 기초해서 위원회는 안락사가 이 법에서 정한 조건과 절차에 따라 시행되었는지 여부를 결정하여야 한다. 의심스러운 경우에는 위원회는 익명을 철회하고 등록서면의 첫 번째 부분을 조사할 것을 다수결로써 결정할 수 있다. 위원회는 담당의사에게 안락사를 행해야 했던 과정에서의 의무기록으로부터 정보들을 제공하도록 요청할 수 있다. 위원회는 2개월 이내에 심의의견을 제출한다. 만약 위원회가 2/3의 결정으로 이 법에 의해서 전제한 조건들이 충족되지 않았다고 의견을 제시하였다면 환자가 사망한 지역에 관할권을 가지고 있는 검사에게 사건이 송부된다.

입법부를 위해서 위원회는 다음의 보고서를 법 시행 2년 이내에 그리고 그 이후 매 2년 마다 작성해야 한다.

i) 의사들에 의해 제출된 등록서면의 두 번째 부분으로부터 정보로부터 수집된 통계보고서

ii) 법의 시행결과를 나타내 주고 평가하는 보고서

iii) 필요하다면 이 법의 집행과 관련하여 새로운 입법 또는 다른 방안을 제시하는 권고사항

이러한 작업을 수행하기 위하여 위원회는 여러 공공기관이나 조직으로부터 추가적인 정보를 찾을 수 있다. 이렇게 수집된 정보는 기밀이 유지되어야 한다. 이러한 문서의 어느 것도 Section 8에서 결정한 바와 같이 심사를 위하여 위원회에 제출된 서류 일체에서 사람을 식별할 수 있는 이름을 밝힐 수 없다고 규정하고 있다.

4. 미국의 오레곤주법, 네덜란드법, 벨기에법의 비교분석

존엄사의 허용요건으로 사망의 과정이라는 기간적 관점에서 환자의 상태를 전제조건으로 규정한 입법례가 있는데, 미국의 오레곤주의 의사조력자살법이 그 예이다. 미국의 오레곤주 법률에서 말하는 말기질병(terminal disease)은 합리적인 의학적 판단에 의하여 의학적으로 확인되고 6개월 이내에 사망에 이르게 될 치료 불가능하고 회복 불가능한 질병을 의미한다.[93] 유사한 입법례로 대만의 안녕완화의료조례의 경우 말기환자라 함은 심한 부상이나 병에 걸려 의사의 진단에 의해 치유가 불가능하다고 판단될 뿐만 아니라, 의학상의 증거로 단기간 내에 병세가 사망이 불가피한 정도까지 진전된 사람을 말한다고 정의하여 단기간 내 사망과정의 진전을 전제로 하고 있다.[94] 한편 환자의 상태가 치료 가능성이 없다는 점과 환자의 고통이 극심하다는 점의 결합된 요소가 있어야만 적극적 안락사 시술이 가능한 입법례로서는 네덜란드의 안락사법을 들 수 있다. 이 법의 적용범위는 환

93) The Oregon Death with Dignity Act, 127.800 §1.01. Definition.

94) 석희태, “중화민국 안녕완화의료조례의 연혁과 내용,” 대한의료법학회 2008 추계학술대회 자료집, 5면.

자의 고통이 지속적이고 참을 수 없이 지속되며, 치유 가능성이 없는 환자여야 하며, 의사는 환자의 고통이 참을 수 없는 정도라는 것을 입증할 수 있어야 한다.[95)]

미국의 오레곤주법을 제정한지 11년 후에 두 번째로 의사조력자살을 인정한 주가 워싱턴주이다. 법률 명칭도 동일하게 존엄사법으로 제정되었다. 워싱턴주의 Washington v. Glucksberg 사건[96)]에서 제9순회항소법원은 헌법의 기본적 자유권은 의사조력자살을 처벌하지 않는 법을 허용할 만큼 포괄적이라고 하여 의사조력자살에 우호적인 판결을 내렸다. 그러나 이 사건에 대한 연방대법원의 다수의견은 의사조력자살의 권리는 미국의 법 전통에 깊이 뿌리박고 있지 않다고 하면서 수정헌법 제14조의 적법절차조항에서 보호된 자유권은 의사의 조력을 받을 권리가 미국의 역사와 전통에 깊이 뿌리박고 있을 때에 한하여 허용되고 인정될 수 있다고 판단하였다. 워싱턴주의 의사조력자살에 관한 형사법적 금지는 인간생명의 존중, 자살의 예방, 의료인의 직업의 순수성과 윤리의 보호, 자살을 시도하라는 강요를 받는 취약계층의 보호, 안락사의 남용예방 등의 정당한 목적과 합리적으로 관련을 가지고 있다고 한다.[97)] 하지만, 워싱턴주에서는 여태까지 논란이 되었던 의사조력자살 행위의 허용 여부가 입법으로 일단락을 지은 셈인데, 법률의 구성과 내용이 오레곤주법과 거의 유사성을 가지고 있다. 허용조건은 거의 일치하고 있으며, 이 전제조건은 자연사법 입법 유형과 비교하면 매우 엄격한 조건을 구비할 것을 요구한다는 점에서 차이가 있다. 특히 치료 불가능하고 회복 불가능한 말기상태여야 할 뿐 아니라 고통이 극심하여

---

95) 네덜란드의 안락사법은 약칭해서 생명의 종료에 대한 요청과 조력자살법(Termination of Life on Request and Assisted Suicide Act)으로 부르며, 국가 차원에서 안락사를 세계 최초로 입법화한 법률이다.

96) Washington v. Glucksberg 117 S. Ct. 2258. 자세한 내용은 Jerry Menikoff, *supra* note 25, pp.340-346.

97) 연방대법원은 의사조력자살을 합법화하는 경우에는 의료의 존엄성이 위협받을 수 있다는 의료계의 주장과 장애인과 가난한 사람들이 피해를 입을 수 있다는 주장에 대해서 이를 긍정적으로 평가하였다. 즉, 의사조력자살이 남용될 수 있으며 그러한 위험성이 현실화될 수 있다는 점을 주목한 것이다. Glugsberg, 117 S. Ct. at 2271-2275.

야 하며, 6개월 이내의 기대여명의 상태여야 한다는 점에서 적격환자의 요건이 제한적임을 알 수 있다. 죽을 의사를 자발적으로 표시하여야 하고, 구두로 그리고 서면으로 직접 요청하여야 한다는 점에서 사전의료지시서에 의한 의사의 추정이 전혀 인정되지 않는다는 차이점을 가지고 있다. 미국의 주법의 경우 구두요청 및 서면요청과의 사이에 15일의 유예기간을 가지고 있어야 한다는 점에서는 유럽의 네덜란드와 벨기에법과의 차이점을 찾을 수 있다.

미국의 많은 주 법률은 주치의사뿐 아니라 다른 의사를 포함하여 둘 이상의 의료진에 의해서 환자의 말기상태에 대한 확인이 이루어질 것을 요한다.[98] 또한 벨기에 안락사법의 경우에도 환자의 질환의 심각하고 치료 불가능한 특성에 대해 다른 의사와 자문하여야 하고, 그러한 자문을 받는 이유를 설명하여야 한다. 자문의사는 의무기록을 재점검하고, 환자를 조사하고, 그리고 완화할 수 없는 계속적이고 참을 수 없는 환자의 육체적 또는 정신적 고통을 인식하여야 한다. 자문의사는 자신의 조사결과에 대해 보고서를 제출한다. 의사조력자살의 입법 형태에서는 의사와의 상담절차, 설명 등의 정보제공의무, 설명이행의 기록의무, 자문의사의 조사・확인의무 등이 명시되어 있음을 알 수 있다. 자연사법의 입법 유형에서도 담당의사 이외에 전문의사를 요구하지만, 해당 의사에게 조사・확인 내지 결과보고서 제출의무를 부과하고 있지는 않다. 대만의 완화의료법에 의하면, 환자가 심폐소생술 불시행을 원하고 있는 경우에 1인의 관련 전문의가 포함된 2인의 의사로부터 말기환자 진단확정이 있어야 한다.[99] 이 경우 2인의 의사는 동일 시기에 진단하거나 동일 의료기관에 소속한 의사에 한정되지 않는다.[100]

---

98) District of Columbia Code, Title 7. Human Health Care and Safty, Subtitle A. General, Chapter 6. Death, Subchapter II. Natural Death §7-621 Definitions. (2); Arkansas Code Title 20. Public Health and Welfare, Subtitle 2. Health and Safety, Chapter 17. Death and Disposition of the Dead, Subcapter 2. Arkansas Rights of the Trminally Ill or Permanently Unconscious Act, §20-17-201. Definitions (9). 아칸소주 법률에서는 의사 2인이 확인・조사해야 한다는 규정을 두고 있지만, 기본적으로 말기상태 환자의 요건을 18세 이상으로 하고 있다.

99) 대만의 안녕완화의료조례 제7조 제1항.

한편, 검증절차에서 미국의 입법과 네덜란드, 벨기에 입법의 차이점이 있는데 미국의 경우 기록된 처방전 사본을 보건부에 제출하고 보건부가 심사하는 기능을 담당하는 반면에, 네덜란드와 벨기에의 경우 사례를 조사하고 심의하는 별도의 위원회를 설치하고 있다. 위원회에서 조사·심의하여 보건부에 연례보고서를 제출하고 위원회에서 요건을 구비하지 않은 경우 검찰에 범죄수사를 의뢰할 수 있다는 점에서도 그 검증절차의 권한이 분명하게 제시되고 있다.

	미국 오레곤주	미국 워싱턴주
법률의 명칭	존엄사법(1998)	존엄사법(2008)
허용 행위	환자의 요청에 의한 약물처방	환자의 요청에 의한 약물처방
허용 조건	① 판단능력이 있는 18세 이상의 성인, 오레곤주 주민 ② 치료 불가능하고 회복 불가능한 6개월 이내에 죽음에 이르는 말기 질병으로 고통을 받고 있음이 의사와 자문의사에 의해 확인되고 ③ 죽을 의사를 자발적으로 표시 ④ 서면으로 약물처방을 요청 ⑤ 의사는 환자에게 충분한 설명과 상담을 전제로 함. ⑥ 자문의사가 환자와 그의 의무기록을 조사하고 의사의 진단을 확인하고 환자의 의사의 자발성과 심사숙고성을 심사함. ⑦ 적어도 구두요청과 약물처방 사이에 15일 유예기간 ⑧ 서명요청과 약물처방 사이에 48시간 유예기간 ⑨ 정신적·심리적인 장애가 없을 것	① 18세 이상의 성인, 워싱턴주 주민 ② 치료 불가능하고 회복 불가능한 6개월 이내에 죽음에 이르는 말기 질병으로 고통을 받고 있음이 의사와 자문의사에 의해 확인되고 ③ 죽을 의사를 자발적으로 표시 ④ 서면으로 약물처방에 대한 요청 ⑤ 의사는 환자에게 충분한 설명과 상담을 전제로 함. ⑥ 자문의사가 환자와 그의 의무기록을 조사하고 의사의 진단을 확인하고 환자의 의사의 자발성과 심사숙고성을 심사함. ⑦ 적어도 구두요청과 약물처방 사이에 15일 유예기간 ⑧ 서명요청과 약물처방 사이에 48시간 유예기간 ⑨ 정신적·심리적인 장애가 없을 것

100) 대만의 안녕완화의료조례 시행세칙 제4조에 의하면 관련 전문의는 말기환자로 진단될 중대한 상병에 관련되는 전문영역 범위의 전문의를 말한다고 규정하고 있다.

	미국 오레곤주	미국 워싱턴주
검증 절차	① 의사의 기록의무 ② 보건부는 매년 기록 샘플을 심사 ③ 의사는 처방전 사본을 보건부에 제출 ④ 보건부는 수집된 정보의 연간통계보고서를 발간	① 의사의 기록 의무 ② 보건부는 모든 기록을 심사 ③ 의사는 처방전 사본을 보건부에 제출, 30일 이전에 제출 ④ 보건부는 수집된 정보의 연간통계보고서를 발간

	네덜란드	벨기에
법률의 명칭	요청에 의한 생명종결 및 조력자살에 관한 법률(2002)	안락사에 관한 법률(2002)
허용 행위	요청에 의한 생명종결과 조력자살 (형법 개정을 통해 불처벌)	요청에 의한 생명종결
허용 조건	① 환자의 요청의 자발성, 심사숙고성 확인 ② 환자의 고통 극심, 치료 불가능 ③ 의사가 환자에게 예상되는 상황을 알리고 ④ 다른 합리적 해결책이 없음을 확인 ⑤ 의사가 앞의 내용을 환자와 상담 ⑥ 의사의 말기처치 ⑦ 매장법에 따라 신고	▶ 요청에 의한 생명 종결 ① 성인에 달하거나 후견을 벗어난 미성년, 판단능력 ② 요청의 자발성, 심사숙고성 ③ 치료 불가능성에 기인한 환자의 육체적·정신적 고통 극심 상태 ④ 법률이 정한 절차 준수 ⑤ 환자의 요청은 서면으로 작성: 서면작성과 안락사 시행 사이에는 1개월 기간 허용 ▶ 의료지시서에 따른 생명 종결 ① 치료 불가능한 질환으로 인한 고통 ② 의식불명 ③ 불가역적인 질병상태 ④ 법률이 정한 절차 준수
검증 절차	① 의사의 기록 의무 ② 매장법에 따라 신고의무 ③ 위 신고된 사례를 지역위원회에서 심의 ④ 장관에게 위원회 연례보고서 제출 ⑤ 예산심의에서 의회에서 위원회 관련규정 제정	① 의사의 기록 의무 ② 연방규제위원회 설치 ③ 연방규제위원회에서의 조사·심의

V. 우리나라 법원의 역할 한계와 입법 논의

우리의 의료 현실이나 죽음에 관한 사회적 인식이 이미 안락사 내지 의사조력자살을 입법화한 국가와 확연히 다르다. 이 때문에 치료의무의 한계와 관련된 문제를 어떠한 방식으로 해결할 것인지에 대한 논의가 우리 상황에 맞게 이루어져야 할 필요가 있다. 현재 인공호흡기 제거와 관련된 연명치료중단 기준이 입법화되어 있지 않고, 이에 대한 구체적인 지침마저도 없는 실정에서 이번 대법원 판결과 같이 매번 환자가 입원하고 있는 의료기관과 환자의 가족간의 분쟁의 형태로 법원을 찾아 인공호흡기제거 청구소송의 형태로 해결할 것인가라는 부분에 대한 문제제기라고 할 수 있다.

먼저 치료중단의 경우 허용한계를 반드시 입법으로 정할 필요가 없다는 견해가 있다. 치료중단과 관련하여 의사의 면책을 입법화한 나라는 드물고, 치료중단 여부를 의사들의 결정에 일임하여 그로 인한 결과에 대해 법적 소추를 하지 않는 것이 바람직하며, 그 바탕에는 의사는 원칙적으로 의료윤리에 따라 할 것을 신뢰하기 때문이라고 한다.[101] 특히, 치료중단 내지 안락사를 법적으로 허용한다면 수많은 사람들이 안락사를 희망하여 시행할 것이 명약관화하다. 아무리 합리적인 통제장치를 마련한다고 하더라도 제대로 기능할 수 없으며, 적법한 절차에 의한 정당한 안락사가 시행되었는지에 대한 사후적 통제방법으로서 그러한 절차에 참여하지 않은 제3자가 그러한 불법사실을 입증한다는 것은 사실상 불가능에 가까울 것이다. 안락사에 대한 사전적·사후적 통제시스템이 완벽하게 기능할 수 없을 때에는 경우에 따라서는 죽음에 임박하지 않은 환자의 임의적 생명단축의 부작용을 가져올 수도 있다고 본다.[102]

---

101) 정현미, "치료중단의 한계와 형사책임,"『형사정책연구』 제15권 제4호(2004 겨울), 198면.

한편 그에 반해 치료중단이 현행법상 그 정당성이 인정되어 허용될 수 있다면 그 폐해를 막기 위해서는 어느 범위에서 어떠한 절차와 방식으로 할 수 있는가에 대한 충분한 논의와 검토가 불가피하며, 그 기준이 입법론적으로 제시되어야 한다는 입장이 있다. 입법상의 기준은 한편으로 헌법상에서 명시한 인간의 존엄과 가치의 보장규정에 따라 참기 어려운 고통 속에 있는 죽음을 기다리는 환자의 인간다운 죽음을 진정으로 도와 줄 수 있는 길을 열어 주면서 다른 한편으로 안락사의 남용을 최대한 방지하는 제도적 장치를 마련해야 한다는 지적이다.[103]

미국의 경우 연명치료중단과 관련된 소송은 생명연장장치의 중단을 희망하는 환자 또는 그의 가족의 의사에 따라야 하는 의료기관측에서 제기하거나, 또는 의사 또는 의료기관이 환자의 의사표시에 따라 실행하는 것을 거절하는 경우에 환자측에서 제기하고 있다. 한편 환자들이 '명백하고 설득력 있는 증거'에 의해서 구제받을 만한 자격이 있다는 것을 입증해야만 하는 사건에서 일반적으로 연명치료의 중단을 요청하는 원고측에서 입증의 부담을 지고 있다.[104] 대부분의 주 법률은 후견인이 식물인간상태에 놓여있는 환자의 영양과 산소공급의 중단을 요청하는 경우에 보다 신중함을 기하기 위하여 '명백하고 설득력 있는 증거'의 입증부담을 보다 엄격하게 부과하고 있다. 명백하고 설득력 있는 증거에 관한 기준을 충족하기 위해서 얼마나 많은 증거가 필요한지에 대해서는 주마다 상당한 차이를 보이고 있다. 다만, 이 경우 형사사건에서 적용되는 합리적 의심이 없을 정도(beyond a reasonable doubt)와 같은 보다 높은 정도의 엄격한 입증책임을 요구하지는 않고 있다는 것이 다수의 견해이다.[105]

독일의 경우에도 입법화 논의가 있었다. 독일의 안락사 입법에 대한 논의는 최근 1986년에 제안된 안락사법안[106]을 중심으로 이루어졌는데, 입법

102) 윤종행, "안락사와 입법정책," 『비교형사법연구』 제5권 제1호(2003. 7), 470면.
103) 허일태, 『안락사에 대한 연구』, 한국형사정책연구원 보고서, 1994, 47면.
104) Furrow · Greaney · Johnson · Jost · Schwartz, *supra* note 26, p.881
105) *Ibid.*, p.881

안의 서문에는 법안의 목적이 생명보호원칙을 이완시키는 것이 아니라 형법의 한계를 명확히 하기 위한 데에 있음을 밝히고 있다. 이 안락사법안은 특별법 형식을 취한 것이 아니라 형법 제16장의 생명에 대한 범죄행위를 규정할 것을 제안한다.[107] 법안 제214조에는 생명연장장치의 중단 또는 불이행에 대하여 제214조a에는 진통조치를 두고 각각 일정한 사실적 전제하에서 위법하지 않은 행위를 규정하고 있다.[108] 안락사 법안 제215조는 제1항에서 자기책임적 자살을 방지하지 않는 행위는 불가벌임을 명백히 하고, 제2항에서는 18세 미만의 자와 형법 제20조(정신장애로 인한 책임무능력)와 제21조(한정책임능력)에 상응하는 자의 자살행위는 예외로 한다고 규정하고 있다. 제216조에는 현행의 촉탁살인죄를 제1항에 존속시키면서 제2항에 극도의 고통스러운 상황에서의 촉탁살인을 형면제사유로 보고 있다.

현재 우리나라와 같이 연명치료중단에 관한 전제요건 등이 법제화되지 않은 상황에서 매번 연명치료중단과 관련된 소송이 법원에 제기되었을 때 그에 대한 법원의 역할은 어떠해야 하는지에 대해 논의할 필요가 있다. 독일의 입법논의 배경 중의 하나가 지금까지 판례가 일관성 없는 태도를 보이므로 법적 불확실성의 제거를 위해서는 입법이 필요하다고 하다는 점에 기초하고 있다. 미국에서는 죽을 권리에 관한 의사결정에 사법 참여를 요구하는 것은 가족과 의료기관에게 부담을 줄 뿐 아니라 법원으로 하여금 궁지에 빠뜨리게 하고 있다는 지적이 있다.[109] 미국 내에서 법원이 어느

106) Alternativeentwurf eines Gesetzes über Sterbehilfe vorgelegt von Jürgen Baumann u.a., 1986.

107) 이 법안은 1986년 개최된 독일법학회에서 검토되었으나 안락사규정을 포함한 현행법 개정은 지지를 얻지 못하였다.

108) 형법 개정안 제214조 생명연장장치를 중단 또는 개시하지 않는 자는 다음의 경우 위법한 행위를 한 것이 아니다. ① 당해인이 이것을 명시적 또는 진지하게 요구하는 경우, ② 의사의 소견에 의하면 당해인이 회복불가능한 정도로 의식을 상실한 경우 또는 심각한 장애를 가지고 있는 신생아의 경우에는 결코 의식을 가질 수 없는 경우, ③ 의사의 소견에 의하면 당해인이 치료의 개시 또는 계속에 관하여 지속적으로 의사표시를 할 수 없고 당해인이 가망 없는 고통상태의 계속 및 경과를 고려하고, 특히 목전에 급박한 죽음을 고려하여 치료를 거부한다는 것을 신뢰할 만한 근거에 기하여 상정할 수 있는 경우, ④ 죽음이 목전에 급박한 경우에 고통상태와 치료의 가능성을 고려해볼 때 의사의 소견에 의하면 생명유지조치의 개시 또는 계속이 적절하지 않은 경우이다.

시점에 생명연장시술의 보류 내지 중단의 의사결정에 참여해야 하는지에 대해서는 의견이 일치된 바가 없지만, 몇몇 주의 법원에서는 대부분의 사건에서 사법적 중재의 필요성이 없다고 선언하였다. 예를 들어, 워싱턴주 대법원은 의료처치의 진행과 관련해서 가까운 가족이나 치료하는 의료진, 예후위원회(prognosis committee) 내지 윤리위원회에서 합의된 의사가 있다면 사법권이 개입할 여지가 없다고 하였다. 메사추세츠주 대법원도 생명유지처치를 중단하는 모든 결정에 사법적 승인이 필요하다는 초기의 견해를 포기하였다. 보건의료 결정에 관한 통일법전(Unoform Health Care Decisions Act) 및 관련 법률은 생명유지치료를 중단하는 결정이 실행에 옮겨지기 전에는 어떠한 사법작용도 필요하지 않다는 것을 보여 주며, 실제 어떠한 주에도 사법체계 내에서 생명유지치료를 중단하는 의사결정이 이루어진 적이 없었다고 한다.[110]

대법원 판결문에서 제시된 바와 같이 환자의 자기결정권 내지 치료거부권을 존중하고 생명권의 내용으로서 자연적인 죽음에의 권리를 존중하여야 한다는 점에서 의사에게 진료의무를 강제할 수 없으며, 환자에게 역시 고통의 연장을 법이 강제할 수 없다는 논리의 전개가 필요하다고 본다. 특히 인간의 생명이 회생 가능성이 없는 상태에서 별다른 인간성의 지표없이 단지 기계장치에 의하여 연명되고 있는 경우라면 환자의 치료거부의사를 무시한 채 환자의 생명연장과 이에 따르는 고통연장을 강요할 수는 없다고 한다.

사람의 생명에 대한 권리는 사람의 자연적인 죽음과 인간다운 죽음에 대한 권리를 포함한다고 해야 하며, 환자의 동의 또는 추정적 승낙이 없는 때에는 의사는 원칙적으로 치료행위를 할 수 없으며, 그의 의사에 반하여 생명과 고통의 연장을 강요할 수 없다. 또한 환자의 생명을 유지해야 할 의사의 의무도 환자에게 소생이나 치료의 가능성이 소멸되고 사망시기가

---

109) Furrow · Greaney · Johnson · Jost · Schwartz, *supra* note 26, p.878.
110) *Ibid.*, pp.878-879.

임박하여 죽음을 피할 수 없게 된 때에는 인정할 수 없다고 할 수 있다. 환자의 의사에 반하는 의료진의 결정에 따른 연명치료시술은 환자가 갖는 신체에 대한 자기통제권과 인격적 존엄성에 대한 자기결정권을 침해하는 것이라는 점에서 죽음을 원하는 말기환자에게 적극적인 의료행위를 하지 않고 생명연장시술을 중단, 보류하더라도 정당화된다고 할 수 있다. 환자 특히 회복 불가능한 말기환자 내지 장기간의 식물인간상태의 환자의 죽을 권리에 대한 의사 내지 추정적 의사는 죽음의 과정에 대한 자기지배권, 신체에 대한 자기결정권, 어느 누구에게도 침습받지 않을 자유권의 표출로 이해할 수 있으며, 이러한 논거에 따라서 연명치료중단의 형태인 소극적 안락사 내지 존엄사는 피해자의 승낙에 의한 행위로 그 위법성이 조각된다고 볼 수 있다.

현재 우리나라의 경우 사전의료지시서에 관한 입법을 마련하고 있지 않다. 말기환자가 아니더라도 누구든지 죽음에 대한 가능성을 사전에 가늠할 수 없다는 점에서 말기상태가 도래할 경우를 대비하여 미리 자신이 작성한 의료지시서의 선택방안을 존중받을 여지가 없다. 인간의 생명이 회생 가능성이 없는 상태에서 별다른 인간성의 지표 없이 단지 기계장치에 의하여 무의미한 치료를 계속하고 있는 상황이라면 헌법이 보장하는 자기결정권에 근거하여 연명치료의 중단을 요구할 수 있고, 그 경우 연명치료를 행하는 의사는 환자의 자기결정권에 근거한 치료중단의 요구를 존중하고 이행할 의무가 있다. 지금과 같이 연명치료중단 등의 문제를 아무런 기준의 제시 없이 당해 의사나 환자 본인, 가족들의 판단에만 맡겨 두는 상황이 지속되는 것은 바람직하지 않으며, 개개의 사례들을 모두 소송사건화하여 일일이 법원의 판단을 받게 하는 것도 비현실적이라 할 수 있다.

연명치료중단에 관한 사회적 논의의 전개를 한 단계 넘어서서 환자의 자기결정권이라는 기본권의 구체화 작업의 일환으로 법제화가 필요하다. 제한된 전제조건의 범위 내에서 해당되는 환자의 적격기준에 관한 합의를 형성하고 이러한 환자들이 진지하고 지속적인 의사표시로 치료 보류와 중단을 요청하는 경우에는 이를 허용하는 방향으로 단계적으로 규범화할 필요가 있다. 단순히 반복적이고 일시적인 관심 촉발 현상으로서의 안락사 논쟁에서 벗어나, 말기상태의 환자들의 죽을 권리에 대한 논의와 이러한 권리 요청에 대한 신중한 심사, 충분한 설명에 근거한 동의 의사표시의 절차와 방식, 서식의 형태들의 구비 및 연명치료중단 행위의 대상범위, 절차과정의 구체적 법제화를 위해 쟁점별로 사회적 합의를 도출해야 할 단계로 접어들었다고 해도 과언이 아니다.

VI. 결 론

생명종결을 야기하는 행위 유형을 중심으로 외국의 입법 형태는 자연사법 유형과 의사조력자살법 유형으로 구분할 수 있다. 양 입법 형식의 기본적 요건을 비교하면, 사고 또는 질병에 의한 말기상태 또는 영구적 무의식 상태의 환자인 말기의료 단계의 환자를 대상으로 한다는 점, 환자의 진지하고 유효한 요청 내지 서면청구가 필요로 한다는 점, 의료제공자 내지 시술참여자에 대한 형사책임을 면제한다는 점에서는 다소 절차상의 차이는 있을지라도 이러한 요건들은 상당히 공통점을 가지고 있다. 다만, 뚜렷한 차이점은 죽음으로 이르는 과정, 즉 의료진의 행위의 형태이다. 자연사법 형태의 입법 유형은 환자가 사전에 말기상태나 영구적 무의식상태에서 생명유지장치를 보류하거나 중단하는 생전유언이나 의료지시서를 작성하고, 의료진은 이를 확인하고 법령이 정한 절차와 방식에 따라 생명유지장치를 제거하거나 보류하는 방법으로 의료진이 시행하여 자연스러운 죽음의 과정을 꾀하는 것이다. 이에 반해 의사조력자살법이라고 불리는 미국의 오레곤주법이나 네덜란드법에서의 요건을 살펴보면, 담당의사가 투약의사로 기재되어 있다면 환자의 불편함을 최소화시키려는 효과를 도와 주는 보조투약을 포함하여 처방하거나 약물을 투약하는 행위를 하는 점에서 큰 차이를 보이고 있다. 의사의 적극적으로 개입된 행위, 즉 조력자살의 형태로 개입하는 것을 허용하고 있으며, 다만 말기환자가 극심한 고통을 받고 있는 상태에서 기대여명이 6개월 이하인 경우에만 해당하는 등 자연사법의 요건보다는 적격환자의 기준을 엄격하게 제한하고 있는 차이점이 있다.

연명치료의 중단과 관련된 두 가지 유형의 입법 모델에 대한 비교분석을 통해서 혹시 발생할 수 있는 부작용 내지 폐해를 막기 위해서는 어느 범위에서 어떠한 절차와 방식으로 할 수 있는가에 대한 충분한 논의와 검토가 불가피하다. 우리의 의료 현실이나 죽음에 관한 사회적 인식이 이미 연명치료중단과 의사조력자살을 입법화한 국가와 확연히 다르기 때문에 환자의 죽음의 과정에 대한 자기결정권과 관련된 문제를 어떠한 방식으로 해결할 것인지 대한 논의는 우리 상황에 맞게 이루어져야 할 필요가 있다.

한편, 죽을 권리가 자기결정권에 속하는 하나의 권리라고 하더라도 그것은 상대방에게 반드시 그의 권리에 상응하는 의무를 부과하지 않는다. 예를 들어, 죽음을 당하지 않을 소극적 권리는 다른 사람들에게 그를 죽여서는 안된다는 의무를 부과하지만, 죽을 권리는 반드시 다른 사람에게 그를 죽여야 할 의무를 부과하지는 않는다. 그러므로 환자가 죽을 권리를 가지고 있다고 하더라도 의사는 그의 죽음을 방해하지 않을 소극적 의무는 있어도 그의 죽음을 도와 주어야 할 적극적 의무는 없다고 볼 수 있다. 자신의 생명처분권을 헌법에 의해서 보장된 권리라고 할 수 없으며, 죽음에 대한 권리성은 단지 한정된 범위 내에서 자연사할 권리, 존엄하게 죽음을 선택하고 결정할 권리라는 범주 내에서 실정법적 근거를 가진다고 볼 수 있다. 이러한 권리를 존중하는 입법 형태인 존엄사법안 논의에서도 그 오용과 남용의 문제가 거론되고 있으므로 어떠한 방식과 검증절차를 실정법에 담을 것인지가 중요한 과제로 부각되고 있다. 이러한 검증절차에 관한 입법적 단서를 네덜란드나 벨기에의 입법에서 취하고 있는 엄격한 사후 검증절차의 규정에서 찾아볼 수 있을 것이다.

〈참고문헌〉

문국진, 『생명윤리와 안락사』, 여문각, 1999.

신현호, 『삶과 죽음, 권리인가, 의무인가』, 육법사, 2006.

오영근, 『형법각론』, 대명출판사, 2002.

이덕환, 『의료행위와 법』, 문영사, 1998.

이상돈, 『의료형법』, 법문사, 1998.

_____, 『치료중단과 형사책임』, 법문사, 2002.

이영균·이한교·김동림, 『뇌사 : 죽음의 시점에 관한 의학적, 윤리적, 법적 문제』, 일조각, 1993.

허일태, 『안락사에 관한 연구』, 한국형사정책연구원 보고서, 1994.

_____, 『인간적인 법을 찾아서』, 세종출판사, 1997.

Peter Admiraal, 김완구·이상헌·이원봉 역, 『탄생에서 죽음까지 : 과학과 생명윤리』, 문예출판사, 2003.

R. Munson, 박석건·정유석 외 옮김, 『의료문제의 윤리적 성찰』, 단국대학교 출판부, 2001.

구광현, "의사의 치료중단과 법적 책임에 관한 몇 가지 문제점 고찰," 『재판실무연구』, 2004.

김강운, "헌법상의 자기결정권," 『법학연구』 제20집, 2005.

김용욱, "형법상 생명보호원칙과 치료중단," 『의료법학』 제3권 제1호, 대한의료법학회, 2002.

김일수, "안락사문제의 실정법적 연구," 『현대사회』 제4권 제1호, 현대사회연구소, 1984.

김재봉, "치료중단과 소극적 안락사," 『형사법연구』 제12호, 한국형사법학회, 1999. 11.

김혁돈, "치료중단행위의 작위성에 관한 소고," 『법학연구』 제23집, 2006. 8.

류지한, "안락사-자비인가 살인인가?," 『인문연구논집』 제7집, 2002. 4.

박영호, "소극적 안락사의 허용여부에 대한 소고," 『저스티스』 제65호, 한국법학원, 2002.

석희태, "중화민국 안녕완화의료조례의 연혁과 내용," 대한의료법학회 추계학술대회 자료집, 2008.

유승룡, "생명권과 자기결정권, 그리고 의사의 진료의무," 대한의료법학회 추계학술대회 자료집, 2008.

윤종행, "안락사와 입법정책," 『비교형사법연구』 제5권 제1호, 한국비교형사법학회, 2003. 7.

이동명, "형법상 사람의 생명과 죽음," 『호남대학교 논문집』 제18권 제3호, 1997. 12.

이동익, "가톨릭 윤리신학의 안락사 이해와 불필요한 치료행위의 중단에 관한 고찰," 『가톨릭 신학과 사상』 제35호, 2001.

이인영, "존엄사에 관한 고찰," 『한림법학 FORUM』 제14권, 한림대학교 법학연구소, 2004.

_____, "인공호흡기제거 청구사건 판결의 형사법적 시사점," 『비교형사법연구』 제11권 제1호, 한국비교형사법학회, 2009. 7.

_____, "미국의 자연사법 규범과 의료인의 면책규정이 주는 시사점," 『비교형사법연구』 제10권 제1호, 2008. 7.

_____, "생전유언, 의료지시서, 자연사법(natural death act) 입법의 사회적 함의," 『의료법학』 제9권 제1호, 2008. 6.

_____, "안락사 유형별 규범해석과 사회적 인식도," 『형사법연구』 제20권 제1호, 2008. 6.

이재상, "안락사의 형태와 허용한계," 『김종원교수화갑기념논문집』, 1991.

이종원, "안락사의 윤리적 문제," 『철학탐구』 제21집, 2007.

이형국, "안락사의 형법적 의미에 관한 소고," 『현대법학의 이론(이명구박사 화갑기념논문집)』, 고시연구사, 1996.

임 웅, "적극적 안락사의 비범죄화론," 『우범 이수성선생 화갑기념논문집』, 동성사, 2000.

전지연, "현행 형법에 따른 안락사의 허용여부에 대한 검토," 『명형식교수 화갑기념논문집』, 1998.

정규원, "무의미한 치료에 대한 형법적 판단," 『법학논총』 제23집 제2호(특별호), 한양대학교, 2006. 12.

정규진, "생명유지치료의 한계에 관한 형법적 고찰," 『법학연구』 제30집, 2008.

정현미, "안락사와 형법," 『형사정책연구』 제5권 제4호, 1994.

L.R. Kass, 김완구・이상헌・이원봉 역, "나는 결코 치명적인 약을 주지 않겠다: 왜

의사는 죽이지 않아야 하는가," 『탄생에서 죽음까지: 과학과 생명윤리』, 문예출판사, 2003.

Aaron Ridley, *Beginning Bioethics*, Bedford · St. Martin's, 1998.

Bette-Jane Crigger(editor), *Cases in Bioethics*, Bedford · St. Martin's, 1998.

Albert R. Johnsen, *The Birth of Bioethics*, Oxford University Press, 1998.

Furrow · Greaney · Johnson · Jost · Schwartz, *Health Law*, West Group, 2000.

Jerry Menikoff, *Law and Bioethics—An Introduction*, Georgetown University Press, 2001.

John Keown, *Euthanasia, Ethics and Public Policy*, Cambridge University Press, 2002.

Michael Freeman(editor), *Law and Bioethics—Current Legal Issues 2008*, Oxford University Press, 2008.

Peter Horn, *Clinical ethics Case book*, Wadsworth, 2003.

Raymond Whiting, *A Natural Right to Die*, Greenwood Press, 2002.

Report of Quality Standards Subcommittee of the American Academy of Neurology, Practice parameters for determining brain death in adults, 1995.

Swedish Committee on Defining Death, Report of the Swedish Committee on Defining Death, 1984.

Tom L. Beauchamp · James F. Childress, *Principles of Biomedical Ethics*, Oxford University Press, 2001.

Caplan, "Ethical and Policy Issues in the Procurement of Cadavar Organs for Transplantation," 311 *New Eng. J. Med* 981, 1984.

David L. Sloss, "The Right to Choose to How to die: A Constitutional Analysis of State Laws Prohibiting Physician-Assisted Suicide," 48 *Stanford Law Review* 937, April 1996.

David Orentlicher, "The Legalization of Physician Assisted Suicide: A very Modest Revolution," in *A Health Law Reader-An Interdiciplinary Approach*, Carolina Academic Press, 1999.

John H. Robinson, "Physician Assisted Suicide: A Constitutional Crisis Resolved," in *A Health Law Reader—An Interdiciplinary Approach*, Carolina Academic Press, 1999.

R. Dworkin · T. Nagel · R. Nozick · J. Rawls · T. Scanlan · J. Jarvis, "Assisted Suicide: The Philosopher's Brief Amici Curiae in Support of Respondents, in *A Health Law Reader—An Interdiciplinary Approach*, Carolina Academic Press, 1999.

State Laws Prohibiting Physician—Assisted Suicide, *Stanford Law Review*, April 1996.

제 7 장

노후소득보장제도 연구 :

고령자 부양책임감의 변화와 연금크레딧을 중심으로

Ⅰ. 논의의 출발

세계는 21세기에 접어들면서 기존의 산업사회라는 틀을 벗어나고 있고, 개방화・자유화의 빠른 물결 속에서 기존의 복지국가 체제를 지탱해 주던 노동시장과 가족의 영역에서 커다란 변화가 발생하였다. 즉 '완전고용에 기초하고, 안정적인 가족에 기반하며, 사회적 위험이 발생한 경우에 국가가 급여를 제공한다'는 기존의 복지국가의 작동원리는 점차 의문에 처하게 되었다. 특히 우리나라는 선진국가처럼 제조업 중심의 성숙된 산업화단계에 진입해 보지도 못한 채 무한경쟁의 자유주의적 세계경제에 편입되면서 서비스산업 중심의 후기산업사회로 빠르게 진입해 가고 있다.[1] 이러한 변화는 비정규직, 여성, 비숙련노동자, 영세자영업자 등 신빈곤층의 증가를 초래하였다.

노인을 둘러싼 사회적 상황 역시 이러한 변화에 큰 영향을 받는다. 노년을 보장해 주는 복지국가의 각종 프로그램들은 기존의 직업경력과 밀접히 결부되어 있기 때문에, 안정적인 직업경력을 보장해 주지 못하는 노동시장의 변화는 노인에게 사회적 위험을 안겨 준다. 또한 인구학적 변화와 맞물려 진행되는 노인의 수적 증가는 사회적 보호의 공백을 가져오게 되었다. 특히 우리나라의 경우 인구 노령화 양상이 선례를 찾아보기 어려울 정도로 급격하게 진행되고 있어 그 부작용의 심각성이 우려된다. 우리나라는 2000년에 이미 총인구 대비 65세 이상 노인인구비율이 7.2%가 되어 고령화사회에 들어섰고, 2018년에는 고령인구가 14.3%가 되어 고령사회로 진입할 것이 예상되며, 2026년에는 고령인구가 20%가 넘는 초고령사회로 진입할 것이 예상된다.

---

* 김경태, "고령자 고용법제의 현황과 과제,"『노동법논총』제23권 논문을 재구성하였다.
1) 이용하, "인구고령화와 후기 산업사회에 대응한 노후소득보장 정책의 방향," International Trade Business Institute Review, Vol. 16, No. 2(2010), 9쪽.

고령화 속도면에서도 프랑스의 경우 고령화사회에서 고령사회로 진입하는데 115년, 다시 초고령사회로 진입하는데 39년이 걸렸고, 독일의 경우 40년과 38년, 일본의 경우 24년과 12년이 걸린 반면, 우리나라는 고령사회 진입에 18년, 초고령사회 진입에 8년이 걸릴 것으로 예상되어 고령화가 급격히 진행되고 있음을 알 수 있다. 그 결과 오랜 기간에 걸쳐 인구고령화에 대처해 온 선진국과는 달리 우리나라는 이에 대한 대비책이 제대로 갖추어져 있지 않다는 문제가 있다. 이 외에 여성의 사회참여 증가와 급격한 가족제도의 붕괴가 미치는 파급효과는 노인들을 더욱 벼랑 끝으로 내몰고 있는 실정이다.2)

건강한 노년과 관련된 정책분야를 크게 현재 노인의 문제와 미래 노인의 문제로 나누어서 살펴볼 때, 현재의 노인과 관련해서는 장기요양과 관련된 다양한 욕구가 문제로 제기된다. 고령화의 지속적인 진전과 기대수명의 증진은 노후의 건강문제를 새롭게 제시한 반면, 케어제공자의 근로조건과 급여의 개선 가능성, 장기요양 관련 케어를 제공하는데 필요한 재정적 충당의 어려움 등은 장기요양보호를 복잡하면서도 주요한 사회적 문제로 제기하고 있다. 독일과 일본 및 우리나라에서 도입된 장기요양보호 관련 사회보험들은 이러한 문제에 대응하려는 국가적 차원의 노력을 보여 준다.3)

미래 노인의 문제로 지적될 수 있는 분야는 고용불안에 따르는 노후소득보장체계의 약화이다. 기존의 사회보험 방식 연금제도는 고용과 밀접히 결부되는 방식으로 설계되었으며, 따라서 노후의 급여가 고용기간과 연계될 수밖에 없었다. 이런 형태의 사회보험제도는 완전고용의 고용모델에 기초한 소득보장 프로그램인 까닭에 탈산업사회의 고용 모델에서는 적합하지 않다. 외환위기 이후 우리 고용시장에 일반화된 조기퇴직의 풍토와 비정규직 형태의 고용 보편화, 실질적 정년의 하락 및 재정안정화 목적의 연금수

---

2) 신종태, "노인빈곤대책의 문제점과 소득보장정책연구," 서강대학교 석사학위논문(2007), 1-3쪽.

3) 조지현, "노인장기요양보험의 현재와 미래," 『경영법률』 제18집 4호(2008. 7), 293쪽 이하.

급 개시연령 연장은 연금수급에 부정적 영향을 미쳐 노년기의 경제적 불안 요인을 증가시키고 있다. 대표적인 것이 국민연금 사각지대의 문제이다. 국민연금의 사각지대 문제는 제도 도입 이래 많은 연구자들에 의해 지속적으로 제기되어 왔다. 특히 내부 사각지대 문제는 법제도적으로 가입대상에 해당됨에도 불구하고 실제로는 가입하지 않은 것과 마찬가지의 결과를 가지는 경우로서, 보험료를 납부하지 못하는 가입자, 가입기간이 적어 연금수급권을 확보하지 못한 계층, 연금수급권을 확보하였으나 연금액이 적어 노후빈곤에 노출된 계층이 여기에 포함된다.[4]

이러한 노인빈곤 문제는 자본주의사회에서 노인이 노동시장에서 배제되면서 직면하게 되는 노인의 소득보장 문제를 전근대적인 사회규범인 경로나 가족부양을 통한 강제와 설득으로 해결하려는 데서 발생하는 것으로 볼 수 있다. 따라서 노인빈곤 문제를 올바로 해결하기 위해서는 사회구조적 시각에 입각하여 노인빈곤의 요인과 특성을 밝히고, 노후소득 보장제도의 발전과 개선방안을 모색하는 것이 필수적이다.[5] 유럽 각국에서는 이러한 노인빈곤 문제를 해결하고자 여성, 청년층, 비정규직 노동자들의 연금수급권을 강화할 수 있는 연금개혁 방안으로서 '연금크레딧'을 도입하고 있다. 연금크레딧 제도는 사회적으로 유용한 활동에 대한 보상 또는 개인의 귀책사유가 아닌 비자발적 노동시장 이탈에 대한 소득보장을 목적으로 하는데, 실제로는 보험료 납부 등 기여가 없음에도 불구하고 특정 사유에 의한 연금보험 미가입기간을 가입기간으로 인정해 주는 제도이다.

이와 관련하여 여기서는 현행 노후소득 보장제도의 현황과 문제점을 살펴본 후 개선방안으로서 연금크레딧 제도를 살펴보고자 한다.

---

4) 이지은, "실업크레딧제도의 도입이 국민연금 수급권 및 급여수준에 미치는 영향에 대한 연구," 연세대학교 석사학위논문(2010), 2쪽.

5) 신종태, 앞의 논문, 24쪽.

II. 고령자에 대한 부양책임감의 변화[6)]

가치나 규범 혹은 태도가 생애주기의 특정 단계에 따라 변화하는지, 혹은 청년기 동안 체험한 기저의 경험에 따라 영향을 받는지에 대해서는 사회학, 정치학, 노년학 등 사회과학 전반의 분야에서 다양한 논의들이 이루어져 왔다(Bengtson, Cutler & Marshall, 1985). 기존 연구들은 특히 세대간 변화와 생애주기에 따른 변화에 주목해 왔는데, 노년학 분야에서는 주로 부양책임감의 변화를 중심으로 연구가 진행되어 왔다.

김영범 교수의 세대효과와 연령효과를 중심으로 한 서울, 춘천지역 고령자의 부양책임감 변화에 관한 연구결과를 요약하면 다음과 같다.

첫째, 부양책임감은 세대를 통제한 상태에서 보면 나이와 통계적으로 유의미한 관계를 보이지 않는다. 서구의 경우 수발이 주는 어려움에 대한 인식, 자신이 부모로부터 받았던 돌봄을 자녀에게 되갚았다는 인식, 그리고 사회관계의 소멸에 따른 의무감의 감소 등으로 인해 나이가 들수록 부양책임감이 감소하는 모습을 보이는 반면 우리나라 노인들은 이러한 경향을 보이지는 않는다.

둘째, 세대별로 살펴보면 부양책임감은 식민지/전쟁체험 세대에 비해 민주화/산업화체험 세대에서 더 낮게 나타나고 있다. 가치와 규범의 변화가 세대에 따른 차이인지 생애주기에 따른 차이인지에 대한 관심의 측면에서 보면 가치나 규범의 변화는 세대에 따른 차이가 큰 것으로 해석할 수 있다.

셋째, 이 외에 성, 학력, 지역, 건강상태 역시 부양책임감에 영향을 주는 요인으로 밝혀졌다.

특히 연구분석 결과 중 흥미로운 점은 연령과 관련된 결과이다. 연령과 부양책임감이 유의미한 관계를 보이지 않는다는 연구결과는 일상생활에서

---

6) 김영범, "서울, 춘천지역 중 고령자의 부양책임감 변화: 세대효과와 연령효과를 중심으로," 『한국노년학』, Vol. 29, No. 4, 1413-1425쪽 참조.

경험하는 상식, 즉 노인의 부양책임감이 젊은 층의 그것에 비해 더 높은 것으로 느껴지는 현실과는 차이를 보이고 있다. 노인의 부양책임감이 장년층에 비해 높은 것은 그들이 노인이기 때문이라기보다는 식민지 아래서 전통적인 유교적 문화 속에서 성장했기 때문일 가능성이 크다. 즉 노인이 장년층에 비해 부양책임감이 높은 것은 나이가 많다는 점 때문이라기보다는 오히려 그들 세대가 체험한 역사적 경험의 결과라고 해석하는 것이 타당하다고 판단된다.

부양책임감의 변화에 대한 연구는 현실적으로도 매우 중요하다. 왜냐하면 부양책임감은 노인의 삶의 질에 영향을 줄 뿐만 아니라 자녀의 부모에 대한 부양수준에도 영향을 주기 때문이다. 특히 공식적인 노인복지제도가 미비한 우리나라의 현실에서 자녀가 가장 중요한 자원이라는 점을 고려해 볼 때 부양책임감의 세대간 차이는 그것이 적절한 사회적 보완책과 동반되지 않을 경우 노인의 삶의 질을 악화시키는 요인이 될 가능성이 크다. 다른 한편으로 부양책임감의 변화는 노인부양과 관련된 역할의 배분에 있어서 가족, 공동체, 국가에 대해 새로운 과제를 제시한다는 점에서 정책적으로도 매우 큰 의미를 가지고 있다.

Ⅲ. 우리나라 노후소득 보장제도 현황

1. 서 론

우리나라의 공적 노후소득 보장제도에는 국민연금, 국민기초생활보장급여, 기초노령연금이 있다. 국민연금제도가 미성숙한 단계에서 그 사각지대를 해소하기 위하여 상대적으로 기초노령연금제도 및 국민기초생활보장제도의 역할이 강조되고 있는 것으로 볼 수 있다. 그런데 국민기초생활보장제도는 그 법익적 측면에서 볼 때 특별히 고령자계층을 위한 제도라기보다는 일반적인 빈곤계층에 대한 사후적 최종안전망으로서의 성격이 큰 반면에, 기초노령연금제도는 고령자계층을 위한 공적 소득보장제도로서 국민기초생활보장제도 수급 고령자에 대한 부가급여적 성격과 함께 고령으로 국민연금 가입기회를 갖지 못한 저소득층 및 일정 수준 이하의 소득층에 대한 무갹출연금적 성격을 동시에 갖고 있다.[7] 사적 노후소득 보장제도로는 법정퇴직금제도, 개인연금 등이 있다.

2. 국민연금

(1) 일반현황

국민연금제도는 국가가 법령에 의하여 운영하는 대표적인 공적 연금제도로 "국민의 노령, 장애 또는 사망에 대하여 연금급여를 실시함으로써 국민의 생활안정과 복지증진에 이바지하는 것을 목적으로 한다"(국민연금법 제1조). 국민연금제도는 1986년 12월 31일 제정된 국민연금법에 의해 1988년 10인 이상 사업장을 중심으로 도입되었고, 1992년 소득보장 혜택이 더욱 절실한 5인 이상 사업장으로 당연적용대상을 확대하였으며, 1995년에는 신경제 5개년계획 및 WTO체제하의 농어촌 발전대책의 일환으로 농어촌지역에까지, 1999년 4월에는 도시지역에까지 적용대상을 확대함으로써 외형상 전 국민연금으로 성장·발전하였으나, 다수의 납부예외자가 발생하고 소득신고자 중 보험료 체납으로 인하여 연금 사각지대가 발생하는 등 문제점이 노출되었다.

현행 국민연금법은 국내거주 만 18세 이상 60세 미만 국민 중에서 다른 공적 연금수급권자, 기초생활보호대상자, 전업주부, 18세 이상 27세 미만의 학업 또는 군복무 등으로 소득이 없는 자 등 예외적인 경우를 제외하고 모든 국민에게 가입을 의무화하고 있다(제6조). 2009년 12월말 기준으로 총가

7) 손미정, "노후소득보장수단으로서의 기초노령연금에 관한 연구," 『법학연구』 제37집(2010. 2), 347쪽.

입자수는 18,623,845명이고, 60세 이상 수급자수는 약 236만명이다.[8)]

(2) 급여의 종류 및 수준

국민연금의 급여형태는 현금이고, 급여종류에는 노령연금, 장애연금, 유족연금, 반환일시금이 있다. 급여수준은 급여의 종류, 가입기간, 연령 등에 따라 다르다.

〈국민연금의 급여종류별 수급요건과 급여수준〉[9)]

연금종류		수급권자	수급요건	급여수준
노령연금	완전 노령연금	본인	20년 이상 가입하고 60세에 달한 경우(65세 이전까지 소득이 있는 업무에 종사하는 경우는 재직자노령연금에 해당)	기본연금액 100%+부양가족연금액[10)]
	감액 노령연금	본인	10년 이상 20년 미만 가입하고 60세에 달한 경우	기본연금액의 50%(10년 초과 시 1년마다 5% 증액)+부양가족연금액
	재직자 노령연금	본인	10년 이상 가입하고 60세 이상 65세 미만인 자로서 소득이 있는 업무에 종사할 경우	기본연금액의 50~90%

8) 국민연금공단, 『2009년 국민연금통계연보』 제22호(2010), 3쪽, 10쪽.

9) 국민연금공단 홈페이지(http://www.nps.or.kr).

10) 연금급여를 지급할 때 기본연금액에 추가하여 지급되는 가족수당 성격의 급여이다. 부양가족연금액은 노령연금(완전, 감액, 조기 및 특례), 장애연금(장애등급 1~3급) 및 유족연금의 수급권자에게 지급되지만, 재직자노령연금, 분할연금, 장애일시보상금, 반환일시금, 사망일시금은 지급대상이 되지 않는다. 부양가족연금은 배우자, 18세 미만 또는 장애 2급 이상의 자녀(배우자가 혼인 전에 얻은 자녀 포함), 60세 이상 또는 장애 2급 이상의 부모(배우자의 부모 포함)를 대상으로 소득수준이나 가입기간에 관계 없이 일정 금액이 지급된다(출처: 국민연금공단, 『용어사전』). 부양가족연금액(2011년 4월~2012년 3월 적용)은 배우자가 연 227,270원, 18세 미만 또는 장애등급 2급 이상에 해당하는 자녀가 1인당 연 151,490원, 60세 이상 또는 장애등급 2급 이상에 해당하는 부모가 1인당 연 151,490원이다.

연금종류		수급권자	수급요건	급여수준
노령연금	조기 노령연금	본인	10년 이상 가입하고 55세 이상 60세 미만인 자로서 소득이 있는 업무에 종사하지 않고 본인이 희망할 경우(연금을 받는 중 소득 있는 업무에 종사하면 그 기간중 연금지급이 정지되고, 60세 이후 65세 이전에 소득 있는 업무에 종사하면 재직자노령연금에 해당)	기본연금액의 70~94%+부양가족연금액
	분할연금	배우자	혼인기간중 배우자의 가입기간이 5년 이상인 자로서 이혼 후 60세에 달한 경우	배우자의 노령연금액 중 혼인기간에 해당하는 연금액의 1/2
	특례 노령연금	본인	연금제도 시행 당시 최소가입기간 10년을 채울 수 없는 자로서 5년 이상 가입한 경우	기본연금액의 25~50%+부양가족연금액
장애연금		본인	가입기간중 발생한 질병이나 부상으로 인하여 완치 후에도 장애가 있는 경우	장애1급~3급은 기본연금액의 60~100%+부양가족연금액. 장애4급은 기본연금액의 225%인 일시보상금
유족연금		유족	노령연금수급권자, 10년 이상 가입자, 장애2급 이상의 연금수급권자가 사망한 경우	기본연금액의 40~60%+부양가족연금액
반환일시금		본인 또는 유족	가입기간 10년 미만인 자가 60세가 된 경우(특례노령연금수급권자는 제외), 가입자 또는 가입자였던 자가 사망하였으나 유족연금에 해당되지 않는 경우, 국적을 상실하거나 국외로 이주한 경우	납부한 연금보험료+이자+가산이자

3. 국민기초생활 보장제도

(1) 일반현황

공공부조로서의 국민기초생활보장제도는 연령 또는 근로능력 등 인구적 특성에 상관없이 국가가 정한 최저생활 수준에 미달하는 소득을 가진 경우 최저생활이 가능하도록 해주는 보편적인 최후안전망이다. 기존 생활보호제도는 근로능력이 있는 자를 대상에서 제외시킴으로써 고실업상태하의 근로능력 빈곤자에 대해서 실효성 있게 대처할 수 없었는데, 이에 대한 해결책으로 1999년 9월 7일 제정되어 2000년 10월 1일부터 시행된 것이 국민기초생활보장법이다.[11)]

2009년 12월 기준 국민기초생활보장 수급자는 1,568,533명으로 총인구(49,773,145명) 대비 비율인 수급률은 3.2%이다. 특히 65세 이상인 기초생활보장 수급자는 약 41만명으로 전체 기초생활보장 수급자의 26.2%를 차지하고 있으며, 전체 65세 이상 고령자의 7.4%를 차지하여 연령대별 인구수 대비 비율이 가장 높다.

〈생애주기별 수급자 현황〉[12)]

(단위 : %)

	계	영유아기 (0-4세)	학령기 (5-9세)	청소년기 (10-19세)	청년기 (20-39세)	중년기 (40-64세)	노년기 (65세 이상)
수급자 현황	100	1.9	4.4	21.3	12.1	34.1	26.2
총인구수 대비 비율	3.2ⓐ	1.3	2.5	4.6	1.2	2.9	7.4ⓑ

ⓐ=총기초수급자수/국민 총인구수

ⓑ=65세 이상 수급자수/65세 이상 총인구수

11) 정회근 · 김훈, "노후소득보장제도의 체계 및 현황의 검토," 『토지공법연구』 제43집 3호(2009. 2), 714쪽.

12) 보건복지부, 『2009년 국민기초생활보장 수급자 현황』, 2010.

(2) 수급자 선정기준

국민기초생활보장법 제5조는 "부양자가 없거나 부양의무자[13)]가 있어도 부양능력이 없거나 부양을 받을 수 없는 자로서, 소득인정액이 최저생계비 이하인 자"를 수급자로 하고 있다. 따라서 수급자로 선정되기 위해서는 소득인정액과 부양의무자 기준을 동시에 충족시켜야 한다. 소득인정액은 소득평가액과 재산의 소득환산액을 합한 금액으로 개별 가구의 소득인정액이 최저생계비 이하일 경우 수급자로 선정될 수 있고, 선정될 경우 최저생계비와 소득인정액의 차액만큼을 지급받게 된다.

(3) 급여수준

국민기초생활보장법에 의한 급여수준은 최저생계비와 소득인정액간의 차액으로, 타 법령에서 지원되는 건강보험료, 주민세 등은 제외된다. 근로능력이 있는 수급자에게는 자활사업에 참여할 것을 조건으로 급여를 제공하고, 조건불이행자에게는 수급자 본인의 생계급여의 일부 또는 전부를 지급하지 않을 수 있다. 수급자에 대한 급여는 현금급여와 현물급여로 구성

〈최저생계비 및 현금급여 기준〉[14)]

(단위 : 원)

구 분	1인가구	2인가구	3인가구	4인가구	5인가구	6인가구
최저생계비(A)	490,845	835,763	1,081,186	1,326,609	1,572,031	1,817,454
타 지원액(B)	84,964	141,156	181,138	221,121	261,103	301,085
현금급여 기준(A-B)	405,881	694,607	900,048	1,105,488	1,310,928	1,516,369

※ 7인 이상 가구의 최저생계비: 1인 증가시마다 245,423원씩 증가(7인가구 : 2,062,877원)

※ 7인 이상 가구의 현금급여기준: 1인 증가시마다 205,441원씩 증가(7인가구 : 1,721,810원)

---

13) 부양의무자의 범위는 수급권자의 배우자와 1촌의 직계혈족 및 그 배우자로 한다. 따라서 수급권자의 형제·자매·조카, 직계혈족 중 조부모·손자녀 등은 부양의무자의 범위에 포함되지 않는다.

14) 보건복지부, 『2009년 국민기초생활보장 수급자 현황』, 2010.

된다. 현물급여는 욕구에 따라 지급하는 것을 원칙으로 하며, 현금급여는 현금급여 수준선에서 소득인정액을 감한 금액을 지급하는데, 현금급여는 생계급여와 주거급여 및 현물급여 이외의 모든 급여를 포함한 것이다.[15]

4. 기초노령연금

(1) 일반현황

공공부조와 함께 노후소득 보장체계를 구성하는 제도로서 우리나라는 1998년 7월부터 저소득층 노인을 대상으로 한 경로연금제도를 도입하여 실시하였다. 이 제도는 노인의 경제적 생활안정을 주요 목적으로 규정된 노인복지법에 그 근거를 두고 있었다. 이러한 노인복지법상의 경로연금제도는 사회보장기본법상 규정되고 있는 사회적 위험 중에서도 특히 노령의 위험에 대한 사회보장제도로서 노령수당적 성격을 가졌으며, 자산조사를 통해 저소득 노령계층에 한정하여 지급되었으므로 선별주의적 성격이 강한 제도였다.[16] 그러나 2007년 국민연금제도의 사각지대를 해결하기 위한 정부의 국민연금 개혁과 함께, 생활이 어려운 고령자의 생활안정을 지원하여 복지를 증진할 목적으로 기초노령연금제도가 2008년에 도입되었다.

기초노령연금제도는 2008년 1월부터 만 70세 이상 노인을 대상으로 시행되었고, 7월부터 65세까지로 확대되었다. 만 65세 이상 전체 노인 중 소득과 재산이 적은 하위 70%를 선정하는데, 2011년 1월 현재 선정기준은 소득인정액이 월 74만원 이하인 단독가구나 월 118만 4천원 이하인 부부가구이다. 2010년 12월 기준으로 전체 65세 이상 노인인구 550만명의 70%인 373만명이 기초노령연금을 받고 있다. 2009년보다 10만명 증가하였고, 농어촌 81개 지역 중 57개 지역의 수급률이 80%를 넘어 농어촌지역 노인들의 소득보전에 도움이 되는 것으로 보인다. 성별로는 남성이 34.9%, 여성

---

15) 정희근・김훈, 앞의 논문, 715쪽.

16) 석재은, "노령소득보장체계의 재구축과 경로연금제도의 발전방향," 『사회복지학』 제50호 (2002. 9), 237쪽.

이 65.1%로 여성노인이 더 많이 혜택을 받았고, 단독가구 수급자가 52.6%, 부부가구 수급자가 47.4%이다.[17]

(2) 급여수준

연금액은 국민연금 가입자의 연금 수급전 3년간 평균소득월액의 5% 기준으로 책정되는데, 2011년 5월 현재 소득인정액에 따라 단독가구의 경우 2만원에서 91,200원까지, 부부가구의 경우 4만원에서 145,900원까지 지급된다.

〈기초노령연금 지급액〉[18]

단독가구	소득인정액	66만원 미만	66만원~ 68만원 미만	68만원~ 70만원 미만	70만원~ 72만원 미만	72만원~ 74만원 이하
	연금액	91,200원	80,000원	60,000원	40,000원	20,000원

부부가구	소득인정액	106만 4천원 미만	106만 4천원~ 110만 4천원 미만	110만 4천원~ 114만 4천원 미만	114만 4천원~ 118만 4천원 이하
	연금액	145,900원	120,000원	80,000원	40,000원

Ⅳ. 우리나라 노후소득 보장제도의 문제점

노년층을 위한 우리나라의 소득보장제도는 1차안전망인 공적 연금과 2차안전망인 공공부조로 구성되어 있는데, 국민연금과 공무원연금・군인연금・사학연금 등이 1차안전망으로 기능을 하고, 국민기초생활보장법에 따른 급여와 기초노령연금이 2차안전망으로 역할을 한다.[19] 국민연금은 1차

17) 조선일보 인터넷뉴스(chosun.com), 2011년 5월 6일자.

18) 기초노령연금 홈페이지(http://bop.mw.go.kr/front_main).

19) 신종태, 앞의 논문, 33쪽.

적인 사회안전망으로서 모든 경제활동 계층을 적용대상으로 하고, 가입자가 사회적 위험에 처할 경우 연금 형태의 급여를 지급함으로써 빈곤층으로의 추락을 사전에 예방하는 것을 목적으로 하고 있다. 이를 위하여 국민연금제도는 도입 이래 제도적 보완을 계속해 왔으며, 그 결과 오늘날의 국민연금제도는 전 국민을 대상으로 하는 보편적 소득보장제도로 간주되고 있다. 그럼에도 불구하고 65세 이상 노인 중 상당수가 공적 소득보장의 사각지대에 속해 있다.[20]

사각지대 문제는 크게 국민연금 적용의 내부 사각지대와 외부 사각지대로 분류할 수 있다. 내부 사각지대는 보험료를 납부하지 못하는 가입자, 가입기간이 적어 연금수급권을 확보하지 못한 계층, 연금수급권을 확보하였으나 연금액이 적어 노후빈곤에 노출된 계층이 해당되고, 외부 사각지대는 국민연금 시행 당시 가입기회가 배제된 노령층, 전업주부 등 적용제외자 계층이 해당된다. 외부 사각지대 문제는 기초노령연금제도와 유족연금이 배우자 사망시 전업주부에게 지급되는 점 및 임의가입자가 증가하는 점을 고려할 때 앞으로 국민연금제도의 성숙에 따라 상당 부분 해소될 수 있을 것으로 보이나,[21] 기초노령연금도 많은 문제점을 가지고 있다. 즉 정부가 별도 재원 마련을 통해 제도를 시행하기보다는 교통수당, 장수수당 등 지방자치단체가 자체 재정으로 부담하는 각종 현금급여를 기초노령연금의 재원으로 충당하는 방식을 택한 점, 노인 기초생활수급자의 경우 국민기초생활보장법령 개정을 통해 기초노령연금을 소득으로 인정하여 생계비가 오히려 감소하는 결과가 벌어지는 점, 기초노령연금 급여가 국민연금 평균소득 대체율의 5% 수준으로 매우 미미한 점 그리고 적용대상이 보편적이지 못하다는 점은 큰 문제라 할 수 있다.[22]

기초생활보장제도 또한 노인의 빈곤문제 해결을 위해서는 제도 개선이

20) 이지은, 앞의 논문, 6쪽.

21) 이지은, 앞의 논문, 7쪽.

22) 정회근・김훈, 앞의 논문, 719-720쪽; 정창률, "연금체제 측면에서 본 한국 노후 소득보장체계," 『한국사회복지학』 第62권 2호(2010. 5), 330쪽.

요구된다. 현재 기초생활보장제도에 있어서 가장 큰 관심사는 부양의무자 기준의 완화이다. 노후빈곤을 완화하는 효과를 달성하기 위해서는 부양의무자의 소득기준과 재산의 소득환산율을 인하해야 할 것이다. 특히 노인들의 경우 호적상의 자녀 또는 주민등록상의 자녀로 인하여 실제 경제적으로는 빈곤하면서도 수급자격을 상실하는 경우가 타 연령층에 비해 많기 때문에, 부양의무자 관련기준의 완화는 기초보장의 사각지대를 축소하여 노인의 절대빈곤을 완화하는데 기여할 수 있을 것이다.[23)]

내부 사각지대 문제는 여러 가지 요인이 복합적으로 영향을 미치고 있다. 첫째, 국민연금제도는 연금수급을 위한 10년의 최소가입기간을 두고 있는데, 이것이 사각지대를 발생시킨다. 이것은 국민연금이 보험수리적 특성으로 인하여 일정 기간의 보험료 납부를 연금수급 요건으로 할 수밖에 없다는 점에서 피할 수 없는 문제이나, 이 기간을 어떻게 정하느냐에 따라 가입기간을 충족시키지 못하여 연금수급권을 상실하는 사각지대의 규모를 줄일 수 있다.

둘째, 국민연금은 제도 도입 이래 재정안정 및 세대간 형평성 등을 개선하기 위한 근본적 해결이 요구되었고, 그 결과 2007년 국민연금 개혁을 통해 급여수준을 크게 하향조정하였다. 기존의 국민연금은 가입자 평균소득 60%의 소득대체율을 보장하였지만 개정으로 인해 2008년에는 50%, 2009년부터 매년 0.5%씩 단계적으로 소득대체율을 낮춰 2028년에는 40%의 소득대체율을 보장하게 된다. 이러한 급여수준의 하락을 보완하기 위한 대책으로 전체 노인의 70%를 대상으로 국민연금 전체 가입자 평균 소득월액의 5%에 해당하는 금액을 지급하는 기초노령연금제도가 도입되었으나, 앞에서 보았듯이 여기에도 많은 문제점이 노출되어 있다. 또한 자산조사와 부양의무자 기준을 충족해야 하는 국민기초생활 보호제도로는 노인들의 최저생활을 보장하는데 한계가 있다. 현행 소득보장제도의 가장 큰 문제점은 최저선의 생활수준 유지를 위한 조건 없는 보장기준이 없다는 것이다.[24)]

---

23) 정경희, "안정적인 노후소득보장을 위한 정책과제," 『보건복지포럼』 제156권(2009), 12쪽.

셋째, 사각지대 문제는 국민연금제도의 외적 상황인 노동시장구조의 변화에 의해서도 발생된다. 1990년대 이후 금융시장의 국제적 개방과 자유화 및 그에 따른 국제경제의 블록화와 다자간 자유무역협정은 상품과 자본 등 생산요소의 자유로운 국제적 이동을 확산시켰다. 이러한 상황에서 개별 국가는 세계시장경제의 무한경쟁시대에 직면하게 되었고, 기업들은 생산체제의 유연성을 제고시켜 조직의 신축적 대응능력을 갖추려는 노동유연성 정책을 펼치기 시작했다.[25] 그 결과 이전과는 다른 임시일용직, 시간제 고용직, 파견용역직 등의 다양한 근무 형태가 나타나게 되었다. 근로자는 실업 및 노동시장 지위변동에 쉽게 노출되었으며, 정규직 근로자를 기준으로 설계되었던 사회보험제도 가입에 있어서도 문제점이 발생되었다.

따라서 이러한 내부 사각지대 문제를 해결하기 위한 국민연금제도 개선이 시급한데, 아래에서는 연금수급 사각지대 해소방안으로 다수 노인들이 연금혜택을 받을 수 있는 노인소득보장방안인 연금크레딧 제도를 살펴보도록 하겠다.

Ⅴ. 연금크레딧 제도

1. 도입배경

급격한 노동시장의 변화는 사회보장 적용범위의 축소를 가져왔는데, 그 중에서도 특히 문제가 되는 것은 연금제도이다. 연금은 노인빈곤을 방지하고, 노년의 불평등을 완화할 수 있는 노후소득 보장의 주요 수단이다. 그러나 지식・정보산업을 중심으로 전개되는 탈산업사회는 교육과 기술수준 그리고 고용간의 연관성이 매우 높아지고 따라서 저임금직과 비정규직을 만

24) 신종태, 앞의 논문, 36쪽.

25) 이용하, 앞의 논문, 11-12쪽.

연시킨다. 그 결과 여성, 청년층, 비정규직 노동자들은 단절적이고 불규칙적인 고용으로 말미암아 완전노령연금에 대한 수급권을 확보하지 못하게 될 가능성이 매우 크며, 결국 이것은 차후에 상당한 규모의 노인빈곤 문제를 초래할 것이다. 따라서 이들의 불충분한 연금수급권을 개선해야 할 필요성이 크게 대두되고 있다.

현재 유럽 각국에서는 이 문제점을 해결하고 이들 집단의 연금수급권을 강화할 수 있는 연금 개혁 방안으로서 연금크레딧을 도입하고 있다. 연금크레딧이란 출산, 양육, 돌봄노동, 비자발적 실업, 군복무 등을 사회적 공익기여기간으로 인정해 보험료를 납부한 기간으로 인정해 주는 제도이다. 즉 노동시장 바깥에 있는 케어노동을 전담하는 여성들, 청년실업자들, 비정규직 노동자들이 노후에 최소한의 생계를 유지할 수 있도록 연금수급권을 부여하는 것이다.[26)]

비정형적 노동자, 청년실업자, 비정규직 노동자 등은 미래의 빈곤노인층으로 전락할 위험이 매우 높고 출산, 양육, 케어 등으로 인해 적절한 근로경력을 갖지 못하는 여성도 노후의 불리한 소득보장체계를 감수해야만 한다. 결국 연금크레딧 제도를 통해서 이들이 현재 처한 고용관련 불리함을 보전해 주지 않는다면, 이들이 받게 될 노후소득의 축소는 피할 수 없을 것이다. 따라서 연금크레딧 제도를 도입하려는 국가별 노력은 새로운 사회적 위험의 범주인 노인의 소득보장 문제에 대해서 전향적으로 검토하려는 시도라고 평가할 수 있다.

출산・육아에 대한 사회적 보상은 여성의 무급노동에 대한 보상, 여성의 개별적 수급권 확보, 출산지원, 육아 등에 대한 가족정책적 고려, 연금재정기반 확대에 기여하는 측면 등 다차원적인 논리로 뒷받침된다. 저출산은 연금보험료 납부인구가 줄어드는 것을 의미하기 때문에 출산 및 육아에 대한 연금 내에서의 적절한 사회적 보상은 정당성을 갖는다. 또한 여성의 경우 출산・육아로 인한 소득활동 중단이 일반적이고 남성에 비해 평균적인

26) 김철주・허윤정, "새로운 사회적 위험의 도래에 따른 노인복지 환경의 변화와 과제," 『노인복지연구』 제32호(2006), 193쪽.

가입기간이 짧기 때문에, 이에 대해 가입기간을 인정해 주는 것은 여성의 개별 수급권 확보 및 급여수준 향상에 도움을 줄 수 있다.

군복무는 외국에서도 여성의 육아기간과 함께 사회적 인정을 받는 대표적 기간이지만, 인정소득 및 기간 등 크레딧 제공수준에 있어서는 육아기간보다는 낮은 경향이 있다. 한국 사회에서 병역의무가 갖는 사회적 의미와 중요성, 양성평등적 측면 등을 고려한다면 군복무기간을 크레딧으로 인정하는 것은 늦은 감이 없지 않다.

실업은 개인적 책임뿐 아니라 사회구조적 차원의 문제이기 때문에 이에 대해 사회적으로 적절한 지원을 하는 것이 필요하며, 이러한 측면에서 일정기간의 실업기간을 연금제도 가입기간으로 인정해 주는 것이 필요하다. 또한 국민연금에서 납부예외자가 되는 가장 큰 원인이 실업이므로 실업크레딧을 제공한다면 수급권을 확보하지 못하는 10년 미만 가입자에 대한 사각지대 해소에 기여할 수 있다.

2. 우리나라의 현황과 문제점

국민연금법은 법 개정을 통하여 2008년 1월 1일부터 출산크레딧 제도와 군복무크레딧 제도를 도입하였다.

(1) 출산크레딧 제도

국민연금법은 출산에 대한 인센티브를 부여하고 여성가입자의 연금 수령기회를 확대하기 위해, 2008년 1월 1일 이후부터 두 자녀 이상을 얻은 경우 연금보험료를 납부하지 않아도 추가로 가입기간을 인정해 주는 출산크레딧 제도를 도입하였다(국민연금법 제19조). 이에 따라 자녀가 2명인 경우 12개월, 3명 이상인 경우 자녀 1명마다 18개월을 추가하여 최장 50개월까지 추가로 가입기간을 인정받고, 해당 기간의 소득은 연금 수급전 3년간의 평균 소득월액의 전액을 인정받는다. 출산크레딧으로 추가되는 기간은 그만큼 연금보험료 납부가 면제된다는 것이 아니라 연금수령액 산정시 주요

변수인 가입기간이 늘어나 연금액이 커진다는 의미다. 즉 출산크레딧에 해당하는 추가 인정기간은 노후에 첫 연금을 산정할 때 더해져 사망시까지 평생 지급된다. 이를 위해 필요한 재원은 국가가 전부 또는 일부를 부담한다(국민연금법 제19조 제3항).

〈출산크레딧 추가인정기간〉

자녀수	2자녀	3자녀	4자녀	5자녀 이상
추가인정기간	12개월	30개월	48개월	50개월

자녀의 범위에는 부모의 친생자뿐만 아니라 인지된 출생자, 입양자도 포함된다(국민연금법 시행령 제25조 제1항). 이러한 혜택은 국민연금에 가입하여 노령연금 수급요건이 충족될 경우에 한하여 적용된다. 다만 노령연금 수급요건이 충족되었을 때 자녀가 다른 사람의 양자로 되거나 입양자를 파양한 경우는 가입기간을 추가로 산입할 수 없다(국민연금법 시행령 제25조 제2항). 출산크레딧은 다자녀 '가구'에 대한 혜택이기 때문에, 부부가 둘 다 노령연금을 받게 되는 경우 남편과 아내 중 유리한 쪽을 선택해서 가입기간을 추가할 수 있으며, 서로 합의가 되지 않으면 균등배분하여 각각의 가입기간에 산입한다(국민연금법 제19조 제2항).

(2) 군복무크레딧 제도

군복무크레딧이란 군복무와 같이 사회적으로 가치 있는 행위에 대해 연금가입기간을 추가로 인정하여 노령연금을 받을 수 있는 기회를 확대하거나 노령연금 수령액을 높이는 제도이다. 국민연금법은 군복무크레딧 제도를 도입하여 현역병 또는 공익근무요원으로 6개월 이상 복무한 가입자가 노령연금 수급권을 취득하는 경우 보험료를 납부하지 않아도 6월의 가입기간을 인정한다(국민연금법 제18조). 단 이러한 혜택은 2008년 1월 1일 이후에 입대하여 병역의무를 수행하는 자부터 적용된다. 해당 기간의 소득은 연금 수급전 3년간의 평균 소득월액의 1/2을 인정한다. 군복무기간이 공무원연금법 또는 군인연금법 등의 다른 공적 연금기간에 산입되거나 그 기간 중 보험료를 납부하여 가입기간으로 인정되는 경우에는 추가가입기간이 인정되지 않는다(국민연금법 제18조 제2항). 이를 위해 필요한 재원은 국가가 전부 부담한다(국민연금법 제18조 제3항).

(3) 현행 크레딧 제도의 문제점

현행 국민연금에서 출산크레딧 제도의 문제점은 크게 세 가지이다. 첫째, 출산크레딧 제도의 기대효과에서의 문제이다. 현행 출산크레딧 제도는 출산율 제고와 연금 사각지대의 축소를 목표로 하고 있다. 출산율 제고를 위해 자녀가 한 명인 경우에는 크레딧 혜택이 없고, 두 자녀 이상부터 크레딧을 인정하여 출산에 대한 동기를 부여하고 있다. 그러나 우리나라의 저출산 문제는 일과 가족의 양립이 불가능한 사회환경, 사교육비 같은 자녀에 대한 높은 비용부담 등이 복합적으로 만들어낸 문제이기 때문에, 두 번째 자녀부터 제공되는 12개월 내지 18개월의 크레딧으로 출산율을 높이는 것은 어려울 것이다. 노령연금 수급권을 취득한 때 출산크레딧만큼 추가로 가입기간을 인정해 줌으로써 부모의 노령연금액을 증액시키는 효과는 기대할 수 있겠지만, 출산율 제고는 보육서비스의 확대와 공교육 강화 등 일과 가족의 양립을 가능하게 하는 사회적 인프라가 구축되고 보육비 지급 등으로 경제적 부담을 완화시켜 주어야만 정책효과가 뚜렷하게 나타날 수 있을 것이다.[27] 여성이 일하고 싶을 때 일할 수 있게 하고, 경제적 필요성이 있을 때 실제적으로 경제적인 도움을 주어야 출산에 대한 동기가 부여되는 것이지 노인이 되어서 연금을 받을 때 연금액을 올려 주는 것만으로는 저출산 문제가 해결되기 어려울 것이다.

출산크레딧은 또한 여성가입자의 연금 사각지대 축소를 목표로 하고 있다. 그러나 낮은 출산율과 크레딧의 짧은 가입기간 인정은 연금 사각지대 해소에 제한적인 효과만 끼칠 것으로 판단된다. 즉 2010년 합계출산율이

27) 유호선, "국민연금의 양육 크레딧 제도 개선방안 연구," 『사회보장연구』 제26권 1호(2010. 2), 186-187쪽.

1.22명인 것을 고려하면[28] 출산크레딧의 혜택을 받을 수 있는 인구 역시 매우 제한적일 것이다. 보다 근본적인 문제는 크레딧 기간이 연금을 받을 수 있는 최소가입기간에 포함되지 않는다는 것이다. 수급요건이 충족되어 수급권이 개시되었을 때 가입기간을 추가로 인정하는 것보다는 부족한 가입기간을 출산크레딧으로 보충하여 연금수급을 개시할 수 있게 하는 것이 진정한 사각지대 해소방안이 될 수 있을 것이다. 따라서 출산크레딧 제도의 기대효과를 달성할 수 있도록 크레딧 제도를 확대해야 할 것이다.

둘째, 현행 출산크레딧 제도는 둘째 자녀 이상부터 적용되고, 크레딧의 지원기간이 매우 짧으며, 지원기간에 법정 모성휴가기간이 포함되어 있지 않다. 현행 제도의 지원기간은 두 자녀 이상인 경우부터 12개월이나 18개월이 지원되며 최대 50개월까지 가입기간이 인정된다. 자녀당 2~3년씩 크레딧을 제공하는 외국의 제도에 비하면, 국민연금 출산크레딧 제도는 인정기간이 매우 짧게 설계되어 있다. 또한 현행 출산크레딧은 법정휴가기간인 90일의 모성휴가기간에는 적용되지 않고 있다. 우선지원 대상기업에 근무하는 근로자의 경우 전체 휴가기간인 90일간 국민연금을 납부예외로 처리하고 있을 뿐이다. 대부분의 국가가 모성휴가기간의 연금가입을 크레딧으로 적용하고 있는 현실에 비추어, 국민연금에서도 이러한 문제를 해결하기 위한 개선방안을 강구하여야 할 것이다.[29]

셋째, 현행 국민연금 출산크레딧 제도의 재원은 국고와 연금기금이 함께 부담하는 것으로 되어 있다. 그러나 크레딧 제도의 재원을 연금기금에서 보조하는 것은 안정된 노동시장에 소속되어 있는 현 가입자들 사이에서 불만을 야기할 수 있다. 전일제의 안정된 일자리로 구성된 노동시장과 저임금의 비정형 일자리로 구성된 노동시장 사이의 양극화가 이루어진 현실에서, 안정된 일자리에 있는 근로자들은 그들의 연금보험료를 재원으로 소득재분배 및 사회통합 기능을 하는 정책을 수행하는 것에 반감을 가질 것이

28) 통계청, 2010년 출생잠정통계. 합계출산율은 여자 한 명이 가임기간 동안 낳는 평균 출생아 수를 말한다.

29) 유호선, 앞의 논문, 187쪽.

다.[30] 따라서 크레딧 제도는 세금을 재원으로 하는 것이 바람직할 것이며, 우선은 연금기금의 비중을 줄이고 국고부담비율을 높여야 할 것이다.

군복무크레딧의 문제점은 출산크레딧과 비교했을 때 너무 단기간인 6개월의 기간만이 추가적으로 인정된다는 점이다. 출산크레딧이 추가적으로 인정하는 연금가입기간도 외국에 비해 단기인 것이 문제점이지만, 군복무크레딧으로 인정되는 추가가입기간 6개월은 의무병제인 우리나라 병역제도하에서 너무 소홀한 취급을 받고 있는 것 같은 느낌을 지울 수 없다. 출산크레딧이 여성들의 노후소득보장과 출산율 제고를 목표로 한다면, 군복무크레딧은 남성들의 노후소득 보장과 군입대 회피 예방이 목표라고 할 수 있을 것이다. 이를 위해서는 군복무크레딧이 노후의 연금수급에 도움이 된다는 생각에 군복무 대상자들이 군입대를 회피하지 않을 정도의 가입기간을 추가적으로 인정해 주는 것이 필요하다. 그리고 군별로 복무기간에 수개월의 차이가 있는데도 불구하고 일률적으로 6개월의 가입기간을 인정하는 것은 타당해 보이지 않는다. 이 외에 군복무크레딧도 연금수급권이 개시되었을 때 추가적으로 가입기간을 합산해 줄 것이 아니라 군복무크레딧을 합산한 기간으로 연금수급권을 개시할 수 있게 제도적인 개선이 이루어져야 할 것이다.

3. 외국의 연금크레딧 제도

선진 복지국가들은 출산과 군복무 외에 육아, 실업 등의 경우에도 다양한 크레딧 제도를 운영하고 있다.

(1) 양육크레딧[31]

여성들은 자녀의 출산과 양육으로 노동시장에서 이탈하게 될 위험이 높을 뿐 아니라, 이로 인하여 시간제근로를 하게 될 확률이 남성에 비하여 높

30) 위의 논문, 188쪽.

31) 위의 논문, 189쪽 이하 참조.

게 나타나고 있다. 따라서 여성은 남성에 비하여 연금수급권을 획득할 확률이 매우 낮아 여성들의 노후빈곤 문제가 발생하게 된다. 이러한 문제를 해결하기 위하여 선진 복지국가들은 일반적으로 여성의 노동시장 참여를 제약하고 있는 자녀양육을 포함한 돌봄노동에 대하여 연금제도에서 크레딧을 제공함으로써 그들의 무급 돌봄노동에 대한 보상을 하며 연금수급권을 획득할 수 있도록 돕고 있다. 국민연금도 출산크레딧을 제공하고 있지만 가입인정기간이 짧고 법정 모성휴가기간에도 적용되지 않는 점에서, 자녀당 2년 내지 3년의 출산크레딧 외에 모성휴가기간과 아동양육으로 인하여 근로활동이 제한되는 경우까지 양육크레딧을 제공하는 선진국가와 큰 차이가 있다고 하겠다.

1) 독 일

독일은 14주의 모성휴가기간 동안 임금의 100%를 지급하고 있고, 모성보호법(Mutterschutzgesetz)에서 정한 산전·산휴휴가로 인해 소득활동이 중단되었을 경우 이 기간을 크레딧으로 인정해 주고 있다. 크레딧은 출산전 6주, 출산후 8주이며 쌍둥이인 경우는 출산후 12주를 인정한다. 따라서 평균적으로 14주의 모성휴가기간은 별도의 보험료 납부 없이 개인의 총 생애 평균소득수준으로 크레딧이 인정되고 있다.

모성휴가기간 동안에 제공되는 크레딧 이외에 자녀를 출산하여 양육하는 모든 이들에게 적용되는 독일의 양육크레딧은 3년의 연금가입기간을 인정한다. 이 기간 동안 두 번째 자녀를 출산하는 경우 연금가입 인정기간은 그 시점에서부터 다시 3년이 인정된다. 이러한 연금크레딧의 재원은 국가재정으로 충당하고 있다. 양육크레딧은 실제 육아의 책임자에게 제공하고 있으나, 부모가 공동으로 육아의 책임을 담당한 경우 합의를 통하여 수혜자를 결정할 수 있고, 별도의 합의가 없으면 여성에게 혜택을 주고 있다.

또한 4세 이상 10세 미만 자녀의 양육으로 인하여 시간제근로와 같이 소득활동이 정상화되지 못한 경우 고려기간을 운영하여 개인의 연금급여가 상향조정될 수 있도록 하고 있다. 이 기간 동안 연금가입소득의 상향조정은 가산점의 형태로 이루어지며, 개인별로 실제소득의 50% 수준에서 이루어진다. 그러나 가산점을 합한 연금가입소득은 전체 가입자 평균소득을 초과할 수 없고, 고려기간의 혜택을 받기 위해서는 최소한 25년 이상의 연금가입기간이 요구된다. 이는 여성의 근로 유인을 강화하기 위한 목적으로 판단된다. 이와 함께 경제활동을 하지 않는 전업주부로 다자녀를 양육하는 경우도 연금가입소득을 상향조정해 주고 있다. 즉 10세 미만의 아동을 두 명 이상 양육하고 부모 중 한 명이 경제활동을 하고 있지 않을 경우 당사자에게 가산점을 주고 있다.

2) 프랑스

프랑스는 여성의 연금수급권 강화와 출산율 제고를 위하여 연금에서 양육크레딧 제도를 가장 관대하게 시행하고 있는 국가이다. 프랑스는 16주의 모성휴가기간 동안 임금의 100%를 지급하고 있으며, 모성급여를 받는 기간은 크레딧이 인정되고 있다.

모성휴가기간 동안에 제공되는 크레딧 이외의 양육크레딧은 자녀가 16세에 도달하기 전 최소 9년 동안 자녀를 키운 모에게 자녀당 2년의 크레딧을 제공하고 있다. 프랑스의 양육크레딧 역시 모의 근로 여부에 관계 없이 제공되고, 연금가입 인정소득은 개인의 소득수준으로 결정된다. 그러나 프랑스의 연금급여 수준은 생애 중 최고소득 25년간을 평균하여 결정하므로, 양육크레딧은 고소득 여성에게 이익이 된다는 비판을 받고 있다.

프랑스는 자녀당 2년씩 제공되는 양육크레딧 외에 추가적인 형태의 양육크레딧을 저소득층에게 제공하고 있다. 세 살 이하의 자녀를 양육하면서 시간제근로를 하거나, 양육을 위하여 근로를 그만 둔 기간은 공적 연금과 퇴직연금에서 크레딧 혜택을 받는다. 연금가입 인정소득은 최저임금수준으로 계산되고, 둘째 자녀까지는 자녀당 최대 3년의 크레딧이 제공되며 셋째 자녀 이상부터는 크레딧 기간이 증가한다. 저소득층을 위한 이러한 추가 크레딧은 공적 연금에서 보편적으로 주어지는 2년간의 양육크레딧에 추가적으로 제공된다.

또한 프랑스는 출산장려를 위하여 다자녀를 가진 부모에게 추가적인 지원을 한다. 자녀가 16세가 되기 전 최소 9년 동안 3명 이상의 자녀를 키운 부모들은 이후 공적 연금에서 10%씩 증가된 연금급여를 수급할 수 있다. 이러한 다자녀정책은 부모 두 명이 모두 혜택을 받을 수 있다.

3) 영 국

영국은 39주의 법정 모성급여를 수급하는 동안 임금의 90%를 지급하고, 모성급여를 받는 기간은 연금에서 크레딧이 적용된다. 영국의 NI(National Insurance) 크레딧 제도는 불가피하게 NI에 가입할 수 없는 다음의 몇 가지 경우에 한정하여 보험료를 기여한 것으로 인정해 주고 있다. 즉 법정 모성급여, 법정 질병급여, 모성수당, 돌봄자수당, Working Tax Credit과 Carers Allowance를 수급하는 수급자에게 NI 크레딧을 인정한다. 또한 실업상태이거나 아픈 경우, 훈련과정 등에 있는 경우 역시 크레딧을 인정해 주고 있다.

모성휴가기간 이외의 양육크레딧은 1978년에 도입된 가정책임보호(Home Responsibility Protecion) 제도 내에서 간접적인 방법으로 제공되고 있다. 아동양육으로 근로활동을 하지 않거나 저임금에 종사하는 사람들의 기초연금 수급권을 보호해 주기 위하여 보험료 납부가 면제되는 기간을 가입기간으로 인정해 주고 있다. HRP의 도입목적은 돌봄노동에 의한 근로의 어려움으로 야기된 여성의 높은 노후빈곤율을 해결하기 위함이었다. 한편 2010년부터는 자격만 갖추면 크레딧만으로도 연금수급 적격년수를 채울 수 있게 되어 크레딧 제도만으로도 기초연금을 수급할 수 있게 되었다. 영국 정부는 이러한 크레딧 제도의 개혁으로 2010년까지 여성의 약 75%가 기초연금을 수급할 수 있을 것으로 예상하고 있으며, 2025년까지는 여성의 90% 이상이 기초연금을 수급할 수 있을 것으로 기대하고 있다.

4) 일 본

일본의 양육크레딧은 근로자인 후생보험 가입자를 대상으로 시행되고 있는데, 육아휴가 제도에 맞추어 이루어지고 있다. 일본은 1992년 육아휴가

법이 생긴 이후 1995년 개정에 의하여 전 사업장에서 육아휴가를 의무화하였다. 또한 육아휴가시 임금은 휴가 이전 임금의 25%를 고용보험에서 지급하도록 하였으나, 2001년 개정으로 휴가전 임금의 40%로 인상되었다.

일본은 2000년부터 최대 1년의 육아휴가기간 동안 근로자 및 고용자의 후생연금 보험료를 면제해 주고 있다. 이후 2004년 연금 개혁으로 육아휴가기간이 최대 3년으로 확대되었고, 그 결과 휴가기간 동안의 후생연금 보험료면제 역시 3년으로 확대되었다. 따라서 육아휴가기간에 두 번째 자녀를 출산한다면, 출산시기부터 다시 최대 3년의 육아휴가기간이 발생하고 동시에 3년의 연금크레딧이 발생한다. 그러나 이는 육아휴가를 받을 수 있는 근로자만 혜택을 받을 수 있고, 자영업자 등은 혜택을 받을 수 없는 제도이다.

또한 2004년의 연금 개혁으로 아동양육으로 인해 전일제근로에서 시간제근로로 변경한 근로자도 크레딧을 받을 수 있게 되었다. 즉 3세 이하 자녀의 양육으로 전일제근로에서 시간제근로를 하게 된 경우, 후생연금의 보험료는 줄어든 실제소득을 기초로 납부하나 그들의 연금액은 이전의 전일제임금을 기초로 계산하여 납부한 것보다 많은 급여를 수급하게 된다.

(2) 실업크레딧[32]

공적 연금은 운영 형태에 따라 사회부조형과 사회보험형으로 구분된다. 사회부조형 연금제도에서는 거주요건을 충족하면 누구든 쉽게 연금급여를 수급할 수 있기 때문에 실업크레딧 제도의 도입 자체가 필요하지 않다. 이에 비해 사회보험형 연금제도를 도입하고 있는 국가에서는 연금수급이 가입자의 보험료 납부기간에 의해 결정되므로, 실업 등 특정 사유로 인하여 보험료 납부가 불가능하게 된 경우 연금을 받을 수 없거나 급여수준이 하락하게 되어 소득보장에 결함이 생기게 된다. 그래서 실업크레딧 제도를 통해 이러한 불완전성을 보완하려는 시도가 이루어지고 있다.

---

32) 이지은, 앞의 논문, 15-19쪽.

사회보험형 공적 연금제도 국가 중에서도 기초연금을 도입하고 있는 국가와 소득비례연금을 도입하고 있는 국가는 크레딧 제도의 활용정도가 다르게 나타나고 있다. 기초연금을 도입하고 있는 국가에서는 기초연금의 목적이 전 국민의 최저생활을 보장하기 위한 것인 만큼 기초연금 수급을 위한 최소가입기간 등 수급요건이 매우 완화되어 있고, 완전기초연금을 수급할 경우의 소득대체율도 낮다. 따라서 실업크레딧 제도와 같은 크레딧 제도가 존재하지만 그 활용정도는 낮고, 크레딧 인정시 수급자의 급여수준 향상효과도 크지 않다. 대표적 국가는 영국이다. 이에 비해 소득비례연금을 도입하고 있는 국가에서는 크레딧 제도의 활용도가 높다고 할 수 있다. 이러한 국가들은 대체로 기초연금 도입 국가에 비해 수급권을 획득하기 위한 최소가입기간 요건이 엄격하다. 따라서 실업 등으로 인한 노동시장 이탈이 소득보장에 큰 타격이 될 수 있기 때문에 크레딧을 관대하게 인정하는 경향이 있다. 독일, 스웨덴, 오스트리아 등이 여기에 해당된다.

1) 독 일

독일은 대표적인 소득비례형 연금제도를 가진 국가이다. 독일의 실업크레딧 제도는 크게 두 가지 경우에 적용된다. 첫 번째는 연금가입자가 실업보험에 의한 실업급여(실업급여 I)를 수급하는 경우이다. 이것은 실업보험과 수급자가 공동으로 보험료를 납부한 결과 수급권이 발생하는 것이므로, 그 수급기간 역시 실업보험과 수급자에 의해 보험료가 납부되는 기간으로 간주된다. 이 때 가입자의 인정소득은 총임금의 80%이다. 두 번째는 실업중인 연금가입자 중에서 향후 일을 할 수 있을 것이라고 판단되는 자가 실업수당 또는 사회부조를 받는 경우(실업급여 II)이다. 이 대상자는 가입자 자신과 그 배우자 등에 대한 자산조사를 거친 후 재정지원을 받을 수 있다고 판단되는 경우에 한한다. 이 기간은 보험료납부 면제기간에 해당하며, 이 때 가입자의 인정소득은 총액으로 정해져 있다.

2) 영 국

영국의 공적 연금제도는 전 국민을 대상으로 최저생활을 보장하는 정액의 기초연금과 부가연금인 소득비례연금으로 구성되어 있는데, 실업크레딧 제도가 적용되는 것은 기초연금이다. 영국의 기초연금에서 실업크레딧 제도는 가입자가 실업급여를 수급한 기간에 적용되며, 이때 가입자는 최소한 1주일 이상의 기간을 수급해야 한다. 또한 실업급여 수급권이 없는 자영업자가 사업을 중단한 경우에는 면제혜택이 없으나 3종으로 임의가입하면 적용대상이 될 수 있다. 영국의 실업크레딧 제도는 저소득자도 소득활동을 하는 한 크레딧을 인정받을 수 없고 단지 적용제외대상이 되어 전체 가입기간에서 제외된다. 그러나 이때에도 3종으로 임의가입할 경우에는 보험료 납부 면제기간을 적용받을 수 있고, 연간기준소득 이하의 소득인 경우에는 자동적으로 기초연금 수급권이 인정된다.

4. 정책적 과제

연금크레딧 제도의 대대적인 확충이 필요하다. 우리나라는 출산과 군복무에 대해서만 크레딧을 인정할 뿐 실업이나 아동양육에 대한 크레딧 제도는 아직 인정하지 않고 있다. 그러나 실업크레딧 제도를 도입한 다수의 OECD 국가와 마찬가지로 우리나라 역시 노동시장구조의 변화와 직면하고 있고, 이로 인한 국민연금 사각지대 문제 역시 중요하게 다루어져 왔기 때문에 실업크레딧 제도의 도입이 필요하다고 하겠다. 아울러 아동양육 활동에 대해서도 크레딧을 인정해 주는 것이 출산율 제고와 연금 사각지대 해소에 중요한 기능을 할 것이다.

EU 국가에서는 여성의 연금수급권 강화를 위하여 양육크레딧을 확대하고 있는 추세이다. 일과 가족 양립정책을 강화함으로써 여성들의 노동참여를 활성화하여 연금가입을 확대하는 동시에, 연금에서 양육크레딧을 강화하여 여성들이 연금수급권을 획득할 수 있도록 돕고 있다. 여성의 노후빈곤 문제는 외국뿐 아니라 우리나라도 당면한 심각한 문제이므로, 국민연금 역시 문제해결을 위해 현행 출산크레딧을 강화하여 여성의 연금수급권 확대를 위해 노력하면서 추가적으로 저소득층을 대상으로 추가적인 양육크레딧을 제공하여 소득재분배 기능을 강화해야 할 것이다. 또한 현재 보험료 납부예외기간으로 하고 있는 법정 모성휴가기간에도 크레딧을 제공해야 할 것이다. 아울러 돌봄노동에 대한 가치를 현실화하여 이를 연금크레딧으로 부여하고 있는 복지국가의 경향을 고려해 볼 때, 둘째 자녀부터 크레딧을 부여하고 있는 우리나라도 첫째 자녀부터 크레딧을 부여하는 것이 바람직할 것이다.

실업크레딧 제도는 국민연금의 문제점으로 지적되고 있는 사각지대, 특히 최소가입기간을 충족시키지 못하여 수급권을 상실하거나 연금수급이 가능하더라도 급여수준이 너무 낮아 실질적인 보장을 받지 못하는 내부 사각지대 문제를 해결할 수 있는 대안 중의 하나이다. 이미 서구 복지국가에서는 실업크레딧 제도를 다양한 방식으로 운영하고 있는 점을 고려하여 우리나라도 실업크레딧 제도의 도입을 긍정적으로 생각해야 할 것이다. 도입시 고려할 사항으로는, 우선 실업크레딧 제도의 적용을 위한 세부요건들을 정함에 있어서 고용취약계층을 충분히 고려하되, 사회보험제도로서의 국민연금에 합당하게 규정해야 한다. 이 점에서 보면 실업크레딧 제도 없이도 7~8년 정도의 국민연금 가입기간을 충족시킬 수 있는 자를 대상으로 하여, 실업으로 인한 2~3년의 가입중단기간을 실업크레딧 제도를 통해 충족시킬 수 있도록 하는 것이 바람직할 것이다. 그리고 고용보험의 실업급여 수급기간을 실업크레딧 인정기간과 연계시킬 경우, 실업급여 수급요건을 완화시킬 필요가 있다. 실업급여를 수급하기 어려운 근로자는 실업크레딧 제도가 실업급여 수급을 요건으로 하는 한 국민연금에 가입되어 있더라도 실업크레딧 제도에 적용될 수 없기 때문이다.

VI. 결 론

후기산업사회와 인구고령화를 맞이한 우리나라의 노후보장 대책은 많은 발전이 있었지만 아직도 미흡한 부분이 많은 실정이다. 재정적 위험에 대해서는 상당한 진전이 있었지만 노후의 빈곤위험에 대한 대응은 전반적으로 미흡하다. 이것은 이제까지 지나치게 재정안정화에 초점을 두고 연금개혁을 추진해 온 결과이며, 후기산업사회에서 직면한 재정위기와 빈곤위기에 대한 균형적인 시각에서의 접근이 부족했기 때문이다.[33] 현재의 시스템대로 노후보장정책을 유지한다면 현재는 물론 미래의 노인빈곤 문제는 위기로 닥칠 수 있다. 이러한 노인빈곤 문제를 해결하기 위하여 유럽 각국에서는 연금 개혁방안으로서 연금크레딧을 도입하고 있다. 국민연금법도 2008년 1월 1일부터 출산에 대한 인센티브를 부여하고 여성가입자의 연금수령 기회를 확대할 목적으로 출산크레딧 제도를 도입하였고, 동시에 군복무크레딧 제도를 도입하여 현역병 또는 공익근무요원으로 복무한 가입자에게 추가적인 가입기간을 인정하고 있다. 그러나 너무 짧은 크레딧 인정기간과 재원을 연금기금에서 일부 충당하는 점, 크레딧 기간을 연금수급개시를 위한 기간에 합산하지 않는 등의 문제점이 있다.

연금크레딧 제도의 하나로 EU 국가에서는 여성의 연금수급권 강화를 목적으로 양육크레딧을 확대하고 있는 추세이다. 일과 가족 양립정책을 강화함으로써 여성들의 노동참여를 활성화하여 연금가입을 확대하는 동시에, 연금에서 양육크레딧을 강화하여 여성들이 연금수급권을 획득할 수 있도록 돕고 있다. 여성의 노후빈곤 문제는 외국뿐 아니라 우리나라도 당면한 심각한 문제이므로, 국민연금 역시 문제해결을 위해 현행 출산크레딧을 강화하여 여성의 연금수급권 확대를 위해 노력해야 할 것이다. 실업크레딧 제도는 국민연금의 문제점으로 지적되고 있는 내부 사각지대 문제를 해결할 수 있는 대안 중의 하나이다. 이미 서구 복지국가에서는 실업크레딧 제도를 다양한 방식으로 운영하고 있는 점을 고려하여, 우리나라도 실업크레딧 제도의 도입을 긍정적으로 생각해야 할 것이다.

33) 이용하, 앞의 논문, 34쪽.

〈참고문헌〉

김철주・허윤정, "새로운 사회적 위험의 도래에 따른 노인복지 환경의 변화와 과제," 『노인복지연구』 제32호, 2006.

석재은, "노령소득보장체계의 재구축과 경로연금제도의 발전방향," 『사회복지학』 제50호, 2002.

손미정, "노후소득보장수단으로서의 기초노령연금에 관한 연구," 『법학연구』 제37집, 2010.

신종태, "노인빈곤대책의 문제점과 소득보장정책연구," 서강대학교 석사학위논문, 2007.

유호선, "국민연금의 양육 크레딧 제도 개선방안 연구," 『사회보장연구』 제26권 제1호, 2010.

이용하, "인구고령화와 후기 산업사회에 대응한 노후소득보장 정책의 방향," *International Trade Business Institute Review*, Vol. 16, No. 2, 2010.

이지은, "실업크레딧제도의 도입이 국민연금 수급권 및 급여수준에 미치는 영향에 대한 연구," 연세대학교 석사학위논문, 2010.

정경희, "안정적인 노후소득보장을 위한 정책과제," 『보건복지포럼』 제156권, 2009.

정창률, "연금체제 측면에서 본 한국 노후 소득보장 체계," 『한국사회복지학』 제62권 제2호, 2010.

정회근・김훈, "노후소득보장제도의 체계 및 현황의 검토," 『토지공법연구』 제43집 제3호, 2009.

조지현, "노인장기요양보험의 현재와 미래," 『경영법률』 제18집 제4호, 2008.

국민연금공단, 『2009년 국민연금통계연보』 제22호, 2010.

보건복지부, 『2009년 국민기초생활보장 수급자 현황』, 2010.

통계청, 『2010년 출생잠정통계』

조선일보 인터넷뉴스(chosun.com), 2011년 5월 6일자.

제 8 장

고령자 고용법제의 현황과 과제

Ⅰ. 논의의 출발

Ⅱ. 현행 고령사회 관련 법제의 현황 및 문제점

Ⅲ. 고령자의 고용 유지·연장을 위한 분야

Ⅳ. 고령자의 고용촉진을 위한 분야

Ⅴ. 결 론

Ⅰ. 논의의 출발

우리나라는 전체 인구 중 65세 이상의 인구 비율이 2000년에 이미 7.2%에 달해 '고령화 사회'에 진입하였다. 2011년 현재 65세 이상 인구는 5,537,072명으로서 이는 전체 인구의 11.3%를 차지하고 있다. 이 비율은 급증하여 가까운 장래인 2018년에는 14.3%로 고령사회에, 2026년에는 20.8%가 되어 '초고령사회'에 진입하고, 나아가 2050년에는 전체 인구 중 38.2%가 65세 이상의 고령자[1]에 해당될 것으로 예상되고 있다.[2]

고령사회[3]로의 진입은 국가 차원에서의 다양한 사회·경제적 문제점을 발생시킨다. 고령화, 즉 역피라미드 형태의 비정상적이고 불안정한 연령구조는 직접적으로 노동시장에 참여하는 인력의 공급 자체를 감소시키며 이를 상쇄할 만한 노동생산성의 증가가 없다면 경제성장 또한 둔화된다.[4] 또 고령자에 대한 사회적 부담이 급증하여 노동력을 제공하는 세대의 부담을 가중시켜 세대간 소득재분배를 어렵게 하는 등 세대간의 갈등을 발생시킨

---

* 김경태, "고령자 고용법제의 현황과 과제," 『비교노동법논총』 제23집 논문을 재구성하였다.

1) '고령자' 또는 '노인'의 사전적 의미는 연령을 바탕으로 성년을 구분하는 기준 중 하나이다. 일반적으로 성년을 청년·중년(장년) 및 고령으로 구분하나 구체적인 연령기준은 불명확하다. 후술하는 바와 같이 우리의 경우는 '고령자' 또는 '노인'의 개념이 개별 법령 또는 정책별로 통일되지 않고 사용되는 경향이 있다. 여기에서는 논의의 통일성을 기하기 위해 '고령자'라는 용어를 사용하기로 한다.

2) 통계청, 『2011 고령자 통계』 참조; UN은 전체인구 중 65세 이상의 인구비율이 7% 이상인 경우 '고령화사회'(Aging Society), 14% 이상인 경우 '고령사회'(Aged Society), 20% 이상이면 '초고령사회'(Super-Aged Society)로 정의하고 있다.

3) 현재의 고령자 비율을 고려한다면 우리나라는 '고령화사회'에 해당된다. 그러나 고령사회의 진입을 목전에 둔 지금, 이를 대비할 법·정책을 적극적으로 고민할 때이다. 이와 같은 의미에서 여기에서는 '고령사회'라는 용어를 사용하기로 한다.

4) 자본공급 측면에서는 저축성향이 상대적으로 낮은 노년층의 증가로 저축률이 감소하고, 이에 따라 가용자금 및 투자가 위축된다. 반면, 소득분배 측면에서는 비생산적 인구가 증가하는 반면, 노인관련 공적 지출이 확대됨에 따라 소득분배 구조가 악화된다(노동부, 『고령자 고용촉진 기본계획('07~'11)』, 4면); 이 외에도 노동시장에서의 노동투입량의 감소 원인으로 근로시간의 감소, 조기퇴직의 확산 등을 생각해 볼 수 있다(김소영, "고령화 사회의 노동법적 문제," 『노동법학』 제23호(2006. 12), 79면).

다. 이 때 세대간 합의를 보지 못할 경우 노인층을 부양해야 할 청·장년층이 자신의 부담을 회피하는 현상이 발생할 수 있다.[5] 더불어 공적 연금, 의료보장 비용 등 사회적 비용을 증가시켜 국가 재정에도 심각한 부담을 초래하게 된다.

고령사회의 문제는 근본적으로 볼 때 인구구성비의 변화에 따라 나타나는 것으로서 출산율의 저하와 평균수명의 증가에 의한 것이다.[6] 즉 현재 진행중인 비정상적인 연령별 인구분포는 의학기술 등의 발달로 인한 고령인구가 증가되었기 때문이기도 하지만 그 이면에는 심각한 출산율 저하를 배경으로 한다. 현재의 출산율을 고려할 때 우리의 경우는 우리보다 먼저 고령사회에 진입한 일본보다 더욱 심각한 사회문제로 다가올 것임이 예상되고 있다. 따라서 장기적인 관점에서는 현재의 저출산 현상을 해결하기 위한 적극적인 정책을 실시하는 것이 궁극적인 해법이다. 종래 우리나라뿐 아니라 세계 각국은 출산율을 향상시키기 위한 다양한 정책을 실시해 오고 있으며, 이와 같은 정책이 성공할 경우 장기적인 관점에서는 고령화의 문제점이 어느 정도 해소될 것으로 기대된다. 그러나 고령사회의 문제는 이와 같은 출산율 제고 정책만으로 해결될 수 있는 부분이 아니다.[7] 우리의 경우 세계적으로 유래가 없는 급속한 고령화 진행속도를 보여 주고 있으며, 또 평균 퇴직연령을 55세 정도라고 보았을 때, 소위 '베이비붐 세대'인 1955

---

5) 우리보다 앞서 고령화가 진행되었고 이미 '초고령사회'로 진입한 일본의 경우, 65세 이상의 고령자 1명에 대해 15세~64세 사이의 생산연령인구가 부양하는 비율이 2000년에 13.9명이었던 것이, 2020년에는 2.2명, 2050년에선 1.5명으로 감소할 것이라고 한다(『세계일보』, 2011년 10월 12일자 기사(http://www.segye.com/Articles/NEWS/INTERNATIONAL/Article.asp?aid=20111012005422&subctg1=&subctg2=).

6) 전통적인 연령별 분포는 상단부에 노령층이, 하단부에 유년층이 위치한 피라미드 형태를 보이고 있었다. 이와 같은 형태의 인구분포가 '평균연령의 상승'으로 인해 원통형으로, 이후 출산율의 급격한 저하로 인해 역피라미드 형태를 취하게 된 것이라고 생각할 수 있다.

7) 우리의 경우 향후 20~30년간은 고령화가 진행되면서 인구의 절대규모는 늘어날 것으로 전망되고 있다. 이는 출산율보다 고령층의 수명연장의 효과가 더 큰 작용을 하기 때문이다. 그 결과 전체 인구뿐 아니라 노동력의 규모도 늘어날 것으로 전망되기 때문에 고령자의 취업률이 급격하게 낮아질 가능성은 높지 않은 것으로 예상되며, 당분간은 그 반대의 경우에 비해서 이중의 이익을 볼 수 있는 상황일 수도 있다(방하남 외, 『인구고령화와 노동시장변화 및 노동정책과제』(한국노동연구원, 2005), 13면).

년~1963년까지의 출생자들이 2011년부터 본격적인 산업현장에서 퇴직하기 시작한다는 점을 무시할 수 없다. 뿐만 아니라 제2차 베이비붐 세대인 1968년~1974년 출생자들의 향후의 대량 퇴직을 고려한다면 이들 세대의 고용률을 점증적으로 향상시키거나 적어도 현재 수준을 유지시킬 필요가 있다. 점차 그 심각성이 명확히 드러나고 있는 고령사회의 문제를 지금부터 대비해야 할 필요성은 부언을 요하지 않는 일이다. 그러나 우리의 경우 빠른 경제성장 및 고령화 속도에 비해 경제・사회적 안전망이 주요국과 비교하여 충분히 갖추어 지지지 않은 상태이기에, 향후 고령화로 인한 사회문제가 생각보다 심각할 것으로 예측된다.[8]

이와 같은 문제의식을 기초로 하여 본 연구는 고령사회를 대비하기 위한 노동 및 사회보장법제 중 특히 '고령자고용법제'의 현황을 분석하고 각각의 쟁점사항에 대한 문제점을 검토하며, 여기에 대한 나름의 대안을 제시함으로써 향후 입법 및 정책의 수립・시행과정에 있어 단초를 마련하는 것을 목적으로 한다. 연구의 방법과 관련해서는, 먼저 고령사회에 대한 대응책은 앞서 밝힌 바와 같이 내포하는 심각한 문제점에 근거하여 다른 어느 쟁점에 비하여 활발하게 진해되어 왔는 바, 여기에서는 각 쟁점에 대한 선행연구 결과를 충분히 확보한 후 그 내용을 정리・검토하는 방식을 주로 사용하기로 한다. 또 관련 법령과 이에 대한 판례의 입장을 정확하게 파악・분석함으로써 내용적・체계적 완결성을 기하고자 한다. 더불어 연구결과의 객관성과 공정성을 최대한 확보하기 위해 각종 실태조사 등 통계자료를 분석・활용하기로 한다. 한편, 고령사회의 문제에 관한 논의는 일찍부터 고령화사회로 진입하기 시작한 유럽 국가들과 일본을 중심으로 활발하게 전개된 바 있으며 그 내용을 소개한 국내 선행연구 결과물은 다양하다. 여기서는 관련되는 부분에서의 주요국의 법제 현황을 정리・인용하여 참고자료로 삼고자 한다.[9]

---

8) OECD는 한국의 경우 50년내 세계에서 가장 고령자가 많은 국가가 되기 때문에 이에 대한 대책이 시급하다고 지적한 바 있다(OECD, *Ageing and Employment Policies: Korea*, 2004).

II. 현행 고령사회 관련 법제의 현황 및 문제점

1. 현행 법제의 현황과 문제점

우리 정부는 종합적인 고령화정책 추진의 필요성을 인식하여 지난 2006년에 고령자 고용정책의 기본방향을 설정하고, 2021년까지 저출산・고령사회에 따른 고령자 고용정책을 추진하는 차원에서 2007년부터 5년마다 전략적 목표의 설정 및 계획을 수립하기로 한 바 있다.[10] 이후 이를 바탕으로 다수의 법령이 제정・개정되었으며 또 이를 근거로 하여 다양한 정책이 시행되어 오고 있다. 그러나 이와 같은 노력에도 불구하고 현재, 고령사회를 대비하기 위한 법・정책은 법체계의 구조 및 현실적인 효과의 측면에서 성공적이지 못하다는 평가가 주를 이루고 있다.

후술하는 바와 같이 고령사회의 도래에 따른 대응은 주로 노동 및 사회보장 분야에서 마련되어야 하기 때문에 고령사회법제는 결국 고령자의 고용 및 노령에 대비하기 위한 내용을 담고 있는 노동법과 사회보장법 분야의 법령들이 중심이 된다. 따라서 고령사회 대응정책에 대한 비판은 이 두

9) 고령화사회에서의 노동 및 사회보장 정책에 대한 외국의 법령 및 정책에 관한 선행 연구결과는 상당히 축적되어 있는 상태이다. 이와 관련해서는 노상헌, "고령사회와 정년제의 법적 쟁점－일본 정년법리의 검토를 중심으로－," 『법학논총』 제25권(전남대 법학연구소, 2005. 12); 송강직, "미국의 연령차별제도," 『노동법논총』 제15집(한국비교노동법학회, 2009. 4); 이준일, "연령차별금지의 법제와 법적 문제－미국・네덜란드・호주의 연령차별금지법을 중심으로－," 『미국헌법연구』 제19권 제1호(미국헌법학회, 2008. 2); 조상균・노상헌, "일본 초고령사회의 산업・고용정책의 최신동향과 시사점," 『법학논총』 제26권(전남대 법학연구소, 2006. 12); 한국법제연구원, 『고령사회의 도래와 각국의 입법적 대응 및 현황 I』(2003. 6. 27) 등을 참조.

10) 제1차 시기인 2007~2011년의 기간 동안은 60세 이상의 고용확보와 고령사회 기반을 조성하고 제2차 시기인 2012~2016년은 62세 이상의 고용확보와 고령사회 대비 고용정책의 패러다임을 전환한 후, 마지막 제3차 시기인 2017~2021년은 고령사회의 성공적 정착을 추진목표로 삼고 있다(노동부, 『고령자 고용촉진 기본계획(07-11)』, 2006. 9(http://www.moel.go.kr/view.jsp?cate=3&sec=2&mode=view&bbs_cd=3&bbs_cd=105&state=A&seq=1159161285451 참조).

가지 영역의 법령에 대한 비판이 되어야 할 것이며, 이들의 내용과 상호 관계를 분석함으로써 향후 개선방안을 제시할 수 있을 것이다. 본격적인 논의의 시작에 앞서 고령사회에 대비하기 위한 우리의 종래의 법령 및 제도를 개관하고 현행 법령의 내용 및 체계상의 문제점을 분석하여서 나름의 개선안을 제시해 보고자 한다.

〈표 1〉 고령사회 관련 현행 법령 개관

구 분	내 용	비 고
저출산·고령사회 기본법	• 저출산 및 인구의 고령화에 따른 변화에 대응하는 사회정책의 기본방향과 그 수립 및 추진체계에 관한 사항을 규정(제1조) • 저출산·고령사회정책과 관계되는 제 법령에 있어서 기본법적 지위를 가짐(제6조) • 저출산·고령사회 기본계획을 수립하고 추진하기 위해 '저출산·고령사회위원회'를 보건복지부장관 소속하에 설치(제20조 이하)	2005. 5. 18. 제정
고용상 연령차별 금지 및 고령자 고용촉진에 관한 법률	• 합리적인 이유 없이 연령을 이유로 하는 고용차별을 금지하고, 고령자가 그 능력에 맞는 직업을 가질 수 있도록 지원·촉진함(제1조) • 고령자 취업지원(제5조 이하) - 고령자에 대한 직업훈련 실시, 고령자 취업알선 기능 강화, 고령자고용정보센터·고령자인재은행의 운영 등 - 중견전문인력 고용지원센터의 지정 • 고령자의 고용촉진(제12조 이하) : 기준고용률제도, 고령자 우선고용직종의 선정 등 • 정년제(제19조 이하) : 60세 이상 정년의 권고, 정년퇴직자의 재고용, 정년연장에 대한 지원 등 • 연령을 이유로 한 차별금지(제4조의4 이하) : 사업주에 대해 모집·채용, 임금, 임금 외의 금품지급 및 복리후생, 교육·훈련, 배치·전보·승진, 퇴직·해고 등의 분야에서 합리적인 이유 없이 연령을 이유로 근로자 또는 근로자가 되려는 자를 차별하지 않을 의무 부과(2008. 3. 21. 개정시 신설)	1991. 12. 31. 제정 / 고용노동부

구 분	내 용	비 고
국가인권 위원회법	• 고용(모집, 채용, 교육, 배치, 승진, 임금 및 임금 외의 금품지급, 자금의 융자, 정년, 퇴직, 해고 등을 포함) 및 그 외의 분야에서 연령을 이유로 한 차별을 금지	2001. 5. 24. 제정
국민연금법	• 국민의 노령, 장애 또는 사망에 따른 연금급여를 지급	1973. 12. 24. 제정 / 보건복지부
고용보험법	• 고령자 등 고용촉진의 지원(제23조) - 고령자 등 노동시장의 통상적인 조건에서는 취업이 특히 곤란한 자의 고용을 촉진하기 위하여 고령자 등을 새로 고용하거나 이들의 고용안정에 필요한 조치를 하는 사업주 또는 사업주가 실시하는 고용안정 조치에 해당된 근로자에게 대통령령으로 정하는 바에 따라 필요한 지원 - 고령자고용연장지원금(동법 시행령 제23조) - 임금피크제 지원금(동법 시행령 제28조): 사업주가 근로자대표의 동의를 받아 고용노동부령으로 정하는 연령 이상까지의 고용보장을 조건으로 임금피크제를 시행하는 경우 임금피크제를 적용받는 근로자에게 임금피크제 지원금을 지급	2008. 3. 21. 제정 / 고용노동부
기초노령 연금법	• 65세 이상의 전체 노인 중 소득과 재산이 적은 60%의 노인에게 매달 일정액의 연금을 지급	2007. 4. 25. 제정 / 보건복지부
노인복지법	• 노인의 사회참여(근로능력 있는 노인에 대한 일자리 우선적 지원) 지원(제23조) • 노인일자리전담기관의 설치 · 운영 등 : 노인인력개발기관, 노인일자리지원기관, 노인취업알선기관 등 • 노인취업알선기관 설치 · 운영(제23조의2) : 노인주거복지시설, 노인의료복지시설, 노인여가복지시설, 재가노인복지시설, 노인보호전문기관 등	1981. 6. 5. 제정 / 보건복지부
노인 장기요양 보험법	• 고령이나 노인성 질병 등으로 인하여 일상생활을 혼자 수행하기 어려운 노인 등에게 신체활동 또는 가사지원 등의 장기요양급여를 사회적 연대원리에 의해 제공 : 방문요양, 방문목욕, 방문간호, 주야간보호 등의 '재가급여', 노인의료복지시설 등에 장기간 동안 입소하여 신체활동 지원 및 심신기능의 유지 · 향상을 위한 교육 · 훈련 등을 제공받는 '시설급여', 가족요양비 · 특례요양비 · 요양병원간병비 등을 지급받는 특별현금급여로 구성	2007. 4. 27. 제정 / 보건복지부

현재 다수의 법령과 이에 근거한 정책을 통해 고령사회의 문제점을 사전에 방지하고자 하는 노력을 엿볼 수 있으나, 이상과 같은 현황 분석을 통해 다음과 같은 문제점이 있음을 발견하게 된다.

첫째, 유사한 제도가 두 개 이상의 법령에 근거하여 시행되고 있다는 점이다. 특히, '고령자고용촉진법제'의 경우에는 주무부처도 고용노동부 및 보건복지부로 이원화되어 있기에 통일적·체계적인 사업의 시행이 불가능할 수도 있다는 우려를 가지게 된다. 예를 들어, 우리 사회보장법상 사회복지서비스법으로 분류되는 「노인복지법」의 경우 1981년 6월 5일 제정 당시에는 고령자의 고용촉진을 위한 내용은 담고 있지 않았다. 그런데 현행 제23조는 '노인사회참여 지원'이라는 조문 제목하에 제1항에서는 국가 또는 지방자치단체에 대해 노인에게 적합한 직종의 개발과 그 보급을 위한 시책을 강구할 의무와 근로능력이 있는 노인에게 일할 기회를 우선적으로 제공할 의무를 부여하고, 제2항에서는 국가 또는 지방자치단체에 대해 노인취업 활성화를 위해 노인취업알선기관 등에 대한 지원을 할 수 있음을 규정하고 있다. 더불어 제23조의2에서는 노인취업알선기관의 설치·운영에 관한 사항을 규정하고 있다. 이는 지난 1997년 8월 22일 전부개정시 "인구의 고령화 추세에 따라 … 노인생활의 안정을 위해 전국민 연금이 실시되어도 연금적용 대상에서 제외되는 65세 이상 노인 중 경제적으로 생활이 어려운 노인에 대한 국가의 적극적인 소득지원과 노인취업 활성화를 도모"하기 위해[11] 신설된 것이나, 주무부처가 상이한 「고용보험법」 및 「연령차별금지법」 또한 이와 유사한 제도를 규정하고 있다는 점에서 각 제도가 효율적·유기적으로 결합하여 시행될 수 있을지는 미지수이다.

둘째, 보장 또는 보호의 대상이 되는 개념이 상호간 불일치하고 있다는 점이다. 현행 법령은 고령자, 노령, 노인, 중고령자 등의 용어와 개념을 각 법령별로 상이하게 규정하고 있는바, 과연 이같이 다양한 용어과 개념을 사용해야 하는 목적이 타당한지는 불명확하다.[12] 현행법의 개념정의대로라면

11) 국회 보건사회위원회, 노인복지법개정법률안(대안), 1997. 7. 15(국회의안정보시스템(http://likms.assembly.go.kr/bill/jsp/main.jsp).

'고령자'에는 '노인'이 포함되게 되는데, 후술하는 바와 같이 사회적 정년을 보편적으로 사용하고 있지 않은 현재의 시점에서 양자에 대한 고용촉진정책을 별도로 시행해야 할 필요성과 근거는 확인되지 않는다.

결국 이와 같은 문제점은 실제 각각의 법령과 여기에 근거한 정책이 구비·시행되는 과정에서 상호간의 연계성이 부족했음을 방증하는 것이라 생각한다. 이 외에도 다수의 문제점을 발견할 수 있지만 이와 같은 현상이 발생하는 원인은 고령사회법제의 근간이 되는 '기본법' 또는 '지도이념'의 부재가 주요한 원인이라 생각한다.

현재 우리나라 고령사회법제의 기본법 역할을 하는 것은 2005년 5월 18일 제정된 「저출산·고령사회기본법」이다. 동법은 "노인이 중요한 사회적

---

12) UN은 65세 이상의 나이를 노인(고령자)의 기준으로 삼고 있음에 반해 우리의 경우는 이와 같이 연령을 기준으로 하는 '고령자' 또는 '노인'의 개념이 개별 법령 또는 정책별로 통일되지 않고 사용하고 있다. 우리 헌법 제34조 제4항은 "국가는 노인과 청소년의 복지향상을 위한 정책을 실시할 의무를 진다"라고 규정하고 있으나 '노인'의 연령기준은 법률로써 규정할 성질의 것임을 암시하고 있다. 노동관계 법령의 경우 '고령자'와 '준고령자'로 구분하는 것이 일반적이나 사회보장법령의 경우에는 '노인' 또는 '노령 등'이라는 용어를 사용하고 있으며, 고용노동부가 주관하는 각종 사업이나 학술연구에서는 '중고령자'라는 개념을 사용하기도 한다.

용 어	법 령 명	개 념
고령자	연령차별금지법 제2조 및 동법 시행령 제2조	55세 이상의 자
	고용보험법 제23조 등	정의 규정 없음.
준고령자	연령차별금지법 제2조 및 동법 시행령 제2조	50세 이상 55세 미만인 자
노인 등	노인장기요양보험법 제2조 제1호	65세 이상의 노인 또는 65세 미만의 자로서 치매·뇌혈관성질환 등 대통령령으로 정하는 노인성 질병을 가진 자
노인	노인복지법 제26조	65세 이상의 자
	기초노령연금법」 제1조 및 제3조 등	65세 이상의 자
	저출산·고령사회기본법	정의 규정 없음.
노령	국민연금법상의 제 규정	통상 60세 이상의 자를 의미하는 것으로 파악됨
중고령자	노동부 홈페이지 및 일부 연구자료	45세 이상 55세 미만의 중년층과 55세 이상 65세 미만의 고령층을 합한 개념으로 사용되고 있음

행위자로서 건강하고 활력 있는 사회생활을 할 수 있도록 국가의 책임을 정하고 저출산·고령사회정책의 기본방향과 그 수립 및 추진체계에 관한 사항 등을 규정"하기 위해 제정되었으며,[13] 제6조에서 "국가는 저출산·고령사회정책과 관계되는 다른 법률을 제정 또는 개정하는 경우 이 법의 목적과 기본이념에 맞도록 하여야 한다"라고 규정하여 동법이 기본법적 지위를 가짐을 밝히고 있다. 그러나 동법이 '기본법'으로서의 지위에 맞는 역할을 충실히 수행할 수 있을지는 의문이며,[14] 그 이유는 다음과 같다.

첫째, '사회적 위험'으로서의 노령, 즉 고령자의 증가가 가져오는 문제점에 대한 본질적이고 심층적인 분석이 누락된 결과, 동법에는 고령사회정책 수립의 기본원칙이 포함되어 있지 않다. 전술한 바와 같이 고령자 또는 노인의 개념을 정의하고 있지 않으며, 동법 제2장 제2절은 다양한 고령사회정책을 열거하고 있으나 그 내용이 너무 추상적이고 단출하여 향후 다른 법률을 제정·개정하는 경우 어떠한 원칙에 원칙이 근거해야 하는지를 확인할 수 없다.

둘째, '기본법'이라는 역할 자체가 가져오는 한계이다. 향후 고령사회와 관련된 법률의 제·개정시에는 동법의 취지에 부합해야 하는데, 그 취지가 불명확함은 전술한 바와 같고 나아가 이와 어긋나는 내용의 법령을 제·개정할 경우 그 효력을 부인할 방법이 없다는 점을 지적할 수 있다. 결국 하나의 정책설정에 대한 두 개 이상의 법령내용이 중복되거나 충돌할 경우 중재자로서의 역할을 기대하기 힘들다는 점이다.[15] 더불어 제정시기와 관

13) 국회 보건복지위원회, 저출산·고령사회기본법안(대안), 2005. 4(국회의안정보시스템 (http://likms.assembly.go.kr/bill/jsp/main.jsp).

14) 이와 같은 이유에서 본법의 시행하에서도 고령자를 대상으로 하는 개별 법률을 구성함에 있어서 고령자 보호의 기본 이념 및 원칙을 근거로 하는 기본법의 마련을 다시금 촉구하는 입장도 있다(손미정, "고령자 보호에 관한 사회법적 소고," 『법학연구』 제35집 (2009. 8), 395면).

15) 이와 같은 비판은 「사회보장기본법」에 대한 그것과 동일할 수 있다. 현행 「사회보장기본법」은 "사회보장에 관한 국민의 권리와 국가 및 지방자치단체의 책임을 정하고 사회보장제도에 관한 기본적인 사항을 규정"하기 위해 1995년 12월 30일 법률 제5134호로서 제정되었으나, 현재까지 기본법상의 지위를 가지는 데에는 한계가 있는 것으로 평가되고 있다. 즉 ① 입법과정에 있어서 기존의 법령에 대한 포괄적이고 심도 있는 논의가 전

련해서도 동법 이전에 고령사회를 대비한 다양한 법률이 제정되었고 그에 근거한 정책을 마련, 실시해 오고 있다. 그러나 동법의 제정 및 시행으로 종래 유지되어 오던 정책의 기조를 변경해야 하는지 또한 불명확하다.

셋째, 앞 〈표 1〉에서 보는 바와 같이 고령사회법제는 노동법과 사회보장법의 두 영역에서 제정되었고, 이를 근거로 한 제도 또한 고용노동부와 보건복지부로 이원화하여 시행되고 있다. 노동법과 사회보장법 양자는 사회법의 체계 내에 속한다는 점에서는 동일하지만 그 시행에 있어서 원칙은 상이하다. 이와 같이 서로 다른 원칙을 가지고 있는 두 분야의 법제를 하나의 법령을 통해 조화롭게 규율할 수 있을지는 의문이다.

마지막으로, 동법은 제30조에서 고령사회정책에 국가를 포함하여 지방자치단체 및 민간이 참여할 것을 규정하고 있는 바, 현재 고령자고용 촉진정책의 경우는 대부분 지방자치단체 및 민간부분에 위탁하고 있는 실정이다. 그러나 과연 주무부처가 여기에 대한 관리 또는 감독의 기능을 제대로 수행하거나 수행할 수 있을지는 의문이다.

결국 향후 고령사회를 대비하기 위한 효율적인 법제를 확립하기 위해서는 고령사회가 가져오는 제 문제점을 다각도로 분석하고 여기에 상응하는 법체계를 확립할 필요가 있다. 가장 효율적인 방법은 「저출산·고령사회기본법」을 본래의 입법취지에 완전히 부합하도록 개정하는 것이지만, 이는 다양한 관점과 분야에서의 고찰을 필요로 하므로 본 연구에서는 논외로 하고, 이후의 내용 전개와 관련된 고령사회법제의 분류체계를 간략히 제시하기고자 한다.

제되지 않았기에 기존의 실정법을 개정하는 직접적인 효과를 가질 수 없으며, ② 동법 자체가 추상적인 선언의 형태를 띠고 있기 때문에 실제 개별 실정법 규정과 충돌하는 상황이 발생하지도 않게 되고, 또 ③ 사회보장수급권의 내용을 대부분 관계법령에 위임하는 방식을 취함에 따라 하위 법령들을 지도해야 하는 기본법적 지위를 스스로 부인하고 있다는 문제점이 제기되고 있다(전광석, 『한국사회보장법론(제7판)』(박영사, 2007), 214면; 윤찬영, 『사회복지법제론(개정4판)』(나남출판, 2008), 430-431면). 그 결과 동법은 본래의 입법취지와는 달리 입법자에 대해서 활발한 입법활동을 유인하는 동기로서만 작용할 수 있을 뿐이라고 한다.

2. 사회적 위험으로서의 노령의 개념에 따른 체계 확립의 필요성

노동 및 사회보장 관련 법령이 가지는 특징은 경우 각각의 쟁점사항이 상호 유기적으로 연관되어 있기에 어느 한 분야에서 발생하는 쟁점을 해결하기 위한 법령을 만들고 정책을 시행하기 이전에 그와 관련되는 다른 기타의 쟁점을(나아가 전혀 무관할 것으로 보이는 쟁점까지도) 심도 있게 고찰할 필요성이 다른 어느 분야의 법령 및 정책보다 강하게 요구된다는 점이다. 특히 고령사회 관련 법제는 한 국가의 노인과 관련된 법령 중 가장 중요한 것이지만 사회・경제적 측면의 다양한 관점의 존재로 인해 복잡한 문제가 발생한다. 따라서 향후 현실성과 효율성을 모두 갖춘 고령사회법제를 구축하기 위해서는 이러한 사회 제반의 상황을 고려하면서 가능한 한 부작용을 제어하고, 기존 법제도의 실효성을 강구할 수 있는 원칙 및 그에 따른 체계를 마련하는 작업이 선행되어야 한다.

본격적인 논의에 앞서 먼저 '고령자 또는 노인'이 가지는 법적 의미를 파악해 볼 필요가 있다. 고령자 또는 노인에 대한 사회적 보호의 내용을 가장 먼저 규정한 것은 사회보장법의 영역에서이다. 현행 「사회보장기본법」 제3조는 사회적 보호가 필요한 위험, 즉 '사회적 위험' 중 하나로서 '노령'을 규정하고 있는데, 법적 보호의 대상으로의 '노령'은 복합적인 개념이다.[16] 먼저 노령은 ① 일정한 연령에 달하면 신체의 기능이 감소되면서 개인의 노동시장에서의 평가가치가 상실 혹은 감소되므로 그 결과 본인 및 부양가족의 생활수요를 충족시키는 기능이 상실 또는 감소되게 된다. 이와 더불어 ② 노령에 이르게 되면 필연적으로 신체・정신상의 각 기능이 저하되어 거동이 불편하거나 혹은 거동 불능의 상태에 이르게 되므로 사회보장법상 각종 급여의 지급대상이 된다.[17]

이상의 점을 고려할 때, 고령사회를 대비하기 위한 법제는 노동관련 법

---

16) 사회적 위험으로서의 '노령'이 가지는 문제점은 전광석, 위의 책, 289-290면 참조.

17) 이는 전통적으로 '공공부조법' 또는 「노인법지법」의 적용대상이었으나 독자적인 사회보험의 도입이 필요성이 제기되어 지난 2007년 4월 「노인장기요양보험법」이 제정되었다.

제와 노령 그 자체에 대비하는 사회보장 관련 법제의 두 영역에서 구축되어야 하며, 실제로도 이 영역에 집중되어 왔다.[18] 고령자의 지속적 경제활동 참가를 가능케 하는 방안, 즉 근로소득에 대한 보장은 노동법의 영역인 고용 유지 및 연장을 위한 제도와 고용촉진을 위한 제도로서 일정 정도의 목적을 달성할 수 있을 것이다. '생물학적 노령' 자체가 가져오는 문제점, 즉 근로능력을 완전히 상실한 후의 소득보장과 의료보장 자체는 사회보험, 사회복지서비스 등을 통한 사회보장법 분야에서 접근해야 할 문제에 해당한다.

1998년 4월 OECD는 고령자의 퇴직 대비 및 보건대책과 관련하여 ① GDP 대비 공공부채를 축소하여 재정적인 어려움을 미연에 방지할 것, ② 퇴직 후의 소득을 다양화하여 안정된 노후생활을 보장할 것, ③ 조기퇴직을 방지할 것, ④ 금융시장과 연금을 연계시켜 재정적 안정을 꾀할 것, ⑤ 인력을 개발하여 생산성을 높일 것, ⑥ 허약한 노인을 위해서는 가급적 시설보호를 꾀하고 재가보호를 실시할 것, ⑦ 이상의 사항을 실천하기 위한 국가단위의 실천전략을 확립할 것 등의 7가지 원칙을 제시한 바 있다.[19] 이 중 ②, ③, ⑤, ⑥의 원칙은 우리나라 노동법 및 사회보장법의 영역에서 고령사회를 대비하기 위해 반드시 마련되고 실천되어야 할 사항에 해당한다. 먼저 우리나라 노동시장에서 고령자들이 처한 가장 큰 문제점은 모집・채용에서의 연령제한, 연령을 기준으로 하는 고용조정, 정체된 낮은 정년연령 등으로 노동시장에서의 조기퇴출과 재진입의 어려움 등이다.[20] 고령자가

18) 학술적인 측면에서도 선행연구 결과물은 대부분 이 분야에서 배출되어 왔음을 확인할 수 있다. 대표적인 법률정보 검색 사이트인 「DBPia」를 방문, '고령화' 또는 '고령사회'를 주제어로 학술논문을 검색한 결과, '고령화'의 경우 총 985건의 검색결과 중 경제・경영 분야 95건, 사회 분야 311건, 법학・행정 분야 94건의 결과를 얻을 수 있었으며, '고령사회'의 경우 총 227건의 검색결과 중 경제・경영 분야 15건, 사회 분야 98건, 법학・행정 분야는 28건임이 확인되었다(http://www.dbpia.co.kr, 2011년 11월 30일 방문).

19) OECD, *Maintaining prosperity in an Ageing Society*, 1998(http://www.oecd.org/dataoecd/21/10/2430300.pdf)

20) 조용만, "고령자 고용촉진을 위한 연령차별금지의 확립과 정년제의 개선," 『노동법논총』 제10집(2006. 12), 146면.

근로의 의사와 능력이 있는 한 연령에 관계 없이 계속 노동시장에 남아 있을 수 있도록 만드는 법제도적 장치가 마련되어야 하나 현재까지 여기에 대한 명확한 개선안은 마련되지 않고 있다. 따라서 고령사회로의 진입에 있어서 우리나라가 안고 있는 노동법적 과제는 고용현장에서 개별 기업들이 경쟁력 구비를 위하여 고령근로자를 조기에 퇴출시키는 현상에 대해 합리적으로 규율함과 동시에 유휴 고령인력을 가능한 한 경제활동인구로 끌어 들여야 한다는 점에 집중되어야 한다. 사회보장법의 영역에서는 고용현장에서 '최종적으로' 은퇴한 고령자의 안정적인 노후소득 보장체계를 마련하는 방안 및 건강한 노후생활을 보장하기 위한 방안(즉 노령 그 자체가 가져오는 생활상의 위험)들이 함께 강구되어야 할 것이다.[21)][22)]

본 연구에서는 우리나라 고령사회법제의 체계를 ① 고령자의 고용 유지 및 연장을 위한 분야, ② 고령자의 고용촉진을 위한 분야, ③ 고령자가 고용현장에서의 최종 은퇴한 후의 소득・의료보장과 사회적 위험으로서의 노령 자체를 보장하기 위한 분야로 구분하기로 한다. 이 중 ①과 ②는 대부분 노동관련 법령으로,[23)] ③은 사회보장법령, 특히 퇴직 후의 소득보장의 경우

---

21) 우리나라 남성 근로자들의 노동시장에서의 실질적인 은퇴연령은 평균 68세로서 OECD 회원국 중 4위에 해당하는 수치이다. 이처럼 우리나라 고령자가 외국의 고령자에 비해 늦은 나이까지도 임시직, 자영업 등을 통해 노동시장에 참여하는 이유는 한편으로 근로에 우선 가치를 두는 문화적 분위기에도 있지만, 오히려 사회보장법제에 근거한 노후의 소득보장제도가 미비하여 근로소득 없이 노후에도 생계를 유지하기가 어렵기 때문이라는 분석이 일반이다(정경희 외, 『베이비붐 세대 실태조사 및 정책현황 분석』(보건복지부・한국보건사회연구원, 2011), 208면; 이철수, "고령자 고용과 정년제의 법적 과제," 『노동법연구』 제15호(2003. 12), 112면).

22) 우리나라 고령자의 노후생활 실태를 조사한 2010년 통계자료에 의하면 65세 이상의 고령자가 겪는 가장 어려운 문제는 경제적 어려움이 41%, 건강문제가 40.3%로서 외로움이나 소외감 등에 비해 압도적으로 많은 비율을 차지한다. 노후의 준비방법에 대해서는 61%의 고령자가 노후가 준비되어 있지 않은 것으로 나타났고, 준비되어 있는 고령자의 경우에도 국민연금이나 기타 공적 연금에 의한 노후준비는 각각 29.6%, 11.4%에 불과하다(통계청, 『2011 고령자 통계』).

23) 김진태, "고령화에 따른 고령자 노동시장의 변화와 법적 대응," 『노동법논총』 제21집(2011. 4), 292면에서는 이와 같은 다양한 고령자고용의 법정책적 대응 체계를 ① 법제도 및 고용관행 개선, ② 고용기회의 확대 및 능력개발 등으로 구분한다. 전자의 구체적 내용으로서 임금체계의 합리적 개선, 정년 및 연령차별 제도 개선, 고령사회 대비 통계 인프라 구축, 평생직업능력개발 지원 및 건강증진을 제시하고 있다.

사회보험 중 공적 연금제도를 통한 규율의 대상이 될 것인 바, 이와 같은 체계의 확정을 통해 각 쟁점분야에 대한 통일적이고 체계적인 정책을 수립·실현할 수 있을 것으로 기대된다.[24][25]

Ⅲ. 고령자의 고용 유지·연장을 위한 분야

고령인구의 증가가 여러 가지 사회·경제적 문제를 야기할 것이 예견되는 현재의 상황에서 노동관련 법제의 최우선 과제는 무엇보다도 '고령자가 적어도 정년까지 일할 수 있는 노동시장의 토대'를 마련하는 것이다. 이는 고령사회에 있어서 소요되는 사회적 비용을 절감하기 위해 고령자에 대한 취업률을 계속해서 유지해야 한다는 의미이며, 근로의 의사와 능력이 있는 고령자에 대하여 고용상태를 유지·연장할 수 있도록 뒷받침해 주는 것이다. 현재까지 고령사회를 대비하기 위한 법제는 주로 고용연장을 위한 정년제의 도입 및 임금피크제 등 임금체계의 개선에 집중되어 왔으나 그 도

---

24) 다만 '연령차별 금지'와 관련해서는 이를 고용유지·연장을 위한 분야와 고용촉진을 위한 분야에 함께 포섭될 수 있을 것으로 보인다. 정년제를 연령차별의 한 유형으로 파악하는 경우에는 양자를 모두 포섭하는 분야로 볼 수 있을 수도 있겠지만, 동 정책은 우선적으로는 고령자의 고용촉진을 위한 분야로 분류하는 것이 고령사회를 대비하기 위한 본법의 취지에 더욱 부합할 것이라 생각된다. 이는 후술한다.

25) 노동법상 고령자고용법제를 크게 '차별금지 분야'와 '고용촉진지원 분야'로 구분하고 전자는 연령차별금지법제, 후자는 고령자고용촉진법제와 사용자책임경감법제로 구성되는 것으로 파악하는 입장도 있다. 이 견해에 의할 경우 연령차별금지법제는 「고용상 연령차별금지 및 고령자고용촉진에 관한 법률」이, 고령자고용촉진법제는 「고용상 연령차별금지 및 고령자고용촉진에 관한 법률」과 「고용보험법」이, 사용자책임경감법제는 「근로기준법」, 「최저임금법」 및 「기간제 및 단시간근로자 보호에 관한 법률」에 의해 규율된다(강성태, "고령자고용법제의 현황과 개선 방안," 『동아법학』 제52호(2011. 8), 849면). 한편, 우리나라 고령사회 대응 분야를 ① 노인들에게 최소한의 생계보장과 안정적인 경제생활을 제공하는 소득보장, ② 노인들의 건강과 관련하여 질병에 대한 치료에서 요양에 이르기까지의 의료서비스를 제공하는 의료보장, ③ 노인들에게 편안하고 안정적인 주거공간을 제공하는 주거보장, 마지막으로 ④ 노인들의 심리적 안정과 여가생활을 위한 사회서비스 보장 등의 네 가지 분야로 구분하는 견해도 있다(우병창, "고령화사회에 대한 법적 대응과 전망," 『안암법학』 제30호(2009. 9), 296면).

입과 관련해 이론적·현실적 측면에서 다양한 쟁점이 발생해 왔다.

1. 정년제의 도입과 과제

(1) 개념 및 의의

'정년제'는 일반적으로 근로자가 일정한 연령에 도달할 경우[26] 그 근로능력이나 의사와는 관계 없이 고용관계를 일률적·강제적·자동적으로 종료시키는 제도라고 정의되고 있다.[27]

이론상으로 정년제는 정년해고제와 정년퇴직제로 나누어질 수 있다. '정년해고제'는 일정 연령이 도달한 때에 해고의 의사표시를 하고 이로써 근로계약을 종료시키는 제도로서, 당해 해고가 유효성을 가지기 위해서는 「근로기준법」 소정의 정당한 사유가 필요하다. 이는 근로자의 일신상의 사유를 이유로 한 '통상해고'[28]의 개념에 포함되는 것으로 보인다. 반면, 종래 논의의 대상이 되어 왔던 '정년퇴직제'는 근로자가 일정 연령에 도달하였다는 사실만으로 근로관계가 종료되기 때문에 그 법적 성격 및 적법성이 문제되어 왔다. 크게는 일종의 종기를 정한 근로계약이라고 보는 입장[29]과 근로계약 기간의 약성이 아닌 근로계약의 종료사유에 관한 특약이라고 보는 입장,[30] 근로관계의 종료에 관한 일정한 부관을 설정한 것이라고 보는 입장[31] 등으로 구분된다. 그러나 어느 견해에 따르더라도 근로자는 정년에

26) 단체협약, 취업규칙 등을 통해 해당 연령에 도달하는 날인지 해당 연력이 종료되는 날인지를 명확하게 하지 않은 경우 판례와 행정해석은 해당 연령에 도달하는 날을 정년의 기준일로 파악하고 있다(대법원 1973.6.12. 선고 71다2669판결; 근기 68207-686, 1994. 4. 25. 등).

27) 김형배, 『노동법(제20판)』(박영사, 2011), 700면; 이상윤, 『노동법(제6판)』(법문사, 2011), 452면; 임종률, 『노동법(제8판)』(박영사, 2011), 550면 등.

28) 근로자의 일신상의 사유에 의한 해고는 그 명칭이 통일되어 있지 않다. 일반적으로 근로자의 행태 상의 사유에 의한 해고인 '징계해고'와 구분하기 위해 '통상해고', '일반해고', 또는 '보통해고' 등의 용어를 사용한다.

29) 김형배, 앞의 책, 700면.

30) 임종률, 앞의 책, 550면.

31) 이철수, 앞의 논문, 110면.

도달하기 이전에 언제든지 퇴직할 수 있고, 정년에 도달하게 되면 별도의 의사표시가 없더라도 근로관계가 종료된다는 점에서는 동일하다. 우리 대법원 및 노동위원회는 정년에 따른 퇴직인사명령은 당사자가 당연히 퇴직하였다는 것을 공적으로 확인하여 알려 주는 사실의 통보(관념의 통지)에 불과한 것으로서 새로운 형성적 행위가 아니라 고용관계의 자동적 종료원인이라 해석하고 있다.[32]

한편 우리의 노동법은 정년제에 관해 규정하고 있지 않기 때문에 정년제 자체에 대해 위법성을 제기하는 견해[33]와 적법성론[34]이 서로 대립되어 왔으나 지금까지 우리나라와 일본의 통설의 입장은 정년제의 합리성을 근거로 적법성을 인정하고 있는 것으로 파악된다.[35] 현행 「고용상 연령차별금지 및 고령자고용촉진에 관한 법률」(2008년 3월 21일 법률 제8962호로 일부개정되기 이전의 「고령자고용촉진법」과 구분하기 위해 이하 '연령차별금지법'이라 한다)은 제19조에서 사용자가 근로자의 정년을 정하는 경우 60세 이상이 되도록 권장하고 있을 뿐, 사용자가 정년을 60세 미만으로 정한 경우의 벌칙 등에 대해서는 제재규정을 두고 있지 않다.

정년제는 기업 차원에서 정년까지의 고용을 보장하여 근로자로 하여금 기업에 대한 귀속의식을 갖게 하고, 노령화된 노동력을 배제시켜 작업의 능률을 높이며 인건비 지출을 줄일 수 있다는 점 등 주로 기업경영상의 측면에는 장점을 가지는 것으로 이해된다.[36] 반면, 퇴직연령이 연장되는 경우

---

32) 대법원 1994.12.17. 선고 91누9244판결; 중노위 2001.2.2. 2000부해314 등.

33) 정년제는 연령에 의한 고용차별에 해당하므로 헌법 제11조의 평등권을 침해하며, 「근로기준법」상의 균등대우원칙 및 「민법」상 공서양서 조항에 반한다고 한다(김유성, 『노동법 I』(법문사, 2005), 339면).

34) 기업 고용인원의 한계, 청년의 채용을 통한 종업원 연령 구성상의 균형유지의 필요성, 고령자 개인별 평가에 따른 선별적 퇴직보다는 정년제가 더 합리적이고 공정하다는 노사 쌍방의 인식 등을 근거로 한다(임종률, 앞의 책, 550면).

35) 헌법재판소는 법관의 정년을 규정하고 있는 「법원조직법」 제45조 제4항에 대해 "정신적·육체적 능력이 쇠퇴한 노령법관을 배제하여 사법제도를 유지하며, 사법인력의 신진대사를 촉진하여 사법조직에 활력을 불어넣고 업무의 효력을 제고"하고자 하는 입법목적의 정당성을 인정한 바 있다(헌재 2002.10.31, 2001헌마557).

36) 김형배, 앞의 책, 700면.

의 인사적체의 문제 발생, (누적)퇴직금 등 인건비의 증가에 따른 기업의 부담 증대, 고령자의 근로에 의한 산업재해 발생 가능성의 증가, 생산성의 저하 등의 역기능이 지적되기도 한다.37)

이상과 같은 논의 과정에서 종래 정년제에 관한 몇 가지 쟁점이 부각되어 왔는데, 정년제와 연령차별과의 관계, 정년제의 무용론, 현행법상 정년제 도입의 강행법규화 등이다.

(2) 정년제와 고용상 연령차별의 관계

1980년에 채택된 ILO의「고령근로자에 관한 제162호 권고」제22조에서는 고용차별금지 및 자발적 퇴직의 원칙에 입각하여 정년제의 문제를 검토해야 한다고 규정하였다. 동 권고는 모든 종류의 정년제를 동 권고에 반하는 것으로 명시적으로 밝히고 있지는 않으나, 일정한 연령에 도달하는 경우 자동적・강제적・일률적으로 근로관계를 종료케 하는 정년제는 고용차별금지 및 자발적 퇴직의 원칙에 반할 수 있음을 시사한 것이라고 분석되고 있다.38)

우리의 경우도 현행의 정년제가 일정한 연령에 도달하였다는 이유만으로 근로자를 강제 퇴직시키는 것이기 때문에 연령을 이유로 하는 차별이 아닌가 하는 의문이 제기될 수 있다. 정년제를 '정년해고제'로 보는 경우에는, 해고의 사유에 대해 개별 근로자를 기준으로 하여 판단해야 하므로 위 ILO 권고가 우려하는 정년제에 해당되지 않을 것이다. 정년해고제에서의 해고

37) 이철수, 앞의 논문, 107면.

38) 미국의「연령차별금지법」(ADEA)은 1967년 법 제정 당시에는 40세~65세 사이의 자가 차별행위의 보호대상자였으나, 이후 약 10년을 단위로 하여 점차 연령상한선을 연장하여 70세까지를 보호대상자로 하였으며 1986년 동법 개정시에는 연령상한선이 완전히 폐지되었다. 이는 정년제 등의 강제퇴직제의 금지를 의미하는 것이나, 이는 미국의 경우 전통적으로 확립된 해고자유의 원칙에 따라 사용자는 근로자를 비교적 쉽게 해고할 수 있음에 기인한 것이다. 다만 연령차별금지법제는 공적 연금제도, 정년제 등과 밀접한 관련성을 갖기 때문에 연령차별 보호대상자의 연령상한선 설정 여부 및 방식에 대해서는 신중한 접근이 필요하다. 미국도 연령차별금지법 제정 이후 20년 동안은 연령상한선을 유지한 바 있다(조용만, "고용에서의 연령차별금지의 법적 현황과 과제,"『노동법연구』제15호(2003. 12), 149-150면 참조).

의 사유는 개별 근로자에 대해 사용자가 필요로 하는 근로능력을 갖추고 있는지의 여부를 기초로 하여 정당성을 판단하게 되므로, 이는 해고 이후에도 논쟁의 소지가 되며 또 특정한 연령대에 달한 모든 근로자가 동시에 근로능력을 상실했다고는 볼 수 없기 때문이다. 그러나 정년퇴직제는 개별 근로자가 가지고 있는 근로능력의 상실 시기를 특정한 연령을 기준으로 하여 일률적·포괄적으로 판단하게 되므로 문제이다.

현행 「연령차별금지법」 제4조의4에서는 근로자의 모집·채용, 임금, 임금 외의 금품지급 및 복리후생, 교육·훈련 및 배치·전보·승진, 퇴직·해고 등 고용의 모든 단계에서 사업주가 합리적인 이유 없이 연령을 이유로 차별하는 행위를 금지하고 있으면서도, 제4조의5 제3호에서 동법 또는 다른 법률에 따라 근로계약, 취업규칙, 단체협약 등에서 정년을 설정하는 경우에는 제4조의4에 따른 연령차별로 보지 아니하는 것으로 규정하여 종래의 논의를 입법적으로 해결하였다고 볼 수도 있다. 그러나 현재까지 정년제와 연령차별과의 관계에 대한 논의는 계속되고 있다.

정년제는 근로의 의사와 능력이 있음에도 불구하고 근로자를 일정한 시점에 이르러 강제 퇴직하게 하는 것이기 때문에 그러한 합의 자체가 유효성을 지니기 위해서는 정년제와 그 시점에 대한 객관적이고 '합리적인 이유'가 필요하다. 우리나라에서 정년제는 일본과 마찬가지로 장기고용시스템과 연공서열식 임금체계를 토대로 형성되어 왔고, 이와 같은 현실적인 이유로 인해 그 정당성도 일반적으로 인정되었다. 판례[39]와 학설[40]은 전체 고용기간에 걸쳐 근로자로부터 제공받을 수 있는 생산성보다 더 많은 임금을 지급하여야 함을 의미하는 '연공서열식 임금체계'에 대해 정년제를 도입·시행하는 '합리적인 이유'에 해당하는 것으로 본다.[41] 그러나 종래 평생직

39) 대법원 1978.9.12. 선고 78다1046판결.

40) 고준기, "고령자 고용촉진을 위한 연령차별의 법적 규제," 『노동법논총』 제11집(2007. 6), 26면; 김형배, 앞의 책, 500면; 박종희, "고령화사회에서의 노동법적 과제–정년제 및 고령자고용과 관련하여–," 『노동법학』 제20호(2005. 6), 148면; 이정, 『고용사회와 노동법』(박영사, 2001), 43면 등.

41) 연령차별 금지의 법적 취지는 개인의 노동능력은 사람에 따라 다르기 때문에 연령을 기

장의 개념이 없어지고 연봉제를 통해 성과급제가 신속히 확산되는 등 연공서열식 임금체계가 와해되어 가는 현재의 시점에서 정년제는 근로자의 권리를 제한하여 불이익을 초래하므로 연령을 이유로 한 차별에 해당한다고 볼 여지를 남긴다.[42] 반면, 현실적으로는 고용이 보장되는 것을 전제로 해야만 정년제를 논의할 실익이 있을 뿐 아니라, 우리나라는 고용과 임금의 유연성이 모두 낮은 경우에 해당하므로 정년제는 고용상 연령차별 금지제도와 병행하여 실시하는 방법, 즉 연령차별을 금지하면서 동시에 일정 요건하에서 정년제를 병행하는 것이 장기적으로 보아 합리적일 것이라고 주장하는 입장도 있다.[43]

연공서열식 임금체계에 있어서는 사용자가 개별 근로자와 근로계약을 체결한 이후 초기에는 근로자의 근로능력(노동생산성)보다 임금수준이 하회하지만(이를 'A구간'이라 한다) 시간이 경과함에 따라 특정 시점에서는 임금수준과 생산성이 일치되다가(B지점) 이후의 시점부터는 임금수준이 근로능력을 초과하게(C구간) 된다고 한다. 이때 B지점을 기준으로 A구간과 C구간의 면적이 동일해지는 시점(D지점)이 정년시점(후술하는 임금피크제의 도입 시점)으로서 합의된다고 보는 것이 일반적이다.[44]

노사 당사자간의 정년에 관한 합의는 그 전제가 연공서열식 임금체계하에서의 기업운영의 적정성을 담보하는 것이라면, 해고제한의 기본원리에 반하지 않는 정당한 근로관계 종료사유에 관한 합의 혹은 기간에 관한 합의로 볼 수 있으며, 전체적으로 연공서열식 임금체계를 놓고 볼 때, 생산성과 임금이 균등한 관계를 이르는 시점을 정년시점으로 본다면 타당성을 가

준으로 획일적으로 평가하여서는 아니되고 개별적・객관적으로 평가되어야 하며, 능력에 합당하는 평등한 대우와 기회가 보장되어야 한다는 데에 있으므로, 오히려 능력과 무관하게 임금을 설정하는 연공서열식 임금체계제 자체가 연령차별금지의 법적 취지에 부합하지 않게 된다고 한다(조용만, 앞의 주 38)의 논문, 166).

42) 노동법실무연구회, 『근로기준법주해 II』(박영사, 2010), 82면; 이철수, 앞의 논문, 116면.

43) 김소영, 앞의 논문, 104-106면.

44) 이를 Lazear의 '장기인센티브 혹은 근속급 모델'이라고 한다. Lazear의 이론에 대한 상세 설명은 이선우, "고령화시대에 대비한 공무원정년제도의 유연화에 대한 임금피크제(pay-peak system)의 영향분석," 『한국행정학보』 제39권 제2호(2005. 6), 114-116면 참조.

진다는 견해[45]가 있는 반면, 이를 위법한 제도라고 볼 수 없지만 노동환경의 변화, 평균수명의 증가, 각종 사회보장제도 등과의 연관성을 고려할 때 그 사회적 타당성에 대해 상당한 의구심을 표명하는 입장[46]도 있다.

생각건대 정년제는 이와 같은 기업운영상의 손익분기점을 고려해서 도입되는 것이 아니라, 고령사회에 있어서의 제반 문제점을 해결하기 위해 근로관계를 유지・연장함으로써 고령자에게 일정 소득을 보장하기 위해 도입되는 제도이다. 즉 연공서열식 임금체계하에서 근로자의 능력에 적합한 임금이 모두 지급된 시기에 근로관계를 종료하는 것이 아니라, 근로의 의사와 능력을 가지고 있는 고령자가 계속적인 고용관계를 맺도록 하는 데에 있다. 따라서 위 D지점을 정년의 시점으로 설정하는 것이 정년제 자체의 본래 목적을 완전히 달성한 것이라고는 생각할 수 없다. 물론 이윤추구가 목적인 사용자에 대해 이 시점 이후에도 근로능력을 상회하는 임금수준을 강요하는 것은 사용자의 기업경영의 자유를 침해하는 것이기에 반드시 임금체계의 개편이 필요하며, 정년제도의 도입이 임금피크제와 연동되어야 하는 이유이기도 하다.

다만 문제는 고령자가 가지고 있는 잔존 근로능력의 경우 이는 근로자 개개인별로 차이가 있을 것이며, 근로의 능력과 의사를 가지고 있다고 하더라도 과연 이것이 사용자가 요구하는 수준에 부합할 수 있는가 하는 것이다. 특히 고용관계에 있어서 직종, 직무에 따라 차이는 있겠지만, 연령에 의한 근로능력의 감소의 폭은 개인마다 차이가 있으므로 직무능력이 연령과 직접적이고 절대적인 상관관계가 있다고 할 수는 없다. 따라서 고용관계에 있어서 연령을 절대적인 기준으로 하여 직무능력 또는 경제활동능력을 평가하는 것은 합리적인 기준에 해당되지 않는다고 봐야 한다.

따라서 고용관계에서의 연령에 의한 차별을 금지하는 법제는 정년제 이전에 실시되는 통상해고 또는 경영해고시의 해고대상자 선정시 그 정당성

---

45) 박종희, 앞의 논문, 126-127면.

46) 김유성, "정년제의 의의와 법적 문제," 『법학』 제33권 제2호(1992), 81면.

을 부여할 수 있는 근거가 되는 것으로 보아야 하며, 이때의 연령차별금지법제는 고령근로자의 고용유지 기능을 담당하는 것으로 해야 한다. 다만 정년시점이 사회적으로 통상 요구되는 퇴직연령(사회적 정년)에 미달하는 경우, 즉 근로의 의사와 능력이 잔존하는 시점임에도 불구하고 정년제를 통해 퇴직시키는 행위는 연령을 이유로 한 차별에 해당한다고 볼 여지를 남긴다.

현행 「연령차별금지법」이 근로관계의 대부분의 영역에서 연령을 이유로 한 차별을 금지하고 있으면서도 한편으로 동법 제23조에서 60세 이상의 정년제 설정을 권고사항으로 하고 있는 것은 「국민연금법」상 연금수급 연령인 60세 미만의 정년을 설정하는 것을 차별행위로 봐야 함을 간접적으로 밝히고 있는 것이라고 생각한다.

(3) 정년제와 해고제한법리 : 소위 '정년제 무용론'과 관련하여

결국 정년제는 일정한 연령에 도달하는 시점에서 근로관계가 종료되는 '고용박탈 기능'을 수행하므로 연령차별에 해당되어 무효가 된다고 볼 수 있지만, 일정 연령까지의 '고용보장 기능'을 수행하게 될 경우에는 오히려 연령차별을 금지하게 되는 양면성을 가지고 있다.

그런데 종래 이와 같은 정년제의 특성과 관련하여 위법성 여부와는 별개로 그 실효성과 관련하여 많은 논의가 있었기에 검토를 요한다. 각각의 견해를 간략히 정리해 보면, ① 정년제는 고령사회가 가져오는 문제점을 해결하기 위한 궁극적인 방법이므로 이를 적극 도입하여 정년연령을 상향조정해야 할 뿐 아니라 나아가 이를 강행규정화하여 고령자 고용을 확보해야 한다는 입장, ② 정년 이후의 연령에서는 재취업의 가능성이 극히 저조하다는 현실을 고려할 때 당사자의 근로의사와 능력을 전혀 고려하지 않는 정년제는 오히려 고령자의 취업 확대를 막는 장애요인이므로 종국적으로 정년제를 폐지해야 한다는 입장[47]으로 크게 구분된다. 여기에 더하여 ③ 조기

47) 박종희, 앞의 논문, 129면.

퇴직이 일반화되어 있는 고용현실하에서 실제 정년으로 퇴직하는 근로자의 비율은 극히 소수이므로 정년제는 고령자의 고용보장에 있어서 아무런 기능과 역할을 하지 못하는 효용성이 없는 제도라고 보는 견해[48]와 ④ 정년제를 통해 원래 의도했던 고용안정적 기능보다 심지어 근로자 퇴출이라는 고용조정의 의미가 부각되는 결과가 발생한다는 부정적인 견해[49]도 있다.

실제로도 정년제를 도입하여 시행하고 있는 사업장에 근로했던 근로자라 할지라도 실제로 단체협약 또는 취업규칙에서 정한 정년까지 근로를 제공하다가 퇴직하는 근로자의 수는 매우 적은 상황이다. 대부분이 권고사직, 명예퇴직 등의 다양한 형식을 통해 조기에 회사를 떠나고 있으며, 또 지난 1997년의 외환위기 이후 고용보장이 불안정해지면서 상당수의 근로자가 직장을 상실하였는 바, 특히 고령자들은 '고임금·저생산성'을 이유로 하여 경영상 이유에 의한 해고(이하 '경영해고'라 한다)의 실시과정에서 우선적인 해고의 대상으로 선정되어 왔으며 노동시장으로의 재진입이 배제되어 왔다.

우리나라의 경우 평균적인 퇴직연령은 55세 전후인 것으로 파악되고 있으며, 퇴직한 50대 이상의 자 중에서 그 사유가 정년제에 의한 것이었던 경우는 2.9%로 상대적으로 매우 적은 수치를 보여 주고 있다. 개인 사정 혹은 회사 사정으로 인한 퇴직이 47% 이상을 차지하여 정년에 이르기 전에 퇴직하는 경우가 대부분인 것으로 나타나고 있다. 그리고 민간기업에서 근로자들이 퇴직하는 연령은 30대에 14%가 퇴직하며 50세되기 이전에 절반 이상이 퇴직하는 것으로 나타나고 있어 실제 전체 퇴직연령은 정년연령에도 심각하게 미달하는 것으로 파악된다.[50] 이는 정년제 도입과는 무관하게 정년의 도달로 인하여 퇴직하는 근로자는 거의 없고, 대부분의 고령근로자가 조기퇴직으로 정년보다 훨씬 이른 시기에 직장을 떠날 수 있음을 여실

---

48) 김정순 외, 『고령사회의 법적 과제』(한국법제연구원, 2004), 43면; 박종희, 앞의 논문, 130면; 이희성, "한국의 고령자고용촉진제도," 『노동법논총』 제14집(2008. 12), 355면 등.

49) 이기한, "정년제의 법제화 논의에 대한 법적 타당성 연구," 『노동법학』 제36호(2010), 394면.

50) 고용노동부, 『2011 고용보험백서』(2011. 8) 참조.

히 보여 주고 있다.[51] 고령사회가 가져오는 제 문제와 관련하여 고령자의 고용상태를 유지·연장하는 것이 가장 근본적인 해결책으로 부각되는 와중에도, 현실적으로는 기업의 생존을 위한 목적에서 생산성이 낮으나 고임금을 받는 근로자에 대한 조기은퇴가 합법적으로 행해지고 있는 것이다.[52]

이와 같은 현상을 고려할 때, 정년제의 적극적 도입은 고령자의 고용유지를 위한 효율적이고 직접적인 방안이 될 수 없다는 주장, 즉 '정년제 무용론'의 입장이 보다 더 설득력을 가지는 것으로 볼 수도 있다. 정년제를 도입하더라도 고령자의 고용상태가 원래의 목적대로 유지되는 것은 아니라고 볼 수 있는 것이다. 기업경영의 과정에서 정년제를 도입하여 운영하고 있는 사용자는 정년제 규정과는 관계 없이 언제든 근로자와의 근로관계를 정년 이전에 종료시킬 수 있는 길을 열어 두고 있기 때문이다.

이 문제는 노동법상 '해고제한의 법리'와 관련하여 검토해 볼 필요가 있다. 원래 근로계약에 있어서 사용자는 정당한 이유 없이 근로자를 해고할 수 없으며, 해고의 유효요건인 정당한 이유의 존재에 관해 다툼이 있는 경우 종국적으로는 사법부의 판단을 구해야 하며, 그 입증책임은 주장하는 당사자가 지게 된다. 따라서 기간의 정함이 없는 근로계약을 체결할 경우 근로자 개인은 당사자 일방의 사망이나 기업의 폐업 등 사유가 발생하지 않고, 또 해고의 정당한 이유만 없다면 근로의 능력과 의사가 남아 있는 한 언제까지나 근로관계를 유지할 수 있는 원칙이다. 그러나 일반적인 견해는 근로자의 일신에 기한 사유를 통상해고에 있어서의 정당한 이유 중 하나로 제시하고 있으며, 여기에는 필요한 근로능력의 상실 등이 포함된다고 보고

51) 반면, OECD가 1997년부터 2002년 사이의 기간 동안 30개 회원국을 대상으로 실시한 조사결과에 따르면 우리나라 남성 근로자들의 노동시장에서의 실질적인 은퇴연령은 평균 68세로서 조사대상 가운데 4번째로 높은 수치를 기록하였다. 이는 퇴직한 임금근로자들이 사회보장제도의 미비로 인하여 다시 임시직, 자영업 등을 통해 근로를 제공하고 있기 때문인 것으로 분석한다(이철수, 앞의 논문, 112면).

52) 박종희, 앞의 논문, 132면에서는 이러한 현상의 원인은 우리의 전통적인 임금체계인 연공서열식 임금체계에 기인한 것이라고 본다. 즉 문제가 된 사안에서 연공서열식 임금체계가 아니라 생산성에 연계하는 임금제를 채택하고 있었던 경우에도 다른 사유를 고려함이 없이 단지 장기근속자라는 이유로 우선적 해고한 것은 용납되지 않았을 것이라고 본다.

있다.[53] 모든 직종에서 나타나는 현상은 아니겠지만 거의 대부분의 근로자는 고령화 될수록 근로능력이 감소하게 되며, 전통적인 연공서열식 임금체계를 고수해 왔던 우리의 경우 근로자가 제공하는 근로의 양 또는 질보다 지급되는 임금의 액수가 용인할 수 없을 정도로 많아지는 시점에서 사용자는 근로계약 관계를 해소하기 위한 수단을 사용하게 된다. 이때 어느 정도가 사용자가 필요한 최소한의 근로능력인지는 사법부가 판단하기는 어려우므로 일반적인 기준에 의해 정해질 것이며 결국 사용자의 입장에서는 통상해고, 즉 전술한 '정년해고'와 유사한 방법을 통해 고령근로자를 정리할 수 있게 된다.

한편 기업운영의 과정에서 경제위기 등과 같은 기업 내부 또는 외부의 사정으로 인해 근로자측에게 해고의 사유가 없음에도 불구하고 실시되는 '경영상 이유에 의한 해고'(이하 '경영해고'라 한다)의 경우에도 「근로기준법」 제24조는 4가지 요건을 정당성을 갖추는 요건으로 제시하고 있으나 종래 우리 대법원은 이들 요건에 있어서 상당히 완화된 입장을 취하고 있다. 동법은 경영해고의 정당성 요건을 실질적인 요건과 절차적인 요건으로 구분하여 규정하고 있는데, 이 중 고령근로자와 관련이 있는 것은 '해고대상자 선정시의 합리적이고 공정한 기준'이다. 「근로기준법」은 여기에 대한 구체적인 기준 내용을 제시하지 않고 해석론에 맡기고 있는 바, 초기의 대법원은 해고대상자 선정의 기준은 근로자측 사정과 사용자측의 사정을 종합적으로 고려하여 판단하는 것을 원칙으로 하여[54] 다른 요소를 전혀 고려하지 않고 단지 장기근속자임을 이유로 우선해고대상자로 하는 것은 합리성과 공정성을 결여한 것으로 보았다. 그러나 최근의 우리 대법원은 장기근속자를 우선해고하더라도 그것을 통해 "독특한 연공서열식 임금체계를 감안하여 상대적으로 고임금을 받는 높은 직급의 연령이 많은 직원과 재직기간이

---

53) 임종률, 앞의 책, 515면.

54) 대법원 2002.6.14. 선고 2000두8486판결; 대법원 2002.7.26. 선고 2000두4910판결 등. 참고로 하급심 판결 중에서는 일차적으로는 사회적 보호를 덜 필요로 하는 근로자들부터 해고를 하여야 하고 사용자측의 이해관계는 이차적으로 고려하여야 한다고 판시한 판결이 있다(서울지법 1995.12.15. 선고 94가합10586판결).

긴 직원을 해고하면 해고인원을 최소화할 수 있었던 사정을 종합적으로 고려해 보면 나름대로 합리적이고 공정한 기준으로 수긍할 수 있다"라고 하거나 "합리적이고 공정한 기준은 확정적 · 고정적인 것은 아니고 당해 사용자가 직면한 경영위기의 강도 경영해고를 실시해야 하는 경영상의 이유, 경영해고를 실시한 사업부문의 내용과 근로자의 구성, 그리고 경영해고 실시 당시의 사회경제적 상황 등에 따라 달라지는 유동적인 개념"이라고 판시하여[55] 종래의 입장에서 완화된 모습을 보이고 있다. 이상과 같은 판례의 태도는 해고대상자의 선정에 있어서 사용자가 상당한 재량을 행사할 수 있음을 의미한다. 그러나 이는 기업의 존립이라는 측면에서는 인정될 수 있겠으나 고령사회가 가져올 문제점에 대비하고자 하는 입장에서는 쉽게 수긍할 수는 없다. 근속연수와 그에 따른 고임금은 연령 자체와는 구별되는 요소이지만, 우리나라의 지배적인 연공서열식 임금체계하에서는 연령과 밀접한 연관성을 갖기 때문에 연공서열식 임금체계하에서 고령근로자는 통상적으로 장기근속자와 고임금자에 모두 해당된다. 그러나 직무능력이나 성과, 기업에 대한 공헌도 등 개별 근로자의 능력을 고려하지 않고 단순히 장기근속 등을 이유로 하는 우선적 해고기준은 원칙적으로 연령차별에 해당하는 것으로 해석 가능하기에[56] 이와 같은 기준을 적용한 해고는 무효라고 해야 한다. 연공서열식 임금체계가 가지는 문제는 근로자에 대한 경영해고의 실시가 아니라 후술하는 임금피크제의 도입 등 임금체계 개선을 통해 해결해야 할 문제이다.

더불어 경영해고의 또 다른 요건인 '긴박한 경영상의 필요'와 관련해서도 종래 판례의 태도는 수긍할 수 없는 내용이 있다. '긴박한 경영상의 필요'는 사용자가 경영권 행사의 하나로서 경영해고조치를 취하는 전제요건에 해당되며 이를 충족되지 못할 경우 당해 경영해고조치는 부당한 해고에 해당되어, 나머지 요건의 충족 여부와는 관계 없이 무효이다. 따라서 사용자로서

55) 대법원 2002.7.9. 선고 2001다29452판결 등.

56) 조용만, "고령자 고용촉진을 위한 연령차별금지의 확립과 정년제의 개선," 『노동법논총』 제10집(2006. 12), 156면 각주 12).

는 근로자를 해고하지 않을 수 없는 경영상의 필요가 어느 정도로 긴박하여야 본 요건이 충족되는가를 생각해야 하는데, 종래의 학설은 도산회피설(도산위기 타개설), 도산위기예방설(합리적 필요설) 및 경영합리화조치설(감량경영설)로 크게 구분되어 왔다. 초기의 우리 판례는 위의 도산위기 타개설과 기본적으로 그 입장을 같이 하여 "해고를 하지 않으면 기업경영이 위태로울 정도의 급박한 경영상의 필요성이 존재"[57]하여야 한다고 하여 긴박한 경영상의 필요성에 대하여 기업의 도산이 우려되거나 경영악화로 인해 사업계속이 불가능하다고 판단되는 경우에만 그 정당성을 인정하여 긴박성을 엄격히 해석하였으나, 최근의 판결들은 그 입장을 선회하여 "반드시 기업의 도산을 회피하기 위한 것에 한정할 필요는 없고, 인원삭감이 '객관적으로 보아 합리성'이 있다고 인정될 때에는 긴박한 경영상의 필요성이 있는 것으로 넓게 보아 주어야 함이 타당하다"[58]는 입장을 일관되게 취하고 있다. 이는 경영합리화조치설과 그 입장을 같이 하는 것으로서 긴박성을 보다 폭넓게 해석하는 완화된 입장을 취하고 있는 것으로 여겨진다.[59]

경영합리화설은 기업경영의 위기상태 유무와는 관계 없이 구체적인 직무가 제거됨으로 인하여 유휴노동력이 발생하고, 이 노동력에 대한 고용관계의 유지를 사용자에게 기대할 수 없다는 사회적 인식을 원용해서 '긴박한 경영상의 필요'의 정도를 해석하는 입장이다. 지난 1997년의 외환위기 이후 급변하는 우리 경제상황에서 '기업 경쟁력의 제고를 통한 국가경쟁력 강화'라는 목표가 최우선시됨에 따라 경영합리화설이 장래의 기업의 존속을 보

57) 대법원 1989.5.23. 선고 87다카2132판결; 대법원 1990.3.13. 선고 89다카24445판결 등.

58) 대법원 1999.5.11. 선고 99두1809판결; 대법원 2002.7.9. 선고 2001다29452판결; 대법원 2006.1.26. 선고 2003다69393판결 등.

59) 특히 "회사가 일부 임원직 및 그에게 전속배치된 운전기사직의 폐지를 이유로 폐지된 임원의 운전기사를 해고한 것이 정당하다"라고 판시하여 정작 해고할 수밖에 없는 긴박한 경영상의 필요가 존재하였느냐에 관하여는 판단을 회피한 관결(대법원 1991.1.29 선고 90누4433판결)과, 회사의 자산이 부채를 초과하고 있고 장부상 영업이익은 물론 당기순이익까지 내고 있다 하더라도 사업부문의 변화로 인해 고용을 유지하는 경우 적자가 발생할 것으로 예상되는 경우까지 긴박한 경영상의 필요를 확대하여 경영상 이유를 판단하고 있는 판결(대법원 2003.9.26. 선고 2001두10776 · 10783판결) 등은 경영합리화조치설을 취하는 입장에서 내려진 전형적인 예이다.

호하고자 하는 목적을 가져왔음은 부인할 수 없다. 하지만 경영합리화조치설을 취한다면 긴박성의 고려가 충분하지 않게 됨에 따라 현재의 근로자의 고용보호라는 본래의 목적이 무너지게 된다. 더불어 대법원이 제시하는 '인원감축의 객관적 합리성'이라는 개념은 지극히 추상적인 개념으로서 '기업의 존립'이라는 종래의 기준에서 벗어나 '인원감축의 객관적 합리성'에만 집착하는 경우 기업의 경영상태와는 상관없이 잉여인력의 정리를 위한 경영해고를 인정할 가능성은 언제나 존재한다고 해야 한다.60)

결국 현행법상의 해고제한 규정을 이와 같이 해석하는 한 정년제가 특별한 사정이 없는 한 정년까지의 고용을 유지케 하는 기능을 갖는다고 말하기는 어려우며, 실제 노동시장에서 정년제의 도입이 경영해고, 권고사직, 희망퇴직 등의 수단에 의한 근로자의 조기은퇴를 불가능하게 만드는 안전장치의 역할을 할 수는 없을 것으로 보인다. 정년제는 현행법상 그 개념과 요건 및 효과가 부여되고 있지 않을 뿐 아니라, 주지하는 바와 같이 현재의 단계에서는 일정 연령 이상의 정년제를 도입・시행하는 것은 사용자에 대한 권고사항에 불과하기 때문이다. 따라서 향후의 효용성을 제고하기 위해서는 현재의 경영해고 규정 및 사용자의 자의에 의해 실시되는 명예퇴직, 권고사직 등에 대한 법적 평가를 엄격히 해야 한다. 그러나 종래 경영해고의 정당성 요건을 판단하는 입장은 이와 같은 필요성을 무색하게 만들고 있다.61)

---

60) 경영해고의 정당성 요건의 엄격한 해석론으로의 회귀에 대해서는 김경태, "경영상 이유에 의한 해고의 정당성 요건의 재구성," 『노동법학』 제32호(한국노동법학회, 2009. 12) 참고.

61) 더불어 권고사직, 명예퇴직의 경우도 마찬가지이다. 판례와 학설은 이와 같은 경영상 이유의 정당성 요건으로서 해고회피를 위한 노력 의무를 지우고 있는 바, 현실에서는 사용자는 경영해고의 전단계로서 희망퇴직 내지 명예퇴직에서 목표 내지 예상 인력의 구조조정을 행하는 경우가 대부분이다. 그러나 실제 희망퇴직 등은 정리해고의 한 과정으로 여겨 판단하여야 할 여지가 많음에도 불구하고 판례는 이러한 조치를 정리해고 전단계로 해고회피 노력의무로서 노사의 자유로운 조치의 하나로 간주하고 있다(대법원 1992. 12.22. 선고 92다14779판결; 서울고법 2001.4.11. 선고 2000나15908판결 등). 박종희, 앞의 논문, 132-133면에서는 이와 같은 이유에서 희망퇴직이 사실상 비자발적으로 이루어지는 경우에도 경영해고의 법적 보호 혜택을 전혀 받지 못하고, 장기근속자이면서 높은 임금을 받는 근로자들을 우선적인 희망퇴직대상자로 선정하여 조기퇴직시킬 수 있는 가능성을 열어 두고 있음을 비판한다.

이와 같은 태도는 "근로조건의 기준을 정함으로써 근로자의 기본적 생활을 보장・향상시킨다"라는 근로기준법의 기본목적에 부합되지 않을 뿐 아니라, 나아가 고령근로자의 경우 언제든지 사용자와의 근로관계를 종료시킬 가능성을 두고 있다는 점에서 재고되어야 한다.

정년제가 성공적으로 도입되기 위한 전제로서 엄격한 해고제한 법리의 완화를 주장하는 견해가 있으나,[62] 전술한 바와 같이 현재에도 우리 노동법상 해고제한 법리의 엄격성은 이미 충분히 완화되어 있다. 정년제 도입의 목적은 고령근로자의 일정 연령까지의 고용보장을 위한 것임을 고려할 때, 현재의 시점에서는 오히려 해고제한의 법리를 엄격히 해석한 후 사회적 정년에 해당하는 연령을 보장하는 정년제를 도입해야만 그 실효성을 찾을 수 있게 된다.

다만 이과 같은 방식으로 정년제를 도입하게 된다면, 사용자의 입장에서는 인사적체, 퇴직금 등 비용의 지속적 증가, 생산성 저하 등 기업운영의 제반 문제에 직면하게 될 것이므로 이 경우 사용자는 다시금 경영해고라는 수단에 의존하게 될 것이며, 이때의 경영상 필요의 긴박성은 위 어느 학설에 의하든 인정될 수밖에 없는 경우가 많을 것이다. 따라서 대부분의 선행연구가 제시하는 바와 같이 임금피크제의 도입과 같은 연공서열식 임금체계의 개혁, 심층적인 직부문석을 통한 다양한 직제의 개편, 정년제 도입에 따른 사용자의 부담을 완화하기 위한 다양한 지원 정책의 실시가 반드시 수반되어야 한다.

(4) 정년제의 강행규정화와 사용자의 기업경영의 자유

정년의 올바른 의미는 기업정년이 아니라 '사회적 정년'이라고 보았을 때

---

62) 박종희, 앞의 논문, 149면; 이승길, "고령자의 정년연장과 규제완화," 『노동법논총』 제14집(2008. 12), 190면은 현재의 경직적인 해고제한 규정을 그대로 둔 채 법정책적으로 정년제를 연장한다면 고령근로자는 물론 청년층 근로자에게도 노동시장 진입의 장벽을 더 높이고 비정규직을 더욱 양산시키게 되는 위험을 감수하게 된다고 하며, 김소영, 앞의 논문, 97-98면에서는 단순히 정년이전의 퇴출로부터 고령근로자를 보호하기 위해 정년제를 도입할 경우 기업은 다양한 부정적 효과에 직면하게 되기 때문에 사용자로서는 고령근로자를 배제시키는 수단으로서 해고라는 수단을 사용하고자 할 것으로 본다.

현재 관행적으로 시행되는 정년연령은 퇴직에서 연금수급까지의 기간, 즉 보장의 공백이 상당히 넓은 것으로 보인다. 후술하는 사회보장 재정의 고갈 위험을 고려한다면 결국은 이 공백상태를 재취업에 의해 보완하거나 일정 연령 이상의 정년을 강제하여 메울 수밖에 없다. 1991년 12월 31일 법률 제4487호로 제정된 「고령자고용촉진법」은 제19조에서 사업주가 근로자의 정년을 정하는 경우에는 그 정년이 60세 이상이 되도록 노력하여야 하는 것으로 규정하고 있었으며, 2008년 3월 「고용상 연령차별금지 및 고령자고용촉진에 관한 법률」로 개정되는 과정에서도 동일하게 60세 이상의 정년을 권장하는 데에만 머물렀다. 그 결과 최초 「고령자고용촉진법」의 제정 이후 20년이 지난 현재까지도 기업의 평균정년에는 큰 변화가 없으며, 정년 이전에 퇴직하여 새로운 직장을 찾아 재취업하는 인원은 그리 많지 않은 것으로 보인다.[63] 그 원인으로서 법률로써 정년을 강제하지 않았기 때문이라는 주장이 현재로서는 가장 유력하며 이를 일본과 같이 강행규정화해야 한다는 주장이 강하게 제기되기도 한다.[64] 물론 연공급체계의 수정을 포함한 생산성에 연계한 임금체계로 전환한다면, 정년연령을 상향조정하여 강제하는 것도 가능할 것이다. 그러나 후술하는 바와 같이 임금피크제의 성공적 정착을 위해서는 다양한 현실적인 문제가 해결되어야 하는 바 이 또한 쉽지 않은 문제이다. 그렇다면 현재의 단계에서 정년강제를 입법적으

63) 지난 10년간의 고령자 경제활동 참가율 및 고용률 추이는 아래와 같다(통계청, 『2011 고령자 통계』를 재구성하였음).

구분 \ 연도		2000	2003	2004	2005	2006	2007	2008	2009	2010
경제활동 참가율	55~59세	64.3	64.7	65.1	64.9	64.7	66.6	67.3	67.3	68.3
	60~64세	54.3	52.7	53.7	54.5	55.8	56.3	55.1	55.1	55.5
	65세이상	29.6	28.7	29.8	30.0	30.5	31.3	30.6	30.1	29.4
고용률	55~59세	62.2	63.2	63.4	63.1	63.2	65.2	65.9	65.6	66.5
	60~64세	53.0	51.8	52.7	53.4	54.5	55.0	54.1	53.8	53.7
	65세이상	29.4	28.6	29.6	29.8	30.3	31.1	30.3	29.7	28.7

64) 정부에 의한 정년 강제, 즉 기업에 대해 퇴직연령설정에 제약을 하는 것이 기존의 연공서열식 임금체계를 개편하게 되는 계기가 된다고 보기도 한다(OECD, *Ageing and Employment Policies: Korea*, 17면).

로 해결하는 것이 가능한가의 문제를 검토해 볼 필요가 있다.

선행연구 중에서는 고령자의 경제활동에 대한 보완을 국가가 지나치게 개입·강제함으로써 이들의 지위를 오히려 우위에 놓는 것은 적절하지 않고, 국가의 개입 내지 규제는 고령자가 현실적으로 봉착하는 불평등한 경쟁관계의 요소가 제거될 수 있는 최소한의 정도에 그쳐야 한다는 점을 강조하는 견해가 유력하다.[65] 이 견해는 직접적으로 정년을 강제하는 조치는 자유시장 경제질서의 근본을 훼손할 뿐 아니라 사업주의 기본적 권리(즉 경영권)을 침해하는 것으로서 입법자의 입법한계를 벗어난 것으로서 '비례성의 원리'에 의해 판단되어야 한다고 본다.

생각건대 정년제의 도입 강제가 우리의 노동시장 현실에서 고령자 고용을 유지·촉진하는데 얼마나 효과가 있을지는 의문이다. 사회적 약자로서의 고령자에 대한 생존권 보장 차원에서, 또 고령사회가 주는 위험 제거의 차원에서 국가의 입법권을 통해 해결하는 방식은 어느 정도 타당성을 가질 수 있을 것이다. 그러나 고령사회 문제는 장래에 닥쳐올 문제이지만 기업의 경쟁력 확보는 현재의 문제이다. 고령사회의 문제는 국가 전체 차원에서 점진적으로 해결해야 할 거시적 차원의 문제이지만, 기업의 생존과 경쟁력 확보의 문제는 개별 기업의 구체적인 상황을 토대로 하는 미시적 차원의 문제이다. 이처럼 이해가 충돌하는 상황에서 단지 고령사회만을 대비한 입법을 시도하는 것은 현실성을 떨어뜨릴 수밖에 없다는 점[66]을 간과해서는 아니될 것이다.

기업경영의 주체로서의 사업주는 자신의 책임하에 기업을 운영하고 영리를 추구하며 또한 이윤분배를 통해 근로자의 생존권 보장에 기여한다. 그러나 기업 및 국가 차원의 사회·경제적 상황을 무시한 채 일률적으로 정년을 강제할 경우 이는 결국 사업주의 비용부담 문제로 돌아오게 되며, 종

65) 김소영, 앞의 논문, 82면; 박종희, 앞의 논문, 141면. 사용자의 입장에서는 정년제의 강행규정화는 기업의 인사자율권 침해와 과중한 기업부담을 초래할 수 있으며, 고령자 고용은 개별기업 차원이 아닌 전체 노동시장 측면에서 고용안정을 추구하는 것이 바람직함을 이유로 당연히 여기에 반대하는 입장을 취하게 될 것이다.

66) 박종희, 앞의 논문, 117면.

국에는 경영해고 등의 방법을 통해 고령실업자를 양산하거나 또는 기업도산의 위기를 통해 실업인구를 증가시키는 결과를 가져올 수 있다. 거시적이고 장기적 관점에서 고려되어야 할 사회적 책임을 기업의 운영주체인 개인에게 떠넘기는 결과를 가져오는 것이다.

전술한 바와 같이 정년제의 강제도입이 정년 이전에 실시되는 경영해고 또는 정년해고 등을 방지하기 위한 안전장치가 될 수 없으며, 오히려 정년제의 무리한 도입은 오히려 해고제한의 법리를 회피하여 대규모의 실업자를 양산할 우려가 있음을 부인할 수 없다. 따라서 현재의 시점에서는 오히려 이윤창출을 주된 목적으로 하는 기업에 대해 고령자의 고용을 유지할 인센티브를 가질 수 있도록 제도적으로 뒷받침하고, 고령자의 근로능력 제고를 위한 다양한 사업을 통해 고용 활성화에 노력하는 것이 더 효과적일 것이며, 이것이 고령화사회에서의 노동법의 주된 과제 중 하나이다. 결국, 정년강제는 임금피크제 및 성과급 중심의 임금체계를 도입하기 위한 기반을 마련한 후에 고령사회의 문제점이 본격적으로 대두되는 시점에서 정년 자체에 대한 사회적 공감대가 형성된 후에야 강행규정화하여 실시되어야 한다.[67] 일본의 경우 정년제의 도입에 대한 최초의 논의부터 60세 정년강제를 입법화하기까지 20년 가까운 시간이 필요했다는 점을 참고할 필요가 있다.[68]

---

67) 강성태, 앞의 논문, 863면에서는 그 대안으로서 ① 현행 고령자고용법상 권고적 정년제를 의무적 정년제로 전환하되 근로자수를 기준으로 한 기업규모에 따라 정년을 차등화한 후 이를 단계적으로 노령연금의 수급연령까지 상향시키는 방안, ② 자율적으로 현재의 법정 정년보다 높은 정년을 도입하도록 유도함과 동시에 법적 정년과 퇴직연령의 합치율을 제고시키기 위한 정부의 조달정책과 조세정책 등의 인센티브 제도를 실시하는 방안, ③ 공공부문과 300인 이상 사업장에는 ①의 방안을 사용하고, 300인 미만의 사업장에는 사업주에게 ②의 방안을 도입할 의무를 부과하는 방식 등을 제안한다.

68) 2006년에 이미 초고령사회로 진입한 일본은 지난 1973년 정부 차원에서 60세 정년을 추진한 이후 1994년의 「고연령자 등의 고용안정 등에 관한 법률(高年齢者等の雇用の安定等に関する法律)」 개정을 통해 60세 정년을 의무화 하여 1998년 4월 1일부터 시행해 오고 있다. 이후 2004년 동법을 개정하여 현역 65세 사회를 건설하기 위한 방안으로 정년제 폐지, 정년연장, 계속고용제도 중 어느 하나를 도입하도록 기업에 의무화하고 있다. 현재 일본의 법정 정년은 우리와 동일한 60세이지만 실제 근로자가 정년으로 인해 퇴직하는 연령은 평균 60~63세이다. 일본의 정년제 도입 연혁 및 배경과 관련해서는 노상헌,

한편, 이와는 별개의 문제로서 정년제를 강행규범화할 경우 정년연령을 규정하는 것이 필수적인데 과연 어느 정도의 연령을 설정해야 하는 것이 적정한가의 문제를 생각해 볼 수도 있다. 가장 이상적인 것은 사회적 정년인 공적 연금 수급연령에 일치시키는 것이다. 본래 사회적 정년이란 근로자가 일정한 연령까지 근로관계에 머문 이후에 근로의무로부터 면제되어 사회복지 등의 혜택을 받으며 사회적 '휴식권'을 누릴 수 있게 되는 것을 말한다.[69] 그러나 사회적 정년은 사회적 관점에서 보아 육체적으로나 정신적으로 경제활동을 더 이상 기대하기 어려운 나이를 의미하는 것으로서, 사회 내의 다른 구성원을 부양하기 위해 일생 동안 경제활동을 한 자는 그 나이에 이르러서야 노동영역에서 벗어나 부양을 받는 단계로 넘어섬을 의미한다. 그렇기 때문에 사회적 의미로서의 정년을 법적으로 강제시행하는 것은 적어도 당해 연령이 근로능력을 완전히 상실한다는 과학적・경험적 타당성을 갖춰야 하며, 사회가 당해 고령자에 대한 부양의무를 져야 한다는 공감대가 형성된 후에나 가능할 것이다.[70]

2. 정년제 활성화 방안으로서의 임금피크제도

정년제를 성공적으로 정착시키기 위한 궁극적인 방법은 기존 연공서열식 임금체계를 대대적으로 개편하여 성과주의 임금체계로 변경하는 것이라는 데에 견해가 일치되고 있다. 임금이 근로자의 업무책임, 능력, 성과와 연동될 때에만 사용자는 고령자의 고용을 유지할 인센티브를 얻게 되기 때문이다. 그러나 우리의 경우 수십년간 노동시장의 근간이 되었던 기존의 임금체계를 한순간에 개편하는 것은 불가능한 일이다. 현재까지 고령화사회의 고용연장과 관련된 대부분의 선행연구에서는 현행 임금제도하에서 정년제

"고령사회와 정년제의 법적 쟁점－일본 정년법리의 검토를 중심으로－,"『법학논총』제25권(전남대 법학연구소, 2005. 12), 296-303면 참조.

69) 이철수, 앞의 논문, 120-121면.

70) 박종희, 앞의 논문, 121-122면.

를 성공적으로 정착시키기 위한 대안으로서 임금수준을 생산성에 맞춰 조정하는 임금피크제의 도입를 제안하고 있다. 그러나 임금피크제를 기업 현실에서 적극적으로 수용하기에는 현실적 측면 및 기존 법리와의 충돌이 발생할 가능성이 있음을 간과할 수 없다.

(1) 개념 및 의의

'임금피크제'란 근로자의 계속고용을 위해 노사간의 합의를 통해 일정 연령을 기준으로 임금을 조정하고 소정의 기간 동안 고용을 보장하는 제도이다.[71] 이는 동일한 인건비하에서 고용을 중시하는 방안으로 일정 연령 이상의 근로자의 임금을 삭감 또는 억제하는 방법을 통해 장기근무를 배려하는 방법을 의미한다.

우리나라의 경우 이미 퇴직한 고령근로자를 다시 재취업으로 유도하는 방안의 실효성은 그리 높지 않기 때문에 고령자고용 문제와 관련된 주요 정책은 고령자고용을 계속 유지하는 방안이 중심이 될 수밖에 없다.[72] 따라서 고령자의 고용 유지를 위한 가장 유력한 방안으로 논의되어 온 것이 정년제이고, 정년제의 성공적인 정착을 위해 현재의 지배적인 임금체계인 연공서열식 임금체계를 연령에 중립적인 임금제도로 변경할 필요가 있음은 대부분의 선행연구에서 제안되어 왔다.[73] 주지하는 바와 같이 우리나라는 전통적으로 연공서열식 임금체계를 지배적인 임금체계로 사용해 왔고, 오랜 시간 확립된 이와 같은 급여체계를 갑작스럽게 변화시키는 것은 용이하지 않다. 고용을 유지하면서 임금수준을 생산성에 맞춰 조정하는 임금피크제는 고령자고용 유지 측면에서 가장 현실적인 대안으로 평가받을 수 있다. 따라서 임금피크제의 경우 근로자의 장기고용을 보장한다는 점에서 필수불가결한 제도라 여겨지고 있다. 임금피크제의 도입으로 임금이 삭감되

---

71) 노동부, 『사례로 알아보는 임금피크제 메뉴얼』(2006), 5면.

72) 이학춘 · 고준기 · 전만길, "고령자 고용촉진과 고용연장 · 유지를 위한 임금피크제의 문제점과 개선방안," 『노동법논총』 제21집(2011. 4), 392면.

73) 김소영, 앞의 논문, 83-85면; 김진태, 앞의 주 23)의 논문, 293면; 박종희, 앞의 논문, 154-155면; 이학춘 · 고준기 · 전만길, 위의 논문, 392면 등.

면서 고령자의 고용이 유지될 경우 그에 따라 근로시간의 단축이나 단시간 근로의 활용은 고령자에게 고용의 기회를 창출하는 효과적인 방안이 될 것으로 파악하고 있다.[74)]

그러나 노동 현실에서 과연 임금피크제가 고령자의 정년을 연장하는 수단으로 확실하게 자리매김할 수 있을지는 불확실하다. 임금피크제도 결국은 현재의 연공서열식 임금체계의 유지를 전제로 하여 비용부담의 증가 없이 정년을 연장하려는 방안이기 때문이다. 특히 정년연령을 보장하는 조건으로 정년전 일정 근속연수가 경과하면 그 경과시점부터 근로자의 임금을 삭감・조정하는 형태인 '정년보장형 임금피크제'의 경우에는 '근로조건의 불이익한 변경'에 해당될 수 있으므로 그 도입방법에 있어서 신중을 기해야 하며, 더불어 임금피크제에 의할 경우 근로자의 평균임금 수준이 저하되는 현상을 막을 수 없다. 이는 노동법적 차원에서는 퇴직금 등이, 사회보험법의 차원에서는 「국민연금법」 및 「산업재해보상보험법」상의 급여액 등의 저하를 가져올 우려가 있는 바, 그 도입에 있어서 관련 법령상의 각종 급여수준을 보장할 수 있는 방법이 동시에 강구되어야 한다.[75)]

---

74) 김영문, 『고령사회와 고령자 고용촉진을 위한 법제개선방안』(한국법제연구원, 2004), 60면. 또다른 견해는 이를 통해 정규계약을 비정규계약으로 바꾸는 것이 더 쉬워질 것이며, 이러한 변경은 유연한 혹은 단시간 근로를 선호하는 고령층 근로자들에게 큰 도움이 될 것이라고 한다(김진태, 앞의 주 23)의 논문, 295면). 임금피크제의 도입효과로서 크게 세 가지를 생각해 볼 수 있다. 먼저 ① 신규인력 채용에 도움을 주는 효과가 있다. 공기업과 민간기업을 불문하고 어느 조직이나 조기퇴직, 명예퇴직 제도를 활용하고, 심지어 권고사직 등을 통하여 연공급이나 직급이 높은 직원들 중 능력이 떨어지거나 더 이상 승진할 자리가 없을 경우 조직에서 가능한 빨리 퇴출시키고자 하는 이유도 그들의 임금상승으로 능력과 잠재력을 가진 신규인력의 채용에 어려움이 있기 때문이다. 최고임금에서 감축되는 비율이 높을수록 신규인력이나 중고령자 퇴직자들을 활용할 수 있는 여력이 더 커지게 된다. 따라서 임금피크제의 도입은 신규채용의 문제와 고령자 실업대책을 동시에 보완한 수 있는 제도로 해석될 수 있다. 다음으로 ② 성과중심의 인사관리에 유리하며, 마지막으로 ③ 가입자 개개인의 기여금을 인상하지 않으면서 기여금 수입을 높일 수 있는 방법의 하나가 기여금 납입자 수를 늘리고 연금수급자 수를 줄이는 방법인데 임금피크제는 이를 가능하게 만든다(이선우, 앞의 논문, 118-120면 참조).

75) 일본의 경우, 임금피크제는 기존의 정년을 55세에서 60세로 연장하면서 도입되기 시작하였다. 60세 정년 이후 재고용과 근무연장을 통해 65세까지 근로자를 고용하는 기업은 1996년 24%에서 2004년 68%까지 늘었다. 일본은 현재 정년이 60세로 의무화되어 있기 때문에 60세 정년퇴직후 고용을 더 연장하는 방안에 초점을 맞추고 있는 것이다. 더 나

(2) 임금피크제의 도입과 근로조건의 불이익한 변경

대부분의 기업은 통상 임금피크제를 정년제와 연동하여 도입・시행하게 되는데 이는 현행법이 규율하는 제도가 아니므로 그 도입 여부, 정년연령 등에 대해서는 단체협약과 취업규칙 등 근로조건 결정규범을 변경하는 절차를 거쳐야 한다. 그런데 정년제의 유효성을 인정하더라도 임금피크제의 도입은 종래 연공서열식 임금체계에서 탈피함을 의미하므로 임금수준의 저하를 가져오게 된다.[76] 「근로기준법」 제94조는 사용자는 취업규칙의 작성 또는 변경에 관하여 해당 사업 또는 사업장에 근로자의 과반수로 조직된 노동조합이 있는 경우에는 그 노동조합, 근로자의 과반수로 조직된 노동조합이 없는 경우에는 근로자의 과반수의 의견을 들어야 하고, 다만 취업규칙을 근로자에게 불리하게 변경하는 경우에는 그 동의를 받아야 한다고 규정하고 있다. 정년제를 두고 있지 않은 사업 또는 사업장에 정년제와 함께 임

아가 이러한 고용연장형 임금피크제의 확산을 통해 정년을 65세로 연장하는 방안까지 추진중에 있다.

76) 퇴직금 산정 기준은 직전 3개월간의 평균임금이므로 임금피크제를 채택하는 경우 평균임금의 저하를 가져와 퇴직금액이 감소하므로 보완이 필요한데, 임금이 굴절되는 시기에 퇴직금 중간정산제를 실시하거나, 실시하기 어려운 기업에서는 임금이 하락하기 직전에 퇴직금을 채무로 확정하여 시장의 이자율을 가산해 채무를 변제해 지급하는 방법이 있다. 정년연장형 임금피크제를 도입하는 경우, 대부분 정년퇴직후 재고용하는 형식을 사용할 것이며 이때 당사자간의 특약이 없다면 근로자의 퇴직금 및 연차유급휴가일수 계산을 위한 계속근로연수는 당연히 재고용기간부터 기산된다(근기 68207-338, 2001. 2. 2). 따라서 근로자의 입장에서는 애초 기대했던 정년에 의한 퇴직금액은 확보할 수 있게 되며, 이후 연장되는 근로기간에 대한 퇴직금은 최종 퇴직시에 별도로 청구할 수 있다. 그러나 정년보장형 임금피크제의 경우에는 퇴직일 기준 최종 3개월의 평균임금은 임금피크제 시행 이전에 비해 급격히 증가하게 되어 퇴직금 수령액의 하락을 가져오는 것은 불가피하다. 실제 임금피크제 적용시 감소된 임금수준으로 인하여 퇴직금에 영향을 주는 것을 막기 위하여 기업들은 임금피크제 시행 이전 퇴직금 중간정산을 실시하는 방법으로 퇴직금의 하락을 방지하고 있다(실제로 임금피크제를 도입한 사업장의 경우 퇴직금을 중간정산하는 경우는 85.7%, 중간정산을 실시한 후 퇴직시에 수령하는 경우는 7.6%로서 대부분의 사업장이 임금피크제 적용대상자에 대해 퇴직금을 중간정산하는 것으로 나타났다(노동부, 『임금피크제 실태조사』(2008. 5), 46면)). 또 퇴직연금의 경우에는 확정급여형을 확정기여형으로 전환하는 방법으로 퇴직금의 하락을 방지할 수 있을 것이다. 그러나 「국민연금법」상 연금급여는 연금 수급전 3년간의 평균소득월액을 산정의 기준으로 하므로(제51조) 임금피크제의 도입이 은퇴후 노령연금 급여액의 하락을 가져올 수 있다는 문제점이 있다.

금피크제를 도입하는 것이 근로조건의 불이익한 변경에 해당되어 그 과정에서 반드시 과반수 근로자(또는 과반수 이상의 근로자로 조직된 노동조합)의 동의를 얻어야 하는가의 문제를 생각해 볼 수 있다.

물론 현재에 있어서 근로자의 고용 유지나 연장이 가지는 의미보다 더 높은 가치를 가지는 근로조건은 없을 것이므로, 기업이 단순히 사회적 정년에 해당하는 연령을 기준으로 한 정년제를 도입하는 것은 대부분 불이익변경에 해당하지 않을 것이다.[77] 특히 정년연장형 임금피크제의 경우에는 앞서 언급한 Lazear의 이론에 따라 정년이 결정되는 시점 이후에도 사용자는 기존의 임금수준에 못미치는 임금을 지급함과 동시에 일정 기간 고용상태를 보장한다는 점에서, 불이익변경에 해당하는지의 여부는 이와 수반하여 변동되는 기타 근로조건을 검토함으로써 결정되어야 한다.[78]

그러나 '정년보장형 임금피크제'의 도입은 조직구성원들로 하여금 임금의 감축, 수당・직책 등 복리후생 및 신분 등의 처우, 퇴직금 수령액에 있어서의 불이익 등에 대하여 불안을 느끼게 한다. 임금피크제의 도입으로 정년은 어떤 방식으로든 보장되지만, 임금피크 시점부터 정년까지의 임금이 줄어드는 것은 명확하며, 직무내용의 변경이나 직책의 변화가 생기면 그에 상응하는 수당 및 관련 처우들 또한 변화하게 된다.[79] 당연히 근로자의 입장에서는 불안을 느끼게 될 것이고 이들을 대변하는 노동조합측에서는 강력한 반대와 다양한 조건들을 내세우며 노사협상을 통한 합리적 또는 정치적 해결을 꾀하고자 것이다.[80]

77) 반면, 정년을 단축하는 내용으로 취업규칙을 변경할 경우 그에 대한 대가관계나 연계성이 있는 제반 상황을 종합적으로 고려하여 불이익변경 여부를 판단한다고 해도 근로자에게 그 이전보다 유리하게 작용하는 상황은 거의 없을 것이다(김소영, 앞의 논문, 100면).

78) 다만 이선우, 앞의 논문, 114-116면은 현실에 있어서의 임금피크제의 도입은 이와 같은 과학적이고 경제적인 측면을 고려하는 것이 아니라 노사협상의 산물로서 이루어진다고 한다. 즉 조직구성원들의 저항을 최소화하면서 임금피크제를 도입할 수 있도록 전략적으로 시점을 정한다고 본다.

79) 2010년 기준 근로자 100인 이상 사업장 중 임금피크제를 도입한 사업장은 12.1%이다. 이 중 재고용형, 정년연장형, 정년보장형의 비율은 각각 44.5%, 33.2%, 22.3%이다(고용노동부, 『2011 고용노동백서』(2011. 8), 111면).

학설은 경제환경 등의 변화로 인해 취업규칙의 변경이 불가피하다고 판단되는 경우에도 근로자가 이에 동의하지 않을 경우 그에 따라 발생하는 사용자의 부담을 조정할 필요가 있으므로, 근로자의 동의권 남용에 대하여 권리남용이론을 적용하자는 입장[81]과 우리 판례가 인용해 온 '사회통념상의 합리성 이론'을 원용하여 취업규칙의 변경이 근로자에게 불이익하지만 동의절차를 거치지 않아도 그 효력을 인정해야 할 필요성이 있는 상황에 있어서는 반드시 근로자 과반수 이상의 동의를 얻지 않아도 된다고 보는 입장[82] 등이 있다. 다만, 후자의 경우 판례는 사회통념상 이론은 사용자의 자의에 의한 남용을 방지하기 위해 엄격하게 적용되어야 하며, 불이익을 상쇄하거나 불이익의 정도를 완화시킬 수 있는 대상조치가 수반되어야만 한다고 본다.[83]

고령사회가 가져오는 사회・경제적 문제점의 심각성을 생각한다면 이와 같은 견해는 설득력을 가질 수 있다. 즉 판례와 학설에서 보듯이 기업이 새로운 임금체계 또는 임금피크제를 도입할 때, 그 도입에 의한 근로조건 변경에 사회통념상의 합리성이 인정된다면, 근로자집단의 동의가 유효요건이 되지 않을 가능성이 높다고 보아야 할 것이다. 그러나 간과해서 아니될 것은 현재의 경제 및 노동시장 상황에서 연공서열식 임금체계를 성과주의 임금체계로 바꾸거나, 임금피크제를 도입하는 것이 사회통념상으로 합리적인

---

80) 김소영, 앞의 논문, 92면은 정년보장형 임금피크제 도입이 사회통념상의 합리성을 인정받을 수 있으려면 구체적으로 '긴박한 경영상의 필요성'이 존재해야 한다고 본다.

81) 하경효, "취업규칙의 불이익변경에 대한 근로자의 동의의 의미와 방식," 『노동법률』 제61호(1995. 4), 14-15면.

82) 나아가 이 견해는 '사회통념상 합리성 이론'의 현재적 의의를 살리기 위해 현행 근로기준법 제97조 제1항의 단서를 삭제하고 제2항을 신설하여 "사용자는 취업규칙을 근로자에게 불이익하게 변경하는 경우에는 당해 사업 또는 사업장에 근로자의 과반수로 조직된 노동조합이 있는 경우에는 그 노동조합, 근로자의 과반수로 조직된 노동조합이 없는 경우에는 근로자의 과반수의 동의를 얻어야 한다. 다만, 취업규칙의 불이익변경에 사회통념상의 합리성이 인정되는 경우에는 그러하지 아니하다"라고 규정하는 방안을 제시한다(김소영, 앞의 논문, 92-93면). 동 규정 개정의 필요성을 주장하는 또 다른 견해로는 이승길, 앞의 주 62)의 논문, 194-195면 각주 17)이 있다.

83) 대판 2001.1.5, 99다70846; 대판 2004.7.22, 2002다59702; 대판 2005.11.10, 2005다21494.

가를 판단하는 기준이 모호할 뿐 아니라,84) 나아가 현행 「근로기준법」 제94조 단서는 강행규정으로서 이를 위반하는 취업규칙의 불이익한 변경은 무효로 봐야 한다는 점이다.

특히 사회통념상 이론의 적용을 위해 불이익을 상쇄하거나 불이익의 정도를 완화시킬 수 있는 대상조치가 수반되어야만 한다는 입장은, 오히려 이것이 유리하지도 불리하지도 않은 취업규칙의 변경이 되어 과반수 근로자의 동의를 얻지 않아도 되는 상황에 해당될 가능성이 높다. 또 실제로 임금피크제를 도입한 기업의 경우 이를 도입하는 과정에서 근로자의 반발을 막기 위해 임금 외에 각종 복리후생비, 학자금 지원 등의 반대급부를 지급하는 방법을 사용하고 있으며, 도입 당시 기대했던 인사적체 해소의 결과는 오히려 신규 근로자의 감소라는 역효과로 나타났다. 결국 기업의 입장에서는 임금피크제의 도입을 주저하게 되며,85)86) 오히려 정년제 도입 이전 인력감축을 위한 수단으로 사용되던 명예퇴직 등을 통해 조기퇴직의 방법을 선택하게 된다.

따라서 정년보장형 임금피크제도의 경우 제반 사정을 고려해 근로조건이 불이익하게 변경되는 경우에는 이를 불이익한 변경으로 보아 「근로기준법」 제94조 소정의 동의를 얻어야 하는 것으로 봐야 한다. 다만 어느 범위까지를 동의의 주체로 볼 것인가의 문제를 고민해야 하나, 임금피크제는 대부분의 경우 정년제와 연동하여 실시되기에 현재 정년에 직면한 또는 정년보장형 임금피크제의 경우 따라서 동 단체협약의 적용을 받게 되는 근로자 전체(단일정년제하에서는 당해 사업장에 종사하는 근로자 전체)를 동의의 대상으로

---

84) 하갑래, 『근로기준법(전정 제23판)』(중앙경제, 2011), 230면은 '사회통념상 합리성'이라는 주관적인 개념에 의존함으로써 법적 안정성에 부정적인 영향을 미친다고 한다.

85) 100인 이상 사업장 중 임금피크제를 도입하여 시행하고 있는 사업장은 2010년 기준 12.1%에 불과하다(고용노동부, 『2011 고용노동백서』, 111면).

86) 일부 선행연구에서는 임금피크제 도입의 성공적 사례로서 지난 2003년 7월 신용보증기금이 도입한 임금피크제를 예시하고 있으나, 이와 같은 문제점으로 인해 현재 사기업 특히 금융권을 대상으로 한 임금피크제는 실패한 사례로 분석되고 있다. 한편 고용노동부는 또한 2010년 12월 31일 「고용보험법 시행령」을 일부 개정하는 과정에서 종전 '임금피크제 보전수당'을 '임금피크제 지원금'으로 명칭을 변경함과 동시에 정년보장형 임금피크제에 대한 지원은 폐지하였다(동 시행령 제25조 제4호).

해야 한다.

(3) 임금피크제의 정착을 위한 과제

우리나라는 기업 정년제가 아직 주된 모습으로 자리잡고 있기 때문에 고령사회에 따른 고령자의 경제활동인구로의 유입・활용 가능성은 재고용 촉진에 두기보다는 기업내 고령자의 고용유지・연장 등에 두는 것이 더욱 효과적일 수 있다.[87] 이를 위한 방안으로서는 임금피크제와 연동한 정년제의 도입이 가장 유력하다. 그런데 전술한 바와 같이 임금피크제의 도입으로 인해 근로조건이 불이익하게 변경될 경우 반드시 과반수 근로자의 동의를 얻어야 한다면, 과연 고령사회를 대비해 임금피크제를 성공적으로 정착시킬 수 있겠는가 하는 의구심을 갖게 된다. 특히 고용보장형 임금피크제의 경우, 고령근로자나 노동조합의 입장에서는 동 제도의 도입이 임금과 기업에 대한 기여도의 비례관계를 단절시킬 뿐 아니라, 보장되는 근로기간 동안의 임금총액은 고정된 채 근로제공의 기간만 연장되는 것으로 간주하여 당연히 반발할 것이기 때문이다.

현재까지 임금피크제가 성공적으로 안착하지 못한 이유에 대해 ① 근로자를 위한 적합한 직무를 개발하지 못한 채 인력구조조정 차원에만 접근한 것이 잘못이었다는 지적[88]과 함께, ② 임금피크제를 통해 어느 정도의 고용유지는 보장받은 반면 직책・직급이 종전의 그것에서 불리하게 변경되어 결국 명예퇴직을 유도하거나 단순히 일정 연령까지 고용을 유지하는 차원에 그치는 등의 미봉책으로 변질되었다는 주장도 제기된다.

이와 같은 현실적인 한계를 고려할 때 임금피크제를 고용자의 고용촉진을 위한 방안과 동시에 연계하여 운영할 필요가 있으나[89] 이 또한 후술하

87) 박종희, 앞의 논문, 156면.

88) 매일경제, 2011년 11월 29일자 기사(http://news.mk.co.kr/newsRead.php?year=2011&no=772586) 참조.

89) 같은 취지에서 우리나라의 경우 고령자고용 촉진에 대한 대책은 어디까지나 고령자고용을 계속 유지하는 방안이 중심이 되어야 한다는 견해도 있다(김진태, 앞의 주 23)의 논문, 295면).

는 바와 같은 한계가 있다. 결국 기업의 입장에서는 임금피크제에 대해 단순히 구조조정의 차원에서만 접근할 것이 아니라, 업무책임이나 성과 등을 심층적으로 분석하여 이와 연관시켜야 한다. 더불어 임금피크제 시행 이전에 '직무분석, 피크임금의 시점 및 임금감액 비율의 결정기준 등'에 대한 정확한 분석과 검토를 선행해야 한다. 이를 위해 정부 또는 사용자단체는 다양한 직무개발을 위한 적극적인 노력을 반드시 기울일 필요가 있다.

Ⅳ. 고령자의 고용촉진을 위한 분야

우리나라 고령층은 연금을 받기 전 7~8년 동안 불안정한 고용상태에 있으며, 연금을 받기 시작하는 60세 이후에도 약 10년의 기간은 불안정한 고용상태를 유지하면서 노년을 보내야 하는 상황에 처해 있다고 한다.[90] 이와 같은 문제점을 개선하기 위해 정년제 등의 방안을 적극적으로 도입하고 있으나, 이 때에도 근로자 자의에 의한 사직, 정당성을 갖춘 해고 등을 통해 근로관계에서 벗어날 가능성은 얼마든지 있다. 따라서 고용을 유지・연장하기 위한 정책과는 별도로 일시적으로 근로관계에서 벗어나 있거나, 장기간 근로관계로 진입하지 못할 위험이 있는 자에 대하여는 재취업을 장려하고 촉진하는 제도를 수립・시행해야 한다. 이와 관련된 제도는 두 가지의 차원에서 마련되어야 하는데, 첫째, 근로의 의사와 능력을 갖춘 고령자들이 단순히 '연령'에 대한 편견으로 인해 재취업하지 못하는 현실을 개선해야 한다는 점이고, 둘째, 고령자의 근로능력과 의욕을 제고하여 노동시장에서의 수요자측이 이를 적극적으로 활용하도록 해야 한다는 점이다.[91]

90) 박준성, "정년연장 법제화로 가는길," 『월간 노동법률』(중앙경제사, 2010. 12), 40-41면.

91) 이 외에 종래의 엄격한 해고제한의 법리에 의한 규제를 완화하는 방안을 제시하는 견해가 있으나, 이는 고령자고용법제의 수립에 있어서 효율적이지 않음은 전술한 바와 같다. 또 파견근로자, 기간제 및 단시간근로자 등 비정형적인 근로 형태에 대한 보호법제에 있어서 사업주의 책임을 완화하는 방안 등을 생각해 볼 수 있으나 여기서는 생략하기로 한다.

1. 연령을 이유로 한 차별의 금지

(1) 제도의 개관

전술한 바와 같이 연공서열식 임금체계를 가지고 있는 우리나라에 있어서 연령은 고용의 단계에 있어서 중요한 기준의 하나에 해당한다. 그런데 사용자 또는 기업이 근로관계에 있어서 근로자의 연령을 이유로 근로조건 등에 있어서 차별을 하는 경우를 생각해 볼 수 있다. 고령사회에 있어서 이와 같은 차별행위는 결과적으로 다양한 노동력의 활용을 저해하며, 사회보장비용의 증대를 초래한다는 점에서 문제가 됨은 물론이다.

사실 연령은 차별을 금지하는 사유라기보다 오히려 이를 정당화하는 사유로 인식되어 왔음을 부인할 수 없다. 개개인에 따라 차이는 있지만 일반적으로 연령에 따라 특정인의 경험이나 지식 또는 능력이 달리 평가될 수 있기 때문이다.[92] 그러나 다른 모든 경우에 있어서와 같이 모든 합리성에 기초하지 않는 연령차별은 금지되어야 하며, 연령에 따른 차별 역시 개선되어야 한다.[93]

근로관계에 있어서 연령 외에도 다양한 요소를 이유로 한 차별행위가 발생하게 되는데, 개별적 근로관계에서의 일반법적 지위를 가지고 있는 「근로기준법」은 제6조에서 사용자에 대하여 근로자의 성별, 국적·신앙 또는 사회적 신분을 이유로 근로조건에 대한 차별적 처우를 해서는 아니될 의무를 부과하고 있으며, 위반시 500만원 이하의 벌금을 부과한다. 본 규정이

92) 이준일, 앞의 논문, 106면.

93) 연령차별은 성별, 국적, 종교 등을 이유로 하는 차별과는 달리 그 판단이 매우 어려우며, 외관상 차별로 보이는 다양한 양태들이 경제학적인 논리에서 쉽게 정당화될 수 있다는 특징을 가진다고 한다. 즉 ① 성별이나 인종은 생산성과 직접적인 관련이 없는 순수 생물학적 차이에 기인하지만 연령은 그 자체가 생산성과 밀접하게 관련되어 있고, ② 모든 사람들이 고령자가 될 것이기 때문에 상대방 입장이 되어 볼 수 없는 성차별 등의 경우와 달리 차별에 대한 감정적 반응도 상대적으로 적게 작용한다는 점 등이다. 따라서 연령차별 금지를 실시한다 하더라도 차별판단의 기준을 정립하는 것이 쉽지 않다고 한다(신동균, "연령차별의 경제학적 이슈들: 문헌연구," 『고령화시대의 노동시장과 고용정책 II』(한국노동연구원, 2004. 5), 37-44면 참조).

연령을 이유로 한 차별도 금지할 수 있는가는 생각해 볼 수 있는데, 이는 연령이 사회적 신분에 해당하는지의 해석론과 직결된다. 통설은 동조 위반에 대해서는 벌금형이 가해지므로 일반적로는 죄형법정주의의 원칙상 이는 포함될 수 없다고 본다. 「근로기준법」은 제정 당시부터 인구의 고령화를 염두에 두고 만들어지지 않았으며 수차례에 걸친 개정과정에서도 연공서열식 임금체계가 지배하고 있었기에 이는 당연한 귀결이다. 고령사회를 대비해야 하는 지금에 있어서는 동조를 개정하여 연령을 차별의 원인 중 하나로 포함시키는 방법을 생각해 볼 수도 있겠으나, 연령차별은 근로관계의 전 분야에 걸쳐 금지되어야 하므로 근로계약의 두 주체인 사용자와 근로자만을 규율의 대상으로 하는 동법의 규정은 모집·채용중에 있는 자에 대한 연령을 이유로 한 차별을 금지할 수 없다는 난점이 있다. 이와는 달리 모집·채용의 단계에 있어서 연령차별 금지를 통한 고령자 고용촉진의 효과는 크지 않을 것으로 보는 입장도 있다.[94] 모집·채용시의 연령차별과 관련하여 실제 연공서열식 임금체계하에서 기업이 비용최소화의 목적에서 상대적으로 임금 등의 비용이 많이 요구되는 고령자 채용을 기피하는 현상만을 놓고 차별적 편견에서 비롯되는 것이라거나, 연령을 이유로 한 차별이라고 입증하기란 쉽지 않을 뿐 아니라, 젊은 근로자에 비해 고령근로자를 연령을 이유로 차별적으로 대우한다는 것은 현실적으로 거의 찾아보기 어렵다는 점을 그 이유로 한다. 그러나 임금피크제 등을 통한 임금체계 개혁이 성공적으로 정착하고 있지 않은 현재의 상황에서, ① 기업의 입장에서는 고령자 대신에 젊은 근로자를 고용하는 것이 경제적 측면에서 유리하기 때문에 고령자의 재취업에 대해서 양호한 고용기회가 상대적으로 적을 수밖에 없다는 점, ② 연령차별의 특수성에도 불구하고 고용에서의 '연령차별'은 결국 '고령자 차별'을 의미하게 되며, 이는 향후 발생할 것으로 예견되는 심각한 사회·경제적 문제를 미연에 방지하는 차원에서 이뤄져야 한다는 점, ③

94) 고준기, 앞의 논문, 25면; 이와 같은 맥락에서 연령차별 금지는 재취업 촉진정책의 효과보다는 고령근로자의 비자발적인 이직을 차단하는 고용유지정책의 하나로 유용하게 사용될 수 있을 것이라고 한다(박종희, 앞의 논문, 147-148면).

연령차별의 현상은 고령자의 능력에 대한 불신, 동료근로자・상사간의 갈등을 초래한다는 부정적인 편견에 기초하고 있다는 점, 이와 같은 편견으로 인해 현실적으로도 고령자의 재취업시 장애물이 되는 것은 연령이라는 점 등을 감안한다면 연령차별금지법제를 엄격하게 적용해야 할 분야는 오히려 모집・채용의 단계가 아닐까 한다.[95][96]

종래 「고령자고용촉진법」은 제4조의2에서 사업주는 근로자의 '모집, 채용 또는 해고'를 함에 있어 정당한 사유 없이 고령자 또는 준고령자임을 이유로 차별하여서는 아니됨을 규정하고 있었으나 본조 위반에 대한 제재수단이 존재하지 않았으며, 차별을 금지하는 범위가 모집・채용 및 해고의 분야로 한정되어 실효성이 의심되었다. 이에 "능력과 무관하게 연령을 기준으로 한 차별적 관행을 해소함으로써 고령자 등의 고용을 촉진하고, 나이가 아닌 능력에 기초한 합리적인 인사관리 및 기업문화를 형성하고, 국가 전체적으로 인적자원의 다양한 활용을 통한 활력 있는 고령사회의 실현에 기여하는 것"을 목적[97]으로 2007년 전부개정의 형식을 통해 「고용상 연령차별금지 및 고령자고용촉진에 관한 법률」이 제정되었다. 동법은 합리적인 이유 없이 연령을 이유로 하는 고용차별을 금지하고, 고령자가 그 능력에 맞는 직업을 가질 수 있도록 지원하고 촉진함으로써, 고령자의 고용안정과 국민경제의 발전에 이바지하는 것을 목적으로 한다. 동법은 고용의 대부분 영역에서 연령차별을 금지할 뿐 아니라, 합리적인 이유 없이 연령이 아닌 다른 기준을 적용하여 특정 연령집단에게 불리한 결과가 초래되는 간접차별

95) 「연령차별금지법」 제23조의3은 모집・채용시의 연령차별에 대해서는 500만원 이하의 벌금을 부과하고 있으나, 이와 같은 이유를 고려한 것이 아니라 모집・채용시의 연령차별에 대해서는 시정명령의 실효성을 거둘 수 없음을 고려한 것이다.

96) 지난 2007년 2월 「고용상 연령차별금지 및 고령자고용촉진에 관한 법률」의 제정을 앞두고 (주)한국리서치가 실시한 여론조사 결과 연령차별 금지가 우선적으로 실시되어야 할 영역에 대해 기업 인사담당자와 근로자 모두 '채용'이라는 응답이 각각 47.1%와 51.2%로 가장 높았으며 이후 해고, 퇴직, 임금, 복리후생 등 순이라는 점은 이를 방증하는 것이라고 본다("기업 인사담당자 80% 연령차별금지제 찬성," 『세계일보』, 2007년 2월 24일자 기사(http://www.segye.com) 참조).

97) 「고용상 연령차별금지 및 고령자고용촉진에 관한 법률 일부개정법률안 의안원문」, 2009. 12. 30(국회의안정보시스템(http://likms.assembly.go.kr/bill/jsp/main.jsp)).

도 금지함으로써 고령자의 장기고용을 보장할 수 있을 것으로 기대되나, 동법의 시행 및 운용상의 몇 가지 보완해야 할 사항이 발견되기에 이를 지적하고자 한다.[98)]

(2) 문제점 및 개선방안

1) 차별행위 주체의 범위 확대

현행「연령차별금지법」제4조의4에 의해 근로자의 모집·채용의 영역뿐 아니라 고용 이후 임금, 임금 외의 금품지급·복리후생, 교육·훈련, 배치·전보·승진, 퇴직·해고 등의 경우에도 연령을 이유로 한 차별이 금지되고 있다. 그러나 동법은 차별의 주체로서 사용자만을 규정하고 있는 바, 사용자 이외의 자에 의한 차별행위를 효율적으로 규제할 방법이 없다는 한계를 보이고 있다. 이는 미국 연령차별금지법이 사용자뿐 아니라 고용알선기관, 노동단체를 차별의 주체로 규정하고 있는 것과는 대조적이며,「장애인차별금지 및 권리구제 등에 관한 법률」의 경우 사용자뿐 아니라「근로기준법」상 '사용자에 해당하는 자'도 포함하고 있는 것과 비교된다.[99)]

앞서 살펴본 바와 같이 연령에 의한 차별은 대부분 고령자에 대한 사회적인 편견에 기인한다. 실제 고용현장에서는 사업주뿐 아니라 그 이외의 자에 의해 연령에 의한 차별행위가 발생할 소지가 다분하다. 사업주 이외의 자, 즉 경영담당자나 근로관계에 대한 사항에서 사업주를 위해 행위하는 자가 고용 현장에서 연령을 이유로 근로자를 차별하는 경우를 얼마든지 생각해 볼 수 있기 때문이다. 나아가 고령자에 대한 사회적 편견에 의할 경우 조합원 대부분이 정장년층이며, 전체 근로자의 2/3 이상으로 구성되어 있는 노동조합이 고령자고용 유지·연장으로 인한 인사적체 현상에 반감을

98) 참고로 고용유연성이 낮은 일본의 경우, 고용을 보장하는 대신 임금을 조정하여 계속 고용을 지원하는 정책을 취하면서 정년제의 법제화와 단계적 정년연장을 통하여 연령과 관계 없이 계속 일할 수 있는 고용시스템을 지향하고 있을 뿐 연령차별금지 입법에는 소극적인 경향을 보인다(고준기, 앞의 논문, 27면).

99)「남녀고용평등과 일·가정 양립 지원에 관한 법률」은「연령차별금지법」과 동일하게 사업주만을 차별행위의 주체로 규정하고 있다(동법 제7조 이하).

가지고 고령자에게 불리한 방향으로 근로조건을 변경할 것을 사용자에게 요구하는 경우 또한 발생할 가능성이 높다.[100] 그러나 사업주 이외의 자에 의한 차별 행위는 「국가인권위원회법」의 적용대상이 될 수밖에 없는 바, 이는 후술하는 바와 같이 「연령차별금지법」에 의한 구제보다 실효성이 떨어진다고 봐야 한다. 이와 같은 점에 근거하여 동법상 행위의 주체에 사업주뿐 아니라 「근로기준법」상 사용자의 범위에 해당하는 자 또는 근로자 및 노동조합을 포함하는 것이 바람직할 것이다.

한편, 이와는 별개의 문제이지만 차별의 대상이 되는 근로자의 연령 기준을 어느 선에서 정해야 할 것인가의 문제를 생각해 볼 수 있다. 모든 사람들이 고령자가 될 것이기 때문에 상대방 입장이 되어 볼 수 없는 성차별 등의 경우와 달리 차별에 대한 감정적 반응도 상대적으로 적게 작용한다는 점 등을 생각한다면 연령차별로부터 보호하고자 하는 대상자의 범위는 최대한 넓게 정해야 한다.[101]

2) 구제조치의 실효성 확보의 문제

사업주가 고령자 또는 고령근로자에 대해 연령을 이유로 한 차별행위를 취할 경우 피해자는 「연령차별금지법」에 의한 구제절차를 밟아야 한다. 즉 피해자는 '국가인권위원회'에 진정을 제기할 수 있으며(제4조의6 제1항), 국가인권위원회는 조사 결과 연령차별이 있다고 판단될 경우 사업주 등에서 구제조치 등을 권고함과 동시에 이를 고용노동부장관에 통보해야 한다(제4조의6 제1항). 고용노동부장관은 국가인권위원회로부터 구제조치 등의 권고를 받은 사업주가 정당한 사유 없이 권고를 이행하지 아니할 경우 피해의 정도가 심각하다고 인정되면 피해자의 신청에 의하거나 직권으로 시정명령

100) 「노동조합 및 노동관계조정법」 제9조는 노동조합의 '조합원에 대한 차별'을 금지하면서 그 사유 중 하나로 연령을 제시하고 있으나, 이는 벌칙규정이 존재하지 않는 선언적 규정에 그치므로 조합원간의 갈등에 의한 차별의 결과를 제재할 수 없다는 난점이 있다.

101) 따라서 의무교육연령을 초과하여 노동시장에 진입하게 되는 일정 연령선 이상의 모든 자를 법적 보호의 대상자로 삼는 것이 연령차별 금지의 규범적 필요성에 가장 부합하는 방안이 될 것이다(조용만, 앞의 주 38)의 논문, 152면).

을 할 수 있으며(제4조의7), 사업주가 동 시정명령을 정당한 사유 없이 이행하지 않을 경우 3천만원 이하의 과태료가 부과된다(제24조 제1항). 정리하자면 사업주의 연령차별 행위에 대해 피해자는 제1차적으로는 국가인권위원회의 권고로, 보충적으로는 노동위원회의 시정명령을 통해 피해를 구제받을 수 있게 된다.

「국가인권위원회법」에 있어서의 차별은 금지대상이 아니다. 국가인권위원회는 권고기관으로서 차별행위가 발생하였을 경우 이에 대한 시정권고[102]만을 내릴 수 있으며, 결적적인 구제수단인 시정명령은 고용노동부장관이 내리게 된다. 그러나 「연령차별금지법」에서의 연령차별행위는 기본적으로 금지되는 행위이며, 강행규정으로서의 연령차별 금지의 의미는 시정권고 기능에 중점을 두는 「국가인권위원회법」의 연령차별 구제와 근본적으로 다르다. 반면 「연령차별금지법」은 보호영역을 근로관계 중에서도 모집·채용, 임금, 임금 외의 금품 지급 및 복리후생, 교육·훈련, 배치·전보·승진, 퇴직·해고 등 5가지 영역에 한정하고 있는 반면, 「국가인권위원회법」은 여기에 더하여 '자금의 융자'와 '정년' 등 2가지 영역을 추가하고 있다. 또 「연령차별금지법」은 제4조의5에서 차별금지의 예외사항을 폭넓게 규정함으로써 「국가인권위원회법」의 구제대상보다 그 적용범위는 훨씬 좁다고 할 수 있다.

이와 같은 차이점을 가지고 있는 두 법령의 관계는 내용상으로는 상호중복되는 면이 있지만 「국가인권위원회법」을 일반법으로, 「연령차별금지법」을 특별법으로 파악할 수 있다. 따라서 고령자가 연령차별을 이유로 국가인권위원회에 진정을 제기할 경우 국가인권위원회는 특별법이자 강행법인 「연령차별금지법」을 우선적으로 적용해야 한다. 다만 「연령차별금지법」의 적용범위가 「국가인권위원회법」에 비해 상대적으로 좁기 때문에 적용할 수 없는 경우, 그리고 사업주 이외의 자에 의한 연령차별의 경우에 한해 「국가

102) 일반적으로 '권고'는 사실상 교육과 홍보 그리고 지도편달 기능에 그치는 것이지만, '국가인권위원회의 권고'는 행정처분성을 지닌다는 점에서 차이가 있다(대법원 2005.7.8. 선고 2005두487판결 등)

인권위원회법」이 적용될 수 있을 것이다.

그런데 「국가인권위원회법」에 의할 경우 연령차별은 국가인권위원회의 조사 및 구제의 대상이 되지만, 차별행위를 사법적으로 무효화하거나 위법한 것으로 취급하는 법적 효과는 발생하지 않고 사실적인 조사나 구제수단에 있어서도 제도적으로 일정한 한계를 지니고 있다. 물론 「연령차별금지법」에 의할 경우 사업주가 고용노동부장관의 시정명령을 정당한 사유 없이 이행하지 않을 경우 3천만원 이하의 과태료를 부과함으로써 강제력을 어느 정도 확보하고는 있으나, 퇴직 후의 재취업 상태 또는 재직중 정년까지의 기간이 청장년층에 비해 길지 않은 고령자의 입장에서는, 국가인권위원회의 조사・권고 이후 고용노동부장관의 시정명령 및 이행상태 확인 등에 소요되는 기간은 무시할 수 없을 정도의 장기간에 해당한다.

따라서 「연령차별금지법」에서 규정하는 차별행위는 대부분 근로관계의 시작부터 종료시점 사이에 사업주에 의해 발생하는 것이므로, 이상과 같은 문제점을 고려하여 그 구제업무를 노동위원회에 일임하는 것은 방법을 구상해 볼 수 있다. 노동위원회 제도의 목적은 노동관계에 있어서 분쟁상태를 신속하고 공정하게 해결하기 위한 것이므로(「노동위원회법」 제1조), 고령자 대한 근로관계에서의 연령을 이유로 한 차별(또는 그 결과 발생하는 분쟁)은 노동위원회 제도를 활용하여 신속하게 원직복직 명령을 얻는 것이 보다 합리적이기 때문이다. 기간제 또는 단시간근로자와 같은 고용형태의 경우 「근로기준법」 제6조 소정의 '사회적 신분'에 차별의 대상에 포함되지 않는 것으로 해석[103]됨은 '연령'에 있어서의 그것과 동일하다. 그러나 사업주 등의 고령 형태에 의한 차별행위에 있어서는 「기간제 및 단시간근로자 보호 등에 관한 법률」에 의해 노동위원회에 의한 구제의 대상으로 하고 있는 바, 고령자에 대한 연령을 이유로 한 차별 또한 이와 달리 취급할 이유가 없다. 특히, 연령을 이유로 한 해고의 경우는 이를 부당해고로서 노동원회의 구제대상인지, 아니면 연령을 이유한 차별에 해당되어 국가인권위원회의 소관

103) 임종률, 앞의 책, 362면.

사항인지가 불분명하다. 연령 외의 요소가 해고의 정당성을 상실하게 한 주된 원인이라면 노동위원회의 소관이 될 것이나, 연령 그 자체가 차별의 결정적 이유가 되거나 불분명할 경우에는 국가인권위원회에 구제를 신청해야 하므로, 이 또한 판단이 용이하지 않을 것이다.

결국, 근로관계에서의 고령자에 대한 차별, 특히 부당해고 등의 경우에는 노동위원회의 소관사항으로 규정하고, 채용 단계 또는 근로관계 이외의 분야 있어서의 연령차별에 대해서만 국가인권위원회의 소관사항으로 하는 것이 바람직할 것으로 본다.

2. 고령자고용촉진을 위한 각종 제도

(1) 제도의 개관

장기간 동일한 사업장에서 근로관계를 형성해 왔던 고령근로자가 종전의 직장에서 은퇴 후 재취업하기란 용이하지 않으며, 재취업하는 경우도 주로 주변부 근로자로 취업하게 된다. 기업의 입장에서는 고령자 대신에 젊은 근로자를 고용하는 것이 경제적 측면에서 유리하기 때문에 고령자가 진입하려는 직종은 한정되어 있고, 기업들 역시 한정된 직종에서만 고령인력을 구인하려는 의도를 보이기 때문이다. 이와 같은 경향은 고령자의 임금탄력성을 낮추어 임금수준의 저하를 가져오게 된다. 그러나 고령자가 주로 취업하는 분야에서는 노동에 대한 수요보다는 공급이 크기 때문에 고령자들은 저임금과 열악한 고용환경을 감수하면서 취업할 수밖에 없다. 따라서 고령자의 고용 유지・연장을 위한 제도 이외에도 고령자의 고용촉진을 위한 제도를 마련할 필요성이 당연히 있으며, 이 때 제도의 내용은 단순히 재취업 자체가 아니라 고령자가 가지고 있는 기술이나 경험 혹은 노하우를 활용할 수 있는 다양한 직종에 취업할 수 있도록 하는 정책적 지원에 맞춰져야 한다.[104)]

104) 김소영, 앞의 논문, 106면; 김진태, "고령자 고용촉진을 위한 정년제의 문제점과 법제화

우리의 경우 현재까지 다양한 고령자고용 촉진제도가 시행되어 왔으나 시행 당시 기대했던 만큼의 고령자고용 촉진의 성과를 보이지 않고 있는 것으로 평가되고 있다. 고령자고용 촉진을 위한 현재 시행되고 주요한 제도를 개관하면 다음 〈표 2〉와 같다.

〈표 2〉 고령자고용 촉진을 위한 제도 개관[105)]

구 분	내 용	근 거
고령자 기준고용률 제도	사업주가 고령자기준고용률 이상의 고령자를 고용할 경우 조세특례법에 의한 조세 감면(기준고용률은 고령자의 현황과 고용 실태 등을 고려하여 사업의 종류별로 대통령령으로 규정)	연령차별금지법 제2조 제5호, 제12조 내지 제14조
고령자 고용정보센터	고령자의 직업지도와 취업알선 등의 업무를 효율적으로 수행하기 위해 필요한 지역에 고령자 고용정보센터를 운영	연령차별금지법 제10조 제1항
고령자 인재은행	50세 이상 일자리를 원하는 고령자에게 적합한 취업을 지원하기 위해 고용노동부에서 지정하여 취업알선기관을 지정하여 무료로 운영	연령차별금지법 제11조 제1항
중견전문인력 고용지원센터	직업안정법 제18조에 따라 무료직업소개사업을 하는 비영리법인 또는 공익단체로서 필요한 전문인력과 시설을 갖춘 단체 중 고용노동부장관의 지정에 의해 퇴직한 고령자로 중 일정 경력 이상의 자에 대해 취업알선 등을 전문적으로 지원	연령차별금지법 제11조의2 제1항
고령자 적합 직종 선정과 공공부문의 우선고용 제도	고용노동부장관이 고용정책심의회의 심의를 거쳐 고령자와 준고령자를 고용하기에 적합한 직종을 선정하여 공공기관으로 지정받은 기관의 장에 대해 고령자를 우선적으로 고용할 의무를 부과	연령차별금지법 제15조

방안," 『동아법학』 제52호(2011. 8), 285면; 박종희, 앞의 논문, 148면 등.

105) 개별 법령 및 보건복지부, 고용노동부 홈페이지 등을 참고로 하여 재구성하였음.

구 분	내 용		근 거
고령자 고용장려금 제도	다수고용촉진 장려금지원제도	정년퇴직 이후 계속 고용하는 사업주에 대해 지원	고용보험법 제23조
	고령자신규고용 촉진장려금제도	직업안정기관에 구직신청을 한 근로자를 채용한 경우에 사업주에게 지급	고용보험법 제23조
	정년퇴직자 재(계속)고용 장려금	정년을 57세 이상으로 정한 사업장에 18개월 이상 근무한 고령자를 정년 도래 이후 계속 고용 또 정년퇴직후 3월 이내 재고용하는 경우 지급	고용보험법 제23조
고령자고용 안정프로그램 컨설팅비용 지원제도	고용중인 고령자의 고용상태를 안정시키고 미취업 고령자에 대해 적합한 일자리를 제공할 수 있도록 컨설팅을 받는 사업주와 노사단체에게 컨설팅 비용의 일부를 지원		고용보험법 제25조
고령자 뉴스타트 프로그램	50세 이상 고령자에게 중소기업에서의 현장연수기회를 제공하여 재취직, 창업을 지원함과 동시에 인력이 부족한 중소기업에는 고령인력 활용기회를 제공		고용보험법 제25조
노인인력 개발기관	노인일자리개발・보급사업, 조사사업, 교육・홍보 및 협력사업, 프로그램인증・평가사업 등을 지원		노인복지법 제23조
노인취업 알선센터	노인의 사회적 경험과 지식을 활용할 수 있는 다양한 일자리를 개발・알선 및 관리하고 노인취업을 효율적・적극적으로 지원하기 위한 사전교육을 실시		노인복지법 제23조

(2) 문제점 및 개선방안

종래 각 제도들에 대한 비판을 정리해 보면, 먼저 (i) '고령자고용촉진장려금제도'의 경우 본 제도의 시행으로 인하여 저학력・저기능 고령자의 단순노무직 재취업에 어느 정도 기여하였으나, 기술과 기능을 가진 고학력 고령자의 경우에는 이 제도가 없었더라도 취업을 할 수 있었던 사람들이라는 점을 감안한다면 이들의 재취업을 활성화하는 데에는 그리 큰 역할은 하지 못했다고 한다. 더불어 이 제도가 청년층의 고용을 고연령층의 고용으로 대체하는 결과를 가져온 것으로 평가되기도 한다.[106] (ii) '고령자 고용장려와 관련된 지원금제도'는 일부 업종에 편중되어 치우치는 경우가 많고,[107] 제도의 홍보가 부족하여 알지 못하는 경우가 있으며, 나아가 본 제도를 알고 있더라도 고령자고용 촉진제도의 보조금 내용이 크게 사업주나 근로자에게 매력을 끌지 못한다는 평가를 받고 있다.[108] (iii) '고령자 적합직종의 선정과 공고부문의 우선고용 제도'에 대해서는 여전히 민간부문에 우선고용직종에서의 고용을 강제할 수 없다는 근원적 한계 때문에 그 실효성이 여전히 의문시되고 있다.[109] (iv) 또 '정년퇴직자에 대한 재고용장려금'은 기업이 인사관리의 차원에서 퇴직자의 재고용을 기피하고 퇴직근로자들도 종전보다 낮은 임금으로 재고용되는 것을 원하지 않기 때문에 지금까지는 실제적으로 활용되는 경우가 드문 실정이다.[110] 마지막으로 (v) 고령자 취업알선기관은 노동부와 보건복지부로 이원화되어 있기 때문에 각 기관간의 연계성이 낮고 지방자치단체에 위탁사업을 실시하는 경우에도 사업운영의 주체가 달라 동일성을 확보하는데 어려움이 있다. 그리고 취업알선의 내용도 고령자들의 다양한 취업욕구와 달리 제공되는 일자리의 대부분이 단순노무직 등 주변부 근로자에 해당한다는 문제점이 있다.

결국 현재 우리나라에서 시행중인 고령자고용 촉진방안 중 일부분은 그 효용성을 일정 수준 확인할 수 있으나, 대부분은 그 실효성이 입증되지 않는 것으로 결론내릴 수밖에 없다. 부분적 효용성을 가지는 고용촉진 방안

---

106) 장지연, 『고령화시대의 노동시장과 고용정책 I』(한국노동연구원, 2002), 174-175면, 183면.

107) 김영문, 앞의 책, 8면.

108) 조흠학, "고령자 고용촉진을 위한 제도 개선의 연구," 『노동법논총』 제10집(2006. 12), 51면.

109) 장지연, 앞의 책, 173면.

110) 이승길, "고령화 사회의 정책과제," 『노동법논총』 제10집(2006. 12), 174-175면.

도 실제 재취업되는 고령자의 모습을 분석해 볼 경우 주로 단순노무직과 같은 주변부 재취업에는 효과가 있는 것으로 평가되나, 고령자의 경험과 기술 및 노하우를 활용하는 진정한 고령사회 대비 방안으로는 실효성이 많지 않아 고령사회 대비 문제 해결의 근원적인 해법으로 자리잡기에는 부족한 점이 많다.[111)]

각 제도가 가지는 특유의 문제점은 보다 근본적인 차원에서 논의되어야 하는데, 고령사회로의 진입은 인구의 구성비뿐 아니라, 경제・사회의 구조도 급속히 변화시키기에 이를 대비하기 위한 정책은 다양한 관점의 고려와 상호 연관 속에서 종합적으로 추진되어야 하기 때문이다. 어느 하나의 사회적 문제가 발생할 경우 그 해결을 위해서 시행되는 제도는 각각 체계적이고 유기적인 구조하에서 다각도로 접근해야 한다. 특히 고령사회를 대비한 각종 법정책은 앞서 살핀 노령의 복합적인 개념을 근거로 하여 복지, 안전, 건강, 가족, 기업문화 등 다양한 측면에서 추진하되, 정책간 일관성이 유지될 필요가 있다. 그러나 과연 우리의 경우는 이와 같은 원칙 속에서 관련 법제와 정책을 수립해 온 것인지에 대해서는 의구심이 든다.[112)][113)]

전술한 바와 같이 현행은 각 제도별로 주무부처가 고용노동부와 보건복지부로 분리되어 있고, 각각의 사업에 대한 그 재원관리도 개별적으로 이루어지고 있다. 주무부처가 이원화되어 있다는 것은 제도의 시행에 있어서 단순경쟁체제의 형태로 변질되어 각 제도에 대한 질적 평가보다는 양적・실적 위주의 평가를 내리기 쉽다는 문제점을 내포한다. 그 결과 재취업 분

---

111) 박종희, 앞의 논문, 156면.

112) 같은 취지에서 우리나라의 고령자고용・유지제도는 각국의 고용시장에서의 특수성을 반영하여야 함에도 불구하고 국가재정이나 사회현실을 외면한 채 정책을 수립되어 왔다고 비판하는 견해도 있다(김진영, "고령자고용촉진 법제의 개선방안," 『노동법논총』 제11집(2007. 6), 198면).

113) 체계적이고 현실적인 법제 확립의 필요성은 고용 유지・연장을 위한 분야에서도 발견된다. 즉 「연령차별금지법」에서는 60세 이상의 정년을 설정할 것을 권고하면서도, 「고용보험법」 제28조에서는 임금피크제 지원금의 지급요건을 56세 이상의 정년을 설정할 경우로 하고 있다. 그러나 실제 우리나라의 평균정년은 53세(2011년 통계청 자료)임을 감안할 때 통일성이 부족하다는 비판을 가할 수 있을 것이다.

야의 질보다는 프로그램별 참여인원 및 취업률이 우선적인 성과지표가 된다. 또 취업지원 기관의 경우 대부분 민간에 위탁하여 운영되고 있기에 관리·감독 소홀의 문제가 발생할 소지 또한 다분하다. 또한 몇몇 제도는 상징적인 정책에 불과하거나 실천시스템의 미비로 제도의 실효성에 문제가 있는 것으로 보이기도 한다. 여기에 대해 실효성을 확고히 하기 위하여 구속력 있는 강제조항으로서 규정하는 방식을 사용하자는 제안도 있으나, 이는 노동시장의 왜곡을 초래하고 더 커다란 부작용을 불러일으킬 우려가 있다는 점도 고려해야 한다. 따라서 이러한 사회 제반의 상황을 고려하면서 가능한 한 부작용을 제어하고, 기존 법제도의 실효성을 강구할 수 있는 방안을 총체적으로 점검하고 새로운 대안을 마련해야 할 필요성은 긴박한 상태이다.

Ⅴ. 결 론

전술한 정년제의 도입과 관련된 대부분의 견해는 장기적으로 보아 합리적인 정년의 기준을 공적 연금급여의 수급연령과 일치시키는 '사회적 정년'으로의 전환을 강조한다.114) 대표적인 공적 연금제도인 국민연금의 측면에서는 정년제 및 임금피크제를 통한 고용유지 촉진 정책은 공적 연금 납입자의 수를 늘려 연금기금의 안정적 운용에 도움을 줄 것이라고 한다.115) 이는 고령자의 고용안정을 목표로 하는 차원, 즉 정년제를 적극적으로 도입하고, 정년연령을 공적 연금의 수급연령과 연계시키거나 공적 연금의 수급연령까지의 공백기간을 제거하려는 입장에서는 어느 정도 타당성을 가지고 있다. 그러나 현재의 덜 내고 더 받는 국민연금법상의 급여체계는 연금기

114) 전광석, "한국에 있어서 연금제도의 현황과 과제," 『한일법학』 제20권(2001), 113-114면 등.

115) 이선우, 앞의 논문, 118-120면 참조.

금의 재정상태와 관련하여 분명히 문제의 소지가 있다. 우리의 경우 지난 1998년 및 2007년 두 차례 걸쳐 기여급 납부액 및 소득대체율과 관련된 국민연금법의 '개혁', 소위 '더 내고 덜 받는' 식의 연금 개정이 이뤄져 왔으나, 장기적인 관점에서 볼 때 연금기금재정 고갈의 위협에서 완전히 벗어난 것은 아니다. 현재의 '부과식'에 의한 기금운영 방식에 의할 경우 연금재정의 고갈은 피할 수 없는 사회·경제적 위험으로 다가올 것이다. 특히 고령화에 따른 인구구조의 변화는 현재의 국민연금기금 운용방식에 의할 경우 특정 세대는 자신이 기여한 것보다 급여를 많이 받을 수 있고, 반대로 기여한 것도 더 작은 급여밖에 받지 못한 경우가 있을 수 있으므로 세대간 갈등의 문제를 첨예화시킬 소지를 얼마든지 가지고 있다. 우리뿐 아니라 오래 전부터 고령사회로의 진입을 대비하여 각종 법제를 마련해 왔던 주요국도 고령자의 은퇴후 사망까지의 기간이 길어짐에 따라 이들 고령자에 대한 사회보장비용의 증가로 인하여 사회보장 재정에 있어 상당한 압박에 시달리고 있다. 현재 각국은 일반적으로 연금수급연령을 상향조정하는 경향을 보이고 있다.[116)]

이와 같은 재정고갈의 위험성을 인식하여 「국민연금법」은 지난 1998년 개정시 부칙 제8조에서 노령연금 등의 수급개시연령을 현행 60세에서 2013년부터 단계적으로 연장하여 2033년까지는 65세까지 상향조정하도록 규정

116) 일본의 경우 지난 2000년에 연금수급 연령을 2013년도부터 3년에 1세씩 상향하여 남성은 2025년도, 여성은 2030년도까지 65세로 만드는 개혁안을 확정한 바 있으나, 2011년 10월 후생노동성 내 사회보장심의회는 후생연금의 지급개시 연령을 68~70세로 상향조정하는 등의 연금 개혁 방안을 다시 논의하기 시작했다. 이는 2000년대 중반 이후 일본의 베이비붐 세대인 '단카이세대(團塊, 1947~1949년)'의 은퇴가 본격화되면서 현행 연금 개혁안으로는 수급 붕괴를 막을 수 없다는 지적이 심각하게 제기되었기 때문이다. 일본의 65세 이상 고령자 수는 2011년 9월 15일 기준 2,980만명으로 2010년에 비해 24만명이 증가했으며, 총인구에서 고령자가 차지하는 비율은 23.3%로 사상 최고치를 기록했다. 80세 이상의 인구 또한 2010년 대비 38만명이 증가한 866만명으로 사상 최고에 달했다. 후생성은 연금지급개시 시점을 현재의 계획대로 일단 65세까지 상향조정한 뒤 2년에 1세, 또는 3년에 1세씩 연금지급개시 연령을 68~70세까지 단계적으로 높여 가는 방안을 고려하고 있다. 그러나 이와 같은 조정안에 대해서도 일본의 연금 불안을 근본적으로 해소하기는 어려운 상황이라는 비판적 시각이 지배적이다(『세계일보』, 2011년 10월 12일자 기사(http://www.segye.com/Articles/NEWS/INTERNATIONAL/Article.asp?aid=20111012005422&subctg1=&subctg2=)).

하였는 바, 이에 따라 고령자의 퇴직시기를 인위적으로 연기시키는 노력, 즉 정년연령 또한 국민연금법상 노령연금수급연령의 상향과 연계하여 상향 조정해야 함은 전술한 바와 같다. 고령자 고용법제와는 별개로 장기적으로는 출산율 제고정책을 통해 연금기금을 부담하는 후속세대를 적극적으로 양성해야 할 당위성을 다시 한번 제기할 수 있다.

그런데 이와 같은 노력에도 불구하고, 고령자의 고용유지 또는 촉진과 관련해 현행 「국민연금법」에는 종래의 노력에 역행하는 결과를 가져올 수 있는 규정들이 존재 하는 바, 바로 '재직자노령연금'과 '조기노령연금'의 문제이다. 연금재정 안정화의 일반적인 문제가 정년의 기준을 공적 연금급여의 수급연령과 일치시키는 '사회적 정년'의 도입과 관련되는 것이라면, 이 문제는 현행 고령자 고용촉진 제도의 실효성과 관련되는 사항이다.

국민연금법 제61조 제4항은 가입기간이 10년 이상인 가입자 또는 가입자였던 자로서 55세 이상인 자가 소득이 있는 업무에 종사하지 아니하는 경우 본인이 희망할 경우 60세가 되기 전이라도 그가 생존하는 동안 일정한 금액의 연금, 즉 조기노령연금을 받을 수 있는 것으로 규정하고 있다. 다만 조기노령연금을 받고 있는 60세 미만인 자가 제61조 제5항에 따른 소득이 있는 업무에 종사하게 되면 그 기간에 해당하는 조기노령연금은 지급을 정지하게 된다(동법 제66조). 한편 동법 제63조 제3항은 '재직자노령연금'을 규정하고 있는 바, 가입기간이 10년 이상이고 60세에 도달한 수급권자가 소득이 있는 업무에 종사하는 경우 60세 이상 65세 미만의 기간 동안 일정 금액을 감액하여 지급하게 된다.

'조기노령연금'은 개인적인 사정 혹은 직무의 성격상 조기에 퇴직해야 하는 연금가입자에게 퇴직 이후부터 완전노령연금 수급연령 이전까지의 노후생활을 보장하기 위험을 목적으로, '재직자노령연금'은 정규퇴직연령 이후에도 소득활동을 지속하여 충분한 소득이 있다고 인정되는 수급권자의 노령연금을 제한함으로써 과다보장을 방지하고 연금재정의 안정을 도모하는 취지에서 도입되었다. 그러나 국민연금 기금의 안정화를 위해 마련된 이와 같은 급여의 형식은 오히려 고령자의 근로의욕을 감소시키게 되어 연금재정의 악화를 앞당기는 역효과를 가져오게 될 경우가 있음을 부인할 수 없다. 현행의 고용촉진제도하에서는 퇴직후 고령자가 재취업을 하게 되더라도 고용의 질이 낮은 임시직, 비임금 근로로의 취업이 대부분이며 이들은 임금, 부가급여, 사회보장 혜택 등에서 현저히 낮은 수준의 대우를 받고 있기 때문이다.[117] 이와 같이 낮은 임금소득 등과 지속적인 일자리의 확보 부족은 고령자로 하여금 사회적 정년까지의 취업상태를 포기하고 공적 연금급여에 의지한 생활을 선택하도록 함으로써 재취업 등을 통한 고령자 소득보장이 활성화되지 못하게 만들 뿐 아니라 궁극적으로는 국민연금재정 고갈 시점을 앞당길 우려가 있다. 소위 '복지병'의 문제이다.

고령사회에 있어서의 고용법제는 소득보전 등의 복지정책이 노동의욕을 훼손하지 않도록 고려되어야 하며, 정년연장 등의 수요확대 정책이 고령자의 능력개발 의욕을 훼손시키지 않아야 함에도[118] 연금기금의 재정안정화를 위한 다양한 급여의 형식이 그 반대의 결과를 가져오는 것이다.

이 문제를 해결하기 위한 방안으로서 제1차적으로 고령자의 재취업시 일정 수준 이상의 소득이 보장되는 직종을 개발, 보급하여 고령자의 취업의지를 제고해야 할 것이지만 현실적으로 상당한 어려움이 있다. 다른 각도에서는 조기노령연금 및 재직자노령연금의 급여지급 제한・정지를 결정하는 소득액이 너무 낮은 수준에 머무르고 있는 바 이를 조정하는 방법을 생각할 수 있으나,[119] 이 또한 '연금재정 안정화'라는 장기적 관점에서의 한계

---

117) 실제 고령자들의 경우 재취업시 수습 등의 고용 형태로 취업될 가능성이 많을 뿐 아니라, 실제에도 경비원이나 물품감시원 등 감시・단속적 업무에는 상당수의 고령자들이 취업하고 있다. 「최저임금법」 제5조 제2항에 의할 경우 수습사용한 날부터 3월 이내인 자에 대해서는 시간급 최저임금액의 10% 감액하고, 또 「근로기준법」 제63조 제3호 규정에 의해 감시・단속적 업무에 종사하는 자로서 고용노동부장관의 승인을 받은 자에 대하여는 시간급 최저임금액의 20%를 감액하게 된다. 참고로 2011년 6월 기준 아파트 단지 경비원으로 취업중인 근로자 중 60대가 63.0%, 70세 이상도 11.0%에 이르는 것으로 나타났다(고용노동부, 『감시・단속적 근로자 고용실태 조사 결과』(2011. 10), 2면). 이와 같은 특례규정에 대해 고용노동부는 이와 같은 임금수준을 개선하여 2012년부터는 최저임금의 90% 이상, 2015년부터는 100% 이상 지급토록 하는 방안을 추진중에 있다(고용노동부 보도자료(http://news.molab.go.kr/newshome/mtnmain.php?mtnkey=articleview&mkey=scatelist&mkey2=25&aid=2149), 2011. 11. 7).

118) 이승길, 앞의 주 62)의 논문, 192면.

를 가질 수밖에 없다.

결국 고령사회의 고용촉진법제는 본 연구의 논의 전제가 된 세 분야의 모든 영역에서 동시에 접근해야 할 필요성이 다시 한번 제기된다. 관련되는 모든 쟁점을 검토하고 또 사회·경제적 제반 상황을 고려하지 않고서는 잠복기가 긴 부작용을 해소할 수 없는 바, 고령사회의 위험으로부터 벗어날 가능성은 없다. 각 분야에서의 장기적이고 유기적인 해결방안의 마련이 절실하며, 이를 고민하기에는 더 이상 그 시기를 늦출 수 없는 시점이다.

119) 고령자의 근로의욕 고취를 위해 최소한의 급여제한만 두는 미국과 일본 등 선진국의 경험을 고려할 때, 현행 감액률 수준을 하향조정할 필요가 있다고 한다(고준기, 『고령사회의 노동환경변화와 고용시스템의 문제점 및 법적 대응』, 집문당(2007), 341-343면 참조).

〈참고문헌〉

고준기, 『고령사회의 노동환경변화와 고용시스템의 문제점 및 법적 대응』, 집문당, 2007.

김영문, 『고령사회와 고령자고용촉진을 위한 법제개선방안』, 한국법제연구원, 2004.

김유성, 『노동법 I』, 법문사, 2005.

김정순 외, 『고령사회의 법적과제』, 한국법제연구원, 2004.

김정한・임효창・윤문희, 『고령자고용에 관한 단체협약 등 실태조사 및 개선방안 연구』, 2008 노동부 학술연구용역사업 보고서, 2008. 10.

김형배, 『노동법』(제20판), 박영사, 2011.

노동법실무연구회, 『근로기준법주해 II』, 박영사, 2010.

박동석 외, 『고령화 쇼크』, 굿인포메이션, 2003.

방하남 외, 『인구고령화와 노동시장변화 및 노동정책과제』, 한국노동연구원, 2005.

방하남・조준모・이승길・박수경・김명중, 『한국의 정년현황실태와 정년연장을 위한 여건조성 방안 연구』, 노동부 고용보험기금과제 최종보고서, 2008. 11.

윤찬영, 『사회복지법제론』(개정4판), 나남출판, 2008.

이 정, 『고용사회와 노동법』, 박영사, 2001.

이상윤, 『노동법』(제6판), 법문사, 2011.

임종률, 『노동법』(제8판), 박영사, 2010.

장지연, 『고령화시대의 노동시장과 고용정책 I』, 2002, 한국노동연구원.

전광석, 『한국사회보장법론』(제7판), 박영사, 2007).

정경희 외, 『베이비붐 세대 실태조사 및 정책현황 분석』, 보건복지부・한국보건사회연구원, 2011. 3.

조석주・이상묵, 『지방자치단체의 노인복지 서비스』, 박영사, 2007.

하갑래, 『근로기준법』(전정 제23판), 중앙경제, 2011.

강성태, "고령자 고용법제의 현황과 개선 방안," 『동아법학』 제52호, 동아대학교 법학연구소, 2011. 8.

고준기, "고령자 고용촉진을 위한 연령차별의 법적 규제," 『노동법논총』 제11집, 한국비교노동법학회, 2007. 6.

김미숙, "고령화사회의 사회보장정책," 『보건복지포럼』 제23호, 한국보건사회연구원, 1998. 8.
김소영, "고령화사회의 노동법적 문제," 『노동법학』 제23호, 한국노동법학회, 2006. 12.
김유성, "정년제의 의의와 법적 문제," 『법학』 제33권 제2호, 서울대 법학연구소, 1992
김진영, "고령자고용촉진 법제의 개선방안," 『노동법논총』 제11집, 한국비교노동법학회, 2007. 6.
김진태, "고령자 고용촉진을 위한 정년제의 문제점과 법제화방안," 『동아법학』 제52호, 동아대학교 법학연구소, 2011. 8.
______, "고령화에 따른 고령자 노동시장의 변화와 법적 대응," 『노동법논총』 제21집, 한국비교노동법학회, 2011. 4.
김희성, "고령사회에서의 노동시장의 변화에 따른 노동법적 과제," 『고령사회에서의 노동시장변화와 법적 과제』, 한국법제연구원, 2004.
노상헌, "고령사회와 정년제의 법적 쟁점-일본 정년법리의 검토를 중심으로-," 『법학논총』 제25권, 전남대학교 법학연구소, 2005. 12.
박종희, "고령화 사회에서의 노동법적 과제-정년제 및 고령자 고용과 관련하여-," 『노동법학』 제20호, 한국노동법학회, 2005. 6.
박준성, "정년연장 법제화로 가는길," 『월간 노동법률』, 중앙경제사, 2010. 12.
손미정, "고령자 보호에 관한 사회법적 소고," 『법학연구』 제35집, 한국법학회, 2009. 8.
신동균, "연령차별의 경제학적 이슈들: 문헌연구," 『고령화시대의 노동시장과 고용정책 II』, 한국노동연구원, 2004. 5.
우병창, "고령화사회에 대한 법적 대응과 전망," 『안암법학』 제30호, 안암법학회, 2009. 9.
이기한, "정년제의 법제화 논의에 대한 법적 타당성 연구," 『노동법학』 제36호, 한국노동법학회, 2010. 12.
이선우, "고령화시대에 대비한 공무원정년제도의 유연화에 대한 임금피크제(pay-peak system)의 영향분석," 『한국행정학보』 제39권 제2호, 한국행정학회, 2005. 6.
이승길, "고령화사회의 정책과제," 『노동법논총』 제10집, 한국비교노동법학회, 2006. 12.

_____, “고령자의 정년연장과 규제완화,” 『노동법논총』 제14집, 한국비교노동법학회, 2008. 12.

이준일, “연령차별금지의 법제와 법적 문제,” 『미국헌법연구』 제19권 제1호, 미국헌법학회, 2008. 2.

이철수, “고령자 고용과 정년제의 법적 과제,” 『노동법연구』 제15호, 서울대학교 노동법연구회, 2003. 12.

이학춘・고준기・전만길, “고령자 고용촉진과 고용연장・유지를 위한 임금피크제의 문제점과 개선방안,” 『노동법논총』 제21집, 한국비교노동법학회, 2011. 4.

이희성, “한국의 고령자고용촉진제도,” 『노동법논총』 제14집, 한국비교노동법학회, 2008. 12.

전광석, “한국에 있어서 연금제도의 현황과 과제,” 『한일법학』 제20권, 한일법학회, 2001.

조상균・노상헌, “일본 초고령사회의 산업・고용정책의 최신동향과 시사점,” 『법학논총』 제26권, 전남대학교 법학연구소, 2006. 12.

조용만, “고용에서의 연령차별금지의 법적 현황과 과제,” 『노동법연구』 제15호, 서울대학교 노동법연구회, 2003. 12.

_____, “고령자 고용촉진을 위한 연령차별금지의 확립과 정년제의 개선,” 『노동법논총』 제10집, 한국비교노동법학회, 2006. 12.

조흠학, “고령자 고용촉진을 위한 제도 개선의 연구,” 『노동법논총』 제10집, 한국비교노동법학회, 2006. 12.

최윤희, “차별금지법제의 현황,” 『저스티스』 통권 제121호, 한국법학원, 2010. 12.

하경효, “취업규칙의 불이익변경에 대한 근로자의 동의의 의미와 방식,” 『노동법률』 제61호, (주)중앙경제, 1995. 4.

고용노동부, 『사례로 알아보는 임금피크제 매뉴얼』, 2006.

_________, 『2009년 고령자 고용현황』, 2010. 10.

_________, 『2010 고용보험백서』, 2010. 7.

_________, 『2011년도 달라지는 정책』, 2010. 12. 27.

_________, 『2011 고용노동백서』, 2011. 8.

노동부, 『고령자 고용촉진 기본계획('07~'11)』, 2006. 9. 25.

______, 『사례로 알아보는 임금피크제 메뉴얼』, 2006.
______, 『임금피크제 실태조사』, 2008. 5.
통계청, 『2011 고령자 통계』, 2011. 9. 29.
한국고용정보원, 『산업별 인력수요 전망(2008-2018)』, 2010. 12.
고용노동부 홈페이지(http://www.moel.go.kr)
국회 의안정보시스템(http://likms.assembly.go.kr/bill/jsp/main.jsp)
OECD 홈페이지(http://www.oecd.org)

제 9 장

노인학대에 관한 예방 및 대책 입법논의

Ⅰ. 논의의 출발

Ⅱ. 노인학대 피해의 상황과 특성

Ⅲ. 현행 노인학대 피해 방지대책과 문제점

Ⅳ. 미국의 노인학대 피해 구제를 위한 입법례

Ⅴ. 노인학대 피해 방지를 위한 대책 및 전략

Ⅰ. 논의의 출발

우리나라도 노인인구가 증가하면서 고령화사회로 접어들었다는 평가를 받는 국가에 속하게 되었다. 이제 매스컴은 멀지 않은 미래에 노동을 할 수 있는 청년층의 인구가 감소하게 될 것이고, 이로 말미암아 우리 경제가 지닌 경쟁력이 약화되어 경제적인 곤란에 빠지게 될 것이라는 우울한 전망들을 내놓고 있다.

고령화사회라는 말이 나오기 이전부터 문제가 되었던 사회문제는 이제 노인의 인구증가와 함께 더욱 더 표면에 드러나 보이게 되었는데, 그것은 바로 노인복지의 문제라고 할 것이다. 노인인구가 증가하면서 노인의 부양과 노인 건강에 대한 관심은 개인들의 문제가 아닌 사회적인 문제로 더 절실하게 와닿게 되었다. 노인과 관련된 여러 가지 문제와 함께 우리 시야에 명확하게 드러나지 않던 문제는 이제 고령화사회로의 진입과 함께 더 많은 관심이 필요한 분야로서 나타나고 있다. 이런 문제 중의 하나가 바로 노인학대 피해의 문제이다.

얼마 전까지만 하더라도 노인학대는 형사법적인 범죄화와 행위자의 처벌로써 해결될 수 있는 개인적인 범죄피해의 문제로서 생각되어 왔다. 그러나 노인학대의 발생은 다른 범죄피해와 다른 여러 가지 특성들을 갖는다는 점이 여러 연구들을 통해서 밝혀지면서 통상의 형사법적인 대처방법으로는 부족하다는 점이 나타나게 되었다. 노인학대가 갖는 특성 중 하나는 다른 통상의 범죄들보다 더 그 피해발생 자체를 인식하기 힘들다는 점이다. 이와 함께 노인학대 피해가 행위자의 처벌만으로는 해결될 수 없으며, 때로는 행위자의 처벌이 노인이 처한 상황을 악화시킬 수도 있다는 점이다.

이러한 문제로 말미암아 노인학대 피해에 대한 대처와 예방에 있어 심층

---

* 이건호, "노인학대 피해의 대처와 예방을 위한 전략에 대한 고찰," 『형사정책』 제9권 제2호 논문을 재구성하였다.

적인 고찰이 더욱 더 필요하다고 할 수 있다. 이하에서는 우리나라에 있어 노인학대 피해 발생의 현황과 현재의 대처방법들을 살펴보고, 학대피해를 예방하기 위한 방안으로서 노인학대 피해 대응팀 구성의 필요성 및 그 역할과 기능들을 제시해 보고자 한다.

II. 노인학대 피해의 상황과 특성

1. 노인학대 피해 발생의 현황

노인학대 피해가 어느 정도로 발생하고 있는가에 대한 정확한 통계를 얻기는 쉽지 않다고 볼 수 있다. 경찰청이나 검찰청에서 작성하는 범죄통계에서 형법범이나 특별법의 통계를 통해서는 그 정확한 피해현황을 알기 어려운 것이 현실이라고 할 수 있다. 그나마 노인에 대한 학대가 발생하고 있는 현황은 노인보호전문기관의 상담 신고된 피해사례의 수를 통해서 알 수 있게 된 것은 크나큰 다행이라고 할 수 있다. 그러나 이러한 현황 역시 노인학대가 지닌 특성으로 말미암아 실제적인 학대 피해의 일부분에 지나지 않을 것이라는 점을 고려해야 한다.

중앙노인보호전문기관에서 발간한 2009년도 조사결과[1]에 의하면 2009년 한 해 동안 전국의 노인보호전문기관을 통해서 노인학대의심사례로서 신고·접수된 총 건수는 6,159건이다.[2] 이 중 학대 사례는 2,647건으로 전체의 43.4%를 차지하였고, 일반 사례는 3485건으로 56.6%를 차지하였다. 이하 〈표 1〉에 나타난 것처럼 노인보호전문기관에 신고된 학대 사례도 2006년

1) 이하 노인학대 사례의 통계는 중앙노인보호전문기관(편), 『전국노인학대현황보고서 2010』에 의한 것이다.

2) '노인학대의심사례'란 신고를 받았을 당시 노인학대로 의심되는 사례를 말한다. 이런 '노인학대의심사례'는 현장조사와 상담을 통해 사례판정을 한 후 학대 사례와 일반 사례로 분류된다. '노인학대의심사례' 중 응급, 비응급, 잠재 사례가 학대 사례이며 나머지의 사례가 일반 사례이다. 노인학대의심사례의 분류에 대해서는 위의 보고서, 34면 참조.

이후에 계속 증가하는 것으로 나타나고 있다.

〈표 1〉 연도별 신고건수 접수

(단위 : 건, %)

구분 연도	건 수			증 감(%)		
	학대 사례	일반 사례	전체 사례	학대 사례	일반 사례	전체 사례
2006	2,274 (56.9)	1,722 (43.1)	3,996 (100.0)			
2007	2,312 (48.9)	2,418 (51.1)	4,730 (100.0)	1.7	40.4	18.4
2008	2,369 (45.1)	2,885 (54.9)	5,254 (100.0)	2.5	19.3	11.1
2009	2,674 (43.4)	3,485 (56.6)	6,159 (100.0)	12.9	20.8	17.2

노인학대에 대해서는 법률에서 일정한 신고의무자를 규정함으로써 노인학대 피해의 발생을 예방하기 위한 조처를 실시중에 있다. 노인복지법에서 노인학대 피해의 의무신고자로 규정하고 있는 자는 다음과 같다. ① 의료법 제3조 제1항의 의료기관에서 의료업을 행하는 의료인, ② 제31조에 따른 노인복지시설의 장과 그 종사자 및 제7조에 따른 노인복지상담원, ③「장애인복지법」 제58조의 규정에 의한 장애인복지시설에서 장애노인에 대한 상담·치료·훈련 또는 요양업무를 수행하는 사람, ④「가정폭력방지 및 피해자보호 등에 관한 법률」 제5조 및 제7조에 따른 가정폭력 관련 상담소 및 가정폭력피해자 보호시설의 장과 그 종사자, ⑤「사회복지사업법」 제14조에 따른 사회복지전담공무원 및 같은 법 제34조에 따른 사회복지관, 부랑인 및 노숙인보호를 위한 시설의 장과 그 종사자, ⑥「노인장기요양보험법」 제31조에 따른 장기요양기관 및 제32조에 따른 재가장기요양기관의 장과 그 종사자, ⑦「119구조·구급에 관한 법률」 제10조에 따른 119구급대의 구급대원, ⑧「건강가정기본법」 제35조에 따른 건강가정지원센터의 장과 그 종사자 등이 이에 해당된다.[3] 그럼에도 불구하고 신고의무의 미이행

에 대한 처벌규정 미비 등 여러 가지 문제로 말미암아 이런 의무신고가 적시에 이루어지리라고 기대하기는 힘들다고 할 것이다. 이하의 통계에 의하더라도 드러나고 있는 노인학대의 피해현황은 역시 그 일부분이라고 판단해야 할 것이다.

〈표 2〉 신고자 유형

(단위 : 명, %)

구분	신고 의무자	비신고의무자						계
		학대피해 노인 본인	학대 행위자 본인	친족	타인	관련 기관	소계	
명수 (%)	498 (18.6)	673 (25.2)	10 (0.4)	643 (24.0)	321 (12.0)	529 (19.8)	2,176 (81.4)	2,674 (100)

〈표 3〉 연도별 신고의무자 유형

(단위 : 명, %)

구분 / 연도	의료인	노인 복지시설 종사자	장애인시설 장애노인 상담원	가정폭력 상담원, 보호시설 종사자	사회복지 전담공무원
2006	33 (32.7)	20 (19.8)		9 (8.9)	39 (38.6)
2007	33 (10.2)	107 (33)	3 (0.9)	28 (8.6)	153 (47.2)
2008	26 (6.4)	187 (45.7)	2 (0.5)	14 (3.4)	180 (44.0)
2009	43 (8.5)	221 (44.4)	2 (0.4)	42 (8.4)	190 (38.2)

〈표 2〉에서 보는 바와 같이 2009년에 신고된 노인학대 피해를 신고자 유형별로 살펴보면 다음과 같다. 전체 학대 사례 중 학대피해 노인 본인이 신고한 건수는 673건으로 25.2%를 차지하여 가장 높은 것으로 나타났고, 친족이 24.0%, 관련기관 19.8%, 신고의무자 18.6%를 각각 차지한 것으로 나타나고 있다. 신고자 유형 중 특이한 것은 학대행위자 본인이 신고한 사

---

3) 2011년 법 개정을 통하여 신고의무자가 확대되었다.

례가 10건으로 나타나고 있는 점이다. 〈표 3〉에 의하면 신고의무자 유형 중 노인학대 피해의 신고비율이 가장 높은 것은 노인복지시설종사자로서 221명을 신고하여 44.4%를 차지하고 있다. 사회복지전담공무원이 38.2%, 의료인이 8.5% 그리고 가정폭력상담원 등이 8.4%로 나타나고 있다. 신고의무자와 비신고의무자를 비교하면 비신고의무자에 의한 노인학대의 피해신고가 더 많은 것으로 나타나고 있다.

2009년 조사결과에 의하면 노인학대 피해의 신고가 이루어지는 수단으로는 이전 연도와 마찬가지로 전화를 통한 신고가 84.9%(2,271건)를 차지하여 가장 높게 나타났고, 대면신고 13.6%(364건), 온라인 1.1%(28건), 서신 0.4%(11건)의 수단을 통해서 이루어지는 것으로 나타났다.[4] 조사결과에 의하면 노인학대는 거의 대부분이 가정 내에서 발생하는 것으로 나타나고 있다. 가정내 학대가 전체 2,647건 중 2,358건으로 88.2%를 차지하여 가장 높게 나타났고, 그 외에 양로시설 등을 포함하는 노인주거복지시설과 노인의료복지시설 등 생활시설에서의 발생은 55건으로 2.1%, 그리고 노인여가복지시설이나 재가노인복지시설 등 이용시설에서의 발생은 16건으로 0.6%로 나타나고 있다. 조사에 의하면 가정내 학대가 가장 많은 것으로 나타나고 있지만, 생활시설이나 이용시설에서 일어나는 노인학대 피해에 대한 신고가 이루어지는 것이 상대적으로 어렵다는 점을 고려하면 시설에서의 학대피해도 상당한 비율로 일어나리라는 점을 추정할 수 있다.

노인학대의 발생빈도는 최초 학대발생 시점을 기준으로 할 때 2009년 전체 사례 중 '1주일에 한 번 이상'이 32.8%(877건)로 가장 높게 나타났고, '매일' 학대가 발생하는 경우가 28.5%(762건), '1개월에 한 번 이상'이 19.5%(522건)인 것으로 나타났다. 학대가 매일 또는 1주일에 한 번 이상 발생하는 빈도가 전체 사례 중 61.3%를 차지하는 것으로 나타나는 점으로 볼 때, 노인학대가 일회적이기보다는 지속적이고 반복적으로 나타나는 사례가 많다는 점을 알 수 있다.

---

4) 중앙노인보호전문기관(편), 앞의 보고서. 55면 이하 참조.

〈표 4〉 노인학대 유형(학대피해 노인 수 기준)

유 형	건 수	비 율(%)
신체적 학대	115	4.3
정서적 학대	507	19.0
성적 학대	8	0.3
경제적 착취	99	3.7
방임	331	12.4
자기 방임	73	2.7
유기	29	1.1
중복 학대[5]	1,512	56.5
계	2,674	100.0

노인에 대해서 가해지는 학대의 유형[6]은 〈표 4〉에 나타난 바와 같다. 위 표에 나타난 학대의 유형은 노인복지법 제1조의2 제3항에 규정된 학대의 분류에 의한 것이다.[7] 위 표에 의하면 노인에게는 여러 종류의 학대가 중첩하여 행해진 경우가 가장 많은 1,512건, 정서적인 학대가 507건으로 나타나고 있다. 방임이란 부양하는 자가 노인에 대해서 필요한 음식 등을 제공하지 않는 행위로서 331건이 발생한 것으로 나타나고 있고, 신체에 대한 학대가 115건으로 나타나고 있다.

학대의 유형에서는 신체적 학대, 정서적 학대 그리고 방임이 전체 학대의 82.6%를 차지하는 것으로 나타나 위 세 가지 유형이 노인에 대해서 가장 흔하게 일어나는 학대행위임을 알 수 있다. 신체적 학대의 가장 대표적인 행태는 '노인을 폭행한다'로 40.6%를 차지하였고, '노인을 제한된 공간에 가두거나 출입을 통제한다'가 8.9%, '신체적 해악을 가할 것을 위협한다'가

5) 이 표에서 중복학대란 한 노인에게 여러 유형의 학대가 가해진 경우를 말한다. 위의 보고서, 65면.

6) 노인복지법 제39조의9에 규정된 학대유형에 대한 설명과 그 법률적 문제점에 대해서는 이건호, "고령화사회에서 노인학대에 대한 형사법적 대처,"『경찰법연구』 제6권 제2호(2008), 252면 이하 참조.

7) 위의 논문, 64면.

29.4%, 그리고 '생명을 위협하는 행위를 한다'가 10.4%인 것으로 나타나고 있다.[8] 정서적 학대의 대표적인 행위로는 '노인을 위협·협박하는 언어적 표현이나 감정을 상하게 하는 행동을 한다'가 66.2%로 나타나고 있다.

성적 학대의 유형으로는 '노인에게 성폭행을 한다'가 39.5%로, '성적 수치심을 주는 표현이나 행동을 한다'가 60.5%로 나타나고 있다. 노인에 대한 방임의 행위로는 '거동이 불편한 노인에게 의식주 등 일상생활 관련 보호를 제공하지 않는다'가 36.7%, '경제능력 없는 노인에게 경제적 보호를 제공하지 않는다'가 36.7%, 그리고 '의료관련 보호를 제공하지 않는다'가 26.6%로 나타났다.[9]

〈표 5〉 노인학대 유형별 피해노인 성별(피해 건수 기준)

(단위 : 건, %)

유형 \ 성별	남	녀	계
신체적 학대	267(23.7)	860(76.3)	1,127(100.0)
정서적 학대	521(28.1)	1,332(71.9)	1,853(100.0)
성적 학대	3(8.1)	34(91.9)	37(100.0)
경제적 착취	162(29.2)	392(70.8)	554(100.0)
방임	273(33.9)	533(66.1)	806(100.0)
자기방임	68(52.7)	61(47.3)	129(100.0)
유기	34(41.5)	48(58.5)	82(100.0)
계	1,328(28.9)	3,260(71.1)	4,588(100.0)

피해건수를 기준으로 학대피해가 발생한 남녀의 차이를 비교해 보면 방임이나 자기방임을 제외하면 대부분의 학대유형들이 여성노인에게 더 높게 나타난다는 점을 알 수 있다. 성적 학대가 가장 높게, 신체적 학대와 정서적 학대가 그 다음으로 나타나고 있다. 또한 연령별 노인학대의 발생을 보면 70~74세 및 75~79세 노인의 학대피해 비율이 모든 유형의 학대에서

8) 위의 논문, 67면.

9) 위의 논문, 67면.

20~25%의 비율로 가장 높은 것으로 나타나고 있다. 80~84세 노인이 19.8%, 그리고 65~69세 노인이 12.4%로 학대피해가 발생하는 것으로 나타나고 있다.[10)]

학대행위자와 피해노인 관계를 보면 대부분의 학대 유형들에서 아들에 의한 학대행위가 2,763건(51.8%)으로 가장 높게 나타났으며 딸(606건, 11.4%), 며느리(524건, 9.8%), 배우자(507건, 9.5%)가 주요 학대행위자로 나타난다. 신체적 학대의 경우 아들이 646건(53.0%), 배우자가 198건(16.2%), 며느리가 109건(8.9%)의 순으로 나타나며, 정서적 학대의 경우 아들, 며느리, 배우자, 딸이 주요 학대행위자인 것으로 나타난다.[11)]

2. 노인학대 피해 발생의 특성

(1) 노인학대 피해자의 신체적 특성

노인학대의 피해자로서 노인은 다른 연령대의 사람과 다른 여러 가지 특성을 지닌다. 이런 특성들은 일반인과 다른 상황을 조성함으로써 가해자로 하여금 가해행위를 더 유발하게 하는 역할을 할 수도 있다는 점이다. 노인 피해자에게서 나타나는 신체적인 특징이 이런 역할을 할 수도 있다는 점은 다른 연령대의 사람과 다른 특성이라고 할 수 있다.

노인에게서 나타나는 신체적 특징은 신체적인 기능은 물론 인지적 기능도 약화된다는 점이다. 우선 신체적 기능이 약화된다는 점은 가해자로 하여금 피해자가 쉽게 행위대상이 될 수 있으리라는 기대를 하게 만드는 기능을 할 수도 있다. 이 점은 아동학대에서 나타나는 특징과 유사하다고 할 수 있다. 즉 가해행위자는 노인이나 아동과 같은 피해자를 자신의 객체로 선택하는 것이 다른 연령대의 사람보다 더 다루기 쉽다는 예상을 하게 될 수도 있다는 것이다. 이런 특징은 노인이나 아동이 보다 쉽게 범죄나 가해

10) 위의 논문, 69면.
11) 위의 논문, 70-71면.

행위의 대상이 될 수도 있다는 점을 나타내 준다.12)

노인에게서 나타나는 또다른 특성은 신체적 노화와 함께 두뇌기능도 노화되고 약화되면서 인지적인 능력이 정상적으로 기능하지 않게 된다는 점이다. 이 점 역시 나이 어린 아동을 행위대상으로 택하고 있는 범죄에서도 나타나는 특징이라고 할 수 있다. 노인에게 있어서 중한 정도의 인지장애가 나타나는 경우에는 자신이 가해의 피해자가 되었다는 사실을 인식하지 못하거나, 인식하더라도 이를 기억하지 못하게 될 가능성이 크다고 하겠다. 피해자가 피해사실을 인식하지 못한다는 점은 가해자에게 가해행위의 유책성을 회피하도록 하는 유인이 될 수도 있다. 또한 피해자가 피해사실을 인식하지 못한다는 점은 가해자가 형사책임을 쉽게 피할 수 있는 요소로서 작용하기도 한다.13)

노인의 신체적 기능과 인지적 기능의 장애는 다른 한편으로 노인의 부양자에게 부양에 대한 부담이나 스트레스를 가중시키는 요소로서 작용할 수도 있다. 노인이 신체적 기능이 약화된 경우 부양자나 보호자는 일상적인 생활에서 필요로 하는 모든 신체동작들을 보조하여야 하는 부담까지 가중될 수 있다. 또한 인지장애의 경우에도 부양자는 여러 가지 부담과 스트레스를 받게 된다. 이런 요소들은 부양자나 보호자로 하여금 노인에 대한 가해행위를 하게 할 가능성을 높이는 작용을 하게 된다. 따라서 노인의 장애정도가 심할수록 학대피해가 발생할 가능성도 그만큼 높아진다고 할 수 있을 것이다.

(2) 노인의 사회적 지위 약화

노인은 신체적 기능의 약화와 함께 사회·경제적으로도 약자의 지위에

---

12) Loue, Sana, "Elder Abuse and Neglect in Medicine and Law," *Journal of Legal Medicine*, June, 2001, p.168.

13) Kohn, Nina A., "Second Childhood: What Child Protection Systems can teach Elder Protection Systems," *Stanford Law and Policy Review* 14, 2003, p.181; Glick, Jennifer B., "Protecting and Respecting our Elders," *Virginia Journal of Social Policy and the Law*, 12, 2005, pp.720-721.

처하게 되는 것이 일반적이다. 노인들은 60세 이후에 더 이상 경제적인 활동도 지속할 수 없는 처지에 놓임과 동시에 사회나 가정 내에서 부양과 보호를 받아야 하는 지위에 있게 되는 것이 통상적이다. 이런 사회적 지위의 약화도 노인에 대한 학대행위에 일정한 작용요소로 나타나게 된다.

가정 내에서 노인은 경제적인 피부양자가 되는 것이 보통이므로 노인을 부양하거나 보호해야 하는 자녀 등 가족들은 이에 대한 부담과 스트레스를 받게 된다. 가정 내에 다른 경제적 자원이 풍족하지 못할 경우 노인을 부양해야 하는 것은 만만치 않은 부담이 되게 마련이다. 따라서 부양자에게 부과되는 스트레스나 심리적 부담이 노인에 대한 가해행위의 주요 원인이 될 수 있다는 점은 어느 정도 설득력이 있다.

노인이 사회·경제적으로 약자의 지위에 놓이게 된다는 점은 노인에 대한 사회적 인식에도 일정한 영향을 미치는 것으로 볼 수도 있다. 노인이 지니는 특성에 대한 '신체기능 약화'나 '경제적 무능'이라는 이미지나 편견은 일반인들이 노인에 대해서 지니는 존중감을 약화시키게 하는 것으로 이해할 수 있다. 즉 사회에서 일반인들이 노인을 다른 연령대의 사람들보다 '덜 가치 있는 사람'이라는 잘못된 선입견을 가지게 될 수 있다는 점이다. 이런 사회적 편견은 학대행위자 스스로에게 위법행위를 정당화하거나, 유책성을 감소시키는 요소로서 작용하거나, 자신의 가해행위를 통제하려는 요소를 저해하는 작용을 할 수도 있다.[14)]

노인에 대한 부정적 인식은 노인학대 피해를 다루는 사회복지 관련 종사자나 형사사법 관련 공무원의 태도에서도 나타날 수 있다. 예를 들면, 중증의 치매노인에 대해 요양서비스 등을 제공하는 사회복지 관련 종사자나 의료종사자들은 일반인에 비해서 질 낮은 서비스를 제공할 가능성이 커진다고 볼 수도 있다. 또한 노인학대 가해자를 처벌하는 형사사법기관 종사자들의 경우에도 학대의 정도가 심한 경우가 아니라면 처벌에 대해서 보다 소극적인 태도를 취할 가능성이 있다고 한다.

---

14) Kohn, Nina A., *ibid.*, pp.181-182.

노인의 사회적 지위의 약화는 또한 피해 노인이 학대가 지속되는 상황을 쉽게 이탈할 수 없는 요소로도 작용한다. 예를 들면, 가정내 또는 가족 내에서 노인학대가 발생한 경우, 경제적 자립이 불가능한 노인들이 자신에 대한 경제적인 부양을 하는 가해자 자녀나 또는 배우자를 고소하거나 처벌받게 할 가능성은 매우 낮다고 보아야 한다. 이런 노인의 약화된 지위는 궁극적으로는 자신의 학대 사실을 부정하거나 자신의 처지를 감수하는 태도로 발전하게 될 것이고, 이런 상황은 노인학대 피해의 발생을 인지하기 힘들게 만드는 요소가 된다.

(3) 노인학대 피해의 지속성 및 반복성

노인학대 피해는 피해자가 처한 상황으로 말미암아 피해발생이 지속적이거나 반복될 가능성이 높다고 볼 수 있다. 또한 노인의 신체적 기능이나 사회적 지위의 약화는 노인으로 하여금 피해발생의 상황을 쉽게 벗어날 수 없는 요소들로 작용한다고 볼 수 있다.

노인학대가 발생하는 상황과 관련해서 노인학대는 시설내 노인학대와 가정내 노인학대로 구분해 볼 수 있다. 시설내 노인학대의 경우 가해자는 요양시설이나 의료시설에 거주하는 노인에 대해서 복지서비스를 제공하는 복지시설 등의 종사자일 가능성이 크다. 요양시설 내에서 발생한 학대행위가 가족이나 외부인에 의해서 인지되지 못하는 한 노인학대는 계속 반복해서 일어날 가능성이 높다고 하겠다. 왜냐하면 요양시설 등에 거주하는 노인이라면 이미 신체기능이 상당히 약화된 상태이기 때문이며 또한 노인이 적절하게 이를 외부에 신고할 수 있는 기회를 갖지 못한다면, 노인의 약화된 의사소통기능이나 인지능력으로 말미암아 학대사실을 노출하거나 이런 상황에서 벗어나기란 쉽지 않기 때문이다. 이런 상황을 단절시키는 장치로써는 노인에 대한 복지서비스나 의료서비스를 제공하는 시설이나 그 관리자에 대해서 학대 사례에 대한 신고의무를 부과하는 것이지만, 현재 이런 제도가 존재하지 않는다.

가정내 노인학대의 경우에는 가해자가 성인인 자녀이거나 배우자일 가능성이 크다. 그러나 학대를 당하는 노인의 경우 경제적 능력이 없는 노인일 가능성이 높기 때문에 학대행위를 신고한다고 하더라도 노인학대에 대한 해결책이란 가해자에 대한 1회적인 처벌에 그칠 가능성이 크다. 또한 노인이 학대상황을 벗어날 것을 선택한다는 것은 현재의 가족관계를 단절하려는 결정을 의미할 것이기 때문에 실제로 그런 선택을 할 가능성은 거의 없다고 볼 수 있다.[15] 이런 상황으로 말미암아 가정내 학대의 경우 피해상황이 노인보호전문기관이나 형사사법기관 등에 의해서 인지될 가능성은 매우 낮다고 할 수 있다.

노인학대의 지속성과 반복성은 노인학대의 문제가 가해자에 대한 형사제재를 통해 쉽게 해결될 수 없다는 성질을 말해 준다. 따라서 노인학대의 대책에 있어서도 보다 종합적인 법정책이 마련될 필요가 있음을 말해 주는 것이라고 하겠다.

Ⅲ. 현행 노인학대 피해 방지대책과 문제점

1. 현행법하의 노인학대 피해 방지대책

노인학대에 대해서는 노인복지법을 통하여 일응의 대응책을 마련해 놓고 있다. 노인복지법에 의하면 노인학대를 예방하고 발견하기 위해서 일정한 조치를 취할 것을 국가 및 지방자치단체에 요구하고 있다. 또한 이 법을 통해서 노인학대에 관련된 업무를 담당할 노인보호전문기관이 설치되었다. 이 노인보호전문기관은 학대받는 노인의 발견, 보호, 치료 등을 신속히 처리하고 노인학대를 예방하기 위하여 다음의 업무를 수행한다. 즉, ① 노인학대 신고전화의 운영 및 사례접수, ② 노인학대 의심사례에 대한 현장조

15) 오윤진, "우리나라의 노인학대 현황과 노인학대 예방을 위한 정책에 관한 연구," 『공공정책연구』 제16권 제2호(2009), 102-103면 참조.

사, ③ 피해노인 및 노인학대자에 대한 상담, ④ 피해노인가족 관련자와 관련 기관에 대한 상담, ⑤ 상담 및 서비스제공에 따른 기록과 보관, ⑥ 일반인을 대상으로 한 노인학대 예방교육, ⑦ 노인학대행위자를 대상으로 한 재발방지 교육, ⑧ 그 밖에 노인의 보호를 위하여 보건복지부령으로 정하는 사항 등이 그것이다(제39조의5).

노인복지법에서는 누구나 노인학대를 알게 된 때에 노인보호전문기관 또는 수사기관에 신고할 수 있도록 하고 있으며, 노인복지법에서 노인학대 피해의 의무신고자로 규정하고 있는 자들은 다음과 같다. ① 의료법 제3조 제1항의 의료기관에서 의료업을 행하는 의료인, ② 제31조에 따른 노인복지시설의 장과 그 종사자 및 제7조에 따른 노인복지상담원, ③「장애인복지법」제58조의 규정에 의한 장애인복지시설에서 장애노인에 대한 상담・치료・훈련 또는 요양업무를 수행하는 사람, ④「가정폭력방지 및 피해자보호 등에 관한 법률」제5조 및 제7조에 따른 가정폭력 관련 상담소 및 가정폭력피해자 보호시설의 장과 그 종사자, ⑤「사회복지사업법」제14조에 따른 사회복지전담공무원 및 같은 법 제34조에 따른 사회복지관, 부랑인 및 노숙인보호를 위한 시설의 장과 그 종사자, ⑥「노인장기요양보험법」제31조에 따른 장기요양기관 및 제32조에 따른 재가장기요양기관의 장과 그 종사자, ⑦「119구조・구급에 관한 법률」제10조에 따른 119구급대의 구급대원, ⑧「건강가정기본법」제35조에 따른 건강가정지원센터의 장과 그 종사자 등에 대해서는 그 직무상 노인학대를 알게 된 때에 즉시 노인보호전문기관 또는 수사기관에 신고하도록 의무를 부과하고 있다(제39조의6).

또한 노인학대 행위에 대해 신속하게 대처하기 위해서 노인복지법 제39조의6의 규정에 의하여 노인학대 신고를 접수한 노인보호전문기관의 직원이나 사법경찰관리에 대해서는 지체없이 노인학대의 현장에 출동하여야 할 의무를 부과하고 있다(제39조의7 제1항). 또한 제1항의 규정에 의하여 현장에 출동한 자는 학대받은 노인을 노인학대행위자로부터 분리하거나 치료가 필요하다고 인정할 때에는 노인보호전문기관 또는 의료기관에 인도하여야 하도록 함으로써 피해노인에 대한 보호와 원조를 규정하고 있다(제2항).

피해노인들이 학대행위에 대한 수사절차나 재판절차 등에서 자신의 의사를 명확히 표현함으로써 피해자로서의 권리를 확보하도록 하기 위하여 학대받은 노인의 법정대리인, 직계친족, 형제자매, 노인보호전문기관의 상담원 또는 변호사는 노인학대 사건의 심리에 있어서 보조인이 될 수 있도록 하고 있다. 다만, 변호사가 아닌 경우에는 법원의 허가를 받아야 한다(제39조의8 제1항). 또한 법원은 학대받은 노인을 증인으로 신문하는 경우 본인·검사 또는 노인보호전문기관의 신청이 있을 때에는 본인과 신뢰관계에 있는 자의 동석을 허가할 수 있으며(제2항), 동조 제1항과 제2항의 규정을 수사절차에도 준용하도록 하고 있다.

또한 노인복지법은 제39조의9에서 제1호에서 제5호까지 노인에 대한 학대행위를 금지하고 있다. 이 규정들은 매우 넓은 의미에서 노인학대를 포함한 노인에 대한 가해행위들을 금지하고 있는 규정들이다. 노인복지법 제1조의2에서 '부양의무자'나 '보호자'에 대해서 정의를 내리고 있지만, 제39조의9 규정은 위 정의규정에 따른 행위자들만이 금지행위의 주체가 될 수 있다는 제한을 두지 않고 있다. 따라서 이런 관련성이 없는 행위자들도 노인을 행위객체로 제39조의9에서 금지하고 있는 행위들을 하는 경우 동법 제55조의2 이하의 규정들에서 정한 제재를 받게 된다.[16)]

노인학대에 대해서 현재의 법률들은 다양한 예방 및 사후조치들을 마련해 놓고 있지만, 이런 조치들이 의도된 효과들을 잘 발휘할 수 있을 것인가는 의문이다. 이는 앞서 서술된 노인학대 문제가 지닌 특성들에 대해서 충분히 고려한 대책들이라고 보기 어렵기 때문이다. 이하에서는 현행 대책들이 지닌 문제점을 지적하고 이에 대한 대안들을 제시해 보도록 한다.

---

16) 제39조의9에서 행위주체에게 피해노인과 일정한 신뢰관계 등이 있을 것을 요건으로 하지 않은 것은 전체 형법의 체계에서 볼 때 문제가 있다고 생각된다. 이 점에 대해서는 이건호, 앞의 논문, 252면 참조.

2. 현행 노인학대 피해 방지대책의 문제점

(1) 노인학대 피해에 대한 신고제의 미비

노인복지법은 노인복지와 관련된 업무에 종사하는 자들에게 노인학대를 노인보호전문기관이나 형사사법기관에 신고할 의무를 부과하고 있다.[17] 이런 신고의무의 부과에도 불구하고 이를 위반하였을 경우에 대해서는 어떠한 제재규정도 마련해 놓고 있지 않은 상황이다. 따라서 신고의무를 위반하였다고 하여도 어떠한 불이익도 받지 않는 결과가 되며, 결국 신고의무의 실효성을 담보할 어떠한 제도도 존재하지 않는 것이 된다.

현재의 법률이 노인학대에 대해서 신고의무를 규정하면서도 이를 이행하지 않은 자에 대해서 제재를 규정하지 않고 있는 근거를 찾는다면 다음과 같은 점들을 들 수 있을 것이다. 첫째로 해당 사례가 노인학대인가를 명확히 판별할 기준이나 그에 대한 전문지식을 갖추고 있을 것을 신고의무가 부과된 자들에게 기대할 수 없다는 점이다. 의료나 복지업무에 종사하는 제3자의 입장에서는 노인학대에 대한 징표나 징후를 찾아서 인식하기도 어려울 뿐만 아니라, 이를 인지하였다고 하여도 이를 다른 기관에 신고한다는 것은 내부적인 사정으로 어려울 수도 있기 때문이다. 예를 들면, 가해자가 시설 내의 종사자일 가능성이 있는 경우 확증 없이 이를 신고하기는 어려울 것이다. 또한 노인의 가족일 가능성이 있는 경우라면, 신고의무자들이 가정 내의 문제에 개입한다는 인상은 신고를 꺼리게 만드는 사유로 작용할 것이기 때문이다.

둘째로 신고를 이행하지 않았다고 처벌하는 것은 신고의무가 부과된 직업영역에 대한 과도한 불이익의 부과가 될 수 있기 때문이다. 가해자가 시설내 종사자일 경우 또는 노인의 친족이나 가족일 경우, 아무런 관련 없는 복지관련 종사자나 의료업 종사자에게 신고의무를 부과하고 이를 이행하지 않을 시에 처벌하는 것은 행정편의에 따른 처벌에 그칠 가능성이 크기 때

17) 노인복지법 제39조의6.

문이다. 또한 복지관련 종사자의 관점에서 볼 때 정부나 형사사법기관의 개입이 문제해결에 적절하지 않다고 판단했을 경우까지 처벌하는 것은 지나치다고 볼 수 있다.

따라서 노인학대에 대한 신고제도가 실효성을 갖추기 위해서는 노인복지에 관련된 시설관리자나 감독자에게 법적 의무를 부과하고, 당해 시설의 종사자나 내부인이 가해자일 경우에 심각한 권리침해에 이른 노인학대에 대해서만 신고의 미이행을 처벌하는 것이 보다 타당할 것이다. 또한 노인의료와 관련된 시설관리자나 감독자의 경우에도 노인학대가 피해자의 생명, 신체에 대한 위해에 이른 경우에만 신고의무를 부과한다면 신고의무제의 실효성이 확보될 수 있을 것이다.

(2) 노인보호전문기관과 형사사법기관 등의 개입에 관한 문제점

노인학대에 대해서 가장 먼저 떠오르는 해결책 중의 하나는 노인보호전문기관 또는 사법경찰관의 개입이다. 그리고 현장에 출동한 노인보호전문기관 직원이나 사법경찰관은 학대 피해자를 가해자로부터 분리하거나 노인보호전문기관이나 의료기관에 인도할 수 있다. 그러나 노인학대의 상황에 있는 피해노인이 가해자로부터 분리될 것을 원하거나, 의료기관 등의 인도에 동의하는 상황은 그렇게 많지 않으리라고 예상할 수 있다. 예를 들면, 시설내 노인학대 행위가 인지되어 노인보호전문기관 등이 개입한 경우가 이런 상황에 해당할 수 있을 것이다. 그러나 가정내 학대행위의 경우 이런 상황은 잘 기능하지 않게 될 것이다. 그 이유는 노인복지법에서 예정한 상황들이 1회적인 조치에 불과하며,[18] 이런 조치에 동의할 경우 피해노인은 가족구성원으로부터 전격적으로 분리되는 위험을 감수하여야 할 것이기 때문이다.[19]

---

18) 지방의 노인보호전문기관의 조직과 구성으로 볼 때 사회복지법인 등 민간기관인 경우가 대부분이어서 법률이 규정한 대로의 기능을 단독으로 지속적으로 수행하기는 어려울 것으로 생각된다.

19) 중앙노인보호전문기관(편), 앞의 보고서, 152-153면 참조.

노인복지법이 예정하고 있는 임시조치나 그 이후의 노인학대에 대한 조사는 노인학대 문제에 대한 해결책이 되기에는 너무 부족하다고 생각된다. 노인학대의 상황이 가족구성원간에 발생하거나 또는 가정 내에서 발생한 경우를 상정하면 오히려 가정폭력의 상황과 더 유사하다고 볼 수 있다. 그러나 가정폭력 사건의 사례들에서 흔히 나타나듯이, 개입한 공공기관이 사건의 상황을 잘못 판단하거나 한다면 이는 학대피해자에게 예상치 못한 더 큰 피해를 가져올 수도 있다는 점이다.[20] 예를 들면, 가정폭력 사건에서도 그러하듯이 공공기관의 개입은 가정내 가해자에게 피해자에 대한 분노를 가중시키는 계기가 될 수도 있기 때문이다.[21]

노인복지법은 사법경찰관이 노인학대 문제에 개입할 수 있는 명문의 규정을 노인복지법 제39조의7에서 규정해 두고는 있지만, 이를 통해서 사법경찰관이 실제적으로 가정내 학대문제에 쉽게 개입할 수 있을지는 의문이다. 왜냐하면 사법경찰관이 현행범 등은 영장 없이 체포할 수 있지만, 범죄를 실행중인지 여부가 불확실하며 또한 노인에 대한 위해가 발생할 것인가의 문제에 대해서 사법경찰관이 명확한 판단을 내리기 어려운 상황이라면 쉽게 개입할 수 없기 때문이다. 따라서 사법경찰관이 노인학대 현장에서 실질적인 구호조치를 행할 수 있는 권한에 대한 명문의 규정과 같이 이런 구체적인 상황에 대한 고려가 포함된 법률 및 제도의 고안이 필요하다고 생각된다.

노인학대 문제에 대한 다른 하나의 해결책은 노인복지법 제39조의9에서 규정한 금지행위들의 위반에 따른 형사처벌이 될 것이다.[22] 이와 같은 형사처벌이 지향하는 바는 형벌을 통해서 범죄를 응보하고 예방함과 동시에 이를 통해서 가해자를 교정하는 것이 그 목적이 될 것이다. 그러나 이런 형사제재는 그 목적을 달성하기 힘든 상황에 처하지 않을 수 없다. 예를 들

20) 미국의 노인학대 신고의무제에 따른 개입이 가해자에 의한 더 심한 학대를 야기할 수 있다는 점에 대해서는 Glick, Jennifer B., *supra* note 13, p.724.

21) 김은경, 『가정폭력범죄 대응동향과 정책제언』, 한국형사정책연구원, 2003, 45면.

22) 2009년에 노인보호전문기관을 통해서 학대행위자를 고소, 고발한 것은 16건에 그치고 있다.

면, 가정내 가해자가 노인부양에 대한 스트레스 등으로 학대행위를 하였다면, 그 행위의 원인이 된 스트레스에 대한 어떤 해결이나 지원도 없는 상태에서 가해자만 반복적으로 처벌하는 상황에 이르게 될 것이다.

또한 가해자에 대한 형사제재만으로 노인학대 문제의 해결을 추구하는 것은 형벌부과가 지니는 특성이 그렇듯이 문제상황보다 시간적으로 너무 뒤처지는 것이 된다. 현재 피해노인은 학대행위로 고통을 받고 있는 상황에서 이를 해결할 수 있는 실질적인 응급조치들이 마련되지 않는다면, 형사제재는 노인학대 문제를 해결하기 위한 명확한 해결책이 되기 힘들 것이다.

Ⅳ. 미국의 노인학대 피해 구제를 위한 입법례

노인학대 문제가 심각한 사회문제로 부각되기 시작하여 입법적인 대책을 마련한 국가는 미국이라고 할 수 있다. 미국의 경우에도 노인학대 문제는 아동학대 문제보다 늦게 입법정책이 수립되었다는 점이 특징이라고 할 수 있다. '아동학대방지 및 처우법률'(Child Abuse Prevention and Treatment Act)이 1974년에 연방의회에서 제정된 것에 비하여 노인학대 방지 입법은 1981년에 가서야 그 논의가 비로소 시작되었다. 30년간의 연방의회의 논의에도 불구하고 노인학대 방지 입법이 이루어진 것은 2002년 '노인사법법률'(Elder Justice Act)의 제정을 통해서이다.[23] 이에 앞서 1992년 국립노인학대센터(National Center on Elder Abuse: NCEA)가 설립되어 노인학대 방지를 위한 정책에 대해서 여러 제언을 하였으며 노인학대와 관련한 여러 가지의 연구 프로젝트들을 진행하였다. NCEA는 1996년 노인학대에 관한 미국 전체를 포함하는 규모의 연구 프로젝트를 진행하였으며, 이 연구결과는 향후의 노

23) Dubble, Christopher, "A Policy Perspective on Elder Justice Through APS and Law Enforcement Collaboration," in: Mellor · Brownell(ed.), *Elder Abuse and Mistreatment: Policy, Practice and Research*, Haworth Press, 2006, p.40 f.

인학대 방지정책들을 수립하는데 기여하였다.

미국의 50개 주정부들도 노인학대 방지를 위한 여러 가지 입법들을 시행하였는데 그 대표적인 것이 노인학대 사건에 대한 신고의무를 부과하는 법률들이다. 대부분의 주들은 시설내 학대뿐 아니라 가정내 노인학대의 경우에도 이를 인지하였을 경우 신고하여야 할 법적 의무를 부과하고 있다. 이 중 뉴욕주와 뉴저지주는 요양시설과 같이 시설내 노인학대의 경우에만 신고의무를 부과하고 있다.

캘리포니아주의 경우 노인의 부양 및 보호의 책임을 지고 있는 사람을 법률상 신고의무자로 규정하고 있으며, 또한 노인에 대한 보호와 서비스를 제공하는 직업에 종사하는 자들도 신고의무자로 규정하고 있다. 대부분의 주들은 신고의무를 미이행한 경우에 민사벌을 부과하도록 규정하고 있으며, 버지니아주 등 몇몇 주의 경우에는 허위신고에 대해서 형사벌을 부과하도록 규정하고 있다.[24]

캘리포니아주는 노인학대 사례에 대해서 APS(성년보호 서비스 센터, Adult Protective Service)와 형사사법기관에 동시에 신고할 것을 법적 의무로 규정하고 있다. 기타의 주들은 주정부내 형사사법기관과 의료 및 노인복지 등 노인 관련 유관기관들이 상호간에 노인학대 사건을 협력하여 처리할 것을 법률로 요구하고 있다.

노인학대 행위는 많은 주들에서 형법상 범죄로 규정하여 경죄(misdemeanor) 또는 중죄(felony)로서 형벌을 부과하도록 하고 있다. 캘리포니아주 형법은 노인의 생명 또는 신체에 위해를 가할 수 있는 방법으로 노인을 처우한 경우에 경죄에 해당하는 것으로 2,000달러 이하의 벌금 또는 1년 미만의 자유형에 처하도록 규정하고 있다(캘리포니아주 법률 제368조 (C)). 그리고 노인에 대한 신체학대가 신체상해나 사망에 이르게 된 경우에는 3년 또는 5년 이하의 자유형에 처하도록 규정하고 있다(동법 368조 (b)).

---

24) Schuyler, Donna · Liang, Bryan A., "Reconceptualizing Elder Abuse: Treating the Disease of Senior Community Exclusion," *Annals of Health Law*, 15, 2006, pp.283-284.

몇몇 주들은 노인학대 사건이 발생하면 이를 해결하기 위한 '전문영역간 문제해결팀'(Multi-Disciplinary Team: MDT)을 구성하도록 법률로 요구하고 있다. 캘리포니아주는 지방정부인 각 카운티로 하여금 MDT를 구성하여 운영할 것을 법률로 요구하고 있다. MDT는 정부내 형사사법, 복지, 의료, 정신보건 관련 공무원들로 구성된다. MDT의 주요 기능은 노인학대와 관련한 교육을 통하여 노인학대에 대한 일반인의 인식을 제고하는 것과 노인학대 사건 발생시에 이를 인지, 조사하고 범죄를 구성하는 경우에 가해자를 형사소추하는 것이다. MDT가 담당하는 노인학대 사건의 유형은 MDT마다 다를 수 있다. 신체학대와 방임만을 담당하는 팀이 있는가 하면 경제적 착취 유형만을 담당하는 경우도 있다.[25]

MDT의 기능이 항상 성공적인 것만은 아니라고 한다. MDT가 정상적으로 기능하는 데에는 여러 가지 문제들이 잠재되어 있다는 지적이 많다. 이런 장애요소로는 전문영역간의 관점들이 서로 상이하여 노인학대에 대한 성공적인 해결을 제시하기 어렵다는 점 등이다. 서로 다른 해결을 제시할 경우에는 긴급한 노인학대 사건에서도 적절한 개입시기를 놓칠 수 있는 위험 등이 존재한다.[26]

그럼에도 불구하고 MDT가 갖는 문제해결능력은 우리의 노인학대 문제를 해결함에 있어서 참고할 만한 점이라고 생각된다. 노인에 관한 복지・건강・의료와 관련된 전문가들의 관점이 서로 순기능을 함으로써 학대상황에 적절히 개입할 수 있는 정확한 기회를 파악할 수 있을 것이기 때문이다. 노인관련 기관이나 또는 형사사법기관의 하나의 관점만을 앞세움으로써 노인학대 문제에 대한 적절한 개입기회를 놓치게 되어 문제해결에 이르지 못하는 우리의 상황에서 많은 도움이 될 수 있을 것이다.

---

25) *Ibid.*, pp.291-292.

26) Nerenberg, Lisa, "Communities Respond to Elder Abuse," in: Mellor・Brownell(ed.), *Elder Abuse and Mistreatment: Policy, Practice and Research*, Haworth Press, 2006, p.18 f.

Ⅴ. 노인학대 피해 방지를 위한 대책 및 전략

1. 가정폭력으로서의 노인학대

현재 우리 노인복지법상의 학대 피해 노인에 대한 응급조치들은 피해상황을 저지하고 해결하기에는 너무 부족하다고 할 수 있다. 이 경우 '가정폭력범죄의 처벌 등에 관한 특례법'(이하 '가정폭력등처벌법'이라 한다)이 노인복지법상의 응급조치에 비해 상대적으로 더 효과적인 대책이 될 수 있다고 생각된다. 가정 내에서 이루어지는 신체적 학대나 정신적 학대 등의 노인학대 행위는 가정구성원 사이에서 행해지는 가정폭력으로서의 성격을 지니고 있기 때문이다.

따라서 노인학대의 행위자와 피해노인 사이에 일정한 친족관계가 있는 경우에는 가정폭력등처벌법이 적용될 수 있다. 이 법률에 의하면 가정폭력이란 가족구성원 사이의 신체적, 정신적 또는 재산상 피해를 수반하는 행위를 말한다(제2조 1호). 가족구성원에는 배우자(사실상 혼인관계에 있는 자를 포함) 또는 배우자 관계에 있었던 자, 자기 또는 배우자와 직계존비속 관계(사실상의 양친자 관계를 포함)에 있거나 있었던 자, 양부모와 자의 관계 또는 적모와 서자의 관계에 있거나 있었던 자, 동거하는 친족관계에 있는 자가 포함된다(동조 제2호). 예를 들면, 부양이나 보호받는 노인이 자신을 보호하거나, 부양하는 배우자인 노인을 학대하는 경우이거나 또는 노인을 보호하거나 부양하는 자녀 또는 그 배우자가 노인을 학대하는 경우에 이 법률에 따른 조치들이 적용될 수 있을 것이다.[27] 이 경우 노인학대는 가정폭력등처벌법에서 규정하고 있는 보다 실질적인 방어조치들로써 도움을 받을 수 있게 된다. 동법 제5조의 '응급조치', 제8조 및 제29조의 법원에 의한 '임시

---

27) 이호중, "가정폭력범죄의 처벌에 관한 특례법 10년의 평가," 『형사정책연구』 제19권 제3호(2008), 131면 참조.

조치', 그리고 제40조 이하의 '보호처분' 등은 노인복지법상의 '응급조치'에 비하여 노인의 안전을 보호하는 데 더 효과적이라고 할 수 있다.

그러나 노인들이 학대나 폭행을 당하는 여성배우자들과는 달리 가정폭력의 피해자가 되는 경우에도 훨씬 더 열악한 상황에 처하게 된다는 점을 고려할 때 가정폭력등처벌법이 적용되기는 곤란한 문제점들이 나타날 수도 있다. 예를 들면, 학대를 당하는 노인들의 경우 정신적・신체적 능력이 일반인에 비하여 상당한 정도로 약화되어 있기 때문에, 노인들을 자신이 생활하는 장소로부터 이전시킴으로써 보호하거나 또는 가정폭력의 가해자인 다른 가족구성원을 격리시키는 것은 노인들에게 감내할 수 없는 심리적 충격을 가져오게 된다는 점이 고려되어야 할 필요가 있다.[28]

이런 점을 고려한다면 노인학대에 대해서 보다 효과적으로 대처하기 위해서는 현재의 노인학대 사건이 어떤 상태에 해당하는가에 대해 평가하고, 가정폭력등처벌법상의 조치들이 적합한가를 판단하기 위한 평가팀이 마련될 필요가 있다. 현재 전국적으로 설치된 각 노인보호전문기관[29]에는 사법경찰관, 변호사, 사회복지전문가, 의료전문가 등으로 자문위원회 또는 노인학대사례판정위원회가 구성되어 있다. 그러나 위원들의 다양한 구성보다 더 중요한 것은 구성원들이 실질적인 권한을 지니고 학대사건에 개입할 수 있는 법적・제도적 근거라고 보인다. 현재 노인복지법상에서는 그러한 권한에 관한 내용을 제39조의7 이외에서는 찾아볼 수 없기 때문이다.

노인들의 신체적 특성과 약화된 사회적 지위를 고려한다면, 경우에 따라서는 가정폭력등처벌법보다는 이와 다른 사회복지적 관점의 조치가 더 적합할 수 있다. 다만 노인에 대한 복지적 관점이 효과적으로 적용되기 위해서는 가정폭력등처벌법의 적용사례들과 보호조치의 실제 사례들[30]이 노인

28) 이와 같은 법적용의 곤란이 나타날 수 있는 이유는 가정폭력등처벌법이 가정폭력의 주된 피해자로 여겨지는 여성배우자나 학대당하는 자녀들을 보호하기 위한 목적을 갖고 있다는 점에서 찾을 수 있을 것이다.

29) 중앙노인보호전문기관을 포함하여 24개의 기관이 설치되어 있다.

30) 가정폭력 사건들의 경우에는 여성단체들이 피해자들에 대해 적극적인 지원을 제공함으로써 가정폭력등처벌법상의 보호조치들이 보다 더 큰 효과를 거두고 있다.

복지법의 적용과 집행에서 고려될 필요가 있다고 생각한다.

2. 권리주체로서의 노인의 의사소통 구조의 복원

다른 범죄피해와 달리 노인학대의 문제는 이를 인지하고 파악하는 것부터 커다란 장애에 막혀 있다는 느낌을 갖게 한다. 그 이유는 노인학대 피해자들의 신음소리조차 쉽게 표출되지 못한다는 점 때문이다. 노인학대 피해의 특성에서 언급한 것과 같이 노인보호전문기관에 신고되거나 상담신청된 사례의 경우 그나마 학대의 피해자들이 자신의 피해에 대한 호소를 할 수 있었던 사례들이라는 점에서 볼 때 노인학대 피해는 그 근원적인 해결에 도달하기 쉽지 않은 문제임을 알 수 있다. 학대 피해자들인 노인들의 권리주장이 표출되도록 의사소통 구조를 개선하기 위해서는 다음과 같은 조치들이 필요하다.

(1) 신고의무 불이행에 대한 제재규정 마련

노인학대의 문제에 더 가까이 다가가기 위해서는 노인학대 피해자의 피해신고를 들을 수 있는 구조부터 개선될 필요가 있다. 현재 노인복지법에 규정된 신고의무제는 명칭만이 의무일 뿐 그 실효성을 담보할 수 없는 상태라고 보아야 한다. 학대사건을 인지하였음에도 불구하고 이를 신고하지 않을 경우에 아무런 제재도 부과되지 않는 상황에서는 신고의무제는 아무런 기능도 할 수 없다.

신고의무제의 여러 가지 문제점에도 불구하고 학대사건의 인지 가능성을 높이기 위해서는 신고가 효과적으로 이루어질 수 있도록 법적 의무의 불이행에 대한 제재를 제도화할 필요가 있다. 다만 의무의 불이행에 대한 처벌이 민사적 또는 행정적인 의무불이행에 대한 처벌이 되지 않기 위해서는 신고의무자의 범위를 보다 제한적으로 규정할 필요가 있다. 예를 들면, 노인의 생명 또는 신체에 대한 상당한 위험을 부과할 가능성이 있는 학대행위를 실제적으로 방지할 수 있는 법률상의 관리 또는 감독책임을 지닌 자 및 직무상 학대행위를 인지할 가능성이 높으며 노인의 위해 여부에 대한 정확한 판단을 할 수 있는 전문적 지식을 지닌 사람들에 대해서는 불이행에 대한 제재를 규정하는 것이 가능할 것이다. 전자의 영역에 해당하는 자로는 노인을 수용하는 주거시설 및 요양시설의 관리자 또는 감독자가 여기 해당할 수 있으며, 후자의 경우 노인에 대한 의료를 담당하는 자 또는 사회복지 서비스 제공자들이 포함될 수 있을 것이다.

신고의무제가 효과적이지 못한 또 하나의 이유는 신고의무자들이 노인학대 피해의 발생 여부에 대해서 정확한 판단을 할 수 없다는 점이다. 이런 문제를 해결하기 위해서는 노인학대에 대한 명확한 정의와 판단기준이 제시될 필요가 있다. 현재 노인복지법상 금지된 노인학대의 유형들은 그 규정내용이 명확하지 못하고 현행 형법규정들과 충돌을 일으킬 가능성들을 포함하고 있다.[31] 따라서 노인학대 유형들에 대한 명확한 개념정의 및 구체적이고 명확한 구성요건들이 마련되어야 한다. 또한 제재가 부과될 수 있는 신고의무자들 및 사회복지 관련 종사자들에 대한 교육이 보다 더 효과적으로 이루어질 필요가 있다. 사회복지 종사들에 대해서 노인학대 피해의 심각성과 그 예방 필요성의 교육이 제도적 차원에서 이루어진다면 노인학대 사건들이 보다 효과적으로 복지관련 행정기관이나 형사사법기관에 인지되는 가능성이 높아질 수 있을 것이다.

(2) 노인의 권리주체로서의 지위 복원

신고의무제의 실효성이 보장된다고 하더라도 아직까지 학대피해 노인은 다른 외부기관의 개입에 의존할 수밖에 없는 대상에 불과하다. 노인보호전문기관이나 사법경찰관의 개입은 자주적으로 문제해결을 할 수 있는 피해노인의 지위를 무시하는 조치가 될 수도 있다. 다른 한편 신고의무제에 따라 학대사건이 행정기관이나 형사사법기관에 인지되어 위 기관들이 개입한다고 하더라도 이런 개입이 학대사건을 효과적으로 해결할 수 있을 것이라

31) 이건호, 앞의 논문, 252면 이하 참조.

는 점을 보장할 수는 없다. 또한 학대 피해노인이 이런 개입 자체를 원하지 않을 수도 있기 때문이다. 예를 들면, 피해노인에 대한 가해자가 노인을 부양하는 성년의 자녀이거나 배우자라면 피해노인은 노인학대 사례 신고나 공공기관의 개입을 원하지 않을 수도 있기 때문이다.

여기서 중요한 것은 피해노인이 학대 사건에 행정기관의 외부기관들이 개입해줄 것을 원하는가에 대해서 피해자의 주장을 경청할 필요가 있고 이런 의견을 존중해 주어야 한다는 점이다.[32] 물론 피해노인이 신체적 능력이나 인지능력 등이 약화되어 독자적인 판단을 할 수 없는 상태이거나, 피해노인의 생명 또는 신체에 대한 심각한 위해가 우려되는 상황이라면 피해노인의 여하한 의견에도 불구하고 형사사법기관 등 외부기관의 개입은 정당하고 적절하다고 보아야 할 것이다. 이런 경우를 제외한다면, 신고의무자가 학대 사례를 신고하거나 또는 외부기관들이 개입함에 있어서는 피해자의 명시적인 의사에 반하여 할 수 없도록 할 필요가 있다. 그리고 피해자의 명시적 의사를 존중한다고 하더라도 피해자가 독자적으로 문제를 해결할 수 있다고 방치해서는 안될 것이다. 일단 노인학대 피해가 인지된 경우에는 지속적이고 주기적으로 노인보호전문기관 등의 사회복지기관이나 형사사법기관이 학대사건을 모니터하는 체계가 마련되어야 한다.

이와 같이 피해자 노인의 권리주체로서의 지위를 복원하는 것이 노인학대 사례에서 나타날 수 있는 손상된 피해자의 자존감을 회복할 수 있는 조치가 될 것이며, 노인학대 사례를 자주적으로 해결할 수 있는 주체로서의 지위를 확인시키는 계기가 될 것이다.

(3) 학대 사례에 있어 효과적인 개입

현재 노인은 학대행위의 피해자로서 고통받고 있지만 이런 상황에 대해 도움을 청할 수 있는 법률적인 제도들은 마련되어 있지 못하고 있다. 비록

---

32) 가정폭력과 관련하여 피해자 권한 강화 모델을 적용한 조치들에 대해서는 김은경, 『가정폭력범죄의 형사절차상 위기개입 방안연구』, 한국형사정책연구원, 2001, 235면 이하 참조.

가정 내에서의 폭력행위에 대해서는 가정폭력등처벌법 등에 의해서 사법경찰관 등의 개입을 요청할 수 있는 것으로 법제화되어 있지만, 그 이외의 복지시설 등에서 이루어지는 상황에서는 이의 해결이 곤란한 상황일 것이라는 점이 예상된다. 더욱이 피해자가 된 노인들이 인지나 언어장애 또는 행동상의 장애를 겪고 있다고 한다면 자신의 상황에 대해 도움을 청할 수 있는 방법이란 거의 없는 것으로 생각된다. 즉 현재 진행중인 노인학대에 대한 대응책은 현재의 제도적 상황에서는 매우 찾아보기 힘든 것이 사실이라고 하겠다. 이런 상황에서 학대행위자에 대한 사후적인 처벌이란 노인학대의 예방과 해결에 별 도움이 되지 못한다고 생각된다.

노인학대 사례가 인지되었을 경우 노인보호전문기관이나 사법경찰관이 응급조치들을 실행할 수 있지만, 1회적인 개입으로는 학대문제에 대한 해결을 기대할 수 없다. 이런 기관들의 개입이 보다 효과적이기 위해서는 어느 한 영역의 기관만의 개입으로는 이를 해결할 수 없으며, 따라서 다양한 영역의 전문가들이 사례를 평가하고 실질적인 권한을 갖고 사건에 개입할 수 있는 미국의 MDT와 같은 문제해결팀의 구성이 필수적이다.

3. 노인학대 문제해결팀의 구성

노인학대의 문제를 효과적으로 해결하기 위해서는 노인복지에 대한 전체적인 체계 및 제도들이 조화롭게 기능할 것이 전제된다고 하겠다. 예를 들면, 노인복지시설 내에서 노인에 대한 학대행위가 발생하지 않도록 제도적인 정비가 이루어질 필요가 있으며, 또한 노인복지관련 행정기관이 현장을 방문하고 감독을 행할 수 있게 함으로써 학대행위에 대한 예방에 주의를 기울일 필요가 있다.

또한 노인학대가 발생한 가정이나 시설에 대해서 문제의 원천을 파악하고 이를 종합적으로 해결할 수 있는 노인학대 문제해결팀의 구성이 필수적이라고 생각된다. 예를 들면 사회복지전문가, 상담심리전문가, 의사, 의료전문가, 법조인 및 회계전문가 등으로 구성되는 종합적인 문제해결팀이 노인학대 문제의 해결을 위한 제도적 기구로 법제화되어야 할 필요가 있다. 이러한 전문가들이 자원봉사 시스템이나 또는 노인관련 공공기금을 통해서 전문상담비용 및 의료비용 등을 보전받게 되고, 이를 통해서 노인학대의 실제상황에 투입될 수 있다면 현재보다 더 적극적인 노인학대 문제의 해결이 가능할 것으로 생각된다. 즉 이들 문제해결팀 구성원들이 자신의 전문지식을 통해서 파악한 노인학대의 원인들에 대한 해결방법을 모색하고 이를 적용할 수 있게 되어야만 실질적인 노인학대 문제의 해결이 가능하게 될 뿐만 아니라, 피해자 노인에 대한 지원과 원조도 성과를 거둘 수 있을 것이다.

예를 들면, 인지 또는 언어장애를 겪고 있는 노인이 자신의 피해상황에 대한 호소를 할 수 있는 창구가 마련되어지지 않고는 노인학대 상황에 대한 적발이나 원조가 불가능하다는 것은 명백하다. 이런 곤란을 타개하기 위해서는 일정한 범위의 신고의무자에게 법적인 신고의무를 부과하는 한편, 노인복지 또는 상담전문가에 의한 정기적인 복지시설 방문 및 시설 및 가정내 피해노인에 대한 면담이 제도화될 필요가 있다. 또한 이를 통해서 학대피해의 발생을 인지했을 경우에도 적합한 해결책을 마련하기 위해서는 형사사법기관에 의한 처벌만이 능사는 아니라고 할 것이다. 예를 들면, 노인에 대한 유일한 혈육인 부양자가 노인에 대한 가해행위를 1~2회 행한 상황이 발생했을 경우에 그 가해자를 무조건 처벌함으로써 피해노인을 복지시설에 가야만 하는 상황을 만들기보다는, 그러한 갈등상황에 처하게 된 원인을 면밀하게 검토해서 보다 나은 해결책을 모색하는 것이 노인의 심리적인 안정과 복지에 대한 배려라는 측면에서도 적합할 것이다.

노인들에 대한 학대 사례의 경우 그 행위자들이 노인들의 가족인 경우가 많은데 이들과의 관계단절은 경우에 따라서 노인들에게는 감당할 수 없는 충격을 미치게 되며, 이런 점이 노인들로 하여금 그 행위자에 대한 처벌을 꺼리게 만드는 주요한 원인으로 작용한다고 보인다. 이러한 상황에서는 노인학대 범죄자들에 대한 형사처벌도 상당한 곤란을 겪게 될 수 있을 뿐 아니라, 노인들이 학대나 유기행위로부터 당한 피해를 구제하기 위한 절차들도 그 적절한 효과를 확보하기 어려운 상황에 놓이게 될 것이다.

따라서 가정이나 복지시설 내의 상황에 대한 종합적인 고려와 노인이 처한 현재 상황에 대한 면밀한 검토 및 사후의 가족관계 등을 고려한 사회복지적 관점에 중점을 둔 해결책 마련이 더욱더 필요하며 적합할 수 있다. 그러나 상황에 대한 종합적인 고려는 어느 하나의 행정기관이 혼자서 행해질 수 없는 성질의 것이라고 보아야 한다. 이런 점에서 노인복지와 관련된 다양한 분야의 전문가들이 노인학대 문제에 현실적으로 개입할 수 있는 제도의 마련이 시급하다고 보며, 이를 위한 하나의 방안이 사회복지전문가, 상담심리전문가, 의사, 의료전문가, 법조인 및 회계전문가 등으로 구성되는 종합적인 문제해결팀의 제도화라고 생각된다.

이와 같은 다양한 관점을 고려한 종합적 해결방법의 모색만이 고령화사회에서 계속적으로 변화될 노인학대라는 복합적인 문제상황들을 적절하게 해결할 수 있다고 생각된다. 이런 노인학대 문제해결팀의 구체적 조직과 구성 및 노인에 대한 상담·치료 및 가해자에 대한 상담 및 치료 등 문제해결 방안 등에 대한 논의는 현재 필자의 능력 밖이라고 여겨지므로 이후의 연구주제로 남겨 두고자 한다.

〈참고문헌〉

구현아, 『노인범죄의 특성과 대책에 관한 연구』, 치안정책연구소, 2007.

김선희・김혜경・박충선・최용민・최정혜・한동희・허영숙・현은민・홍달아기, 『노인학대 전문상담』, 한국가족복지학회, 2005.

김은경, 『가정폭력범죄의 형사절차상 위기개입 방안연구』, 한국형사정책연구원, 2001.

______, 『가정폭력범죄 대응동향과 정책제언』, 한국형사정책연구원, 2003

김지영, 『세대간 갈등과 노인학대』, 한국형사정책연구원, 2005.

배진희・정미순, "노인학대 영향 요인의 성별 비교 연구," 『노인복지연구』 통권 제36호(여름호, 2007).

오윤진, "우리나라의 노인학대 현황과 노인학대 예방을 위한 정책에 관한 연구," 『공공정책연구』 제10권 제2호(2009).

이건종・전영실, 『노인의 범죄 및 범죄피해에 대한 연구』, 한국형사정책연구원, 1995.

이보영・박현식, "노인학대의 형사정책적 대응," 『법학연구』 제40집(2010).

이연호, 『노인학대. 위험요인과 피해』, 한국학술정보, 2005.

조애저, "노부모 학대실태와 정책방안," 『보건복지포럼』(2000. 4).

조애저・김승권・김유경, 『노부모 학대 실태에 관한 사례연구』, 한국보건사회연구원, 1999.

알란 켐프, 『가족학대, 가족폭력』, 나남출판, 2001.

Baumhover, Lorin A.・Beal, S. Colleen, *Abuse, Neglect, and Exploitation of Older Persons*, Jessica Kingsley Publishers, 1996.

Bonnie, Richard・Wallace, Robert, *Elder Mistreatment: Abuse, Neglect and Exploitationin an Aging America*, National Academy Press, 2003.

Brandl, B. Dyer・C.B. Heisler・C. Otto, J.M. Stiegel・L. Thomas, R., *Elder Abuse Detection and Intervention*, Springer, 2007.

Brogden, Mike, *Geronticide; Killing the Elderly*, Jessica Kingsley Publishers, 2001.

Dubble, Christopher, "A Policy Perspective on Elder Justice Through APS and

Law Enforcement Collaboration," in: Mellor · Brownell(ed.), *Elder Abuse and Mistreatment: Policy, Practice and Research*, Haworth Press, 2006.

Ferraro, Kenneth F.(ed.), *Gerontology: Perspectives and Issues*, 1990.

Glick, Jennifer B., "Protecting and Respecting our Elders," *Virginia Journal of Social Policy and the Law*, 12, 2005.

Hart, Anne, *How to Stop Elderly Abuse*, Writer Club Press, 2002.

Kohn, Nina A., "Second Childhood: What Child Protection Systems can teach Elder Protection Systems," *Stanford Law and Policy Review* 14, 2003.

Loue, Sana, "Elder Abuse and Neglect in Medicine and Law," *Journal of Legal Medicine*, June, 2001.

Nerenberg, Lisa, *Elder Abuse Prevetion*, Springer, 2008.

________, "Communities Respond to Elder Abuse," in: Mellor · Brownell(ed.), *Elder Abuse and Mistreatment: Policy, Practice and Research*, Haworth Press, 2006.

Payne, Brian K., *Crime and Elder Abuse; An Integrated Perspective*, Charles C. Thomas Publisher, 2005.

Podnieks, E. · Kosberg, J. · Lowenstein, A., *Elder Abuse: selected papers from Prague World Congresson Family Violence*, HMTP, 2003.

Schuyler, Donna Liang, Bryan A., "Reconceptualizing Elder Abuse: Treating the Disease of Senior Community Exclusion," *Annals of Health Law*, 15, 2006.

제 10 장

노인법제 입법현황

Ⅰ. 노인복지법

Ⅱ. 노인장기요양보험법

Ⅲ. 기초노령연금법

Ⅳ. 장애인·노인·임산부 등의 편의증진보장에 관한 법률

Ⅴ. 고용상 연령차별금지 및 고령자고용촉진에 관한 법률

Ⅵ. 장애인·고령자 등 주거약자 지원에 관한 법률

Ⅶ. 저출산·고령사회기본법

Ⅷ. 그 밖의 노인관련 법률

Ⅰ. 노인복지법

1. 제정 취지

노인복지법은 법률 제3453호로 1981년 6월 5일 제정되고 시행되었다. 노인복지법은 의약기술의 발달과 문화생활의 향상으로 평균수명이 연장되어 노인인구가 절대적으로 크게 증가하는 한편 산업화, 도시화, 핵가족화의 진전에 따라 노인문제가 점차 큰 사회문제로 대두되고 있으므로 이에 대처하기 위한 입법이다. 우리 사회의 전통적 가족제도에 연유하고 있는 경로효친의 미풍양속을 유지·발전시켜 나가는 한편 노인을 위한 건강보호와 시설의 제공 등 노인복지시책을 효과적으로 추진함으로써 노인의 안락한 생활을 북돋워 주며, 나아가 사회복지의 증진에 기여하려는 데에 그 입법취지가 있다.

제정 당시의 주요 내용을 살펴보면 ① 국가 또는 지방자치단체는 매년 5월에 경로주간을 설정하여 경로효친의 사상을 앙양하도록 한다. ② 노인의 복지를 위한 상담 및 지도업무를 담당하게 하기 위하여 시·군·구에 노인복지상담원을 둘 수 있도록 한다. ③ 보건사회부장관, 서울특별시장·직할시장·도지사 또는 시장·군수(복지실시기관)는 65세 이상의 노인으로서 신체·정신·환경·경제적 이유로 거택에서 보호받기가 곤란한 자를 노인복지시설에 입소시키거나 입소를 위탁하도록 한다. ④ 복지시설기관은 65세 이상의 노인에 대하여 건강진단 또는 보건교육을 실시할 수 있도록 한다. ⑤ 65세 이상의 노인에 대하여는 국가 또는 지방자치단체의 수용시설 기타 공공시설 및 민간서비스사업의 이용료를 무료로 하거나 할인우대할 수 있도록 한다. ⑥ 국가 또는 지방자치단체는 노인복지시설에 대하여 그 설치 또는 운영에 필요한 비용을 보조할 수 있도록 한다.

2. 현행 법률의 주요 내용

노인복지법은 제1장 총칙 규정과 제3장 보건・복지조치, 제4장 노인복지시설의 설치・운영, 제5장 비용, 제6장 보칙, 제7장 벌칙으로 구성되어 있다. 노인복지법은 노인의 질환을 사전예방 또는 조기발견하고 질환상태에 따른 적절한 치료・요양으로 심신의 건강을 유지하고, 노후의 생활안정을 위하여 필요한 조치를 강구함으로써 노인의 보건복지 증진에 기여함을 목적으로 한다. 이 법이 가지고 있는 기본이념으로 제시한 것을 살펴보면, 노인은 후손의 양육과 국가 및 사회의 발전에 기여하여 온 자로서 존경받으며 건전하고 안정된 생활을 보장받아야 하며, 또한 노인은 그 능력에 따라 적당한 일에 종사하고 사회적 활동에 참여할 기회를 보장받는다는 것을 전제로 하고 있다. 더불어 노인 스스로 노령에 따르는 심신의 변화를 자각하여 항상 심신의 건강을 유지하고, 그 지식과 경험을 활용하여 사회의 발전에 기여하도록 노력하여야 한다는 점도 명시하고 있다. 이를 위해 국가와 지방자치단체는 노인의 보건 및 복지증진의 책임이 있으며 이를 위한 시책을 강구하고 추진하여야 한다는 책무를 부담하고 있다.

실천적 방법으로 보건복지부장관은 노인의 보건 및 복지에 관한 실태조사를 3년마다 실시하고 그 결과를 공표하여야 한다. 노인의 복지를 담당하게 하기 위하여 특별자치도와 시・군・구에 노인복지상담원을 둔다. 국가 또는 지방자치단체는 노인의 주거에 적합한 기능 및 설비를 갖춘 주거용시설의 공급을 조장하여야 하며, 그 주거용시설의 공급자에 대하여 적절한 지원을 할 수 있다.

2005년 7월 13일 법 개정을 통해서 노인일자리 전담기관의 설치・운영에 관한 규정을 신설하였고, 2011년 4월 7일 개정된 내용에 의하면 먼저 노인의 능력과 적성에 맞는 일자리지원사업을 전문적・체계적으로 수행하기 위한 전담기관은 다음 각호의 기관으로 한다.

1. 노인인력개발기관 : 노인일자리 개발・보급사업, 조사사업, 교육・홍보 및 협력사업, 프로그램인증・평가사업 등을 지원하는 기관

2. 노인일자리지원기관 : 지역사회 등에서 노인일자리의 개발·지원, 창업·육성 및 노인에 의한 재화의 생산·판매 등을 직접 담당하는 기관

3. 노인취업알선기관이다. 노인에게 취업상담 및 정보를 제공하거나 노인일자리를 알선하는 기관국가 또는 지방자치단체는 노인일자리전담기관을 설치·운영하거나 그 운영의 전부 또는 일부를 법인·단체 등에 위탁할 수 있다.

2007년 8월 3일 법 개정을 통해서 국가 또는 지방자치단체는 홀로 사는 노인에 대하여 방문요양서비스 등의 서비스와 안전확인 등의 보호조치를 취하여야 한다는 규정을 신설하였다.

노인복지시설을 설치·운영하는데, 그 종류는 노인주거복지시설, 노인의료복지시설, 노인여가복지시설, 재가노인복지시설, 노인보호전문기관이다. 노인복지시설의 설치·운영자는 보건복지부령으로 정하는 바에 따라 노인 등의 신체활동 또는 가사활동 지원 등의 업무를 전문적으로 수행하는 요양보호사를 두어야 하며, 요양보호사가 되려는 사람은 요양보호사를 교육하는 기관에서 교육과정을 마치고 시·도지사가 실시하는 요양보호사 자격시험에 합격하여야 한다.

노인인권보호 관련 업무를 담당하는 중앙노인보호전문기관을 설치·운영하여야 하며, 학대받는 노인의 발견·보호·치료 등을 신속히 처리하고 노인학대를 예방하기 위하여 지역노인보호전문기관을 특별시, 광역시, 도, 특별자치도에 둔다. 누구든지 노인학대를 알게 된 때에는 노인보호전문기관 또는 수사기관에 신고할 수 있다는 규정을 두고 있으며, 노인학대신고를 접수한 노인보호전문기관의 직원이나 사법경찰관리는 지체없이 노인학대의 현장에 출동하여야 한다는 규정을 두고 있다. ① 노인의 신체에 폭행을 가하거나 상해를 입히는 행위, ② 노인에게 성적 수치심을 주는 성폭행·성희롱 등의 행위, ③ 자신의 보호·감독을 받는 노인을 유기하거나 의식주를 포함한 기본적 보호 및 치료를 소홀히 하는 방임행위, ④ 노인에게 구걸을 하게 하거나 노인을 이용하여 구걸하는 행위, ⑤ 노인을 위하여 증여 또는 급여된 금품을 그 목적 외의 용도에 사용하는 행위를 하는 자는 벌칙조

항을 두어 형사 처벌한다는 규정을 두고 있다.

II. 노인장기요양보험법

1. 제정 취지

노인장기요양보험법은 우리나라 인구의 고령화가 세계에서 유례가 없을 정도로 빠르게 진행됨에 따라 치매, 중풍 등 일상생활이 어려운 노인들의 수도 날로 증가하고 있으나 핵가족화, 여성의 사회참여 증가 등으로 장기요양이 필요한 노인을 가정에서 돌보는 것이 어렵고 그 가정의 비용부담이 과중하여 노인장기요양 문제는 우리 사회가 시급히 해결해야 할 심각한 사회적 문제로 대두되고 있는 실정이므로, 노인의 간병·장기요양 문제를 사회적 연대원리에 따라 정부와 사회가 공동으로 해결하는 노인장기요양보험제도를 도입하여 노인의 노후생활 안정을 도모하고 그 가족의 부양부담을 덜어 줌으로써 국민의 삶의 질을 향상하려는 것을 입법목적으로 하고 있다.

2. 현행 법률의 주요 내용

국가는 장기요양기본계획을 수립·시행함에 있어서 노인뿐만 아니라 장애인 등 일상생활을 혼자서 수행하기 어려운 모든 국민이 장기요양급여, 신체활동지원서비스 등을 제공받을 수 있도록 노력하고, 나아가 이들의 생활안정과 자립을 지원할 수 있는 시책을 강구해야 할 책무를 부담한다. 장기요양급여는 노인 등의 심신상태·생활환경과 노인 등 및 그 가족의 욕구·선택을 종합적으로 고려하여 필요한 범위 안에서 이를 적정하게 제공하여야 하며, 장기요양급여는 노인 등이 가족과 함께 생활하면서 가정에서 장기요양을 받는 재가급여를 우선적으로 제공하여야 하고, 특히 장기요양급여는 노인 등의 심신상태나 건강 등이 악화되지 아니하도록 의료서비스와 연계하여 이를 제공하여야 함을 장기요양급여 제공의 기본원칙으로 삼고 있다.

장기요양사업의 재원 마련을 위하여 노인장기요양보험제도를 시행할 필요가 있으며, 노인장기요양보험의 가입자는 국민건강보험의 가입자로 하고, 장기요양보험료는 국민건강보험료액에 장기요양보험요율을 곱하여 산정하며, 국민건강보험공단은 장기요양보험료를 국민건강보험료와 구분하여 통합징수하되, 장기요양보험료와 국민건강보험료를 각각의 독립회계로 관리하도록 하고 있다.

장기요양인정을 신청할 수 있는 자는 노인 등으로서 다음 각호의 어느 하나에 해당하는 자격을 갖추어야 한다. 1. 장기요양보험가입자 또는 그 피부양자, 2. 「의료급여법」 제3조제1항에 따른 수급권자이다.

수급자가 받을 수 있는 장기요양급여의 종류를 구체적으로 정할 필요가 있으며, 이에 따라 장기요양급여의 종류를 재가급여, 시설급여 및 특별현금급여로 구분하고 있다. 재가급여는 수급자의 가정 등에서 장기요양하는 재가급여를 방문요양, 방문목욕, 주・야간보호 등으로 세분하며, 시설급여는 수급인을 노인의료복지시설 등에 입소시켜 장기요양하는 것으로, 특별현금급여는 수급인에게 특별한 사유가 있는 경우에 현금 등을 지급하는 것으로 한다.

장기요양기관을 설치・운영하고자 하는 자는 소재지를 관할구역으로 하는 시장・군수・구청장으로부터 지정을 받아야 한다. 장기요양기관은 수급자로부터 장기요양급여신청을 받은 때 장기요양급여의 제공을 거부하여서는 아니된다. 다만, 입소정원에 여유가 없는 경우 등 정당한 사유가 있는 경우는 그러하지 아니하다.

장기요양급여를 받은 자가 그 비용의 일부를 부담하는 것에 관하여 규정을 두어, 수급자는 재가 장기요양급여비용의 100분의 15, 시설장기요양급여비용의 100분의 20을 부담하되, 국민기초생활보장 수급권자는 이를 부담하지 아니하고, 의료급여수급권자 등은 본인일부부담금의 100분의 50을 감경하도록 한다. 수급자가 장기요양급여비용의 일부를 부담하도록 함으로써 장기요양급여 이용의 효율성을 제고하고, 부담능력에 따라 본인일부부담금을 차등화하고 있다. 국가는 매년 예산의 범위 안에서 당해 연도 장기요양보험료 예상수입액의 100분의 20에 상당하는 금액을 국고에서 국민건강보험공단에 지원하도록 하고, 국가와 지방자치단체는 의료급여수급권자의 장기요양급여비용, 의사소견서 발급비용, 방문간호지시서 발급비용 중 국민건강보험공단이 부담하는 비용 및 관리운영비의 전액을 대통령령으로 정하는 바에 따라 부담하도록 한다.

Ⅲ. 기초노령연금법

1. 제정 취지

기초노령연금법은 법률 제8385호로 2007년 4월 25일 제정되어 2008년 1월 1일부터 시행되었다. 생활이 어려운 노인에게 기초노령연금을 지급함으로써 노인의 생활안정을 지원하고 복지를 증진하려는 것을 그 입법취지로 하고 있다. 국가 및 지방자치단체는 연금이 제1조에 따른 목적에 따라 노인의 생활안정을 지원하고 복지를 증진하는데 필요한 수준이 되도록 최대한 노력하여야 하며, 이에 따라 국가 및 지방자치단체는 필요한 비용을 부담할 수 있도록 재원을 조성하여야 한다고 규정하고 있다.

2. 현행 법률의 주요 내용

65세 이상인 자로서 소득인정액이 대통령령으로 정하는 금액 이하인 자에게 연금을 지급한다고 규정하였으며, 연금 지급대상자의 선정기준이 되는 일정 금액은 노인가구의 소득・재산수준과 생활실태, 물가상승률 등을 고려하여 전년도 11월 1일까지 보건복지부장관이 결정・고시하는 금액으로 한다. 연금을 지급받고자 하는 자 또는 그 친족, 그 밖의 관계인은 보건복지부장관 또는 지방자치단체의 장에게 급여를 신청할 수 있다. 이 경우 보건복지부장관 또는 지방자치단체의 장은 조사 결과에 따라 지체 없이 연금의 지급 여부를 결정하여야 한다.

보건복지부장관 또는 지방자치단체의 장은 수급권의 발생 또는 상실을 확인하기 위하여 연금을 신청한 자, 수급권자, 수급자, 그 배우자 및 고용주에 대하여 필요한 서류나 그 밖에 소득・재산 등에 관한 자료의 제출을 요구할 수 있으며, 소속 공무원으로 하여금 수급권자등의 주거, 그 밖의 필요한 장소에 출입하여 서류 등을 조사하게 하거나 관계인에게 필요한 질문을 하게 할 수 있다.

연금은 제6조에 따라 수급권자로 결정된 경우 연금을 신청한 날이 속하는 달부터 수급권이 소멸한 날이 속하는 달까지 매월 정기적으로 지급한다. 기초노령연금 수급권은 기초노령연금 수급권자가 사망한 때, 국적을 상실하거나 국외로 이주한 때 또는 수급요건에 해당하지 아니하게 된 때에 상실하도록 하고, 기초노령연금 수급권의 상실사유가 발생하였을 때에는 보건복지부장관 또는 지방자치단체의 장에게 신고하도록 하고 있다.

Ⅳ. 장애인・노인・임산부 등의 편의증진보장에 관한 법률

1. 제정 취지

이 법률은 법률 제5332호로 1997년 4월 10일 제정되어 1998년 4월 11일부터 시행되었다. 장애인, 노인, 임산부 등이 생활을 영위함에 있어 안전하고 편리하게 시설 및 설비를 이용하고 정보에 용이하게 접근하도록 함으로써 이들의 사회활동 참여와 복지증진을 도모하려는 것이 그 입법취지이다.

장애인 등은 인간으로서의 존엄과 가치 및 행복을 추구할 권리를 보장받기 위하여 장애인 등이 아닌 사람들이 이용하는 시설과 설비를 동등하게 이용하고 정보에 자유롭게 접근할 수 있는 권리를 가진다는 규정을 두고 있다.

2. 현행 법률의 주요 내용

편의시설이라 함은 장애인 등이 생활을 영위함에 있어 이동과 시설이용의 편리를 도모하고 정보에의 접근을 용이하게 하기 위한 시설과 설비를 말하며, 시설주는 장애인 등이 공공건물 및 공중이용시설을 이용함에 있어 가능한 최단거리로 이동할 수 있도록 편의시설을 설치하여야 한다. 대상시설별로 설치하여야 하는 편의시설의 종류는 대상시설의 규모, 용도 등을 고려하여 대통령령으로 정한다. 그리고 편의시설의 구조·재질 등에 관한 세부기준은 보건복지부령으로 정한다. 이 경우 편의시설에 대한 안내표시에 관한 사항을 함께 정할 수 있다. 장애인 등의 이용이 많은 공공건물 및 공중이용시설의 시설주는 휠체어 등을 비치하여 장애인 등이 시설을 편리하게 이용할 수 있도록 하고 그 이용료는 무료 또는 실비로 한다.

국가 및 지방자치단체는 민간의 편의시설 설치에 따른 부담을 경감하고 설치를 촉진하기 위하여 금융지원과 기술지원 등 필요한 조치를 강구하여야 한다. 법인 및 개인이 이 법에서 정하는 편의시설을 설치한 경우에는 당해 시설의 설치에 소요된 금액에 대하여 조세특례제한법, 지방세특례제한법 등 조세관계 법령이 정하는 바에 의하여 조세를 감면한다.

한편, 시설주관기관은 대상시설이 이 법의 규정에 위반한 경우에는 해당 시설주에게 대통령령이 정하는 바에 따라 기간을 정하여 이 법에 적합하도록 편의시설의 설치 및 개선 등 필요한 조치를 명할 수 있다. 시설주관기관은 시정명령을 받은 후 시정기간 내에 당해 시정명령을 이행하지 아니한 시설주에 대하여 편의시설 설치비용 등을 고려하여 3천만원 이하의 이행강제금을 부과한다.

V. 고용상 연령차별금지 및 고령자고용촉진에 관한 법률

1. 제정 취지

고령자고용촉진법을 '고용상 연령차별금지 및 고령자고용촉진에 관한 법률'로 개정하였다. 합리적인 이유 없이 연령을 이유로 하는 고용차별을 금지하고, 고령자(高齡者)가 그 능력에 맞는 직업을 가질 수 있도록 지원하고 촉진함으로써, 고령자의 고용안정과 국민경제의 발전에 이바지하는 것을 이 법률의 목적으로 규정하고 있다. 이 법에서의 '고령자'란 인구와 취업자의 구성 등을 고려하여 대통령령으로 정하는 연령 이상인 자, 즉 55세 이상인 자를 말하며, '기준고용률'이란 사업장에서 상시 사용하는 근로자를 기준으로 하여 사업주가 고령자의 고용촉진을 위하여 고용하여야 할 고령자의 비율로서 고령자의 현황과 고용실태 등을 고려하여 사업의 종류별로 대통령령으로 정하는 비율을 말한다. 정부는 고용에서 연령을 이유로 차별하는 관행을 해소하기 위하여 연령차별금지정책을 수립・시행하며, 고령자의 고용에 관하여 사업주와 국민 일반의 이해를 높이고, 고령자의 고용촉진과 직업안정을 꾀하기 위하여 고령자 고용촉진 대책의 수립・시행, 직업능력개발훈련 등 필요한 시책을 종합적이고 효과적으로 추진하여야 한다는 책무규정을 두고 있다. 사업주의 책무로서 사업주는 연령을 이유로 하는 고용차별을 해소하고, 고령자의 직업능력 계발・향상과 작업시설・업무 등의 개선을 통하여 고령자에게 그 능력에 맞는 고용기회를 제공함과 아울러 정년연장 등의 방법으로 고령자의 고용이 확대되도록 노력하여야 한다.

2. 현행 법률의 노인관련 규정

노동부장관은 고령자의 고용촉진에 관한 기본계획(이하 '기본계획'이라 한다)을 관계 중앙기관의 장과 협의하여 5년마다 수립하여야 한다. 기본계획으로는 ① 고령자의 현황과 전망, ② 고령자의 직업능력개발, ③ 고령자의 취업알선, 재취업 및 전직(轉職) 지원 등 취업 가능성의 개선방안, ④ 그 밖에 고령자의 고용촉진에 관한 주요시책 등이 포함된다.

모집, 채용 등에서의 연령차별 금지규정으로 사업주는 합리적인 이유 없이 연령을 이유로 근로자 또는 근로자가 되려는 자를 차별하여서는 아니되며, 합리적인 이유 없이 연령 외의 기준을 적용하여 특정 연령집단에 특히 불리한 결과를 초래하는 경우에는 연령차별로 본다. 직무의 성격에 비추어 특정 연령기준이 불가피하게 요구되는 경우, 근속기간의 차이를 고려하여 임금·임금 외의 금품 및 복리후생에서 합리적인 차등을 두는 경우, 근로계약, 취업규칙, 단체협약 또는 법률에 근거하여 정년을 설정하는 경우 등은 차별로 보지 아니한다.

시정명령 등 구제절차를 마련함으로써 차별행위 피해자에 대한 효과적인 구제가 가능하도록 규정하고 있다. 먼저, 연령차별 금지의 위반으로 연령차별을 당한 사람은 국가인권위원회법 제30조에 따라 국가인권위원회에 그 내용을 진정할 수 있다. 국가인권위원회는 제1항에 따른 진정을 조사한 결과 연령차별이 있다고 판단하여 피진정인, 그 소속 기관·단체 또는 감독기관의 장에게 구제조치 등을 권고할 경우 그 권고내용을 고용노동부장관에게도 통보하여야 한다. 고용노동부장관은 제4조의6 제2항에 따라 국가인권위원회로부터 구제조치 등의 권고를 받은 사업주가 정당한 사유 없이 권고를 이행하지 아니하고 그 피해의 정도가 심각하다고 인정되면 피해자의 신청에 의하거나 직권으로 시정명령을 할 수 있다. 사업주는 근로자가 이 법이 금지하는 연령차별행위에 대한 진정, 자료제출, 답변·증언, 소송, 신고 등을 하였다는 이유로 근로자에게 해고, 전보, 징계, 그 밖의 불리한 처우를 하여서는 아니된다.

고용노동부장관은 필요하다고 인정하면 고령자를 고용하고 있거나 고용하려는 사업주에게 채용, 배치, 작업시설, 작업환경 등 고령자의 고용관리에 관한 기술적 사항에 대하여 상담, 자문, 그 밖에 필요한 지원을 하여야 한다. 사업주가 기준고용률을 초과하여 고령자를 추가로 고용하는 경우에는 조세특례제한법으로 정하는 바에 따라 조세를 감면하며, 고용노동부장관은 예산의 범위에서 고용 지원금을 지급할 수 있다.

VI. 장애인 · 고령자 등 주거약자 지원에 관한 법률

1. 제정 취지

이 법은 법률 제11370호로 2012년 2월 22일 제정되고 2012년 8월 23일부터 시행될 예정이다. 헌법 제35조 제3항에서는 "국가는 모든 국민이 쾌적한 주거생활을 할 수 있도록 노력하여야 한다"고 규정하고 있으나, 장애인 가구 소득이 월평균 전국가구소득의 54%에 불과하고 2000년에 이미 고령화사회에 진입하여 2026년경에는 초고령사회가 될 것으로 예상되는 국가적 상황에서 사각지대에 놓인 장애인 가구의 주거안정과 노인의 노후 여건을 고려한 주거환경 확보는 그 어느 때보다도 중요하고 필요한 일이라는 인식하에, 장애인 고령자 등 주거약자용 주택의 최저주거기준 및 편의시설 설치기준 등을 설정 · 공고하도록 하고, 일정 요건을 충족하는 건설임대주택의 경우 일정비율 이상을 주거약자용 임대주택으로 건설하도록 의무화하며, 주거약자용 주택으로의 개조 비용을 지원할 수 있도록 하는 등 주거약자 지원방안을 마련함으로써 장애인 고령자 등 주거약자의 주거안정과 주거복지 향상에 기여하려는 것이 입법취지이다.

2. 현행 법률의 주요 내용

국가 및 지방자치단체는 65세 이상, 장애인 등의 주거약자의 주거안정과 주거수준 향상을 위하여 ① 주거약자의 주거생활이 쾌적하고 안전하게 이루어지도록 할 것, ② 주거약자용 주택이 원활하게 공급되고 효율적으로 관리될 수 있도록 할 것, ③ 주거약자의 쾌적하고 안전한 주거생활에 필요한 정보가 원활하게 제공되고, 제9조의 편의시설이 주거약자용 주택에 적정하게 설치될 수 있도록 하기 위하여 노력하여야 한다. 이에 따라 국토해양부장관 또는 시·도지사는 주거약자에 대한 주거실태조사를 실시할 수 있다.

국가, 지방자치단체, 한국토지주택공사 및 지방공사가 재정 등을 지원받아 건설하는 일부 임대주택의 경우에는 100분의 3 이상의 범위에서 일정비율 이상을 주거약자용 임대주택으로 건설하도록 의무화하고 있으며, 국토해양부장관은 주거약자용 주택을 건설하는 경우 편의시설 설치기준을 충족하는 시설의 설치비용을 국민주택기금으로 융자 지원할 수 있다.

Ⅶ. 저출산·고령사회기본법

1. 제정 취지

저출산·고령사회기본법은 법률 제7496호로 2005년 5월 18일 제정되고, 2005년 9월 1일부터 시행되었다. 자녀의 출산 및 양육이 원활하게 이루어지고 노인이 중요한 사회적 행위자로서 건강하고 활력 있는 사회생활을 할 수 있도록 국가의 책임을 정하고, 저출산·고령사회정책의 기본방향과 그 수립 및 추진체계에 관한 사항 등을 규정함으로써 국민의 삶의 질 향상과 국가의 지속적인 발전에 이바지하려는 것을 그 입법취지로 하고 있다. 이를 위해서 국가는 종합적인 저출산·고령사회정책을 수립·시행하고, 지방자치단체는 국가의 저출산·고령사회정책에 맞추어 지역의 사회·경제적 실정에 부합하는 저출산·고령사회정책을 수립·시행하도록 하고 있다. 특히 고령사회정책을 위하여 국가 및 지방자치단체는 고용과 소득보장, 건강증진과 의료제공, 생활환경과 안전보장, 여가·문화 및 사회활동의 장려, 평생교육과 정보화, 취약계층노인 등에 대한 특별한 배려, 가족관계와 세대간 이해증진, 경제와 산업, 고령친화적 사업의 육성 등을 위한 시책을 강구하도록 하여야 한다.

2. 현행 법률의 노인관련 내용

보건복지부장관은 관계 중앙행정기관의 장과 협의하여 5년마다 기본계획안을 작성하고, 저출산・고령사회위원회 및 국무회의의 심의를 거친 후 대통령의 승인을 얻어 이를 확정하고, 중앙행정기관의 장은 기본계획에 따라 소관별로 연도별 시행계획을 수립・시행하고, 지방자치단체의 장은 기본계획 및 중앙행정기관의 시행계획에 따라 당해 지방자치단체의 시행계획을 수립・시행하여야 한다. 국가 및 지방자치단체는 매년 시행계획에 따른 추진실적을 평가하고 그 결과를 저출산・고령사회정책에 반영하도록 하여야 한다. 정부는 기본계획・시행계획 및 이에 대한 평가 등을 확정한 후 지체없이 국회에 보고하도록 하는 규정을 두고 있다.

Ⅷ. 그 밖의 노인관련 법률

고용보험법 제23조에 의하면 고용노동부장관은 고령자 등 노동시장의 통상적인 조건에서는 취업이 특히 곤란한 자(이하 '고령자 등'이라 한다)의 고용을 촉진하기 위하여 고령자 등을 새로 고용하거나 이들의 고용안정에 필요한 조치를 하는 사업주 또는 사업주가 실시하는 고용안정 조치에 해당된 근로자에게 대통령령으로 정하는 바에 따라 필요한 지원을 할 수 있다.

국민연금법 제61조에 의하면 가입기간이 10년 이상인 가입자 또는 가입자였던 자에 대하여는 60세(특수직종근로자는 55세)가 된 때부터 그가 생존하는 동안 노령연금을 지급한다는 규정을 두고 있으며, 가입기간이 10년 이상인 가입자 또는 가입자였던 자로서 55세 이상인 자가 대통령령으로 정하는 소득이 있는 업무에 종사하지 아니하는 경우 본인이 희망하면 제1항에도 불구하고 60세가 되기 전이라도 본인이 청구한 때부터 그가 생존하는 동안 일정한 금액의 연금(이하 '조기노령연금'이라 한다)을 받을 수 있다. 이 규정은 2011년 12월 31일 개정되었으며, 2012년 7월 1일부터 시행된다.

고령친화산업 진흥법에 의하면 국가 및 지방자치단체는 고령친화산업의 기반조성 및 경쟁력 강화에 필요한 시책을 수립·시행하여야 하며, 고령친화산업의 활성화를 도모함에 있어 고령친화제품 등의 소비자의 권익보호를 위하여 ① 고령친화제품 등의 건전한 이용을 위한 홍보·교육 및 연구, ② 소비자의 건전한 조직활동의 지원 및 육성, ③ 소비자의 생명·신체 및 재산상의 위해방지, ④ 소비자의 불만 및 피해에 대한 신속·공정한 구제조치, ⑤ 그 밖에 고령친화제품 등의 소비자보호와 관련된 사항의 시책을 강구하여야 한다.

찾아보기

ㅇ

ㅈ

ㅊ

■ 이 책을 쓴 사람들

이인영　홍익대학교 법과대학 교수
김상훈　한림대학교 법행정학부 교수
강병근　고려대학교 법학전문대학원 교수
김진현　서울대학교 간호대학 교수
이건호　한림대학교 법행정학부 교수
박인환　인하대학교 법학전문대학원 교수
문상덕　서울시립대학교 법학전문대학원 교수
조지현　한림대학교 법행정학부 교수
홍일선　한림대학교 법행정학부 교수
김영범　한림대학교 고령사회연구소
김경태　한림대학교 법행정학부 교수
이용인　고려대학교 강사

저자협의
인지생략

현대사회와 노인법제

2012년 3월 26일　초판인쇄
2012년 3월 30일　초판발행

공저자　이인영 · 김상훈 · 강병근 · 김진현 · 이건호 · 박인환
문상덕 · 조지현 · 홍일선 · 김영범 · 김경태 · 이용인

발행인　조 병 철

발행처　**三 宇 社**
서울특별시 용산구 청파동3가 82-1
전화 (02) 718-8553　Fax 718-8554
등록 1994. 9. 23. 제17-189호

정가 22,000원　ISBN 978-89-91083-54-7